W0188624

Wolls Lehr- und Handbücher der Wirtschafts- und Sozialwissenschaften

Herausgegeben von
Universitätsprofessor Professor h.c. Dr. Dr. h.c. Artur Woll

Grundzüge der Soziologie

Von
Universitätsprofessor
Dr. Günter Büschges
Diplom-Sozialwirt
Martin Abraham
und
Dr. Walter Funk

R. Oldenbourg Verlag München Wien

Die Deutsche Bibliothek - CIP-Einheitsaufnahme

Büschges, Günter:
Grundzüge der Soziologie / von Günter Büschges, Martin Abraham und Walter Funk. - München ; Wien : Oldenbourg, 1995
(Wolls Lehr- und Handbücher der Wirtschafts- und Sozialwissenschaften)
ISBN 3-486-22860-9
NE: Abraham, Martin:; Funk, Walter:

Gesamtherstellung: R. Oldenbourg Graphische Betriebe GmbH, München

ISBN 3-486-22860-9

Vorwort

Dieses Lehrbuch soll, orientiert an Grundfragen der Soziologie, in die soziologische Denk- und Arbeitsweise einführen. Es ist hervorgegangen aus den Lehrveranstaltungen, die von den Autoren sowie Werner Raub und Bernhard Prosch am Lehrstuhl für Soziologie der Wirtschafts- und Sozialwissenschaftlichen Fakultät der Friedrich-Alexander-Universität Erlangen-Nürnberg zur Einführung in die Grundzüge der Soziologie für Studienanfänger durchgeführt wurden. Grundlage war zunächst das vor 15 Jahren publizierte und inzwischen vergriffene Werk von Raymond Boudon "Die Logik des gesellschaftlichen Handelns". Die diesem zugrundeliegende Konzeption einer empirisch orientierten Soziologie wurde von uns aufgrund der Lehrerfahrungen und der zwischenzeitlichen Entwicklung des Faches Soziologie ergänzt, erweitert, vertieft und abgewandelt.

Wir danken Frau Gerdi Grösch und Frau Hannelore Herrmann für die Erstellung der immer wieder neuen und stets wechselnden Versionen von Manuskripten und Herrn Oliver Hülser für die redaktionelle Überarbeitung und drucktechnische Vorbereitung der Manuskriptvorlagen. Nicht zuletzt aber danken wir den vielen Studentinnen und Studenten für ihre Anregungen und kritischen Anmerkungen, die uns eine wertvolle Hilfe waren. Alle verbleibenden Mängel der vorliegenden Arbeit gehen selbstverständlich ausschließlich zu Lasten der Autoren.

Günter Büschges, Martin Abraham, Walter Funk

Inhaltsverzeichnis

Inhaltsverzeichnis VII

Abbildungsverzeichnis XI

0 Zielsetzung und Anlage 1

0.1 Zielsetzung 1

0.2 Anlage 2

0.3 Zugrundeliegende theoretische Konzeption 3

1 Was versteht man unter "Soziologie"? 7

1.1 Zum Begriff "Soziologie" 9

1.2 Zur Geschichte soziologischen Denkens 12

1.3 Gemeinsamkeiten soziologischer Forschungsprogramme 15

1.4 Soziale Bedingungen und soziale Folgen menschlichen Handelns als Gegenstand der Soziologie 16

2 Grundfragen empirischer Soziologie 23

2.1 Soziales Handeln und soziale Beziehungen 25

Exkurs: Macht, Herrschaft und Autorität 30

2.2 Soziale Ordnung 33

Exkurs: Gesellschaftstypen 36

2.3 Soziale Ungleichheit 42

Exkurs: Ungleichheit von Bildungschancen 44

2.4 Sozialer Wettbewerb und sozialer Konflikt 48

2.5 Sozialer Wandel und gesellschaftliche Entwicklung 49

Exkurs: Technische Innovationen und sozialer Wandel 52

2.6 Kultur 57

Exkurs: Zum Zusammenhang von Wertwandel und Kirchenmitgliedschaft 62

2.7 Sozialisation 66

3 Grundorientierungen von Soziologie als Wissenschaft 71

3.1 Pluralität des Wissenschaftsverständnisses 71

3.1.1 Soziologie als problemorientierte Wissenschaft 71
3.1.2 Soziologie als erklärende Wissenschaft 73
3.1.3 Soziologie als empirische Wissenschaft 75

3.2 Die Logik wissenschaftlicher Forschung 76

3.3 Die Auseinandersetzung verschiedener Grundorientierungen 78

4 Grundannahmen einer strukturell-individualistischen Soziologie 83

Exkurs: Charakteristika des methodologischen Individualismus 85

4.1 Konstanz der menschlichen Natur 86

4.2 Interdependenz sozialer Akteure 88

4.3 Unbeabsichtigte Folgen absichtsgeleiteten menschlichen Handelns . 90

4.4 Soziale Institutionen als Handlungsrahmen 93

4.5 Grundmodell einer strukturell-individualistisch orientierten empirischen Soziologie 97

5 Soziologie als Wissenschaft "sozialen Handelns" 103

5.1 "Logische" und "nicht-logische" Handlungen (Vilfredo PARETO) . 104

5.2 Bestimmungsgründe "sozialen" Handelns (Max WEBER) 106

5.3 "Muster" zur Typisierung von Handlungsorientierungen (Talcot PARSONS) 108

5.4 "Soziale Determination" von Handlungen (Émile DURKHEIM) . . 112

6 Grundelemente soziologischer Analysen 115

6.1 Die Struktur einer (soziologischen) Erklärung 115

6.2 Die Verwendung von Handlungstheorien 121

6.2.1 Präfenzen und Nutzenfunktion 122
6.2.2 Nutzentheorie 124
6.2.3 Spieltheorie 128

6.3 Modellierung und Abstraktion 140

7 Soziologische Analyse von Interdependenzsystemen 147

7.1 Zur Klassifikation von Interaktionssystemen 147

7.2 Charakteristika von Interdependenzsystemen 149

7.3 Interdependenzsysteme und paradoxe Effekte 150

7.4 Ein Beispiel: SCHELLINGs Segregationsmodell 156

8 Soziologische Analyse "funktionaler Systeme" 163

8.1 Charakteristika "funktionaler Systeme" 163

8.1.1 Die soziologische Kategorie der sozialen Rolle 163
8.1.2 Der Deutungsfreiraum in Rollenbeziehungen 167

8.2 Erwerbstätigkeit, Kinderbetreuung und Arbeitsteilung im Haushaltskontext 172

8.2.1 Ein "klassischer" Erklärungsansatz: Die funktionale Analyse der Familie durch Talcott PARSONS 175
8.2.2 Ein "moderner" Erklärungsansatz: Die ökonomische Analyse der "new home economics" 177

8.3 Arbeitsorganisationen als "funktionale Systeme" 182

8.3.1 Die Definition von Organisationsrollen 184
8.3.2 Der Deutungsfreiraum von Organisationsrollen 185

8.4 Spielräume und Widersprüche in funktionalen Systemen: Die Erwerbsbeteiligung von Frauen 188

9 Soziologische Analyse sozialen Wandels 195

9.1 Sozialer Wandel als philosophisches und soziologisches Problem . 195

9.2 BOUDONs Prozeßtypen zur Analyse sozialen Wandels 199

9.3 Die DDR-Revolution als Beispiel für die Analyse sozialer Wandlungsprozesse 203

9.3.1 Die Ausgangssituation als reproduktiver Prozeß 203
9.3.2 Die kumulative Phase der Proteste 207
9.3.3 Der Regierungssturz als Ergebnis eines Transformationsprozesses 210

10 Praxisrelevanz soziologischen Wissens 213

10.1 Soziologische Aufklärung 215

10.2 Soziologische Orientierung 218

10.3 Sozio-technische Anleitung 221

Literatur 223

Personenregister 251

Sachregister 261

Abbildungsverzeichnis

Abbildung 1.1: Das strukturell-individualistische Erklärungsschema nach COLEMAN 17

Abbildung 2.1: Die Differenzierung menschlichen Verhaltens nach WEBER 26

Abbildung 3.1: Die Logik wissenschaftlicher Forschung nach POPPER . . 77

Abbildung 5.1: PARSONS' pattern variables 110

Abbildung 6.1: Das H-O-Schema wissenschaftlicher Erklärung 116

Abbildung 6.2: Die induktiv-statistische Erklärung 119

Abbildung 6.3: Die nutzentheoretische Handlungsmatrix 126

Abbildung 6.4: Eine Klassifikation von Handlungsergebnissen 129

Abbildung 6.5: outcomes für Arbeitgeber und Arbeitnehmer 130

Abbildung 6.6: payoff-Matrix des Gefangenendilemmas 131

Abbildung 6.7: Arten von Kooperationsmechanismen 139

Abbildung 7.1: Spielregeln des Segregationsmodells nach SCHELLING . 158

Abbildung 7.2: Ein Beispiel für das Segregationsmodell (Schelling 1969) 160

Abbildung 8.1: Der homo sociologicus des Funktionalismus nach LINDENBERG (1981: 22) 171

Abbildung 8.2: Grundlegende Rollenstruktur der Kernfamilie nach PARSONS 176

Abbildung 8.3: Elemente von Organisationen nach SCOTT (1986: 36) . . 183

Abbildung 8.4: Modell der Rollendefinition und -übernahme (Büschges 1983: 125) 185

Abbildung 9.1: BOUDONs Prozeßtypen sozialen Wandels 201

Abbildung 9.2: Brückenannahmen für die Handlungsalternative "Protest" . 205

Abbildung 9.3: Die Ausgangslage als reproduktiver Prozeß 206

Abbildung 9.4: Entwicklung der Demonstrationen in Leipzig 208

Abbildung 9.5: Kumulativer Prozeß 209

Abbildung 9.6: Transformationsprozeß 210

0 Zielsetzung und Anlage

Dieses Studienbuch soll systematisch in die Denk- und Arbeitsweise einer empirisch orientierten Soziologie auf strukturell-individualistischer Grundlage einführen. Angesichts der - erfahrungsgemäß - sehr unterschiedlichen Erwartungen, die sich an eine solche Einführung richten, sollen zuvor Zielsetzung (Kap. 0.1) und Anlage (Kap. 0.2) umrissen und die theoretische Konzeption charakterisiert werden, von der wir ausgehen (Kap. 0.3).

0.1 Zielsetzung

Seit ihrer Begründung als Einzelwissenschaft ist für die Soziologie der Streit oder - besser - die Auseinandersetzung um das "richtige" Verständnis von Soziologie als Wissenschaft charakteristisch. Gestritten wird um die Erklärungskraft einer empirisch orientierten Soziologie, um den Status der Soziologie als Realwissenschaften um den praktischen Nutzen theoretischer Konzeptionen sowie um die Voraussetzungen, Möglichkeiten, Grenzen und Konsequenzen einer handelnden Umsetzung soziologischer Erkenntnisse (vgl. Kap. 1 und 3). Die vielfältigen Bemühungen, zu einer Klärung, Verständigung und gemeinsamen Sicherung von Voraussetzungen sozialwissenschaftlicher Theoriebildung zu gelangen, waren bis heute nicht von einem entsprechenden Erfolg gekrönt. So sind heute wie früher für die Soziologie als einzelwissenschaftliche Disziplin kennzeichnend: Unterschiede und teilweise Gegensätze in den erkenntnisleitenden Interessen; Uneinigkeit hinsichtlich der Ziele von Soziologie als wissenschaftlicher Disziplin; Vielfalt und Vielzahl theoretischer Perspektiven und Postulate; Divergenzen in den forschungsleitenden logisch-methodologischen Regeln (vgl. Kap. 3.1). Nach wie vor konkurriert eine Anzahl von Theorien miteinander und fehlt es an einer ausgearbeiteten und allseits anerkannten Methodologie für deren theoretischen wie empirischen Vergleich. Auch besteht "'Sozialtheorie', wie sie an den Universitäten gelehrt wird, ... zum größten Teil aus der Geschichte sozialwissenschaftlicher Ideen", werden dort "alte Weisheiten wiedergekäut und Theoretiker des neunzehnten Jahrhunderts" beschworen (Coleman 1991: XIII).

Diese Situation veranlaßt uns, im Rahmen dieses Studienbuchs keinen allgemeinen Überblick über die verschiedenen theoretischen Ansätze und Perspektiven sowie über die ihnen zuzuordnenden Begriffe und zentralen forschungsleitenden Kategorien zu geben. Ein derartiges Vorgehen hätte uns gezwungen, mehr *über* die Soziologie als *von* der Soziologie zu sprechen, und wäre deswegen - u.E. - als Einführung in die soziologische Denk- und Arbeitsweise wenig hilfreich gewesen.

Wer von diesem Studienbuch einen Überblick über das gesamte Gebiet der Soziologie und ihre Geschichte erhofft oder wer Informationen über Typen und Strukturen wichtiger soziologischer Theorien, ihrer Charakteristika, ihren wissenschaftlichen Nutzen und ihre praktische Verwertbarkeit erwartet, der wird zwangsläufig enttäuscht werden.[1] Wer erfahren möchte, mit welchen Problemen sich Soziologen befassen, von welchen theoretischen Perspektiven sie sich leiten lassen und wie sie methodisch vorgehen, der wird in diesem Lehrbuch entsprechende Informationen erhalten; Informationen allerdings, die sich an der von uns vertretenen theoretischen Perspektive und methodologischen Ausrichtung orientieren (vgl. Kap. 0.3). Auf diese Weise läßt sich u.E. am ehesten ein Bild von der Denk- und Arbeitsweise der Soziologie als empirischer Wissenschaft vermitteln. Auch dürfte auf diesem Wege der Zugang zu anderen theoretischen Orientierungen und methodologischen Positionen erleichtert werden.[2]

0.2 Anlage

Dieses Studienbuch geht aus von der Frage: Was versteht man unter "Soziologie"? (Kap. 1). Eine Erörterung wichtiger Grundfragen empirischer Soziologie schließt sich an (Kap. 2). Nach einer Darstellung typischer Grundorientierungen von Soziologie als Wissenschaft (Kap. 3) werden zentrale Grundannahmen der von uns vertretenen empirischen Soziologie auf strukturell-individualistischer Grundlage vorgestellt und diskutiert (Kap. 4).

Auf dieser Grundlage wird am Beispiel von PARETO, WEBER, PARSONS und DURKHEIM Soziologie als Wissenschaft "sozialen Handelns" umrissen (Kap. 5), um dann zu den Grundelementen soziologischer Analyse fortzuschreiten (Kap. 6) und diese anschließend mit Hilfe der Modelle zur soziologischen Analyse von "Interdependenzsystemen" (Kap. 7) sowie zur soziologischen Analyse "funktionaler Systeme" (Kap. 8) zu vertiefen. Nach einer ausführlichen Darstellung der Charakteristika und Modelle zur soziologischen Analyse sozialen Wandels (Kap. 9) wird abschließend der Praxisrelevanz soziologischen Wissens nachgegangen (Kap. 10).

Diese Konzeption ist nicht vorwiegend auf das Selbststudium durch Anfänger der Soziologie ausgerichtet. Statt dessen wollen die Verfasser sowohl Studenten im Grundstudium eine die Veranstaltungen zur Soziologie begleitende Lektüre an die

[1] Er sei verwiesen auf die "Einführung in das Studium der Soziologie" von Matthes (1981a), insbesondere die Kapitel "Was ist soziologisches Denken?" und "Erläuterungen zur paradigmatischen Struktur der Soziologie", die "Einladung zur Soziologie" von Berger (1969) sowie "Was ist Soziologie?" von Elias (1970), aber auch auf die "Schlüsselbegriffe der Soziologie" von Bahrdt (1984), die "Soziologische(n) Grundbegriffe" von Bellebaum (1991), die "Geschichte der Soziologie" von Jonas (1981a, 1981b), "Soziologie. Historischer Kontext und soziologische Theorie-Entwürfe" von Mikl-Horke (1992) und die beiden von Käsler herausgegebenen Bände "Klassiker des soziologischen Denkens" (Käsler 1976/1978), sowie Westby (1991) "The Growth of Sociological Theory. Human Nature, Knowledge, and Social Change".

[2] Als Nachschlagewerke seien empfohlen: das dreibändige "Wörterbuch der Soziologie", hrsg. von Endruweit & Trommsdorff (1989), das "Wörterbuch der Soziologie" von Hartfiel & Hillmann (1982), die "Soziologische(n) Stichworte" von Boudon & Bourricaud (1992), das "Soziologie-Lexikon", hrsg. von Reinhold (1992) oder das "Lexikon zur Soziologie", hrsg. von Fuchs-Heinritz et al. (1994).

Hand geben als auch fortgeschrittenen Studenten die Möglichkeit bieten, weiterführende Informationen zu einzelnen Themengebieten zu finden. Dementsprechend wird durch eine geeignete Gestaltung des Textes versucht, beiden Leserkreisen gerecht zu werden. Die Literaturverweise sind derart strukturiert, daß die zentralen Quellen im Text zu finden sind, während die für Fortgeschrittene interessanten, weiterführenden Verweise und Anmerkungen als Fußnoten gestaltet werden. Hierdurch soll ein je nach Informationsbedarf selektives Lesen ermöglicht werden. Dem selben Zweck dient die Hervorhebung zentraler Begriffe durch **Fettdruck**, die Betonung u.E. wichtiger Begriffe oder Sachverhalte duruch *Kursivdruck* sowie ein kleineres Schriftbild für jene Absätze, die kurze Beispiele oder Vertiefungen enthalten. Zudem sind eine Reihe von Exkursen in den Text integriert, in welchen zentrale Aspekte der jeweiligen Kapitel erörtert werden. In den Fällen, in denen uns die historische Einordnung von Autoren und ihren Werken hilfreich erschien, haben wir uns bemüht, neben biographischen Angaben auch die Ersterscheinung der zitierten Literatur in eckigen Klammern aufzuführen. Schließlich sollen ausführliche Personen- und Sachregister den schnellen Zugriff auf gesuchte Autoren und Textstellen erlauben.

0.3 Zugrundeliegende theoretische Konzeption

Dieses Studienbuch beruht auf dem für unser Verständnis von Soziologie als empirischer Wissenschaft charakteristischen **strukturell-individualistischen Ansatz** (vgl. Kap. 4), einer theoretischen Perspektive, die zur Beschreibung und Erklärung menschlichen Handelns im Rahmen soziologischer Analysen

- Annahmen über *Personen* als Handelnde und für diese geltende Regelmäßigkeiten des Handelns verknüpft mit
- Annahmen über die *Situationen* sowie deren institutionellen Einbindungen, in denen sich die handelnden Personen befinden, sowie über deren verhaltens- wie ergebnissteuernde Wirkungen.

Diese Sichtweise geht davon aus, daß jedes menschliche **Handeln** in Form, Inhalt, Adressat, Resultat und Wirkung in aller Regel *sozial bedingt* ist und zugleich *soziale Folgen* zeitigt. Diese Handlungsfolgen können über die Handlungsabsichten hinausgehen und zu paradoxen, widersprüchlichen oder gar unerwünschten Effekten führen.

Soziale Ereignisse jeder Art werden aufgefaßt als Ergebnis von Einstellungen, Entscheidungen und Handlungen von Personen, die als lernende und handelnde Wesen ihr Leben und ihre Umwelt gestalten, deren Handeln als sozio-kulturelles Handeln nicht nur auf der ursprünglichen menschlichen Natur beruht, nämlich der physischen und psychischen Ausstattung und den mentalen oder kognitiven Kapazitäten, sondern auch auf dem sozio-kulturellen Erbe, das die geschichtlich-gesellschaftliche Wirklichkeit charakterisiert (vgl. Kap. 4.1).

Nimmt man den Menschen als intentional handelndes Subjekt ernst, das ausgestattet ist mit begrenzter Rationalität (vgl. Kap. 4.1 und 6.2.1) und eingebettet ist in ein Netz sozialer Beziehungen (vgl. Kap. 4.2 und 6.2.2.), so lassen sich jede Handlung und jedes Handlungsresultat auffassen als ein komplexes Produkt aus kulturellen Rahmenbedinungen (vgl. Kap. 2.6), institutionellen Regeln (vgl. Kap. 4.4), situationsbezogenen Faktoren (vgl. Kap. 6.2) und persönlichkeitsspezifischen Bedingungen (vgl. Kap. 2.7). Menschliches Handeln ist demnach abhängig von den vorliegenden Interaktionsbeziehungen, ihren Mustern und ihrer Ordnung (vgl. Kap. 4.2 und 6.2.2.), vom jeweiligen Wissens- und Informationsstand (vgl. Kap. 2.6), von den sozialen Institutionen (vgl. Kap. 2.2 und 4.4), von den handlungsleitenden Weltbildern und sozialmoralischen Leitideen (vgl. Kap. 2.6), vom erreichten technischen Niveau, von den verfügbaren und ins Spiel gebrachten materiellen wie immateriellen Mitteln (vgl. Kap. 2.3), von den gewonnenen Erfahrungen, von den vorausgehenden Handlungen sowie von den Intentionen der verschiedenen Handlungsbeteiligten und den von ihnen - unter wechselseitiger Abstimmung oder ohne eine solche - angestrebten Folgezuständen (vgl. Kap. 6.2). Handeln und Handlungsfolgen lassen sich deswegen nicht allein durch Bezugnahme auf die Beweggründe der Handelnden und als ausschließlich individuell determiniert erklären (vgl. Kap. 4.5), aber auch nicht als primär gesellschaftlich bedingt. Beidem muß vielmehr Rechnung getragen werden.

Fragt man nach dem wissenschaftlichen und praktischen Nutzen, den soziologische Forschung zu bieten vermag, so dürfte er am ehesten dort zu finden sein, wo Soziologen dem vierteiligen Schema der Entwicklung wissenschaftlicher Erkenntnisse folgen, das POPPER in seiner Arthur-Holly-Compton-Gedächtnisvorlesung unter dem Titel "Über Wolken und Uhren" vorstellte (Popper 1973): Ausgangspunkt ist ein als lösungsbedürftig empfundenes Problem. Für dieses wird eine vorläufige theoretische Lösung gesucht. Diese wird zum Zwecke der Fehlerbeseitigung mit der geschichtlich-gesellschaftlichen Wirklichkeit konfrontiert. Hieraus ergibt sich in der Regel die Notwendigkeit, das Problem neu zu definieren oder nach neuen theoretischen Lösungmöglichkeiten zu suchen, die wiederum empirischer Überprüfung zugeführt werden müssen und an der Erfahrung scheitern können (vgl. Kap. 3.2 und 6.3). Die Forderung nach empirischer Überprüfung theoretischer Entwürfe sowie nach prinzipieller Offenheit von Erkenntnisprozessen ist die logische Konsequenz dieser Sichtweise. Eine solche wird u.E. allein humanitären Werten gerecht und gewährleistet Integrität wie Unabhängigkeit des aufgeklärten Individuums.

Ausgehend von der Interdependenz von Theorie, Empirie und Praxis , sind wir der Überzeugung, daß Soziologie nur als empirische Soziologie möglich ist, als eine der intersubjektiven Kontrolle unterworfene, auf die Erfassung der geschichtlich-gesellschaftlichen Wirklichkeit ausgerichtete, theoretisch fundierte und zugleich den sozialen Problemen zugewandte empirische Sozialforschung. Dieser Auffassung war auch KÖNIG, der Soziologie, der Tradition rationaler Aufklärung verpflichtet, stets in praktischer Absicht betrieb: "Die Sozialforschung entspringt bestimmten Nöten des Alltags und aus der Praxis; ihre Bestätigung findet sie wiederum in der Praxis. Zwischen diesem Anfang und diesem Ende liegt allerdings ein oft sehr umfangreiches theoretisches Zwischenspiel, das seine Wirkungen sowohl in der Erschließung neuer Daten als auch in der Gestaltung neuer praktischer Aufgaben bemerkbar macht" (König 1952: 36).

1 Was versteht man unter "Soziologie"?

In seinen achtzehn Vorlesungen zum Thema "Die industrielle Gesellschaft" macht ARON - ironisch - darauf aufmerksam, daß Soziologen hinsichtlich der Vorstellung von Soziologie als Wissenschaft nur in einem Punkt übereinstimmen, nämlich in der Feststellung "der Schwierigkeit, die Soziologie zu definieren" (Aron 1964: 9). Man könnte angesichts einer solchen Situation versuchen, einer Antwort auf die Frage, was unter Soziologie zu verstehen ist, dadurch näherzukommen, daß man sich der beruflichen Praxis zuwendet und dem nachgeht, was Soziologen in ihren beruflichen Handlungsfeldern tun, um danach Soziologie als Wissenschaft zu skizzieren und zu definieren. Dies wird jedoch nicht gelingen, und zwar nicht zuletzt deswegen, weil es bis heute keine eindeutig umrissenen, allein den Soziologen aufgrund ihres Spezialwissens vorbehaltenen oder von ihnen dominierten Tätigkeitsfelder gibt, Tätigkeits- oder Berufsfelder, die in gleicher Weise wie etwa die Tätigkeitsfelder von Medizinern oder Juristen darüber Aufschluß geben, was den Schwerpunkt der beruflichen Wirklichkeit soziologischen Handelns charakterisiert.[1] Für das zukünftige Tätigkeitsfeld sind durchweg der gewählte Studienschwerpunkt sowie die Fächerkombination von erheblicher Bedeutung. Dies liegt insbesondere daran, daß die Soziologie, wie jede Einzelwissenschaft, nur bestimmte Aspekte der komplexen Wirklichkeit erfaßt, für adäquate Problemlösungen jedoch in der Regel eine Verschränkung wesentlicher Aspekte unerläßlich ist, die von verschiedenen Wissenschaften angegangen werden. Deswegen erfordert die Verwendung soziologischer Wissensbestände für die Lösung praktischer Probleme im beruflichen Alltag eine enge Kooperation mit anderen, für die jeweils anstehenden Probleme relevanten wissenschaftlichen Disziplinen (vgl. Büschges 1985a).

MATTHES (1981a: 9f) sieht sich in seiner "Einführung in das Studium der Soziologie" genötigt, auf zwei Schwierigkeiten nachdrücklich hinzuweisen, mit denen Studenten konfrontiert werden, die Soziologie im Haupt- oder Nebenfach studieren wollen, und für deren Lösung es bislang keine angemessenen und einheitlich akzeptierten Vorschläge gibt. Die eine Schwierigkeit resultiert aus unzureichenden, bruchstückhaften oder gar in sich verzerrten Informationsgrundlagen. Bislang gibt es "kaum eine Möglichkeit der zuverlässigen und zu Urteilen befähigenden Information über das, was Soziologen eigentlich tun und tun können, *bevor* man sich dazu entschließt, sich ihrer Zunft zunächst im Status der Studenten anzuschließen" (Matthes 1981a: 9). Dies hat zur Folge, daß "das Bild von der

---

[1] Wie eine von Kindelmann (1989) durchgeführte empirische Studie zu Berufsübergang und beruflicher Situation der Absolventen des Nürnberger Diplom-Studienganges "Sozialwissenschaften" ergab, konzentrierten sich rund 60% der Absolventen auf fünf Berufsfelder: Personal- und Sozialabteilungen (14%), Verwaltungen (12%), Medien, Redaktionen, Öffentlichkeitsarbeit (12%), Kommerzielle Forschung, Marktforschung und Marketing (11%), Forschung, Entwicklung, wissenschaftliche Institute (11%). Weitere rund 40% waren in so verschiedenen Berufs- und Tätigkeitsfeldern beschäftigt, daß sich eine Zusammenfassung verbot.

Soziologie, das der künftige Student gewinnen kann, zwischen höchst gegensätzlichen und in jedem Falle weithin irrational bestimmten Typisierungen hin und her schwanken" (Matthes 1981a: 10) muß. So erscheint "die Soziologie als eine diffuse Kraft der Weltveränderungen, ... als eine zusätzliche Möglichkeit der Selbstdarstellung, Selbstbegründung und Perfektionierung bestehender Praxis und Ideologie" (Matthes 1981a: 10). Nicht vermittelt wird, daß es sich bei der Soziologie, wenn man vom gegenwärtigen Entwicklungsstand ausgeht, um "eine in ihren Anforderungen an die Maßstäbe der Forschung recht harte, in ihren Verfahren der Theoriebildung sehr vielseitige und auf interdisziplinäre Bezüge angewiesene Wissenschaft (handelt, d.A.), die es sich um ihre eigene Begründung als Wissenschaft nie leicht gemacht hat und die in einem besonders schwierigen Verhältnis zu ihrer gesellschaftlichen Praxis steht, weil sie sich mit den Handlungszwängen, die jeder gesellschaftlichen Praxis innewohnen, nicht einfach abfinden kann" (Matthes 1981a: 10).

Die zweite, fast das gesamte Studium der Soziologie charakterisierende Schwierigkeit, umreißt MATTHES folgendermaßen: "Der angehende Student der Soziologie findet sich, seine lebensweltliche Praxis und seine darin verwurzelte Studienmotivation schon in der Einführung in das Soziologie-Studium nicht wieder, und er wird bald entdecken, daß ihn dieses Problem auch im Fortgang des Studiums begleitet, indem ihm *zum einen* zugemutet wird, so zu studieren, als könne und wolle er ein Forscher oder (und) Theoretiker der Soziologie werden, und indem ihm *zum zweiten* zugemutet wird, so zu studieren, als könne seine praktische Lebenswelt als Student der Soziologie nicht auch unter soziologischen Aspekten analysiert und gestaltet werden. Kurz: es mangelt der heute immer noch gängigen Anlage des Studiums sowohl an einem Bezug auf eine spätere gesellschaftliche Handlungswirklichkeit als auch an einem Bezug auf die Handlungswirklichkeit des Studiums selbst (Matthes 1981a: 12)."

Allerdings ist zu bedenken, daß diese Schwierigkeiten zum einen aus der Natur der Sache resultieren, aus dem, wie das Fach Soziologie entstanden ist und sich entwickelt hat. Sie ergeben sich aber auch daraus, daß im gesellschaftlichen Umfeld und in der erlebten Alltagswirklichkeit eine Vielzahl von Vorstellungen über das kursieren, was Soziologen auszeichnet, die mit dem, was Soziologie eigentlich sein sollte, nur wenig zu tun haben. Diese - nicht nur für Deutschland, sondern auch für andere Länder, z.B. die USA - charakteristische Situation veranlaßte BERGER, seine "Einladung zur Soziologie" - im Interesse einer Klärung der Situation für den angehenden Studenten - mit umfangreichen Darlegungen darüber zu beginnen, was Soziologen *nicht* sind. Sie sind nicht dazu berufen, "namens und zum Wohle des Einzelnen und der Gesellschaft zu wirken", als "Theoretiker der Sozialfürsorge" wesentliche Beiträge zur gesellschaftlichen Entwicklung zu leisten, als "Sozialreformer" zu wirken, wenngleich gerade diese Funktion mit der geschichtlichen Herkunft der Soziologie in Amerika wie in Europa eng verknüpft ist, und schließlich sind sie auch nicht die "Statistiker des menschlichen Verhaltens" (Berger 1969: 12ff). Allerdings beruhen diese Fehleinschätzungen nicht zuletzt darauf, daß soziologisches Wissen in allen hier genannten Bereichen für die Lösung von Problemen von erheblicher Bedeutung ist, wenngleich dies nicht immer gesehen und eingesehen wird, weil durchweg soziologische Wissensbestände nur in Kombination mit solchen anderer Disziplinen praktisch verwertet werden können.

Die hier umrissene Situation veranlaßt uns, in diesem Kapitel, in dem es um die Frage geht, was man unter Soziologie versteht, zunächst dreierlei abzuhandeln, nämlich Begriffliches (Kap. 1.1), Geschichtliches (Kap. 1.2) und Gemeinsamkeiten des Verständnisses von Soziologie (Kap. 1.3), und es mit einer Erörterung sozialer Bedingungen und sozialer Folgen menschlichen Handelns als Gegenstand soziologischer Forschung (Kap. 1.4) zu beschließen.

1.1 Zum Begriff "Soziologie"

Der Begriff "Soziologie" ist nach ENDRUWEIT (1989: 656) "ein ethymologischer Bastard aus lat. socius = Gefährte, Bundesgenosse, Geschäftspartner und griech. Logos = Wort, Vernunft". Er wurde von Auguste COMTE (1798-1857) geprägt, einem Schüler, Mitarbeiter und Freund SAINT-SIMONs (1760-1825). Er prägte den Begriff "Soziologie" im Jahr 1835 insbesondere deswegen, weil der bis dahin von SAINT-SIMON und ihm benutzte Begriff "soziale Physik" von Adolphe QUÉTELET (1796-1874) anders belegt worden war. Dieser hatte mit dem Begriff "Physique Sociale" (Quételet 1914/1921 [1835]) die als mathematische Statistik konzipierte, vornehmlich auf der Wahrscheinlichkeitsrechnung beruhende und als umfassend begriffene Wissenschaft vom Menschen eingeführt und diese als "allgemeine Soziallehre" vorgestellt. Die von QUÉTELET bevorzugte Anwendung der Wahrscheinlichkeitsrechnung lehnte jedoch COMTE ebenso entschieden ab wie "den Entwurf einer naturwissenschaftlichen Gesellschaftslehre als soziologische Gravitationstheorie" (vgl. König 1949: 16ff) in Analogie zur Physik, weil er ein solches Vorgehen als den Sozialwissenschaften und ihren Fragestellungen nicht angemessen ansah. Um Fehldeutungen und Mißverständnissen vorzubeugen, hielt er es für unbedingt notwendig, einen anderen Terminus zu prägen und dadurch seine von QUÉTELET und anderen abweichende Sicht dieser Wissenschaft zum Ausdruck zu bringen (vgl. Comte 1933 [1839-42]: 6ff). Nach den Vorstellungen von COMTE sollte in dieser neuen Wissenschaft ebenso über "die Gesellschaft" gesprochen werden, wie in der Geologie über "die Erde", in der Anthropologie über "den Menschen" und in der Biologie über "das Leben" (vgl. Bierstedt 1974: 3).

Die Soziologie entstand als "eine an der Erfahrung orientierte und der Zukunft zugewandte Wissenschaft", wie JONAS (1981a: 11ff) zu Beginn seiner "Geschichte der Soziologie" nachdrücklich hervorhebt. Ihre "Geschichte beginnt in dem Augenblick, in dem die selbstverständliche Geltung von Institutionen und Werten durchbrochen und die Frage nach ihnen als relevanter Forschungsgegenstand anerkannt wird" (Jonas 1981a: 12), und zwar insbesondere deswegen, weil die Menschen ihre Lebensverhältnisse nicht mehr als selbstverständlich anerkennen und nach den Prinzipien und Legitimitätsgründen ihres Zusammenlebens fragen. Deswegen beginnt auch "die Geschichte der Soziologie ... mit der Trennung von Gesellschaft und Staat" (Jonas 1981a: 15).

So erweist sich Soziologie als Gegenwartswissenschaft, wie René KÖNIG (1906-1992) betont, was zur Folge hat, daß sich "die Aufgaben der Soziologie wandeln ... mit den Situationen, die im Laufe der Geschichte, vor allem im Laufe der Entwicklung der sozialen Grundmächte, ihrer Emanzipationsbestrebung und ihrer Konflikte auftreten" (König 1949: 8f). Hieraus folgt, daß die Schwierigkeiten, Soziologie näher zu umreißen, in der spezifischen Erkenntnisabsicht und Sichtweise von Soziologie als Wissenschaft selbst begründet sind sowie in ihrer engen Verknüpfung mit der jeweiligen geschichtlich-gesellschaftlichen Wirklichkeit und ihren jeweiligen spezifischen Problemlagen. Wie sehen nun heutige Soziologen die Soziologie?

SCHÄFERS versteht in seinem Studienbuch "Gesellschaftlicher Wandel in Deutschland" Soziologie als "Wissenschaft vom sozialen Handeln, den sozialen Gebilden (Gruppen, Institutionen, Organisationen) und der Gesellschaft" (Schäfers 1990: 1), bestimmt sie als "empirisch-analytische Wissenschaft" (vgl. Kap. 3.1) und nennt als ihr Erkenntnisobjekt die "soziale Wirklichkeit" und deren Struktur. In den von ihm herausgegebenen "Grundbegriffe(n) der Soziologie" wiederum definiert SCHÄFERS Soziologie - etwas abweichend - als "die Wissenschaft vom Sozialen, d.h. den verschiedenen Formen der Vergemeinschaftung (z.B. Familie/Verwandtschaft, Nachbarschaft, soziale Gruppe) und der Vergesellschaftung (Organisation, Gesellschaft, Staat) der Menschen" (Schäfers 1986: 288). Dabei verwendet er mit Vergemeinschaftung und Vergesellschaftung zwei Begriffe, die von Max WEBER (1864-1920) geprägt und in ihrer Bedeutung umrissen wurden (vgl. Weber 1976 [1922]: 21ff).[2]

ENDRUWEIT bestimmt in dem von ihm herausgegebenen "Wörterbuch der Soziologie" diese Wissenschaft von ihren Objekten her: "Die Soziologie ist diejenige Sozialwissenschaft, die sich mit den sozialen Subjekten, den sozialen Prozessen und den sozialen Katalysatoren beschäftigt" (Endruweit 1989: 656).

Für KÖNIG ist Soziologie - gemäß seiner Einleitung zu dem von ihm herausgegebenen Lexikon "Soziologie" - "die wissenschaftlich-systematische Behandlung der allgemeinen Ordnung des Gesellschaftslebens, ihrer Bewegungs- und Entwicklungsgesetze, ihrer Beziehungen zur natürlichen Umwelt, zur Kultur im allgemeinen und zu den Einzelgebieten des Lebens und schließlich zur sozial-kulturellen Person des Menschen" (König 1967a: 8), womit er sich für eine sehr weit gefaßte Definition von Soziologie als Wissenschaft entscheidet.

HARTFIEL und HILLMANN bestimmen in ihrem "Wörterbuch der Soziologie" diese als "Gesellschaftslehre, je nach Problemstellung, Gegenstandsbegrenzung und Methode unterschiedlich definierte Wissenschaft, die als grundlegende Sozialwissenschaft auf die empirisch-theoretische Erforschung des sozialen Handelns und der gesellschaftlichen Stukturen und Prozesse ausgerichtet ist" (Hartfiel & Hillmann 1982: 713).

---

[2] Die Begriffe "Vergemeinschaftung" und "Vergesellschaftung" wurden von Weber (1976 [1922]: 21f) anstelle der Begriffe "Gemeinschaft" und "Gesellschaft" eingeführt, um Mißverständnissen und möglichen kollektivistischen Mißdeutungungen vorzubeugen.

MIKL-HORKE wiederum weist darauf hin, "daß die Soziologie in der Phase ihrer Entstehung als Einzelwissenschaft ... den Begriff Gesellschaft voraus(setzte, d.A.) und beanspruchte, eine 'Theorie' der Gesellschaft aus der Erkenntnis der naturgesetzlichen Grundlagen der sozialen Ordnung zu entwickeln" (Mikl-Horke 1992: 1). Sie macht darauf aufmerksam, daß eine der Voraussetzungen dafür, "daß es überhaupt zu einer eigenen Wissenschaft der Soziologie kommen konnte, die Erfindung der 'Gesellschaft' war, d.h. die Karriere des Begriffs 'Gesellschaft' im theoretischen Denken und im öffentlichen Sprachgebrauch" (Mikl-Horke 1992: 1).

Der Überblick über mögliche Definitionen von Soziologie als Wissenschaft ließe sich noch beliebig fortsetzen, weil durchweg jeder Autor seine eigene Definition verwendet. Wir möchten es bei den hier vorgestellten Standpunkten bewenden lassen und mit WEBERs Definition von Soziologie aus dem § 1 seiner "Soziologischen Grundbegriffe" schließen:

"Soziologie (im hier verstandenen Sinn dieses sehr vieldeutig gebrauchten Wortes) soll heißen: Eine Wissenschaft, welche soziales Handeln deutend verstehen und dadurch in seinem Ablauf und seinen Wirkungen ursächlich erklären will. 'Handeln' soll dabei ein menschliches Verhalten (einerlei ob äußeres oder innerliches Tun, Unterlassen oder Dulden) heißen, wenn und insofern als der oder die Handelnden mit ihm einen subjektiven Sinn verbinden. 'Soziales' Handeln aber soll ein solches Handeln heißen, welches seinem von dem oder den Handelnden gemeinten Sinn nach auf das Verhalten anderer bezogen wird und daran in seinem Ablauf orientiert ist" (Weber 1976 [1922]: 1).

Die Problematik, Soziologie als Wissenschaft im Rahmen einer Definition näher zu bestimmen, beschäftigte auch Theodor GEIGER (1891-1952) in der als Einleitung für die deutsche Ausgabe seiner "Soziologie" geplanten, aus dem Nachlaß publizierten Abhandlung "Was ist Soziologie?". In dieser betont er u.a. folgenden Sachverhalt, den wir tunlichst im Auge behalten sollten: "Scharf und endgültig kann die mit einer Definition gezogene Grenze niemals sein. Erstens kommt eine Wissenschaft im Laufe ihrer Entfaltung zu neuen, nicht voraussehbaren Fragestellungen, zweitens aber bedingt die Einheit des Wissenschaftgefüges, daß die einzelnen Forschungszweige vielfach ineinander übergreifen" (Geiger 1962: 45f). Dies ist allerdings für denjenigen nicht problematisch, der mit GEIGER davon überzeugt ist, daß "Wissenschaften ... nicht durch ihre in der dinglichen Welt konkret gegebenen Objekte bestimmt" sind, sondern daß das, "was eine Wissenschaft konstituiert, ... die besondere Blickeinstellung und Erkenntnisabsicht (ist, d.A.), mit der sie der Erscheinungswelt gegenüber tritt, und die Art der Fragen, die sie infolgedessen stellt und zu beantworten versucht. Man kann das auch so ausdrücken, daß jede Wissenschaft ihren besonderen, analytisch zu bestimmenden, abstrakten Gegenstand habe" (Geiger 1962: 45f).

Auf diesen Sachverhalt stellt auch Karl R. POPPER (1902-1994) in seinen Thesen zur "Logik der Sozialwissenschaften" ab, die er auf der internen Arbeitstagung der Deutschen Gesellschaft für Soziologie 1961 in Tübingen vortrug, wenn er in seiner neunten These hervorhebt: "Ein sogenanntes wissenschaftliches Fach ist nur ein abgegrenztes und konstruiertes Konglomerat von Problemen und Lösungsversuchen. Was es aber wirklich gibt, das sind die Probleme und die wissenschaftlichen Traditionen" (Popper 1962: 237).

1.2 Zur Geschichte soziologischen Denkens

Entstehen, Werden und Vergehen von Sippen, Stämmen, Völkern, Staaten und Nationen, ihrer Kulturen und ihrer gesellschaftlichen Ordnungen sind seit Jahrhunderten Gegenstand mythischer, philosophischer oder wissenschaftlicher Reflexion. Staatslehre und Staatsphilosophie beschäftigten sich schon im Altertum mit der Ordnung von Gesellschaft und Staat; doch erst in der Neuzeit erscheint - nach JONAS - "die Gesellschaft als ein Gegenstand, der einer eigenen Gesetzlichkeit unterliegt und dem daher auch eine eigene Wissenschaft zugeordnet werden kann" (Jonas 1981a: 15). Die bereits von Thomas HOBBES (1588-1679) im "Leviathan" (1984 [1651]) aufgeworfene Frage nach den Bedingungen der Möglichkeit sozialer Ordnungen angesichts des Naturzustandes der Menschen und der Menschheit, wurde damit zum Dauerthema für die Sozialwissenschaften (vgl. Kap. 2.2). Sie haben bis heute auf diese Frage keine eindeutige und allseits befriedigende Antwort gefunden, obwohl Bernard MANDEVILLE (1670-1733) mit der für unsere Thematik einschlägigen "Bienenfabel" (1980 [1724]),[3] Charles de Secondant, Baron de la Bréde et de MONTESQUIEU (1689-1755) in seinem Werk "Vom Geist der Gesetze" (1965 [1784]), Adam SMITH (1723-1790) in seiner "Theorie der ethischen Gefühle" (1949 [1759]) und seiner Untersuchung über den "Wohlstand der Nationen" (1978 [1776]) und Adam FERGUSON (1723-1816) in seiner "Abhandlung über die Geschichte der bürgerlichen Gesellschaft" (1923 [1767]) theoretische Wege aufzeigten, welche Möglichkeiten einer zureichenden Lösung erschlossen. MANDEVILLE, MONTESQUIEU, SMITH und FERGUSON diskutierten das Problem der gesellschaftlichen Integration nicht primär als moralisches Problem, sondern als sozialwissenschaftliches. Sie begriffen die gesellschaftlichen Phänomene als eine Realität eigener Art, die unabhängig von naturrechtlichen oder rationalen Voraussetzungen, unabhängig auch von politischen oder moralischen Konsequenzen zu analysieren sei und die sich weder in den Kategorien vergangener Philosophie noch solchen der Politik oder Ethik fassen lasse. Ins Zentrum stellten sie die äußeren Lebensbedingungen, Institutionen und Werte einer bestimmten Gesellschaft und deren wechselseitigen Zusammenhang.

MANDEVILLE machte darauf aufmerksam, daß in komplexen Gesellschaften die Ergebnisse menschlichen Handelns häufig sehr verschieden sind von jenen Ergebnissen, welche die Menschen mit ihrem Handeln beabsichtigen. Indem Individuen ihren eigenen Zielen folgen, bringen sie auch für andere nützliche Ergebnisse hervor, die sie nicht vorgesehen haben, ja die sie nicht einmal kannten; und zwar gleichgültig, ob sie in ihrem Handeln altruistisch oder egoistisch motiviert sind. Auch zeigte sich für ihn, daß die gesamte Gesellschaftsordnung und all

[3] Näheres bei Hayek (1969), Euchner (1980) oder Starbatty (1985).

das, was wir Kultur zu nennen pflegen, Ergebnis individuellen Strebens ist, dem keineswegs das Ziel vorschwebte, diese Ordnungen und diese Kultur zu schaffen. Durch vorhandene Institutionen, Gewohnheiten und Regeln werden die Menschen dahin gelenkt, mit ihrem Handeln auch solchen Zwecken zu dienen, die ihnen als solche nicht bewußt geworden sind. Gesellschaftsordnung wie Kultur wuchsen hervor aus dem Überleben dessen, was sich im Handeln der Menschen bewährt hatte (vgl. Hayek 1969: 130 sowie Kap. 2.2, 2.6, 4.3). Deswegen lassen sich für FERGUSON wie für MONTESQUIEU "die Gesetze des menschlichen Zusammenlebens ... nur aus den Bedingungen dieses Zusammenlebens selbst ableiten" (Jonas 1981a: 25).

SMITH sieht in der "Selbstliebe" und in dem sich daraus herleitenden "Selbstinteresse" die Haupttriebfedern menschlichen Handels.[4] Das Streben nach Mehrung des individuellen Wohlstandes und Mehrung der persönlichen Anerkennung oder des sozialen Ansehens sind die Triebkräfte, die in Verbindung mit den institutionellen Rahmenbedingungen der jeweiligen Gesellschaft unter den Bedingungen der Knappheit der jeweils verfügbaren Mittel die Mehrung des individuellen wie des gesellschaftlichen Reichtums dann bewirken, wenn die individuelle Freiheit des Handelns nicht allzu sehr eingeschränkt wird. Auch hier haben wir es mit einem Sachverhalt zu tun, der zwar durch menschliches Handeln bewirkt wird, der jedoch als solcher nicht Teil der jeweiligen Handlungsentwürfe ist, sondern ein im Verlauf des Handelns eintretender unbeabsichtigter Effekt.[5]

Die von FERGUSON, MANDEVILLE, MONTESQUIEU und SMITH bereits gewonnene Einsicht ging im Verlauf der Entwicklung soziologischen Denkens im 19. Jahrhundert bis hin ins frühe 20. Jahrhundert zunächst verloren. Die Klassiker der Soziologie wie COMTE, Karl MARX (1818-1883) und Herbert SPENCER (1820-1903) sahen Gesellschaften wie alle isolierbaren sozialen Einheiten nur als

---

[4] Es handelt sich bei der "Selbstliebe" und dem "Selbstinteresse" allerdings nicht um einen schrankenlosen Egoismus. Der individuelle Egoismus wird vielmehr begrenzt, im Zaum gehalten und gesteuert zunächst durch die Sympathie, die jedem Menschen eigentümlich ist, nämlich durch das Mitgefühl für und das Interesse an anderen Menschen. Zum anderen wird er eingeschränkt durch die freiwillige Anerkennung handlungsleitender Regeln der Ethik und Gerechtigkeit, welche die Menschen aus Erfahrung oder aus Vernunftgründen gewonnen haben. Ferner erfolgt eine Kanalisierung egoistischen Strebens durch die von der staatlichen Obrigkeit als Regeln der Gerechtigkeit erlassenen und mit Sanktionen bewehrten Gesetze. In der Wohlstandsgesellschaft ergibt sich darüber hinaus noch eine Begrenzung durch den Wettbewerb (vgl. Recktenwald 1978: XLI).

[5] Diese Effekte resultieren aus der Kombination kultureller, institutioneller, situativer und persönlichkeitsspezifischer Faktoren (vgl. Kap. 4.5). Die von Smith in seinen Werken an zentraler Stelle zitierte und von den Interpreten so oft mißverstandene "invisible hand", die "unsichtbare Hand", ist hier am Werke. So wie z.B. der reiche Landbesitzer, der zur Befriedigung seiner Wünsche eine große Menge Leute beschäftigt, gehalten ist, diesen Leuten zur Befriedigung ihrer eigenen Lebensbedürfnisse einen Teil seines Reichtums abzugeben, und damit als Agent einer unsichtbaren, an der Verteilung des Reichtums interessierten Hand wirkt, so trägt z.B. der Kapitalist, der sein Kapital in der heimischen, und nicht in der ausländischen Industrie investiert, um seinen Profit zu mehren, dadurch zugleich zur Vermehrung des Wohlstandes seines Landes bei. Wörtlich sagt Smith: "he intends only his own gain, and he is in this, as in many other cases, led by an invisible hand to promote an end, which was no part of his intention" (zitiert nach Schneider 1967: 107).

Momente in einem historischen Entwicklungsprozess, der alles umgreift. Zwar nahmen späterhin Émile DURKHEIM (1858-1917), Vilfredo PARETO (1848-1923) und WEBER davon Abstand, Wandlung und Entwicklungsrichtungen von Gesellschaften generell durch finale Entwicklungsgesetze[6] zu erklären, doch blieb diese Idee bei vielen Sozialphilosophen und Sozialwissenschaftlern weiterhin erhalten. DURKHEIM, PARETO und WEBER versuchten hingegen, Wandlungen und Entwicklungen von Gesellschaften kausal als Folge endogener Wandlungskräfte[7] oder exogener Störungen[8] zu deuten. Sie eröffneten damit die Chance, an die früheren Überlegungen von MANDEVILLE, MONTESQUIEU, SMITH und FERGUSON anzuknüpfen, und boten wieder die Möglichkeit, gesellschaftliche Wandlungsprozesse als Kombination von Erfindungen, Entdeckungen und einmaligen historischen Ereignissen zu erfassen, sie als Resultat menschlichen Handelns zu begreifen und dabei exogenen wie endogenen Faktoren gleichermaßen Rechnung zu tragen (vgl. Kap. 9).

Da wir auf die weitere Entwicklung soziologischen Denkens bei der Erörterung der "Grundfragen empirischer Soziologie" (vgl. Kap. 2), der "Grundorientierungen von Soziologie als Wissenschaft" (vgl. Kap. 3), der "Grundannahmen empirischer Soziologe auf strukturell-individualistischer Grundlage" (vgl. Kap. 4) sowie der "Soziologie als Wissenschaft sozialen Handelns" (vgl. Kap. 5) zurückkommen werden, seien diese Bemerkungen mit dem Hinweis abgeschlossen, daß eine nähere Bestimmung des Begriffs "Gesellschaft", jenes oft als "Gegenstand" der Soziologie benannten Bereichs, nach wie vor große Schwierigkeiten bereitet. Für unsere Zwecke dürfte es ausreichen, "eine räumlich, zeitlich oder sozial begrenzte und zugleich geordnete Menge von Individuen oder Gruppen von Individuen, die in direkten wie indirekten Wechselbeziehungen verbunden sind," unter "Gesellschaft" zu verstehen (Büschges 1989a: 245 und Kap. 2.2). Diese Bestimmung hat allerdings zur Folge, daß eine nähere Fassung dessen, was mit Gesellschaft gemeint ist, nur im Lichte der jeweils obwaltenden theoretischen Perspektive und ihrer Grundannahmen geschehen kann. So kann "Gesellschaft" (a) als real existierendes Phänomen aufgefaßt, (b) als sozialer Typus konzipiert, (c) als soziales Modell konstruiert oder (d) enger gefaßt und nur im rechtlichen Sinne für jede durch Gesellschaftsvertrag oder Satzung zur Erreichung eines bestimmten Zweckes begründete Vereinigung von Personen verwandt werden (vgl. Büschges 1989a).

Die Schwierigkeit, "Gesellschaft" näher und empirisch faßbar zu bestimmen, ist nicht zuletzt darin begründet, daß "in dem Begriff Gesellschaft eine Zeitlage festgeschrieben wurde, nämlich das Selbstverständnis der auf ihre kulturelle Eigenart und staatliche Selbständigkeit bedachten Nationen des 19.

---

[6] Es handelt sich um Gesetze, die gesellschaftliche Entwicklung als von einem Endzweck her oder durch ein Endziel bestimmt (lat. causa finalis) begreifen.

[7] Im Innern einer "Gesellschaft" oder eines "sozialen Systems" entstehende oder vorliegende Faktoren (griech. endogen = innen geboren).

[8] Von außen auf eine "Gesellschaft" oder ein "sozialen System" einwirkende Faktoren (griech. exogen = von außen geboren).

Jahrhunderts, für die das Selbstbestimmungsrecht der Völker, also die Identität von Volk, Kultur, Nation und Staat - evidente Lehre der Geschichte war" (Tenbruck 1984a:348), wie Friedrich H. TENBRUCK (1919-1994) nachgewiesen hat. Da diese Zeitlage längst vergangen ist und da "die Gesellschaften ... in der Zwischenzeit eine Revolution ihrer Organisation erlebt" haben (Coleman 1991: XIII), sollte auf den Begriff "Gesellschaft" überall dort verzichtet werden, wo dessen Verwendung über eine unspezifische Bedeutung hinausgeht: "Wir werden den Realitäten in dem Maße näherkommen, wie wir wieder von benennbaren Staaten, Verbänden, Parteien, Ideologien, Wirtschaften, Publika und dergleichen mehr als von vielen eigenen Vergesellschaftungen zu sprechen lernen, ohne darum das trügerische Band der Gesellschaft zu schlingen" (Tenbruck 1984a: 348).

Überblickt man die Geschichte der Soziologie als Wissenschaft, so kann man dem Urteil nur zustimmen, mit dem MIKL-HORKE ihr als "Begleiter durch das 'Dickicht' soziologischer Theorien und Denkweisen" verstandenes Buch eröffnet: "Der Gang der Wissenschaft ist kein einseitig autonomer. Ideen fallen nicht vom Himmel, sondern sind in komplexer Weise Ausdruck von Lebens- und Umweltbedingungen und -erfahrungen. Die realen Umstände, unter denen wissenschaftliche Forschung vor sich geht, sind sehr wesentlich dafür, was geleistet wird; die beruflichen Aussichten, die Erwartungen von Karriere und Erfolg, die politischen Präferenzen, die bürokratischen Begrenzungen und Einengungen, die ökonomischen Verhältnisse in der Gesellschaft im allgemeinen sind Determinanten des wissenschaftlichen Output. Die Entwicklung der Soziologie geht nicht kontinuierlich und kumulativ vor sich, sondern ist durch Brüche und Unterschiede gekennzeichnet. Auch Soziologie ist ein Teil des sozialen Prozesses, von ihm bestimmt und ihn mitbeeinflussend und stellt auch in ihrer Wissenschaftspraxis selbst einen sozialen Prozeß dar. Begriffe, Theorien, Methoden haben ihre interne, externe, professionelle und subjektive Geschichte, sie unterliegen sozialen Prozessen, die über ihren Erfolg oder ihr Vergessenwerden entscheiden, und sie formen unsere Deutung der Wirklichkeit mit" (Mikl-Horke 1992: XIf). Deswegen ist es auch nur konsequent, wenn COLEMAN verlangt, "daß die Sozialtheorie einem steten Wandel unterworfen sein muß, selbst in einem weitentwickelten Stadium. In dem Maße, wie sich die soziale Wirklichkeit, durch die Erfindung neuer Formen von Organisation und die Entwicklung neuer Prozesse, verändert, muß auch die Sozialtheorie ausgearbeitet oder verändert werden" (Coleman 1992: 276).

1.3 Gemeinsamkeiten soziologischer Forschungsprogramme

Wenn Soziologen sich auch in Bezug auf ihre Theorien und ihre Forschungsprogramme unterscheiden, so stimmen viele darin überein, daß es einen Kern von Erklärungsproblemen gibt, die vermittels der theoretischen Ansätze der Soziologie als Disziplin zu lösen sind. Das prominenteste klassische Problem dieser Art, das mit den Namen von HOBBES, MONTESQIEU, SMITH, DURKHEIM, WEBER und Talcott PARSONS (1902-1979) u.a. verbunden ist, ist das sogenannte "Problem der sozialen Ordnung", nämlich die Frage nach den Bedingungen, unter denen Menschen eine stabile, mehr oder minder friedliche Gemeinschaft bilden können, die dem Einzelnen ein Mindestmaß an persönlicher Sicherheit bieten kann. Spezifikationen dieses allgemeinen Problems sind viele andere Fragen, z.B.:

- Wie entsteht eine spontane Ordnung allgemeiner oder besonderer Regeln des Alltagslebens? Fragen, die sich u.a. bereits SMITH und später von HAYEK stellten.
- In welcher Weise wirkt sich das Vorhandensein oder Fehlen einer sozialen Ordnung auf das individuelle Verhalten aus? Ein möglicher Effekt ist der Selbstmord, die klassische Fragestellung DURKHEIMs.
- Welche Bedeutung haben Sanktionen für die Aufrechterhaltung einer sozialen Ordnung? Dieses Problem beschäftigte bereits Jeremy BENTHAM (1748-1832).
- Auf welche Weise entstehen kollektive Aktionen von Bürgern, die zur Beseitigung sozialer Ordnungen oder bestimmter Institutionen führen? Klassisches Beispiel sind Revolutionen, wie sie bereits Alexis DE TOCQUEVILLE (1805-1859) analysierte (vgl. Aron 1979a).

Von diesen Vorstellungen ausgehend läßt sich "Soziologie" im Lichte des strukturell-individualistischen Ansatzes begreifen als jene Wissenschaft, deren zentrales Problem einerseits die sozialen Bedingungen menschlichen Handelns und andererseits dessen soziale Folgen sind. Dem wollen wir uns im folgenden zuwenden.

1.4 Soziale Bedingungen und soziale Folgen menschlichen Handelns als Gegenstand der Soziologie

Wir knüpfen an die Erfahrung an, daß es "Gesellschaft" als einen eindeutig abgrenzbaren und real erfahrbaren Objektbereich nicht gibt. Bei jenen Erscheinungen, die wir gemeinhin meinen, wenn wir von "Gesellschaft" sprechen, handelt es sich nicht um klar bestimmbare und empirisch unmittelbar faßbare Phänomene, auch wenn unsere Sprechweise dies suggeriert, sondern eher um "gesellige Erscheinungen", wie GEIGER (1962: 46) meinte. Zwar besteht "ein zentrales Problem der Sozialwissenschaften" nach wie vor "darin, zu erklären wie ein soziales System funktioniert" (Coleman 1991: 1), und liegt "die Hauptaufgabe der Sozialwissenschaft ... in der Erklärung sozialer Phänomene, nicht in der Erklärung von Verhaltensweisen einzelner Personen" (Coleman 1991: 2). Jedoch haben wir es bei jenen Phänomenen und Problemen, mit denen sich empirisch orientierte Soziologen beschäftigen, in aller Regel nicht mit solchen zu tun, die sich in eindeutig bestimmbaren und voneinander geschiedenen "Gesellschaften" lokalisieren lassen oder auf solche beziehen. Dies war vielleicht in frühen Phasen der Menschheitsgeschichte einmal der Fall. Durchweg handelt es sich heute - in der Terminologie WEBERs - um "Vergesellschaftungen" oder "Vergemeinschaftungen" von Individuen, von Personen, die handelnd direkt oder indirekt miteinander verbunden sind, die als solche soziale Aggregate, Gruppierungen oder Kollektive mannigfacher, einander überlappender Art bilden und die in einen kulturellen wie institutionellen Zusammenhang eingebunden sind (vgl. Büschges 1989a: 245ff).

Deswegen empfiehlt es sich, zum Zwecke soziologischer Analyse theoretische Modelle (vgl. Kap. 3 und 6) zu entwickeln, die Annahmen über *Individuen als Handelnde* und für diese geltende Regelmäßigkeiten des Handelns verbinden mit Annahmen über die *sozialen Situationen* unter Einschluß der Interaktionsbeziehungen, in denen sich die handelnden Individuen als individuelle Akteure befinden.

Auf diese Weise können die kulturellen und institutionellen Bedingungen und damit der sogenannte gesellschaftliche Rahmen ebenso berücksichtigt werden wie andere Zwänge und Chancen sozialer Natur, denen die handelnden Individuen gegenüberstehen (vgl. Boudon 1980, Coleman 1991, Raub 1984). Bei einem solchen Vorgehen müssen die sozialen Bedingungen individuellen Handelns und seiner Folgen als verhaltens- und ergebnissteuernde Faktoren bei der Erklärung sozialer Phänomene explizit berücksichtigt werden. Dies hat zur Folge, daß die theoretischen Modelle, welche der Erklärung zugrunde liegen, zweierlei Arten von Aussagen enthalten müssen: Zum einen darüber, wie die jeweiligen sozialen Bedingungen die Handlungsziele, die Handlungsmittel und die Handlungsmöglichkeiten der Individuen beeinflussen, zum anderen, wie die jeweiligen sozialen Bedingungen in Verbindung mit den Handlungen der Individuen und ihrer wechselseitigen interaktiven Verknüpfungen zu überindividuellen, kollektiven und damit auch gesellschaftlichen Folgen führen. Nachfolgendes, von Coleman (1986, 1991: 24) entworfenes Schema macht diese Zusammenhänge deutlich:

Abbildung 1.1: Das strukturell-individualistische Erklärungsschema nach COLEMAN

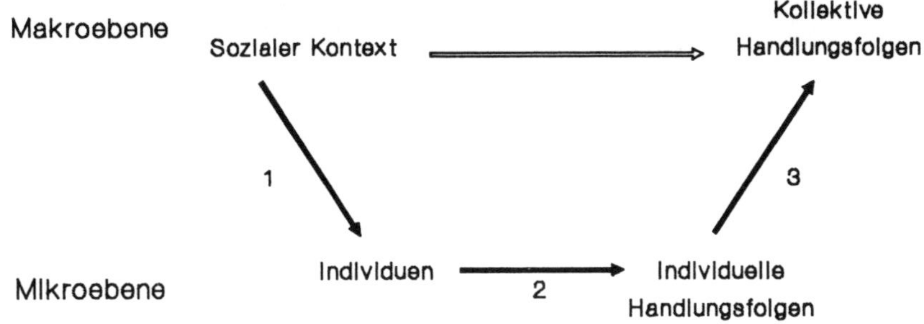

COLEMAN unterscheidet analytisch zwischen zwei Ebenen: der sog. **Makroebene**, die kollektive Phänomene wie z.B. statistische Verteilungen (z.B. die Quote der Frauenerwerbsbeteiligung in einer Gesellschaft) oder kollektives Verhalten (wie Demonstrationen vieler Individuen) abbildet, und der sog. **Mikroebene**, die die Individuen eines sozialen Systems und ihre Handlungen abbildet. Die Erklärung kollektiver Phänomene kann nun nicht allein im Rahmen der Makroebene geschehen, sondern erfordert den Rückgriff eben auf die Mikroebene und die Individuen, die diese bilden. Dies geschieht in drei Schritten: Erstens muß angegeben werden, wie ein gegebener sozialer Kontext auf der Makroebene (z.B. ein bestimmtes Rechtssystem, eine Organisationsform oder eine bestimmte Verteilung von Gütern) die Handlungsentscheidungen der Individuen beeinflußt. Hierzu werden sog. Brückenannahmen notwendig, die einen Zusammenhang zwischen den Zielen und Wünschen der Akteure und der Ausgangssituation herstellen. Bezüglich der Frauenerwerbstätigkeit könnte eine derartige Annahme lauten: "Je besser die Arbeitsmarktlage in einer Volkswirtschaft, desto eher finden Frauen Teilzeitstellen". Auf der Mikroebene müssen nun, ausgehend von der Situation der Akteure, die Handlungsauswahl und die individuellen Handlungsfolgen beschrieben werden. Dies beihaltet die Abwägung verschiedener Handlungskonsequenzen seitens der Individuen, wie z.B. die Kosten einer Kinderbetreuung gegen die Vorteile aus einer Erwerbstätigkeit. Sind die individuellen Handlungsentscheidungen erklärt, wird die Verknüpfung dieser Handlungen zu den kollektiven Handlungsfolgen notwendig. Hierfür werden Verknüpfungsregeln benötigt, die der wechselseitigen Abhängigkeit der Akteure und ihrer Handlungen gerecht werden.[9] Wie in Kapitel 6.3 und am Beispiel der sog. DDR-Revolution in Kapitel 9 gezeigt werden wird, genügt die einfache Aggregation der Handlungen (wie die Summe aller Verkäufe einer Firma für die Ermittlung des Umsatzes) in sozialen Kontexten häufig nicht. Möglichkeiten und Probleme von Brückenannahmen, der Modellierung individuellen Handelns und des Übergangs von der Mikro- zur Makroebene werden in Kapitel 6 ausführlich diskutiert. An dieser Stelle soll lediglich deutlich gemacht werden, "daß eine soziale Theorie - anders als eine psychologische - eine Theorie über die Auswirkungen verschiedener Regeln ist, innerhalb derer Mengen von Personen agieren" (Coleman 1991: 13). Ein strukturell-individualistisches Vorgehen bedeutet hier, das "theoretische Primat individualistischer Hypothesen" mit dem "analytischen Primat des sozialen Kontextes" (vgl. Lindenberg 1981: 52f, Raub & Voss 1981: 32) so zu verbinden, daß die Erklärung kollektiver Phänomene durch die Analyse des Verhaltens von Gruppen typisierter Individuen geleistet wird. Hierfür müssen die Verbindungen zwischen Mikro- und Makroebene in geeigneter Weise spezifiziert werden (vgl. Funk 1993: 89).

"Gesellschaft" als eine Entität höherer Ordnung entschwindet mit der hier gewählten theoretischen Orientierung. "Gesellschaft" wird expliziert durch den Rückgriff auf gesellschaftliche Beziehungen und gesellschaftliche Institutionen, letztere gewissermaßen verstanden als Spielregeln, an denen sich das Handeln der individuellen Akteure orientiert. Dies ist für all jene nicht von Nachteil, die WEBERs auf dem ersten deutschen Soziologentag in Frankfurt/M. 1910 geäußerte Auffassung teilen, "daß Wissenschaften und das, womit sie sich beschäftigen, da-

[9] Für einen Überblick sei verwiesen auf Alexander et al. (1987). Die hierin gesammelten Beiträge machen deutlich, daß bisher lediglich erste Ansätze zur Lösung des sog. Mikro-Makro-Problems entwickelt wurden. Zudem zeigt ein Vergleich der unterschiedlichen Beiträge, wie die gewählte Grundorientierung von Soziologie als Wissenschaft (vgl. auch Kap. 3) sowohl die Definition des Problems als auch den Vorschlag zu dessen Lösung determiniert.

durch entstehen, daß Probleme bestimmter Art auftauchen und spezifische Mittel ihrer Erledigung postulieren" (Weber 1924: 473), und daß wir nicht darauf angewiesen sind, durch den Aufweis eines eigenen, "Gesellschaft" genannten Gegenstandes die Berechtigung von Soziologie als Wissenschaft darzutun.[10]

Im Lichte der hier vertretenen Orientierung gehören soziale Bedingungen und soziale Folgen menschlichen Handelns zu jenen Problemen, die für die Soziologie als empirische, an Struktur, Funktion und Wandel sozialer Interaktionssysteme interessierte Sozialwissenschaft von zentraler Bedeutung sind. Vermittels

- geeigneter theoretischer Entwürfe,
- angemessener methodischer Verfahrensweisen und
- zweckmäßiger mathematisch-statistischer Analysemodelle
- verbunden in entsprechenden Forschungsdesigns

versucht empirische Soziologie der Lösung dieser Probleme näher zu kommen. Derartige Forschungsdesigns lassen in der Regel jene Verschränkung von Theorie, Methode und Empirie besonders deutlich werden, die für empirisch orientierte Soziologen charakteristisch ist, der Soziologie als Erfahrungswissenschaft betreibt.

Ziel der Soziologie als empirischer Sozialwissenschaft - im hier verstandenen Sinne - ist es insbesondere,

- soziales Handeln in seinen verschiedenen Erscheinungsformen zu erfassen,
- die für solches Handeln charakteristischen Regelmäßigkeiten zu beschreiben,
- seine kulturelle und institutionelle Bedingtheit aufzudecken,
- seine sozialen Folgen und kollektiven Effekte aufzuspüren und
- es schließlich in all seiner Mannigfaltigkeit vermittels möglichst einfacher und allgemeiner Gesetze zu erklären.[11]

Dabei geht es durchweg um zwei verschiedene Aspekte sozialen Handelns, die gleichsam die zwei Seiten der Münze "soziale Tatsachen" (Durkheim) ausmachen. Zum einen geht es um die sozialen (gesellschaftlichen, kollektiven) *Folgen* menschlichen sozialen Handelns, d.h. um jene Konsequenzen, die sich aus dem Handeln von Individuen für andere Individuen oder Gruppen von Individuen ergeben, die mit ihnen in sozialen Beziehungen stehen, die mit ihnen die soziale Ordnung teilen und die mit ihnen mittelbar oder unmittelbar über Handlungsketten verknüpft sind und in einem Handlungszusammenhang stehen (sogenannte kollektive Effekte).

---

[10] Heftigen Widerspruch dürfte diese theoretische Orientierung allerdings bei jenen hervorufen, die eine eher "holistisch-kollektivistische" Perspektive einnehmen, wie sie in Kapitel 3.3 knapp skizziert wird.

[11] Eine Erläuterung der Systematik soziologischer Erklärungen sowie der Verwednung allgemeiner Gesetze findet sich in Kapitel 6.

Ein Beispiel zur Verdeutlichung: In den letzten drei Jahrzehnten haben Eltern, Kinder und Jugendliche sich in stets wachsendem Maße für den Besuch weiterführender Schulen und den Erwerb höherqualifizierender Schul- und Ausbildungsabschlüsse entschieden. Soziologen interessiert in diesem Zusammenhang, welche Konsequenzen der hieraus resultierende wachsende Anteil von Kindern und Jugendlichen in Realschulen, Gymnasien und Hochschulen sowie der daraus sich ergebende zunehmende Anteil von Personen mit höherqualifizierenden Abschlüssen nach sich zieht. Führt ein so steigendes Bildungsniveau z.B. zu mehr Chancengleichheit auf dem Arbeitsmarkt und zu einer gleichmäßigeren Verteilung der Einkommen oder nimmt die Konkurrenz um begehrte Positionen und dadurch die Ungleichheit sogar zu (vgl. Raub 1984, Schäfers 1990: 280-295, Boudon 1980: 81-112, 169-186)?

Zum anderen geht es um die *sozialen (gesellschaftlichen, kollektiven) Bedingtheiten* menschlichen Handelns, d.h. um jene Konsequenzen, die sich aus dem sozialen Umfeld, den sozialstrukturellen Gegebenheiten und, insbesondere, den institutionellen Regelungen und kulturellen Mustern für die Handlungsentscheidungen von Individuen ergeben.

Auch hier ein Beispiel zur Verdeutlichung: Soziologen interessiert in diesem Zusammenhang, ob und inwieweit die staatlichen Erleichterungen des Zugangs zum Bildungssystem Bedingung gewesen sind für die Veränderung der individuellen Entscheidung im Hinblick auf Schul- und Hochschulbesuch sowie beruflicher Ausbildung. Es interessiert ferner, inwieweit mit diesen Veränderungen zugleich unterschiedliche Erwartungen als Hintergrund der individuellen Entscheidungen verbunden sind (vgl. Raub 1984, Schäfers 1990: 280-295, Boudon 1980: 81-112, 169-186).

Für den primär an der Erklärung sozialer Phänomene und nicht individueller Verhaltensweisen orientierten Soziologen sind in dem hier diskutierten Zusammenhang die indirekten, in der Regel unbeabsichtigten und oftmals unerwünschten Folgen (einschließlich Nebenfolgen und Rückwirkungen) absichtsgeleiteter individueller Handlungen von besonderem Interesse. Hierbei handelt es sich um jene Effekte menschlichen Handelns, die zwar durch die Handlungsentscheidungen und Handlungen von Individuen verursacht sind, die aber nicht Teil der individuellen Pläne und Handlungsentwürfe waren. Diese Folgen können sowohl positiver wie negativer Art sein. Sie können die Erreichung der individuellen Ziele verstärken, sie können sie aber auch behindern und evtl. dazu führen, daß Folgen entstehen, welche die Individuen gerade vermeiden wollten, d.h. sog. **paradoxe** oder widersprüchliche **Effekte** hervorrufen (vgl. Boudon 1979; Kap. 4.3, 7.3).

Wiederum ein Beispiel zur Verdeutlichung: Der wachsende Anteil von Kindern und Jugendlichen, die weiterführende Schulen besuchen, entsprechende Ausbildungsgänge absolvieren und höherqualifizierende Abschlüsse anstreben oder erwerben führt zu einer Vermehrung des Anteils von Personen mit höherqualifizierenden Bildungs- und Ausbildungsabschlüssen. Dies kann zur Folge haben, daß sich für einen Teil dieser Personen die Chancen gegenüber dem früheren Zustand nicht nur nicht verbessern, sondern absolut verschlechtern, wenn die entsprechenden Berufspositionen, für welche die höherwertigen Abschlüsse Zugangsvoraussetzung sind, nicht in gleichem Maße zunehmen. Die Folge ist, daß entsprechende Bildungszertifikate immer notwendiger werden, jedoch zugleich immer weniger hinreichend für den Zugang zu einer entsprechenden Berufsposition sind (vgl. Raub 1984, Boudon 1980: 81-112, 169-186).

Soziologie stellt demnach eine Wissenschaft dar, deren zentraler Gegenstand die soziale Folgen und soziale Bedingheiten menschlichen Handelns sowie die hieraus resultierenden kollektiven Phänomene darstellen. Aufbauend auf dieser Sichtweise sollen nun im folgenden die Grundfragen einer solchen Wissenschaft vorgestellt und diskutiert werden.

2 Grundfragen empirischer Soziologie

Ausgangs- und Anknüpfungspunkte für die Soziologie als empirische Wissenschaft und grundlegend für die Entstehung und Entwicklung von Soziologie als Einzelwissenschaft im Kanon der Wissenschaften waren und sind eine Reihe von Erfahrungen, die Menschen machen oder machen können, wenn sie ihr Leben in der geschichtlich-gesellschaftlichen Wirklichkeit beobachten, es nicht als selbstverständlich einfach hinnehmen, sondern darüber nachdenken. Diese Erfahrungen lassen sich grob wie folgt zusammenfassend beschreiben und systematisieren.

Wo immer wir Menschen in Geschichte und Gegenwart begegnen, treten sie uns gegenüber als Lebewesen, die nicht nur ihren Affekten und Emotionen folgen, sondern auch **bewußt**, zielorientiert und planend **handeln** und sich dadurch von anderen Lebewesen unterscheiden. Sie leben nicht vereinzelt und isoliert, ganz auf sich allein gestellt, sondern mit anderen Menschen zusammen, sind in ihrem Handeln mit diesen verbunden, an diesen orientiert und auf diese ausgerichtet. So stehen sie in **sozialen Beziehungen** mannigfacher Art, sind in ihrem Tun wie ihrem Unterlassen auf andere Menschen angewiesen und wirken ihrerseits auf diese ein (Kap. 2.1).

Wo immer wir Menschen in Geschichte und Gegenwart begegnen, sind sie als handelnde und in sozialen Beziehungen stehende Lebewesen eingebunden in **soziale Ordnungen**, die das Zusammenleben der Menschen prägen. Diese sozialen Ordnungen, verschieden in ihrer zeitlichen, räumlichen, sachlichen und personellen Geltung und Reichweite, regeln das Verhalten der ihnen unterworfenen oder in ihnen zusammengeschlossenen Menschen zueinander, beeinflussen die Handlungsentwürfe der Individuen, indem sie Handlungschancen eröffnen und Handlungsrestriktionen setzen, und sind damit von erheblicher Bedeutung für die Individuen und ihre Lebenschancen (Kap 2.2).

Wo immer Menschen in Geschichte und Gegenwart in sozialen Ordnungen leben, sind sie nicht gleich, sondern ungleich, unterscheiden sie sich unter anderem hinsichtlich der Positionen, die sie in den sozialen Ordnungen einnehmen, z.B. nach Ansehen, Macht, Einfluß, Reichtum an materiellen und immateriellen Gütern, Lebenschancen, Lebensstilen, Weltbildern und religiösen Überzeugungen. **Soziale Ungleichheit** wird damit zum charakteristischen Merkmal sozialer Ordnungen (Kap 2.3).

Wo immer wir Menschen in Geschichte und Gegenwart in durch Ungleichheit charakterisierten sozialen Ordnungen begegnen, leben sie nicht nur friedlich miteinander und unterstützen sich wechselseitig, sondern wetteifern um knappe materielle wie immaterielle Güter und gesellschaftlich begehrte Positionen, sind in **Konflikte** mannigfacher Art verwickelt und streiten mit- wie gegeneinander um die Gestaltung der sozialen Ordnung und um die Verteilung knapper Ressourcen (Kap. 2.4).

Wo immer wir Menschen in Geschichte und Gegenwart begegnen, die in sozialen Ordnungen leben und Konflikte mannigfacher Art zu bewältigen haben, erfahren wir, daß diese Ordnungen ebenso wie die sie konstituierenden und von ihnen beeinflußten sozialen Beziehungen einem ständigen **Wandel** unterliegen. Soziale Ordnungen und soziale Beziehungen verändern sich, eine Erfahrung, die mit Beginn der Neuzeit in stets wachsendem Maße gemacht werden kann (Kap. 2.5).

Wo immer wir Menschen in Geschichte und Gegenwart begegnen, die in sozialen Beziehungen zueinander stehen und eingebunden sind in eine soziale Ordnung, stellen wir fest, daß die sozialen Beziehungen wie die sozialen Ordnungen in erheblichem Umfang abhängig sind und beeinflußt werden von der **Kultur**, der die Menschen angehören. Unter Kultur sei dabei jenes komplexe Ganzes verstanden, daß die Bauwerke, die technische Ausstattung, die soziale Organisation, die Sprache, die Künste, die Wissenschaften, die religiösen Systeme, die Sitten und Gebräuche sowie die Weltbilder umfaßt und das umschrieben werden kann als die "Gesamtheit der Lebensformen, Leitvorstellungen und der durch menschliche Aktivitäten geformten Lebensbedingungen einer Bevölkerung in einem historisch und regional abgegrenzten Raum" (Hartfiel & Hillmann 1982: 415 sowie Kap. 2.6).

Wo immer wir Menschen in Geschichte und Gegenwart begegnen, die in sozialen Beziehungen zueinander stehen, die eingebunden sind in eine soziale Ordnung und die eingebettet sind in eine Kultur, erleben wir, daß ihr Verhalten und Handeln nicht nur abhängig ist von ihrer sozialen und materiellen Umgebung, sondern auch von ihrer individuellen Persönlichkeit. Diese ist nicht nur Resultat des biologischen Erbes, sondern auch des sozio-kulturellen Umfeldes. Sie entfaltet und entwickelt sich - für den Menschen als handelndes und lernendes Wesen - im Prozeß der **Sozialisation**, einem in wechselseitiger Abhängigkeit von und Auseinandersetzung des Menschen mit seiner gesellschaftlich vermittelten sozialen und materiellen Umwelt ablaufenden Entwicklungsprozeß (Kap. 2.7).

Die Betrachtung dieser Phänomene menschlichen Zusammenlebens führt zu der Frage, wie diese entstehen und wie sie sich auf das Handeln der Individuen auswirken. Bei der Suche nach Antworten hierauf stoßen wir schließlich auf die Erfahrung, daß menschliches Handeln nahezu unausweichlich Konsequenzen hat oder haben kann, die als solche nicht oder nur bedingt Teil der von den Handelnden oder deren Gruppierungen verfolgten Pläne und Absichten sind. Diese Konsequenzen können für den einzelnen Handelnden wie für eine mehr oder minder große Anzahl der mit ihm verbundenen Menschen eher positiv oder eher negativ oder die Handlungsziele gar in ihr Gegenteil verkehrend sein. Diese unbeabsichtigten Folgen absichtsgeleiteten menschlichen Handelns werden damit zu einem wesentlichen Bestandteil sozial bedingter Phänomene und müssen bei der Beantwortung aller soziologischen Fragestellungen berücksichtigt werden (vgl. Kap. 4.3 und 7.3).

Im sozialen Handeln und in den sozialen Beziehungen, in den sozialen Ordnungen und in den sozialen Konflikten, in sozialer Ungleichheit und in sozialem Wandel, in der kulturellen Bedingtheit allen menschlichen Handelns, in den Sozialisationsprozessen sowie in den mannigfachen Widersprüchen sozialen Handelns kommen Regelmäßigkeiten sozialen Verhaltens, sozialer Strukturen und sozialer Prozesse zum Ausdruck. Diese Regelmäßigkeiten aufzuspüren, zu erfassen, zu beschreiben und systematisch zu ordnen, darauf zielt empirische Soziologie als Erfahrungswissenschaft im hier zugrunde gelegten Verständnis ab. Dabei geht es allerdings nicht darum, Verhaltensweisen einzelner Personen zu erklären, sondern auf diesem Wege zur Erklärung sozialer Phänomene, insbesondere von Struktur, Funktion und Wandel sozialer Systeme[1] zu gelangen. "Folglich muß das soziale System, dessen Verhalten erklärt werden soll, im Mittelpunkt des Interesses stehen" (Coleman 1991: 2).

2.1 Soziales Handeln und soziale Beziehungen

In seiner Anthropologie geht Arnold GEHLEN (1904-1976) von der "Sonderstellung" des Menschen in der Natur aus und begreift ihn als primär "handelndes Wesen", wobei er unter "Handeln" in einer ersten "Annäherung die auf Veränderung der Natur zum Zwecke des Menschen gerichtete Tätigkeit" versteht (Gehlen 1961: 16f). Hans Paul BAHRDT (1918-1994) faßt für soziologische Analysen "Handeln" weiter und bezeichnet damit "ein tätiges Verhalten von Menschen, das sich auf Objekte richtet, durch welches ein beabsichtigter Zustand dieser Objekte herbeigeführt oder erhalten werden soll", wobei dazu gehört, "daß das Tun in der gegenwärtigen Situation vom Subjekt in eine sinnvolle Beziehung zu einem späteren Zustand gesetzt wird" (Bahrdt 1984: 31f). In diesem Verständnis gehört "zum Handeln ... eine deutliche Subjekt-Objekt-Beziehung ... und eine zeitliche Dimension: Es verbindet etwas Zukünftiges ... mit dem, was in der Gegenwart getan wird und sonst noch geschieht" (Bahrdt 1984: 31f). Berücksichtigt man in diesem Zusammenhang mit ARISTOTELES (384-322 v.Chr.) ferner, daß der Mensch ein "zoon politikon" ist, "also das planende soziale Wesen", dann folgt daraus, daß "Handeln und Sozialorientierung ... nahezu überall miteinander verbunden" sind (Lenk 1977: 8). Dadurch wird das Handeln zum "sozialen Handeln". Generell und unter Einbezug anderer Ansätze gilt dann, "daß soziales Handeln nicht individualisiert und isoliert als schlichtes Verhalten zwischen einzelnen Akteuren aufgefaßt werden kann, ohne die handlungsleitenden Ziele, Werte, Normen usw. zu berücksichtigen, ohne auch die kanalisierenden, musterbildenden Regelungen des Handelns zu sehen, die von sozialen Instanzen dem Handeln der Akteure 'aufgeprägt' werden" (Lenk 1977: 9).

Dieses soziale Handeln, sein deutendes Verstehen und dessen Erklärung macht WEBER (1976 [1922]: 1) zur Grundlage der Soziologie als Wissenschaft. Für ein Verständnis dieser Definition ist wichtig, zu sehen, daß WEBER mit **sozialem Handeln** eine besondere Weise menschlichen Tuns bezeichnet, die sich vom einfachen Verhalten, verstanden als reine Reaktion oder unbewußtes Verhalten,

---

[1] Systeme bezeichnen im Rahmen dieses Ansatzes immer eine klar abgregenzte Menge von Individuen, die miteinander in Beziehung stehen, und werden daher mit dem Begriff des Interaktionssystems synonym verwendet (vgl. Kap. 7.1). Die Spezifikation dieser Beziehungen und ihre Modellierung ist dabei eine der zentralen Aufgaben soziologischer Analysen.

zunächst durch ihre *subjektive Zielgerichtetheit*, ihren Bezug auf Objekte und damit verbundene Ziele unterscheidet. Ein solches zielgerichtetes Handeln wird dann zum sozialen Handeln, wenn es *auf das Verhalten anderer bezogen* wird. Das bedeutet, daß ein Handelnder[2] bereits dann eine soziale Handlung unternimmt, wenn er auf das lediglich reaktive Verhalten eines anderen, z.B. das unbeabsichtigte Verschütten einer Tasse Kaffee, sinngerichtet reagiert. Nicht notwendig ist für diese Kategorisierung im WEBERschen Sinne, daß sich auch der Interaktionspartner, z.B. derjenige, der den Kaffee verschüttet, sinnbezogen verhält. Dieser muß noch nicht einmal den anderen Akteur wahrnehmen. In diesem Sinne verwenden auch wir den Begriff sozialen Handelns als eine besondere Form intentionalen oder zielgerichteten Handelns.

Abbildung 2.1: Die Differenzierung menschlichen Verhaltens nach WEBER

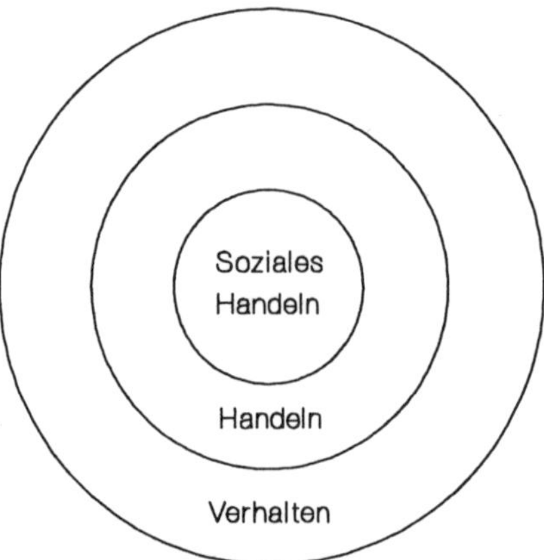

Zur **sozialen Beziehung**, die der für Menschen charakteristischen Wechselseitigkeit (der sog. Interdependenz) kategorial Rechnung trägt, wird für WEBER soziales Handeln dann, wenn es sich um "ein seinem Sinngehalt nach aufeinander gegenseitig *eingestelltes* und dadurch orientiertes Sichverhalten mehrerer" handelt (Weber 1976 [1922]: 13), wenn m.a.W. eine Koorientierung der Handelnden vorliegt. Diese sozialen Beziehungen, verstanden als Ausdruck der "Einwirkungen der Menschen aufeinander", auf denen "die Vorstellung von großen und kleinen Gebilden, die als Massen, Gruppen und Körperschaften unser soziales Leben beherrschen" (v. Wiese 1950: 134) beruht, macht Leopold v. WIESE (1876-1969) zum Ausgangspunkt seiner "Lehre von den sozialen Beziehungen und den sozialen Gebilden", der sogenannten Beziehungslehre. Dabei greift er einen Gedanken von Georg SIMMEL (1858-1918) auf, der von der Vorstellung ausgeht, daß "Gesell-

[2] Anstelle des Terminus "Handelnder" wird hinfort auch "Akteur" als Synonym verwandt.

schaft ... da existiert, wo mehrere Individuen in Wechselwirkung treten, ... (wo, d.A) der Mensch in ein Zusammensein, Füreinander- Miteinander- Gegeneinander-Handeln, in eine Korrelation der Zustände mit anderen tritt, d.h. Wirkungen auf sie ausübt und Wirkungen von ihnen empfängt" (Simmel 1908: 5). Vergesellschaftung ist für SIMMEL gegeben, wenn die Wechselwirkungen "das isolierte Nebeneinander der Individuen zu bestimmten Formen des Miteinander und Füreinander gestalten", sie ist folglich "die, in unzähligen verschiedenen Arten sich verwirklichende Form, in der die Individuen auf Grund jener - sinnlichen oder idealen, momentanen oder dauernden, bewußten oder unbewußten, kausal treibenden oder teleologisch[3] ziehenden - Interessen zu einer Einheit zusammenwachsen und innerhalb deren diese Interessen sich verwirklichen" (Simmel 1908: 5f).

Soziale Beziehungen, von anderen auch soziale Interaktionen oder soziale Wechselwirkungen genannt, in denen die Interdependenz der handelnd miteinander verbundenen Menschen zum Ausdruck kommt, unterscheiden sich in der Regel von sozialem Handeln zum einen dadurch, daß es sich um eine spezifische Form gegenseitig aufeinander eingestelltes und dadurch orientiertes Sichverhalten handelt. Zum anderen können sie auch situationsüberdauernd, in aller Regel von komplexer Art und schließlich nicht nur symmetrisch, sondern durchaus asymmetrisch sein, was z.B. bei den als "Macht", "Herrschaft" oder "Autorität" charakterisierten sozialen Beziehungen deutlich wird.[4] Diesem Umstand trägt SIX Rechnung, wenn er definiert: "Unter sozialen Beziehungen werden diejenigen *Interaktionen* und Einflußstrukturen verstanden, die entweder zwischen Personen oder zwischen Personen und Gruppen bestehen. Derartige Beziehungen lassen sich im Prinzip hinsichtlich ihrer Dauer (kurzfristig vs. überdauernd), ihrer Inhalte (Attraktivität, Aggression, Altruismus, Machtverteilung), ihrer Konsequenzen (minimal vs. maximal), ihrer Intensität (hohes vs. geringes Ausmaß), ihrem Verpflichtungsgrad (freiwillig vs. unfreiwillig) und der Anzahl der Betroffenen (zwei oder mehr) unterscheiden" (Six 1989: 84).

Für SIMMEL ist im Hinblick auf soziales Handeln und soziale Beziehungen die Einsicht zentral, daß "der Mensch ... in seinem ganzen Wesen und allen Äußerungen dadurch bestimmt (ist, d.A.), daß er in Wechselwirkung mit anderen Menschen lebt", weswegen es "nicht mehr möglich (ist, d.A.), die historischen Tatsachen im weitesten Sinne des Wortes, die Inhalte der Kultur, die Arten der Wirtschaft, die Normen der Sittlichkeit aus dem Einzelmenschen, seinem Verstande und seinen Interessen heraus zu erklären und, wo dies nicht gelingt, sogleich zu metapysischen oder magischen Ursachen zu greifen. ... Vielmehr glauben wir jetzt die historischen Erscheinungen aus dem Wechselwirken und dem Zusammenwirken der einzelnen zu verstehen, aus der Summierung und Sublimierung unzähliger Einzelbeiträge, aus der Verkörperung der sozialen Energien in Gebilden, die

---

[3] Teleologisch meint hier zielgerichtet im Sinne des Bestimmtwerdens vom zukünftig zu erreichenden Ziel; es leitet sich ab von telos: Ende, Ziel, Vollendung und logos: Lehre.

[4] Vgl. hierzu den diesem Kapitel folgenden Exkurs über Macht, Herrschaft und Autorität.

jenseits des Individuum stehen und sich entwickeln" (Simmel 1908: 3). Für SIMMEL gilt dies auch für Sprache und Religion.

WEBER, PARETO und PARSONS gehen bei ihrer Konzeption von Soziologie als Wissenschaft ebenso wie BOUDON, COLEMAN und auch wir von den sozialen Handlungen und den sozialen Beziehungen aus.[5] Darauf wird im fünften Kapitel noch näher eingegangen, das überschrieben ist: "Soziologie als Wissenschaft sozialen Handelns". Damit folgen wir einer zentralen Forderung BOUDONs & BOURRICAUDs: "Wir müssen bei der Erklärung sozialer Erscheinungen stets auf die elementaren individuellen Handlungen zurückgehen, aus denen sie sich zusammensetzen, und zwar unabhängig davon, ob es sich um ein Ereignis, einen Einzelfall, eine statistische Verteilung oder Regelmäßigkeit oder eine andere Erscheinung handelt, ... (weil, d.A.) alle Arten sozialer Erscheinungen, in deren Erklärung die Soziologie ihre Aufgabe sieht, ... Kompositionseffekte individueller Handlungen sind" (Boudon & Bourricaud 1992: 192f).[6]

Für die erkenntnis- und forschungsleitenden theoretischen Konzeptionen und Modelle der Soziologie ist damit, wie schon deutlich geworden sein dürfte, von erheblichem Einfluß:

- Wie "soziales Handeln" und "soziale Beziehungen" gesehen, verstanden und definiert werden,
- welche Bedeutung diesen beiden zentralen Begriffen für die Analyse sozialer Phänomene zukommt,
- ob, inwieweit und im Hinblick auf welche zeitlichen, räumlichen, sachlichen und personellen Aspekte soziales Handeln und soziale Beziehungen für Zwecke der Erfassung, Beschreibung, Analyse und Erklärung sozialer Phänomene herangezogen werden, und
- ob und inwieweit dabei dem Eingebundensein in größere soziale Zusammenhänge bis hin zu umfassenden sozialen Ordnungen Rechnung getragen wird oder nicht.

---

[5] Diesem Umstand trägt Boudon (1980: 13-32) explizit Rechnung.

[6] Welche Bedeutung soziales Handeln und soziale Beziehungen für die Grundlegung einer soziologischen Theorie haben, geht aus der Systematik hervor, die Coleman seinen "Grundlagen der Sozialtheorie" zugrunde legt. Dort geht er von den "Elementare(n) Handlungen und Beziehungen" (1991: 33-149) aus, wendet sich danach den "Handlungsstrukturen" (1991: 153-417) zu, schenkt anschließend dem "Körperschaftshandeln" (1992: 3-267) seine Aufmerksamkeit und befaßt sich dann erst mit der "Moderne(n) Gesellschaft" (1992: 271-445).

Wegen der großen Bedeutung sozialer Beziehungen und ihrer teilweisen Vernachlässigung im Zuge der Entwicklung der modernen Soziologie befürwortet auch Norbert Elias (1897-1990) eine theoretische Reorientierung, die den spezifischen Verflechtungsordnungen von Menschen und ihren Zusammenhangsformen Rechnung trägt, die ausgehend von den sozialen Beziehungen auf das "Bezogene denkt" und die tunlichst davon absieht, "von der fundamentalen Bezogenheit der Menschen aufeinander" zu abstrahieren (Elias 1970: 184). Dieser Forderung wird die strukturell-individualistische Orientierung in vollem Umfang dadurch gerecht, daß sie neben der Natur des Menschen (vgl. Kap. 4.1) auch die Interdependenz der sozialen Akteure (vgl. Kap. 4.2) in ihre Grundannahmen einbezieht und diese im Rahmen soziologischer Analysen berücksichtigt (vgl. Kap. 6).

Anknüpfend an die Definition von SIX und unter Rückgriff auf den derzeitigen Diskussionsstand lassen sich für Zwecke soziologischer Analysen soziale Beziehungen u.a. unterscheiden nach der Anzahl der einbezogenen Akteure: Dyade (z.B. Ehe, Freundschaft), mehrere, unorganisierte Akteure, mehrere organisierte Akteure; der Art der Akteure: Individuen, korporative Akteure;[7] der Interessenlage der interdependenten Akteure: ausschließlich gemeinsame Interessen, ausschließlich entgegengesetzte Interessen, partiell entgegengesetzte, partiell gemeinsame Interessen; dem Ausmaß der Interdependenz: strategische Interdependenz, funktionale Interdependenz, weder funktionale noch strategische Interdependenz; der Symmetrie in den Beziehungen: symmetrisch (Tausch, Markt), asymmetrisch (Macht, Herrschaft, Autorität); der Dauer der Beziehungen: kurzfristig, langfristig, nicht absehbar; der Ordnung der Beziehungen: spontan, informell, formal, institutionell[8] geregelt; und den Inhalten der Beziehungen: sachlich, räumlich, zeitlich, sozial.

Das für die Soziologie grundlegende Phänomen des informellen wie formellen Zusammenschlusses mehrerer individueller Akteure[9] läßt sich vor diesem Hinter-

---

[7] "In Anlehnung an Coleman werden unter "korporativen Akteuren" (corporate actors, vgl. Coleman 1990: 325ff) institutionell geregelte Zusamenschlüsse von Personen verstanden, die als Gruppe so organisiert und mit Institutionen ausgestattet sind, daß sie kollektive Entscheidungen fällen und in Handlungskontexten wie Indivduen im Sinne juristischer Personen oder Körperschaften agieren können (vgl. auch Boudon 1980: 53, Büschges 1983: 54ff, 1994: 277). Für die Analyse derartiger korporativer Akteure vgl. Coleman (1994: Kap. 34).

[8] Institutionen können allgemein begriffen werden als Regeln und Rahmenbedingungen, die stabile Verhaltensmuster der damit konfrontierten Individuen hervorrufen. Vgl. zum Institutionenbegriff insbesondere Kap. 2.2 sowie 4.4.

[9] In der "Entdeckung der Gruppe als innerweltliche Transzendenz, die imstande ist, das Leben des einzelnen zu regeln, ihm Grenzen zu setzen, seinem Wollen ein konkretes Ziel zu geben" (König 1975:229), sah König in seiner bereits 1937 abgefaßten Habilitationsschrift einen wichtigen Beitrag Durkheims zur Entwicklung des soziologischen Denkens: "Gerade hierin tritt ... zutage, wie der Widerstand gegen die Krise durch Erweckung und Festigung der mit den Gruppen gegebenen Regelsysteme und die Begründung der Soziologie in einem eigentümlichen Gegenstand im Grunde ein- und dasselbe sind. Denn angestammter Gegenstand der Soziologie ist die Gruppe. Die Gruppe aber ist es zugleich, die mit ihrer Regelungskraft dem Chaos und der Krise entgegensteuert" (König 1975: 229). In seinem Vorwort hebt König nochmals nachdrücklich hervor: "Ich selber betonte in jener Arbeit vor allem das Merkmal der 'Gruppe', auch unter dem Einfluß von Durkheim, ohne aber darum die 'Person' einem Gruppenimperialismus zu opfern ... Das heißt mit anderen Worten, daß die Gruppe eigene Merkmale hat (emergent properties), die nicht aus den sie bildenden Personen abgeleitet werden können, wenn man sie unabhängig von ihrer Gruppenmitgliedschaft betrachtet. Aber darüber hinaus gibt es keine Eigenarten der Gruppe, die nicht auf Aktionssysteme zurückgeführt werden können, also auf Modalitäten sozialen Handelns. Das kommt der Aussage gleich, daß Gruppenphänomene in allen Gesellschaften gegeben sind, die wir kennen. Und dies 'Universal' ist so lange gültig, als keine Gesellschaft ohne Gruppen gefunden worden ist, so locker diese auch sein mögen. Es ist bezeichnend, daß in der historisch-existenzialistischen Soziologie gerade dieser Begriff der Gruppe in Frage gestellt wurde, und zwar in der von mir geschilderten Vorkriegsperiode wie heute noch ... Auch in dieser sehr spezifischen Hinsicht hat sich also die Problemlage nicht verändert. Der Begriff der Gruppe hat gleichzeitig einen theoretisch-praktischen Doppelsinn, da er einmal einer der theoretischen Gegenstände der Soziologie ist, zweitens aber das soziale Handeln der Person bestimmt. Damit fällt ein weiterer Vorwurf der

(Fortsetzung...)

grund begreifen als ein besonderes Geflecht sozialer Beziehungen. Diese können als "Gruppe" (Homans 1951) oder allgemeiner als soziales Netzwerk (Granovetter 1973) analysiert werden.[10] Sie können sich in sachlicher, zeitlicher, räumlicher und personeller Hinsicht u.a. unterscheiden bezüglich der Anzahl der einbezogenen Personen,[11] der Positionen, die diese einnehmen, der Art der Beziehungen, die sie verbinden, der formellen oder informellen Ordnung der Beziehungen, der Herrschaftsverfassung, der Persönlichkeitscharakteristiken der Personen und deren Bedeutung für die eingenommene Position, der Austauschbarkeit der Personen als Inhaber von Positionen, der Geschlossenheit oder Offenheit des Netzwerkes[12] als Interaktionssystem, der Bedeutung der Gruppen- oder Netzwerkzugehörigkeit für Lebenslage, Lebensweise und Lebenschancen.

Exkurs: Macht, Herrschaft und Autorität

Am Beispiel von Macht, Herrschaft und Autorität soll nachfolgend gezeigt werden, welche Bedeutung theoretische Konzeptionen und kategoriale Unterscheidungen für die Analyse sozialer Beziehungen sowie komplexer sozialer Phänomene haben.

Mit "Macht", "Herrschaft" und "Autorität" werden in der Regel bestimmte Formen asymmetrischer sozialer Beziehungen bezeichnet. Wegen der Vielfalt und Verschiedenartigkeit der Vorstellungsinhalte, die gemeint sein können, wenn von "Macht", "Herrschaft" oder "Autorität" die Rede ist, läßt sich nicht immer genau sagen, welche Phänomene bei der Verwendung der genannten Begriffe jeweils gemeint sind und welche nicht. Im Interesse einer Klärung ist zunächst einmal eine Entscheidung darüber zu treffen, aus welcher Blickrichtung die Analyse der Phänomene "Macht", "Herrschaft" und "Autorität" erfolgen soll. Geht es nämlich

---

[9](...Fortsetzung)
marxistischen Kritik dahin, der 'Positivismus' sei einem 'Szientismus' gleichzusetzen. Genau das Gegenteil ist der Fall" (König 1975: 14f). Allerdings kann "die Beobachtung von Gruppen, insbesondere von 'Kleingruppen', ... den Soziologen zur Ausrichtung seiner Forschung auf einen unmittelbar zugänglichen Gegenstand" verführen und ihn zu der Auffassung verleiten, "daß die unmittelbare Beobachtung kleiner und wohldefinierter Gruppen der Königsweg soziologischer Untersuchungen ist", worauf Boudon & Bourricaud (1992: 185) unter Bezug auf die ersten Arbeiten der "Chicagoer Schule" warnend hinweisen.

[10] Wir folgen mit dieser Vorstellung Albert (1967), der soziale Gebilde und damit auch Gruppen versteht als "Netze mehr oder weniger stabiler Beziehungen der verschiedensten Art zwischen den Inhabern sozialer Positionen, den Trägern sozialer Rollen, die sich im gegenseitigen Verhalten dieser Personen, in ihren Interaktionen, aufbauen, entwickeln und auflösen" (Albert 1967: 392).

[11] Auf die soziologische Bedeutung der Anzahl von Personen, die ein Gruppe bilden, hat bereits Simmel (1908) im II. Kapitel seiner "Soziologie" unter der Überschrift "Die quantitative Bestimmtheit der Gruppe" hingewiesen.

[12] Der Frage der "Offenheit" oder "Geschlossenheit" sozialer Beziehungen widmet Weber (1976 [1922]: 23ff) in den "Soziologischen Grundbegriffen" einen besonderen Paragraphen.

um die "subjektive Seite" dieser Phänomene, so steht anderes zur Diskussion, als wenn es um die "objektive Seite" geht, jene Seite, die allein als soziale Beziehung und als gesellschaftliches Verhältnis zu begreifen ist.

Folgt man dieser Blickrichtung, so empfiehlt es sich, den Vorstellungen und definitorischen Bemühungen WEBERs zu folgen und zwischen "Macht" und "Herrschaft" zu differenzieren. Beide Begriffe beziehen sich nicht auf absolute Merkmale oder Eigenschaften von Personen, sondern auf relationale, d.h. sie charakterisieren bestimmte Typen sozialer Beziehungen oder von Interaktionsverhältnissen. "Macht" bedeutet für WEBER "jede Chance, innerhalb einer sozialen Beziehung den eigenen Willen auch gegen Widerstreben durchzusetzen, gleichviel, worauf diese Chance beruht" (Weber 1976 [1922]: 28). "Herrschaft" bedeutet demgegenüber "die Chance, für einen Befehl bestimmten Inhalts bei angebbaren Personen Gehorsam zu finden" (Weber 1976 [1922]: 28).

Somit ist Macht "soziologisch amorph", beruhend auf allen "denkbaren Qualitäten eines Menschen" und allen denkbaren sozialen Konstellationen. Herrschaft hingegen ist sehr viel präziser gefaßt. Herrschaft setzt jemanden voraus, der anderen Befehle erteilen kann, und andere, die diesen Befehlen gehorsam folgen, jedoch nicht unbedingt einen Verwaltungsstab. Der Gehorsam wiederum kann auf sehr verschiedenenen Motiven der Fügsamkeit beruhen, die von "dumpfer Gewöhnung" bis hin zu "zweckrationalen Erwägungen" reichen. Vorausgesetzt wird immer "ein bestimmtes Minimum an gehorchen wollen", also ein gewisses äußeres oder inneres Interesse am Gehorchen bei jenen, die der Herrschaft unterworfen sind (Weber 1976 [1922]: 28f u. 122ff).

"Gehorsam" bedeutet in diesem Zusammenhang allgemein formuliert, "daß das Handeln des Gehorchenden im wesentlichen so abläuft, als ob er den Inhalt des Befehls um dessen selbst willen zur Maxime seines Verhaltens gemacht habe, und zwar lediglich um des formalen Gehorsamsverhältnisses halber, ohne Rücksicht auf die eigene Ansicht über den Wert oder Unwert des Befehls als solchem" (Weber 1976 [1922]: 123), denn Herrschaft bedeutet immer die partielle oder totale Hergabe der Dispositionschancen über das eigene Handeln und Verhalten an einen Dritten, nämlich den Herrn oder seinen Agenten oder Vertreter. Herrschaft bedeutet insoweit immer zugleich Fremdbestimmung, die die Selbstbestimmung des Herrschaftsunterworfenen einschränkt. So übergebe ich z.B. mit dem Abschluß eines Arbeitsvertrages die Dispositionschancen über meine Arbeitsqualifikation und meine Arbeitskraft unter den im Vertrag näher umrissenen und durch die allgemeinen rechtlichen und sonstigen Regelungen gegebenen Begrenzungen dem jeweiligen Arbeitgeber, Organisationsleiter oder seinem Vertreter.

Allerdings bedarf Herrschaft der "Legitimitätsregelung", d.h. einer institutionellen Regelung der inhaltlichen und personellen Reichweite der Befehlsgewalt, für die Gehorsam geschuldet wird oder zugesagt ist, und eines auf dieser beruhenden "Legitimitätsglaubens", d.h. des Glaubens an die Legitimität der Befehlsgewalt durch die der Herrschaft Unterworfenen. Je nachdem, worauf der "Legitimitätsglaube" beruht, unterscheidet Weber drei "reine Typen legitimer Herrschaft": Beruht der Legitimitätsglaube auf dem Glauben an die Legalität gesetzter Ordnungen, so handelt es sich um eine Herrschaft "rationalen Charakters", deren Prototyp die gesetzlich geordnete Hierarchie von Beamten ist. Ist der Alltagsglaube an die Heiligkeit von jeher geltender Traditonen und der durch sie zur Herrschaft Berufenen die Grundlage, so haben wir es mit einer solchen "traditionalen Charakters" zu tun. Das historische Beispiel ist die Gefügigkeit der Bediensteten gegenüber dem Herrn. Liegt dem Glauben schließlich die außeralltägliche Hingabe an Heiligkeit, Heldenkraft oder Vorbildlichkeit einer Person und der durch sie geschaffenen Ordnungen zugrunde, so haben wir es mit einer solchen "charismatischen Charakters" zu tun. Typisches Beispiel hierfür ist die persönliche Bindung der Jünger an den Herrn (vgl. Weber 1976 [1922]: 122ff sowie Bendix 1985: 498f).

Vor diesem Hintergrund läßt sich unter besonderer Betonung der Art der sozialen Beziehungen "Autorität" verstehen als durch freiwilligen Gehorsam gerechtfertigte Macht, die auf dem als legitim geglaubten oder verstandenen Verhältnis von Befehl und Gehorsam beruht. Diese wiederum kann begründet sein erstens in den besonderen persönlichen Eigenschaften, die jemanden auszeichnen, wir sprechen dann von charismatischer oder personaler Autorität; zweitens in der zuerkannten oder erwiesenen Sachverständigkeit, Kompetenz oder Expertenschaft, wir sprechen dann von Fach- oder funktionaler Autorität; drittens schließlich auch in der Position oder dem Amt, die Rede ist dann von Amts- oder positionaler Autorität (vgl. Büschges 1983: 113ff).

Dieser Definition von Autorität liegt die von vielen Autoren geteilte Vorstellung zugrunde, daß es sich bei den universell beobachtbaren, hier Autorität genannten Problemen um eine besondere Klasse oder einen speziellen Typus zwar asymmetrischer, aber dennoch wechselseitiger sozialer Einflußbeziehungen handelt. Sie unterscheiden sich nach der hier vertretenen Auffassung von anderen Formen sozialen Einflusses, insbesondere von denen unter dem Begriff Macht zu subsumierenden, zum einen durch die Einschränkung des Einflußbereichs der Autoritätsträger durch Sitte, Brauchtum, Verhaltenskodizes, Verträge oder Rechtsnormen (sog. Eigentums- oder Verfügungsrechte) sowohl hinsichtlich des Inhalts der Einflußnahme als auch hinsichtlich des dem Einfluß unterworfenen Personenkreises, zum anderen durch die Anerkennung der dem Autoritätsträger in diesem Rahmen zugeschriebenen Überlegenheit seitens der Autoritätsunterworfenen, gegebenenfalls verbunden mit dem Bestreben, selbst von diesem Anerkennung zu erfahren.

Neben der bereits erfolgten Abgrenzung gegenüber Einfluß und Macht läßt sich Autorität noch abgrenzen gegenüber Herrschaft, Führung und Leitung. Sofern Autorität und Herrschaft nicht synonym benutzt werden, wie z.B. von WEBER, betont Autorität eher den personalen, Herrschaft eher den institutionellen Aspekt des Einflusses. Ähnlich verhält es sich bei Führung und Leitung; erstere betont den personalen, letztere den institutionellen Charakter von Einflußbeziehungen in komplexen Autoritätssystemen wie Gruppen und Organisationen.[13]

[13] Ausführlicheres hierzu ist bereits bei Simmel (1908) im Kapitel III "Über- und Unterordnung" zu finden sowie bei Homans (1961), insbesondere in den Kapiteln 5 "Influence" und 14 "Authority".

2.2 Soziale Ordnung

Menschen sind, wie wir eingangs sagten, immer in soziale Ordnungen eingebunden, die ihr Zusammenleben regeln, ihre Handlungsentwürfe beeinflussen, ihnen Handlungschancen ermöglichen oder Handlungsrestriktionen setzen. Jedoch läßt sich nur sehr vage angeben, was soziale Ordnung eigentlich ausmacht, wie schon die Vielzahl verschiedenster Formen und Ausprägungen dieses Phänomens deutlich werden läßt. Sowohl in Nationalstaaten mit ihren Verfassungen und Rechtssystemen als auch in Stammeskulturen von Jägern und Sammlern, sowohl in internationalen Ordnungen wie der Europäischen Union, als auch in individuellen Beziehungen wie Familie, Verwandtschaft, und sozialen Gruppen jeglicher Art manifestieren sich Elemente sozialer Ordnung.[14] All diesen Phänomenen ist jedoch gemeinsam, daß es sich um einen relativ stabilen und dauerhaften Zusammenhang von Individuen handelt, deren Beziehungen bestimmten Regelmäßigkeiten oder Prinzipien unterliegen. Eine derartige Ordnung besitzt nach WEBER Geltung, wenn sich das Handeln der Individuen an der Vorstellung einer *legitimen* Ordnung orientiert (Weber 1976[1922]: 16ff). Für Soziologen stellen sich nun in Bezug auf soziale Ordnung drei Typen von Fragen: Wie entsteht soziale Ordnung, warum und unter welchen Bedingungen erweist sie sich als stabil und wann bricht sie zusammen?

Die Erörterung der ersten Frage beginnt mit HOBBES und seinem Werk "Leviathan" (1984 [1651]). Zum ersten Mal wird hier nicht die Frage nach der richtigen (gottgewollten) Ordnung, sondern nach der Möglichkeit und den Bedingungen menschlichen Zusammenlebens generell thematisiert. Stark beeinflußt von der politisch extrem unruhigen und anarchisch geprägten Epoche des englischen Bürgerkriegs (1642-44/45) sucht HOBBES eine Antwort auf die Frage, wie ein geordnetes menschliches Zusammenleben eigeninteressierter Akteure realisiert werden kann. Diesem inzwischen klassischen **Ordnungsproblem** liegt das Gedankenexperiment "Was würde geschehen, wenn niemand mehr die Einhaltung von Gesetzen und Verträgen erzwingen würde?" zugrunde. Den sich aus dieser Annahme ergebenden fiktiven Zustand bezeichnet HOBBES als **Naturzustand**,[15] in

---

[14] Wie Giddens richtig bemerkt, kann man davon ausgehen, daß "for the greater part of human history, states did not exist at all. In hunting and gathering communities and in small agrarian cultures, there were not seperate political authorities. Such **stateless societies** did not relapse into chaos: they had informal mechanisms of government through which decisions affecting the community were channelled and disputes managed" (Giddens 1993: 308f). Demgegenüber zeichnet sich ein Staat durch einen politischen Apparat aus, der bezogen auf ein bestimmtes Gebiet eine legal begründete Autorität ausübt, die auf der Möglichkeit der Ausübung von Macht durchgesetzt werden kann (Giddens 1993: 309).

[15] Diese Annahme des Naturzustandes, die Hobbes im zentralen 13. Kapitel des "Leviathan" expliziert, wird häufig mißverstanden als die Beschreibung eines einmal tatsächlich existierenden Ausgangszustandes menschlicher Zivilisation. Jedoch macht Hobbes selbst darauf aufmerksam, daß dieser Naturzustand hier als reine Fiktion gedacht ist, die jedoch empirisch beobachtbare Annäherungen erfährt: "Vielleicht kann man die Ansicht vertreten, daß es eine solche Zeit und einen Kriegszustand

(Fortsetzung...)

welchem keine staatliche Gewalt mehr herrscht, die die Einhaltung von Gesetzen und Verträgen durchsetzen könnte. Hiervon ausgehend betrachtet HOBBES zielgerichtet handelnde Akteure, die "gute Objekte" anstreben und "schlechte Objekte" zu vermeiden trachten: "... so ist es unausbleiblich, daß jemand, der ständig danach strebt, sich gegen ein befürchtetes Übel zu sichern und sich das gewünschte Gut zu verschaffen, ständig Sorgen um die Zukunft macht (Hobbes 1984 [1651]: 82). Gut und Schlecht sind für HOBBES nicht objektiv, sondern nur in Bezug auf den individuellen Akteur, seiner Situation und seinen Bedürfnissen (die HOBBES "Leidenschaften" nennt) feststellbar.[16] Jedoch gibt es einige Bedürfnisse, die universal für alle Akteure gelten. Menschen streben demnach generell ein zufriedenes und angenehmes Leben an (Hobbes 1984 [1651]: 75), sie bewegt die Angst vor dem Tod und der hieraus resultierende Selbsterhaltungstrieb (Hobbes 1984 [1651]: 98), und sie bewerten nicht nur den Besitz eines Gutes, sondern vergleichen sich mit anderen und streben danach, mehr zu besitzen als diese (die sog. Eminenzannahme; Hobbes 1984 [1651]: 133). Diese allgemeinen Ziele, die in Abhängigkeit von der jeweiligen Situation der Individuen ihre spezielle Ausprägung erfahren, können nach HOBBES nur erreicht werden, wenn Macht erworben wird. Diese, definiert als die Gesamtheit der Ressourcen, die ein Akteur zur Erreichung seiner Bedürfnisse einsetzen kann, wird somit zu einem instrumentellen Ziel der Menschen. Im Naturzustand verfügen die Akteure über eine ungefähr gleiche Ausstattung dieser Ressourcen (Hobbes 1984 [1651]: 94), sie haben ungefähr die gleichen Hoffnungen, ihre Absichten erreichen zu können, und es herrscht eine Knappheit der Güter, so daß nicht die Wünsche aller Individuen befriedigt werden können. Das Resultat dieser Kombination aus Annahmen über den Naturzustand, das Verhalten der Akteure, deren Bedürfnisse und Ziele sowie die sozialen Rahmenbedingungen beschreibt HOBBES schließlich sehr drastisch:

"Deshalb trifft alles, was Kriegszeiten mit sich bringen, in denen jeder eines jeden Feind ist, auch für die Zeiten zu, während der die Menschen keine andere Sicherheit als diejenige haben, die ihnen ihre eigene Stärke und Erfindungskraft bieten. In einer solchen Lage ist für Fleiß kein Raum, da man sich seiner Früchte nicht sicher sein kann; und folglich gibt es keinen Ackerbau, keine Schiffahrt, keine Waren, die auf dem Seeweg eingeführt werden können, keine bequemen Gebäude, keine Geräte, um Dinge, deren Fortbewegung viel Kraft erfordert, hin- und herzubewegen, keine Kenntnis von der Erdoberfläche, keine Zeitrechnung, keine Künste, keine Literatur, keine gesellschaftlichen Beziehungen,

[15](...Fortsetzung)
wie den beschriebenen niemals gab, und ich glaube, daß er so niemals allgemein auf der ganzen Welt bestand. Aber es gibt viele Gebiete, wo man jetzt noch so lebt" (Hobbes 1984 [1651]: 97). Hobbes hatte hierbei vor allem den staatenlosen Zustand des englischen Bürgerkriegs im Auge, jedoch lassen sich auch "moderne" Beispiele wie die Situation in Somalia 1992 oder der jugoslawische Bürgerkrieg finden. Eine ähnliche Problematik ergibt sich für die Beziehung souveräner Staaten untereinander.

[16] "Die Begierden und andere menschliche Leidenschaften sind an sich keine Sünde. Die aus diesen Leidenschaften entspringenden Handlungen sind es ebenfalls so lange nicht, bis die Menschen ein Gesetz kennen, das sie verbietet: solange keine Gesetze erlassen werden, können sie dieses Gesetz nicht kennen, und es kann kein Gesetz erlassen werden, solange sie sich nicht auf die Person geeinigt haben, die es erlassen soll" (Hobbes 1984 [1651]: 97).

und es herrscht, was das schlimmste von allem ist, beständige Furcht und Gefahr eines gewaltsamen Todes - das menschliche Leben ist einsam, armselig, ekelhaft, tierisch und kurz" (Hobbes 1984 [1651]: 96).

Aus einer Situation, die durch Konkurrenz, gegenseitigem Mißtrauen, Ruhmsucht und zeitlicher Instabilität von Verteilungen geprägt ist, erwachsen nach HOBBES wechselseitige Bedrohungen und Unterwerfungsversuche, die in einen Krieg eines jeden gegen einen jeden münden.[17]

Die von ihm vorgeschlagene Lösung dieses Problems beruht auf der Überzeugung, daß die Individuen sich nicht ohne Zwang friedlich verhalten werden, da sich durch die einseitige Mißachtung des Friedenszustandes erhebliche Vorteile für einen agressiven Akteur ergeben können. Friede tritt demnach nur ein, wenn ein übergeordneter Souverän, den HOBBES den "Leviathan" nennt, ihn durch Repressionen erzwingen kann. Folglich muß nach HOBBES der Naturzustand durch einen Staat mit Gewaltmonopol ersetzt werden. Dafür schließen die Akteure untereinander zugunsten eines *ungebundenen* Dritten, eben des Leviathan, einen Begünstigungsvertrag ab, der nur dann gültig wird, wenn *jeder* seine Rechte abtritt. Dieser Vertrag, der dem Staat das Gewaltmonopol verschafft, ist weder aufkündbar (Hobbes 1984 [1651]: 134) noch durch den Souverän zu verletzen, da dieser ihn auch nicht mit abgeschloßen hat. Mit dieser Konstruktion wird folglich eine absolutistische Zentralgewalt begründet, die durch Zwang den gewünschten Zustand allseitigen Friedens herbeiführen soll.[18]

Die Unzulänglichkeiten der "HOBBESschen Zwangslösung" wurde unter anderem bereits von DURKHEIM und PARSONS kritisiert. DURKHEIM verwies auf den Umstand, daß ein derartiger Gesellschaftsvertrag empirisch nicht zu beobachten sei, während für PARSONS die Anreize für den Einzelnen, einem solchen Vertrag nicht beizutreten und den Gewaltverzicht der anderen einseitig auszunutzen, eine derartige Konstruktion verhindern. Deswegen schlugen beide eine Lösung vor, die die Entstehung sozialer Ordnung auf die integrierende und sozialisierende Wirkung von gemeinsamen Normen und Werten der Individuen zurückführt. Erst der sozialisierte, an Normen gebundende Akteur ist ihrer Meinung nach fähig, soziale Ordnung zu schaffen und aufrechtzuerhalten (vgl. Voss 1985, Ellis 1971). Dieser Vorschlag umgeht jedoch das ursprüngliche Problem, da bereits von existierenden Normen und deren Institutionen ausgegangen wird, jedoch die Erklärung deren Entstehung unterbleibt (Voss 1985, Hummell 1988

[17] Damit beschreibt Hobbes eine Situation, in der die Individuen einen für alle Beteiligten schlechten Zustand realisieren, obwohl eine friedliche Lösung von jedem einzelnen als wesentlich vorteilhafter empfunden wird. Dies entspricht der Situation des Gefangenendilemmas, wie sie in Kap. 6.2.3 erörtert wird. Die spieltheoretische Rekonstruktion des Ordnungsproblems kann nachgeschlagen werden bei Taylor (1987), Axelrod (1987) sowie Raub & Voss (1986).

[18] Diese kurze Darstellung der Hobbeschen Argumentation beruht auf einer Rekonstruktion von Werner Raub, die für Lehrveranstaltungen in Nürnberg entwickelt wurde. Weiterführende Informationen über Hobbes finden sich in Jonas (1981a: 64-76), Kliemt (1985), Voss (1985), Willms (1987) sowie Taylor (1987: 125-150).

sowie Coleman 1992: 5). Da dies bisher nicht befriedigend geleistet werden konnte, verzichtet der hier vertretene strukturell-individualistische Ansatz auf die Verwendung von Normen für die Lösung des Ordungungsproblems. Statt dessen wird hier der bereits bei SMITH und den schottischen Moralphilosophen vertretene Gedanke aufgegriffen, daß der gegenseitige Tausch und der hieraus enstehende beiderseitige Vorteil zu kooperativem Verhalten führen kann. Unter Rückgriff auf spieltheoretische Modelle (vgl. Kap 6.2.3) kann gezeigt werden, daß in langfristigen Beziehungen auch rein eigeninteressierte Akteure ohne Rückgriff auf bindende Verträgen oder Normen kooperieren werden (vgl. Raub & Voss 1986, Axelrod 1987 und Taylor 1987).[19]

Während das HOBBESsche Ordnungsproblem eine der großen Aufgaben soziologischer Theorie darstellt, richtet sich die Frage nach der **Stabilität** sozialer Ordnung eher auf empirisch vorfindbare Prozesse und Phänomene. ELLIS faßt die Aufgabenstellung für deren Analyse knapp zusammen, wenn er schreibt "What is problematic is to identify the sources of social integration in social systems in which the problem of order has already been solved" (Ellis 1971: 694). Wie aus der Diskussion um die Entstehung sozialer Ordnung deutlich wurde, kann die Stabilität und Integration sozialer Systeme nur durch entsprechendes *Verhalten der Individuen* hergestellt werden. Dieses manifestiert sich in *Institutionen*, d.h. "allgemein stabile Abläufe des Verhaltens einer angebbaren Menge von Akteuren in angebbaren sich wiederholenden Situationen" (Voss 1985: 3). Analog hierzu müssen für den **Wandel** und den Zusammenbruch sozialer Ordnungen die Ursachen und Mechanismen individueller *Verhaltensänderungen* betrachtet werden. Die Berücksichtigung von Institutionen für die Analyse sozialer Phänomene wird in Kap. 4.4, die Logik sozialen Wandels am Beispiel der DDR-Revolution in Kap. 9 ausführlich diskutiert.

Exkurs: Gesellschaftstypen

Von Soziologen wird das Ordnungsproblem in der Regel mit Bezug auf "Gesellschaften" oder Staaten als sozialen Systemen diskutiert. Deswegen sollen in diesem Exkurs einige Aussagen zu häufig anzutreffenden Gesellschaftstypen und -typologien und deren charakteristischen Merkmalen vorgestellt werden. Da bei der Behandlung des Ordnungsproblems ebenso wie im Zusammenhang mit der später zu erörternden sozialen Ungleichheit (vgl. Kap. 2.3) häufig der mehrdeutige Begriff "Sozialstruktur" benutzt wird und da ferner wissenschaftlicher Status wie heuristische Funktion[20] von "Typologien" nicht immer klar sind, seien zuvor zwei Hinweise gegeben:

---

[19] Vgl. hierzu auch die Ausführungen zum iterierten Gefangenendilemma im Kap. 6.2.3.

[20] Eine Heuristik (griech. Erfindungskunst) stellt eine Anweisung für die Aufstellung und Systematisierung von Wissen dar (vgl. Hartfiel & Hillmann 1982: 301). Sie ist insofern nur Hilfsmittel für die Gewinnung wissenschaftlicher Erkenntnis.

Sozialstruktur ist einer jener Begriffe, die in den Sozialwissenschaften sehr häufig benutzt werden, und zwar von Vertretern verschiedener theoretischer Richtungen (vgl. Bahrdt 1984: 107-128). Mit diesem Begriff wird - in Anlehnung an die gängige Bedeutung des Strukturbegriffs - "etwas Stabiles in den Beziehungen der Menschen (bezeichnet, d.A.), das die Lebensdauer der einzelnen Individuen übersteigt und von dem Einflüsse auf die Handlungen der Individuen ausgehen, denen man sich nicht willkürlich entziehen kann" (Pappi 1977: 268). Der Begriff bleibt allerdings in der Regel recht vage. Präziser wird der Begriff Sozialstruktur nur, wenn man sich bemüht, ihn inhaltlich zu fassen und zu konkretisieren. Dann aber entschwinden die Gemeinsamkeiten zwischen den verschiedenen theoretischen Richtungen sehr schnell. Es besteht "in der soziologischen Literatur ein Mißverhältnis zwischen der theoretischen Diskussion und dem Verständnis von Sozialstruktur, das man aus empirischen Analysen herauslesen kann, die von den jeweiligen Autoren als sozialstrukturelle Analysen bezeichnet werden" (Pappi 1977: 268 f).

Im allgemeinen lassen sich zwei einander ergänzende und wechselseitig aufeinander bezogene Begriffe von Sozialstruktur unterscheiden: Ein eher deskriptiver, der den Gliederungsaspekt betont, und ein eher analytischer, der den Gefügeaspekt akzentuiert. Mit ersterem wird Sozialstruktur verstanden als jene - von sozialen Bewertungen freie oder mit sozialen Wertvorstellungen verknüpfte - Zusammensetzung, Verteilung oder Gliederung von Individuen, Gruppen oder Kollektiven eines bestimmten, Gesellschaft genannten, sozialen Gebildes an einem bestimmten Ort, die sich zu einem bestimmten Zeitpunkt hinsichtlich gewisser sozialstatistischer Merkmale oder Sozialkategorien wie Alter, Geschlecht, Beruf, ethnische Herkunft, Religionszugehörigkeit, Bildung und Berufsausbildung, Einkommen, Selbständigkeit, Sozialversicherungsstatus etc. ergibt oder feststellen läßt. Mit dem zweiten, eher analytischen Begriff wird mit Sozialstruktur jenes zwar wandelbare, doch relativ beständige, Regelmäßigkeiten sozialen Handelns widerspiegelnde und institutionell geregelte Geflecht oder Gefüge sozialer Handlungsmuster, sozialer Beziehungen und sozialer Interaktionen zwischen Individuen, Gruppen und sonstigen Kollektiven bezeichnet, das für Gesellschaften genannte Aggregationen von Individuen charakteristisch ist, die als soziale Handlungssysteme begriffen werden (vgl. Kap. 6.2.3, 7 und 8). Es umfaßt die regulierenden Normen (vgl. Kap. 4.4) und die divergierenden Kompetenzen (vgl. Kap. 8.3) ebenso wie die differenzierenden Funktionen (vgl. Kap. 8.1) und die koordinierenden Kommunikationen. Soziale Differenzierung und soziale Normierung sind hier relevante Aspekte (vgl. Popitz 1980, Luhmann 1985). Während die erste, deskriptive Version des Begriffs Sozialstruktur ausschließlich auf den statischen Aspekt sozialer Gebilde oder Vergesellschaftungen abstellt, läßt die zweite, analytische Version des Begriffs - trotz ihrer ebenfalls statischen Ausrichtung - die Erfassung gewisser dynamischer Komponenten zu. Sie trägt damit eher dem Umstand Rechnung, daß soziale Strukturen zwar soziale Prozesse steuern, jedoch selbst Resultat sozialer Prozesse sind, die sich in ihnen verfestigten und die jeweils neuen sozialen Wandel hervorrufen (vgl. Kap. 2.5).

Typologien dienen der systematischen Ordnung von Objekten (Personen, Organismen, Sachen, Symbolen, Relationen etc.) anhand ihnen eigentümlicher Merkmale, indem jene Objekte und Typen, die einander hinsichtlich bestimmter Merkmale ähnlicher sind als andere, zusammengefaßt werden. Sie können sich überlappen, ausschließen und/oder umschließen. Welche Merkmale in Frage kommen, welchen Dimensionen sie zuzurechnen sind und vermittels welcher Verfahren die Ordnung erfolgt, hängt in erster Linie von der grundlegenden theoretischen Orientierung ab. Alles in allem sind Typologien nur heuristische Mittel und keine erklärungskräftigen Theorien, auch wenn ihnen ein gewisser erfahrungswissenschaftlicher Gehalt zukommen kann (vgl. Sodeur 1974, Pawlowski 1975).

Gesellschaftstypologien sind eng verknüpft mit der Entwicklung der Vorstellungen von der "Gesellschaft" als einem Gegenstand, "der einer eigenen Gesetzlichkeit unterliegt und dem daher auch eine eigene Wissenschaft zugeordnet werden kann" (Jonas 1981a: 15), wobei den Fragen nach der Entwicklung von Gesellschaftsformen, ihrer Gesetzmäßigkeit, den dieser zugrunde liegenden Kräften und den durch sie hervorgebrachten Sozialstrukturen besonderes Gewicht zukam (vgl. Kap. 1). Mit Geiger (1931: 202) verstehen wir, hier und im folgenden, "Gesellschaft" als "Inbegriff räumlich vereint lebender oder vorübergehend auf einem Raum vereinter Personen", die zum einen in direkten wie indirekten Wechselbeziehungen zueinander stehen und die zum anderen eingebunden sind in einen historisch gewachsenen und wandelbaren kulturellen und institutionellen Rahmen, der als Rechts-, Sozial- und Wirtschaftsordnung in Verbindung mit den vorherrschenden Weltbildern und sozialmoralischen Leitideen oder Werten die Spielregeln bestimmt, an denen sich das Handeln der Menschen orientiert und so als verhaltens- wie ergebnissteuernder Faktor wirkt (vgl. Büschges 1989a: 245ff).

"Gesellschaftsform" bezeichnet dann die historisch gewachsene und wandelbare Art und Weise, wie der kulturelle und institutionelle Rahmen ausgestaltet ist, sowie dessen Bedeutung für das Handeln wie die Wechselbeziehungen der darin eingebunden Menschen. Dies zeigt sich z.B. deutlich an der folgenden Unterscheidung von:

- primitiver, auf ererbter Standeszugehörigkeit und gewohnheitsmäßigen Rechten und Pflichten beruhender Gesellschaft und moderner, auf Verträgen und Abmachungen gegründeter bei Henry S. MAINE (1822-1888);[21]
- primitiven Gesellschaften mit mechanischer Solidarität beruhend auf segmentärer Arbeitsteilung unter Menschen gleichartiger Prägung und komplexen Gesellschaften mit organischer Solidarität beruhend auf funktionaler Arbeitsteilung unter verschiedenartigen, wechselseitig aufeinander angewiesenen Menschen bei DURKHEIM;[22]
- Gesellschaften des theologischen Zeitalters mit Priester- und Kriegerherrschaft, des metaphysischen Zeitalters mit Herrschaft von Philosophen und Rechtsgelehrten und des positiven oder wissenschaftlichen Zeitalters mit Herrschaft von Wirtschaftseliten und Wissenschaftlern bei COMTE;[23]

---

[21] Dieser englische Rechtshistoriker befaßte sich in seinem Werk "Ancient Law" (1861) eingehend mit der "Stellung der Familie in der alten und neuen Gesellschaft" und beeinflußte in erheblichem Umfang Tönnies' Hauptwerk "Gemeinschaft und Gesellschaft" (1972 [1887]), wie König (1958: 177) nachweist.

[22] In seinem Werk über die Arbeitsteilung (1977 [1893]) unterschied er segmentäre Gesellschaften mit "mechanischer Soliodarität" und arbeitsteilige Gesellschaften mit "organischer Solidarität" (vgl. König 1975: 236ff, 1976b).

[23] Diese Vorstellung beruht auf Comtes sog. "Dreistadiengesetz", das lautet: "Jeder Zweig unserer Kenntnisse durchläuft der Reihe nach drei verschiedene theoretische Zustände (Stadien), nämlich den theologischen oder fiktiven Zustand, den metaphysischen oder abstrakten Zustand und den wissenschaftlichen oder positiven Zustand" (Comte 1933 [1839-42]: 2). Aufgrund dieses "Gesetzes" hält es Comte für final notwendig, daß die Menschheit im Verlauf ihrer Entwicklung das theologische oder fiktive Stadium, das metaphysiche oder abstrakte Stadium und schließlich das positive oder reale Stadium durchlaufen muß, wobei erst letzteres eine rationale Gestaltung der Menschengesellschaft erlaubt. Hierzu bemerkt Blaschke, der Herausgeber der deutschen Ausgabe "Die Soziologie" in Anmerkung 3: "Theologisch denkt der Mensch, wenn er die Vorgänge in der Welt durch das Eingreifen eines oder vieler übernatürlicher Wesen erklärt; metaphysisch, wenn er an die Stelle dieser göttlichen Wesen abstrakte Begriffe setzt, z.B. das Absolute, den Willen; positiv, wenn er nur beobachtbare Tatsachen und daraus gefolgerte Gesetze heranzieht" (Blaschke 1933: 520). Wichtig ist, daß Comte der Ansicht

(Fortsetzung...)

- militärisch-despotischer, durch Militärdiktatur und strenge hierarchische Ordnung charakterisierter Gesellschaft und friedlicher, aus freien und gleichen Bürgern konstituierter industrieller Gesellschaft bei SPENCER;[24]
- aufeinanderfolgenden, durch die Entfaltung der Produktivkräfte und der durch sie determinierten Produktionsverhältnisse bestimmten Gesellschaftsformationen und diesen korrespondierenden Gesellschaften mit ihren Klassenstrukturen und Klassenantagonismen bei MARX;[25]
- auf dem Wesenswillen beruhender, durch unmittelbare gegenseitige Verbundenheit ausgezeichneter Gemeinschaft und auf dem Kürwillen beruhender, trotz aller Verbundenheit wesentlich getrennter Gesellschaft bei Ferdinand TÖNNIES (1855-1936);[26]
- industriellen, durch die Dominanz des industriellen Sektors gekennzeichneten Gesellschaften bei GALBRAITH (1968) und postindustriellen, durch das Vordringen der Dienstleistungssektoren charakterisierten Gesellschaften bei TOURAINE (1972) und BELL (1976);
- modernen, durch die Asymmetrie der Beziehungen zwischen "natürlichen Personen" und "korporativen Akteuren" bestimmten Gesellschaften bei COLEMAN (1992).

Anknüpfend an die Arbeitsteilung als Form sozialer Differenzierung und damit an ein Merkmal, das im engen Zusammenhang mit anderen Variablen steht wie räumliche Ausdehnung, Bevölkerungsdichte, Niveau der Technik und Grad gesellschaftlicher Organisation, unterscheidet TENBRUCK (1972) "drei sinnfällige Typen" von Gesellschaften. Sie lassen sich durch qualitative Brüche, entstanden aus wachsender sozialer Differenzierung, gegeneinander abgrenzen: "primitive (einfache) Gesellschaft, Hochkultur und moderne (industrielle) Gesellschaft". Als "strukturell gebildete Typen" dürfen sie zum einen nicht zu "Entwicklungsmodellen umgedeutet werden". Als "Ein-Gesellschafts-Modelle" berücksichtigen sie zum anderen nicht die Wirkung des Kontakts mit anderen Gesellschaften (Tenbruck 1972: 55).

---

[23](...Fortsetzung)
war, der Einzelmensch durchlaufe in seiner Entwicklung die gleichen geistigen Stufen wie die Gattung Mensch. Zu Comte siehe auch Massing (1976).

[24] Siehe hierzu den 5. Teil der "Principles of Sociology" (1882) über "Political Institutions". In diesem Zusammenhang ist wichtig, daß Spencer gesellschaftliche Evolution als Teil eines für die gesamte Welt geltenden Differenzierungsprozesses kosmischen Ausmaßes begreift. Zu Spencer vgl. auch Kellermann (1976).

[25] Marx sieht das Gesetz gesellschaftlicher Entwicklung in dem unvermeidlichen Widerspruch von Produktivkräften und Produktionsverhältnissen sowie den hieraus resultierenden Klassenkämpfen mit der Folge der Transformation von Gesellschaften im Zuge revolutionärer Entwicklung. Vgl. hierzu z.B. das Manifest der kommunistischen Partei (Marx & Engels 1966 [1848]) sowie Dahmer & Fleischer (1976).

[26] Siehe hierzu Tönnies (1972 [1887]; vgl. auch Bellebaum (1976a).

Primitive Gesellschaften sind nach (Tenbruck 1972: 56ff) u.a. gekennzeichnet durch gemeinsame Lokalität sowie nach oben wie unten begrenzte Mitgliederzahl, durch minimale, höchstens Geschlecht und Alter folgende soziale Differenzierung ohne dauerhafte Spezialisierung sowie Dominanz der Primärgruppen und des Verwandtschaftssystems. Zudem existieren kaum dauerhafte Herrscherpositionen und Elemente der Schichtung. Die Stabilität einer solchen Gesellschaft wird vermittelt über Tradition und Gewohnheit, die mit einer hohen sozialen Identifikation und einer gemeinsamen Kultur einhergeht.

Im Gegensatz hierzu sind **Hochkulturen** (Tenbruck 1972: 58ff) charakterisiert durch lokale Gruppen verbunden unter überlokaler und dauerhafter Herrschaft, soziale Differenzierung zwecks Sicherung von Überproduktion und Unterhalt der Herrschaftsschicht sowie einer fundamentalen Zweiteilung in überlokale Oberschicht und in lokalen Einheiten lebende Unterschicht. Es existiert ein Herrschaftsapparat mit nicht nur politischen, sondern auch rechtlichen, militärischen, wirtschaftlichen und religiösen Aufgaben, der durch die Schaffung von vererblichen Positionen die Entwicklung einer ständischen Gliederung mit einem bestimmten Lebensstil nach sich zieht. Dies geht einher mit der Entwicklung und Festigung einheitlicher, überlokale Identifikation und Loyalität gewährleistende, Institutionen, die einhergeht mit der Objektivierung von Kommunikation durch Schrift und kulturelle Vereinheitlichung lokaler Sonderungen in religiöser, moralischer und rechtlicher Hinsicht. In derartigen Gesellschaften treten damit Hochkultur und Volkskultur auseinander, wobei letztere durch erstere überformt wird.

Von primitiver Gesellschaft und Hochkultur unterscheidet sich sog. **moderne**, auch **Industriegesellschaft** genannte Gesellschaft nach (Tenbruck 1972: 64ff) durch die Aufhebung der Trennung von überlokaler Oberschicht und lokalen Einheiten, verbunden mit der zunehmenden Verflechtung der Menschen im Zuge fortschreitender Arbeitsteilung und sozialer Differenzierung in größere gesellschaftliche Zusammenhänge als neues Organisationsprinzip. Dies geschieht vor dem Hintergrund der Entstehung von Territorialstaaten, der Veränderung der Produktions-, Kommunikations-, Verkehrs- und Konsummöglichkeiten durch Industrialisierung sowie der Trennung von Arbeits- und Lebensraum und der Lockerung der Verwandtschaftsbezüge. Derartige Gesellschaften bilden funktionsspezifisch definierte Institutionen und Organisationen aus und tendieren zur Privatisierung und der Pluralisierung der Lebenswelten und gesellschaftlicher Kultur, zumal von Religion, Kunst und Literatur. Sie zeichnen sich aus durch die Dominanz von Wirtschaft, Technik und Politik, die zu einer zunehmenden Rationalisierung und Ökonomisierung vieler Lebensbereiche führt und die Entwicklung differenzierter, vielfach verdeckter Formen und Strukturen sozialer Ungleichheit fördert.

Aus diesen Differenzierungen resultieren für TENBRUCK drei große Problembereiche moderner Gesellschaften:

- *strukturell*: die "Beherrschung und Koordination der differenzierten und komplizierten Daseinsorganisation";
- *kulturell*: die "Herstellung einer sozialen Übereinstimmung" angesichts der "Pluralisierung der Wert- und Sinnwelten";

- *personell*: durch die "Privatisierung der Sinnwelten", eine "umfassende Daseinsleitung durch Institutionen" und die "Ausgliederung aus sozialen Gruppen" entstehende Probleme personaler Identität (vgl. Tenbruck 1972: 70f).

In der deutschen Soziologie hat die Entgegensetzung von "Spätkapitalismus" und "Industriegesellschaft"[27] für die Auseinandersetzung um eine dem Gegenstand adäquate Erfassung heutiger Gesellschaft besondere Bedeutung gehabt. Sie ist insbesondere deswegen folgenreich gewesen, weil sich darin unterschiedliche theoretische Konzeptionen und Vorannahmen ausdrückten. Diese hat GIDDENS in seiner "kurzen, aber kritischen Einführung" in die Soziologie erneut zum Thema gemacht, indem er der auf SAINT-SIMON und DURKHEIM zurückgehenden "theory of industrial society" die auf MARX basierende "theory of capitalist society" gegenüberstellt und dabei nachdrücklich darauf hinweist, daß beide Standpunkte ihre spezifischen Schwächen, aber auch ihre Stärken haben und daß wir von beiden lernen sollten (Giddens 1982: 32). Beiden liegt eine entwicklungstheoretische Perspektive zugrunde,[28] doch beide führen gesellschaftliche Entwicklung auf unterschiedliche gesellschaftliche Kräfte zurück und schätzen die Bedeutung der Kenntnis vergangener Epochen für die Gestaltung der Gegenwart und die Prognose zukünftigen Wandels verschieden ein, so daß sich z.B. die Vorstellungen davon, was "entwickelte Gesellschaften" von "unterentwickelten Gesellschaften" unterscheidet, was die "bürgerliche Gesellschaft" von der "Feudalgesellschaft" trennt, nur partiell decken.[29]

Für die Analyse moderner Gesellschaften dürfte COLEMANs Konzeption der "asymmetrischen Gesellschaft" (1986, 1992) wissenschaftlich wie praktisch nützlicher und ertragreicher sein. Die Allgegenwart von Organisationen in modernen Gesellschaften in Verbindung mit der Tatsache, daß die meisten von uns in Organisationen oder in enger Verbindung mit ihnen und beeinflußt durch sie einen wesentlichen Teil ihres wachen Lebens verbringen, war für COLEMAN Anlaß, moderne Gesellschaften so zu bezeichnen. Ein Charakteristikum dieses Typus von Gesellschaft besteht darin, daß in vielen alltäglichen Sozialbeziehungen nicht Individuen mit gleichgestellten Individuen interagieren, sondern mit individuellen Agenten oder Repräsentanten von Organisationen, in deren Namen oder Auftrag oder für deren Rechnung sie tätig werden. Da Organisationen als Zweckverbände und Kooperationssysteme zugleich Herrschaftsinstrumente sind (vgl. Büschges

[27] Sie bildete das Thema des 16. Soziologentages 1968: Spätkapitalismus oder Industriegesellschaft? (vgl. Adorno 1969).

[28] Dadurch unterscheiden sie sich grundsätzlich von den drei zuvor umrissenen Gesellschaftstypen Tenbrucks, der eindringlich davor warnt, diese Typen zu Entwicklungsmodellen umzudeuten.

[29] Eine angemessene Antwort wird sich wohl nur finden lassen, wenn die auf breitem historischem Material basierenden, auf eine entwicklungstheoretische Perspektive im Sinne eines Entwicklungsgesetzes verzichtenden Erörterungen Rüschemeyers (1986) mit einbezogen werden, die der Frage gewidmet sind, welches Gewicht Machtbeziehungen und ihre spezifische Struktur für die Entwicklung der Arbeitsteilung und damit der sozialen Differenzierung haben.

1983: 22-39), handeln in den alltäglichen Interaktionen die Agenten, Repräsentanten, Angestellte oder Vertreter von Organisationen nicht nur orientiert an ihren eigenen Interessen und Wertsystemen, sondern zugleich auch an den Interessen und Wertsystemen der Organisation, für die sie tätig sind. Hieraus resultiert ein spezifisches Macht- und Informationsungleichgewicht zwischen den Interaktionspartnern, das eine Asymmetrie der Interaktionsbeziehungen zur Folge hat (vgl. Büschges 1983: 171-194).

2.3 Soziale Ungleichheit

Die Erfahrung, daß die in einen geteilten sozialen Zusammenhang eingebundenen Menschen nicht gleich, sondern ungleich sind und sich nach Besitz von materiellen und immateriellen Gütern, Ansehen, Macht, Einfluß, Lebenschancen, Lebensstilen, Weltbildern und religiösen Überzeugungen unterscheiden, hat früh die Frage danach aufgeworfen, welche Ursachen hierfür verantwortlich zu machen sind. "Bis auf Aristoteles reicht dabei die Reihe jener zurück, die diese soziale Differenzierung auf 'natürliche' Unterschiede der Menschen zurückführen wollten" (König 1958: 269). Zum Thema der Soziologie wurde soziale Ungleichheit insbesondere seit Jean-Jacques ROUSSEAU (1712-1778) sich ausführlich mit diesem Problem auseinandersetzte, um eine Antwort auf die Preisaufgabe zu finden, welche die Akademie von Dijon 1754 gestellt hatte. Diese lautete: "Was ist der Ursprung der Ungleichheit unter den Menschen, und wird diese durch das Naturrecht legitimiert?"[30] ROUSSEAUs Theorie beruhte "auf drei grundlegenden Annahmen: Erstens, Ungleichheiten ergeben sich im wesentlichen aus Marktmechanismen, die sich zwar von Gesellschaft zu Gesellschaft unterscheiden, die es jedoch in allen Gesellschaften gibt ...; zweitens, Ungleichheiten kumulieren tendenziell; drittens, wenn die öffentliche Gewalt will, daß der Sozialvertrag verwirklicht wird, muß sie dafür sorgen, daß 'die Reichen nicht zu reich und die Armen nicht zu arm sind', aber gleichzeitig darf sie sich keine Illusionen über den Spielraum einer Politik der Gleichheit machen" (Boudon & Bourricaud 1992: 619).

Unter besonderer Berücksichtigung des Zusammenhangs zwischen Arbeitsteilung und sozialer Klassenbildung wurde das Thema sozialer Ungleichheit in den letzten Jahrzehnten des vergangenen und den ersten Jahrzehnten dieses Jahrhunderts von zahlreichen Sozialwissenschaftlern und Ökonomen intensiv diskutiert.[31] Unter dem Einfluß von PARSONS wurde sie von der Diskussion der Prinzipien

---

[30] Vgl. Rousseau (1984 [1755]), eine von Meyer herausgegebene "Kritische Ausgabe des integralen Textes". Mehr als 200 Jahre später wählte Dahrendorf diese Problematik für seine Antrittsvorlesung an der Universität Tübingen, die er unter das Thema stellte: "Über den Ursprung der Ungleichheit unter den Menschen" (1966).

[31] Wichtige Beiträge zu dieser Diskussion wurden von Seidel und Jenkner in dem Sammelband "Klassenbildung und Sozialschichtung" (1968) zusammengestellt.

und Folgen sozialer Schichtung z.T. abgelöst,[32] die später, insbesondere mit dem Aufkommen neomarxistischer Theorien, durch die Diskussion um "Soziale Klassen und Klassenkonflikt in der industriellen Gesellschaft" (Dahrendorf 1957) erweitert und z.T. ersetzt wurde. Allerdings hatte bereits GEIGER "den Begriff der sozialen Schicht zum zentralen Konzept der Analyse sozialer Ungleichheit in der ersten Hälfte des 20. Jahrhunderts erhoben" (Geißler 1985: 387) und sich intensiv mit der "Klassengesellschaft nach der Lehre des Marxismus" (Geiger 1949) auseinandergesetzt.[33]

Eine heute noch andauernde Kontroverse geht um die Frage, ob im Rahmen der Ungleichheitsforschung historischen Begriffen oder allgemeinen, eher analytisch gefaßten Begriffen der Vorzug gegeben werden sollte. Begriffe wie Kaste, Klasse und Stand wurden als historische, zur Kennzeichnung sozialer Ungleichheit in bestimmten Gesellschaften oder in bestimmten Stadien gesellschaftlicher Entwicklung dienende Begriffe konzipiert,[34] jedoch dann, wie z.B. der Klassenbegriff bei MARX und seinen Nachfolgern, als allgemeine Oberbegriffe verwandt.[35] Hingegen wurde bereits von GEIGER (1932) und später von RUNCIMAN (1976) "soziale Schichtung" als Allgemeinbegriff gefaßt. Heute besteht weitgehend Einigkeit darüber, daß "soziale Schichtung ... definitionsgemäß stets Ungleichheit zwischen Menschen bedeutet. Doch nicht alle Ungleichheiten zwischen Menschen führen zur Ausbildung sozialer Schichten. Der Zusammenhang zwischen Ungleichheit und Schichtung ist kompliziert: welche Ungleichheiten begründen soziale Schichten?" (Lepsius 1961: 54). Die Antwort auf diese Frage wird noch immer kontrovers diskutiert. Sie hängt davon ab, wie soziale Ungleichheit für Zwecke theoretischer wie empirischer Analysen konzeptualisiert und theoretisch fundiert wird[36] sowie, im Lichte unserer theoretischen Orientierung, vermittels

---

[32] Vgl. hierzu Parsons' Beitrag "Ansatz zu einer analytischen Theorie der sozialen Schichtung" (Parsons 1964a: 180-205) sowie Davis & Moore (1945).

[33] Einen Überblick über wesentliche Beiträge zur Entwicklung der Erforschung sozialer Ungleichheit geben u.a. die Sammelbände von Glass & König (1961), Hörning (1976), Kreckel (1983) und Berger & Hradil (1990) sowie Schäfers (1990: 63-92) und Haller (1983).

[34] So der Begriff "Kaste"... "zur Charakterisierung der indischen Gesellschaft", der Begriff "Stand" ... "zur Charakterisierung der europäischen Gesellschaften des Mittelalters" (Geißler 1985: 392) und der Begriff "Klasse" bei Marx zur Kennzeichnung des Verhältnisses bestimmter Bevölkerungsgruppen zu den Produktionsmitteln in kapitalistischen Gesellschaften, verstanden als typisches Produktionsverhältnis. Demgegenüber geht Weber von der "Klassenlage" aus, verstanden als "typische Chance 1. der Güterversorgung, 2. der äußeren Lebensstellung, 3. des inneren Lebensschicksals" und bezeichnet mit "Klasse" eine "in einer gleichen Klassenlage befindliche Gruppe von Menschen", wobei er weiter zwischen "Besitzklasse", "Erwerbsklasse" und "soziale(r) Klasse" (Weber 1976 [1922]: 177) unterscheidet.

[35] So faßten z.B. Marx und seine Nachfolger "alle Gesellschaften als Klassengesellschaften auf ... und Kasten und Stände lediglich als historische Sonderformen" (Geißler 1985: 392).

[36] Mit Boudon & Bourricaud lassen sich hinsichtlich der Bestimmung von "Schichtungsursachen" etwa "drei Arten von Theorien ... unterscheiden": "Die marxistische Theorie, die die Ursache der

(Fortsetzung...)

welcher Mechanismen sich soziale Ungleichheiten und soziale Schichten auf individuelles Verhalten und seine kollektiven Folgen auswirken.[37] Für BOUDON & BOURRICAUD (1992: 493) "steht außer Zweifel, daß die Soziologie weit davon entfernt ist, eine 'allgemeine Schichtungstheorie' angeben zu können, und daß das Suchen nach einer solchen Theorie von vornherein zum Scheitern verurteilt ist".

Für RUNCIMAN (1976: 36) gibt es "auf der allgemeinsten kulturvergleichenden Ebene ... fünf Fragen, die jeder mit Schichtungsproblemen befaßte Forscher an jede beliebige von ihm untersuchte Gesellschaft stellen sollte: erstens: Wer herrscht und wer wird beherrscht?; zweitens: Wie werden die materiellen Güter und Dienstleistungen zugeteilt?; drittens: Welches Maß an Ehrerbietung, oder von institutionalisiertem Respekt wird wem von wem entgegengebracht?; viertens: Auf wieviele (wenn überhaupt) äußerlich unterscheidbare, institutionell eingestufte Gruppen oder Quasi-Gruppen, deren Mitglieder ein gemeinsames ökonomisches und/oder soziales und/oder politisches Interesse anerkennen, sind die Mitglieder der Gesellschaft verteilt?; fünftens: Wie groß ist die soziale Mobilität zwischen solchen Gruppen oder, falls es diese nicht gibt, zwischen vertikal differenzierten Rollen oder Positionen?"[38]

Exkurs: Ungleichheit von Bildungschancen

Als Beispiel für die Analyse sozialer Ungleichheit sei hier, BOUDON (1980: 169ff) folgend, die Ungleichheit der verschiedenen sozialen Klassen beim Zugang zum Hochschulstudium vorgestellt. Ausgangspunkt dieser Studien war das soziale Problem, daß die Zugangschancen zur Universität für Töchter und Söhne von Arbeitern wesentlich geringer waren und sind als für Söhne und Töchter von leitenden Angestellten oder Akademikern. Eine Erklärung dieses Phänomens zielt darauf ab, auf folgende Frage eine hinreichend plausible Antwort zu finden: Warum besteht diese Ungleichheit von Bildungschancen?. Diese Frage hatte Mitte

---

[36](...Fortsetzung)
Existenz von Klassen in der Organisation der Produktionsverhältnisse sieht", "die funktionalistische Schichtungstheorie", für die "Schichtung eine unmittelbare Konsequenz der Arbeitsteilung" ist und die auf Adam Smith zurückgehende Theorie, wonach "Schichtungsphänomene das Ergebnis von Marktmechanismen sind" (Boudon & Bourricaud 1992: 489ff).

[37] So begreift z.B. Bornschier (1991: 38) soziale Schichtung als "Prozeß und ... Ergebnis eines Systems von Regeln, die soziale Ungleich**artigkeit** in soziale Gleich- und Ungleich**wertigkeit** überführen". Damit will er "Schichtung" (dynamisch) von "Schichten" entkoppeln und es zur empirischen Frage machen, ob "abgrenzbare Schichten in einem sozial bedeutsamen Ausmaß entstehen". Dabei stehen drei Fragen im Vordergrund: Was, wie, und wer wird geschichtet?

[38] Runciman gibt allerdings zu bedenken: "Je genauer aber der Forscher diese Fragen zu beantworten versucht, umso größer ist die Wahrscheinlichkeit, daß er nicht nur Techniken, sondern auch Begriffe anwenden wird, die sich je nach der Art der untersuchten Gesellschaft sehr weit voneinander unterscheiden" (Runciman 1976: 36).

der 50er Jahre in den Vereinigten Staaten, in Skandinavien und England, und Anfang der 60er Jahre in Deutschland, in Frankreich und in der Schweiz, zunehmend das Interesse von Soziologen erweckt. Eine Analyse der zu diesem Problem publizierten Studien führt zu dem Ergebnis, daß man verschiedene Faktoren fand, die für die Ungleichheit der Bildungschancen verantwortlich gemacht werden konnten. BOUDON nennt drei solcher Faktoren:

- Von der sozialen Lage oder Klasse abhängige Unterschiede in den Einschätzungen, welche Möglichkeiten der Handlungskontrolle bestehen und wo deren Grenzen liegen, sowie, welche Faktoren den Erfolg bedingen.
- Im Hinblick auf komplexere oder einfachere Ausdrucksformen bestehende Unterschiede in den Sprachcodes, die für die sozialen Schichten charakteristisch sind.
- Bezüglich der Investition in Bildung und Ausbildung bestehende Unterschiede in den Kosten-Nutzen-Kalkülen, die von der sozialen Lage der Herkunftsfamilie abhängen.

Im ersten Fall wird als maßgebender Faktor die Art und Weise angesehen, wie Individuen den sozialen Erfolg begreifen, ein Faktor, der mit den sozialen Klassen oder der sozialen Lage der Individuen variieren soll. Den unteren Klassen wird eine Orientierung zugeschrieben, die den beruflichen Erfolg vornehmlich als Ergebnis des Zufalls oder des Schicksals ansieht und nicht auch als Resultat eigenen intentionalen Handelns resultierend und mitbedingt durch die Kontrolle der Handlungssituation. Erfolg soll sich nach der hier dominierenden Vorstellung weitgehend der Handlungskontrolle der Individuen entziehen und nicht durch angemessene Wahlhandlungen beeinflußt werden können. Hinzu kommt die vornehmlich wirtschaftliche Einstufung und Bewertung des Erfolges, die für die weniger begünstigten Klassen oder für Individuen in ungünstigen sozialen Lagen charakteristisch sei. Erfolg bedeute hier in erster Linie die Erlangung knapper und begehrter Gütern und weniger die "Verwirklichung persönlicher Ansprüche". Aus beiden Sichtweisen folgt, "daß das Interesse am Studieren bei den benachteiligten Klassen schwächer sein muß" (Boudon 1980: 170). Das Vorhandensein von Subkulturen von Klassen im Hinblick auf fatalistische und ökonomistische Auffassungen von Erfolg wird hier als jener Faktor identifiziert, der dazu führt, daß dem Studieren für den Erfolg im Lebenslauf ein geringerer Wert beigemessen wird, was sich auf die Teilnahme am Bildungssystem auswirkt.

Im zweiten Fall wird davon ausgegangen, daß in der Sprache und den Sprachstilen nebst deren Variation der Auslösungsmechanismus für die Ungleichheit der Bildungschancen zu suchen ist. Den unteren sozialen Klassen wird eine einfachere Sprache zugeschrieben, die sich deutlich von jener der begünstigteren Klassen unterscheidet. Ein sog. restringierter Sprachcode (Bernstein), der sich durch weniger komplexe linguistische und grammatikalische Techniken auszeichnet, soll für die unteren Klassen charakteristisch sein. Daraus resultiert die Hypothese, "daß ein einfaches familiales Milieu seltener als ein wohlhabendes Milieu dem Kind die Möglichkeit bietet, komplexe Ausdrucksmethoden zu erlernen" (Boudon 1980:

171). Da in der Schule als sog. "Mittelschicht-Institution" eher komplexeren Ausdrucksmethoden und entwickelteren Sprachcodes Rechnung getragen wird, ergebe sich ein Vorteil für die Kinder aus besser gestellten Schichten. Auf diese Weise soll sich der Erwerb "sozial determinierter Techniken" in der Herkunftsfamilie und der Herkunftsschicht auf die schulische Leistung und das Leistungsvermögen auswirken und damit zugleich auf die Chancen im Bildungssystem.

Vergleicht man beide Faktorengruppen, erhebt sich die Frage, welche von den genannten Faktorenbündeln für die Ungleichheit der Bildungschancen die gewichtigsten sind. Während für die erste Faktorengruppe der Schwerpunkt auf "Unterschieden zwischen sozialen Klassen in der Verteilung bestimmter Werte" liegt, führt die zweite Faktorengruppe das Phänomen "teilweise auf einen Unterschied zwischen sozialen Klassen in der Distribution eines bestimmten 'know-how' zurück" (Boudon 1980: 171).

Im dritten Fall ist die Interpretation völlig anders als in den beiden anderen Fällen, denn hier wird die Ungleichheit der Bildungschancen als "das Ergebnis einer Art ökonomischen Kalküls, das Jugendliche und ihre Familien anstellen," aufgefaßt. Diese Vorstellung liegt, nach BOUDON, quer zur Vorstellung vieler konventioneller Soziologen, jedoch "legt sie eine ganze Reihe von Beobachtungsdaten richtig dar" (Boudon 1980: 171). Ausgangspunkt für diese Sichtweise ist der Tatbestand, daß bei einem Vergleich verschiedener Individuen in Abhängigkeit vom Bildungsstand in aller Regel jene Individuen größere Ressourcen besitzen und höhere Berufspositionen einnehmen, deren Bildungsstand auch höher ist. Soweit Jugendliche und ihre Familie diese Tatsache registrieren, kann dies dazu führen, "daß sie mehr oder minder undeutlich perzipieren werden, aus einem Mehraufwand an Bildung zusätzliche soziale und ökonomische Vorteile erhoffen zu können" (Boudon 1980: 171). Zwar erfordert der Erwerb höherer Bildungsabschlüsse entsprechenden Aufwand, insbesondere einen längeren, mit Einkommensverzicht verbundenen Verbleib im Bildungssystem, doch verspricht er bessere Arbeitsmarkt-, Berufs- und Aufstiegschancen. Insoweit und aus dieser Sichtweise erscheinen "die bildungsbezogenen Entscheidungen der Jugendlichen und ihrer Familie als quasi ökonomische Investitionsentscheidungen" (Boudon 1980: 172).

Vermittels dieses Erklärungsansatzes ist es möglich, solche Sachverhalte mitzuberücksichtigen, die bei den Faktorengruppen im ersten und zweiten Fall keine Berücksichtigung fanden. Zunächst wird dem Rechnung getragen, daß "ein Mehr an Wissen im allgemeinen höhere Kosten für eine ärmere Familie mit sich (bringt, d.A.) als für eine wohlhabende Familie ... (und daß, d.A.) einkommensschwache Familien stärker dazu neigen, die ökonomischen und sozialen Vorteile zu unterschätzen, die ... aus höherer Bildung erwachsen können, und zwar ... weil eine bescheidene Vermögenslage generell eine größere Hinwendung zur Gegenwart, einen eingeschränkteren zeitlichen Horizont und demzufolge eine relative Unterschätzung der zukünftigen Gewinne, gemessen an den gegenwärtigen Vorteilen, impliziert" (Boudon 1980: 172). Ferner wird berücksichtigt, daß das Streben nach dem Erhalt des gegebenen sozialen Status der Familie dem Jugendlichen lediglich die Aussicht darauf bringt, dieselbe soziale Stellung wieder zu erreichen, während derselbe soziale Status für Jugendliche aus einkommensschwächeren Familien durchaus als Luxus und Investitionen, um ihn zu erreichen, als unverhältnismäßig und nutzlos angesehen werden können. BOUDON faßt diese Überlegungen wie folgt zusammen: "Wenn Jugendliche von bescheidener Herkunft mit einer Bildungsentscheidung konfrontiert werden (z.B.: Wahl zwischen Fortsetzung oder Abbruch ihrer Ausbildung), so neigen sie in der Regel dazu, verglichen mit ihren Mitschülern höherer sozialer Herkunft, die Kosten zu überschätzen und die Vorteile aus dem ihnen angebotenen Mehr an Bildung zu unterschätzen. Als Folge davon kann man erwartungsgemäß - bei sonst gleichen Bedingungen - eine Beziehung zwischen sozialer Herkunft und schulischer 'Investition' beobachten" (Boudon 1980: 172).

Als weitere Faktoren, die für den schulischen Erfolg bedeutsam sein können, lassen sich z.B. die soziale Abstammung oder die Größe der Familie nennen, wobei beide wiederum mit bestimmten sozialen Kontexten variieren können. Aufgabe des Soziologen ist es nun, "diese unterschiedlichen Faktoren oder Mechanismen in eine Gesamttheorie zu integrieren, sofern sie sich dazu eigen" (Boudon 1980: 173).[39] Zusammenfassend läßt sich mit BOUDON festhalten, daß es zum Zwecke der Erklärung eines Phänomens unerläßlich ist, die Konsequenzen der Handlungen zu bedenken, die von den Agenten des ins Auge gefaßten Systems ausgehen. Dabei muß die Beschreibung der "Logik individueller Handlungen" zum einen im Sinne von WEBER "verstehbar sein" (vgl. Kap. 5.2), zum zweiten dürfen die aus der Logik der Selektion resultierenden, die Aggregation betreffenden Schlußfolgerungen nicht zu Ergebnissen führen, die zu den beobachtbaren Daten im Widerspruch stehen (vgl. Kap. 4.5).

---

[39] Zu diesem Zweck greift Boudon (1980: 173ff) auf eine Studie zurück, die 1962 von Girard & Clerc (1964) mit mehr als 20.000 französischen Schülern, die bis zur letzten Klasse der Grundschule gelangt waren, über deren schulische Orientierung durchgeführt wurde. Diese Schüler konnten sich unter den damaligen Bedingungen entscheiden, "entweder die sechste Klasse des Gymnasiums (Eingangsstufe zur langen Gymnasialausbildung) oder die sechste Klasse der CEG (Eingangsstufe zur kürzeren Gymnasialausbildung) oder einen Eintritt in das Berufsleben" (Boudon 1980: 173) anzustreben. Hinsichtlich der Eingangsquote in die Sexta ergeben sich Abhängigkeiten von der sozialen Herkunft, vom Erfolg und vom Alter der Schüler. Bezieht man auf diese empirisch vorfindbaren Daten die vorgestellten drei Erklärungsmuster und faßt diese zu einer Theorie zusammen, so dürfte eine unserer theoretischen Konzeption entsprechende Theorie für die Wahl der Schulausbildung die verschiedenen Informationen, die in den empirischen Daten enthalten sind, am vollständigsten und einfachsten wiedergeben. Sie erklärt zum einen, warum Individuen unterer sozialer Klassen in der Regel auch ein niedrigeres Bildungsniveau besitzen. Allerdings zeigt sie auch, daß die Schulwahl nur in geringem Maße von der sozialen Herkunft abhängt, wenn der Schulerfolg gut ist, besonders stark aber, wenn er eher schlecht ist. Zusammenfassend ergibt sich: "Die Karriere eines Jugendlichen in einem Schulsystem kann als eine Aufeinanderfolge von Entscheidungen angesehen werden, deren Häufigkeit, Beschaffenheit und Relevanz von den schulischen Institutionen bestimmt werden" (Boudon 1980: 178), wobei die Mechanismen, die in Verbindung mit den Entscheidungen zur Abweichung führen, wiederholt Platz greifen. Dies hat zur Folge, daß "die Logik der ... Entscheidungsprozesse ... durch Wiederholung ein zum Abstand zwischen den Klassen expontentialen Verlauf" nimmt (Boudon 1980: 178; vgl. auch Raub 1984).

2.4 Sozialer Wettbewerb und sozialer Konflikt

Die aus unterschiedlicher Ausstattung mit materiellen wie immateriellen Gütern resultierenden sozialen Ungleichheiten und unterschiedlichen Interessenlagen haben zur Folge, daß Menschen zwecks Verbesserung ihrer sozialen Lage um knappe Güter und Ressourcen sowie um gesellschaftlich begehrte Positionen konkurrieren. Die hieraus resultierenden Konflikte können sehr verschiedene Formen annehmen und unterschiedliche Konsequenzen für die soziale Ordnung und ihren Wandel haben. Als Klassenkonflikte waren soziale Konflikte zentrales Thema für MARX und Friedrich E. ENGELS (1820-1885); sie sahen in diesen Konflikten den Motor der Geschichte sowie der Entwicklung der menschlichen Gesellschaft. Im "Kommunistischen Manifest" (Marx & Engels 1966 [1848]) wendeten sie diese theoretische Perspektive agitatorisch und münzten sie zu einem Kampfaufruf um. Für SIMMEL waren Streit und Konkurrenz wichtige Themen der Soziologie, zumal sie als Wechselwirkung durchaus nicht nur zerstörerische, sondern sogar integrierende Wirkungen zeitigen konnten (Simmel 1908: 247-336, 1983 [1903]: 173ff). COSER erweiterte diese Perspektive zu einer "Theorie sozialer Konflikte" (Coser 1965) unter besonderer Betonung ihrer möglichen integrierenden Funktionen, während DAHRENDORF (1957) mit seiner Konflikttheorie an MARX anknüpfte, jedoch den Klassenkonflikt als Herrschaftskonflikt verallgemeinerte (Dahrendorf 1961). Für die soziologische Analyse von besonderer Bedeutung und zugleich von politischer Brisanz ist der empirische Befund, daß "soziale Konflikte ... wegen ihrer manchmal großen Dynamik einen reichen Nährboden für die Entwicklung von Ideologien" bilden (Boudon & Bourricaud 1992: 473).

Zentrale Fragen sind mit Bezug auf sozialen Wettbewerb und soziale Konflikte nach wie vor: Welche Arten von Wettbewerb und Konflikten lassen sich für Zwecke soziologischer Analyse unterscheiden? Wo liegen die Ursachen von Wettbewerb und Konflikten? Welches sind die beteiligten Akteure oder Gruppen von Akteuren? Welcher Art von Interessengegensätzen bestehen und wie werden diese ausgetragen? Wie wirken sich Wettbewerb und Konflikte auf Stabilität und Wandel sozialer Ordnungen aus? Welche Wirkungen haben Wettbewerb und Konflikte als Anreiz- und Steuerungsinstrumente für Handeln und Verhalten der Akteure?[40]

Wie Wettbewerb und soziale Konflikte analysiert werden können, zeigt BOUDON (1980: 22-26) anhand eines knappen theoretischen Beispiels auf. Er modelliert Wettbewerb als eine Lotterie, wobei die Entscheidung der Akteure, in den Wettbewerb einzutreten, dem Erwerb eines Lotterieloses entspricht. Rationale Akteure (vgl. Kap. 6.2) werden an dieser Lotterie nur teilnehmen, solange der Erwartungswert eines Gewinnes nicht kleiner als der Lospreis ist. Aus dieser Annahme ergibt sich die Zahl der Teilnehmer, aus diesen wiederum wird die noch kleinere Anzahl der Gewinner ermittelt. Teilnehmer, die ein Los bezahlt und nichts gewonnen haben, bezeichnet BOUDON als relativ zu allen anderen Akteuren frustriert. Interessant ist nun der Fall, daß die Anzahl der Gewinne drastisch erhöht wird: Mit steigender Gewinnwahrscheinlichkeit nehmen dann mehr Akteure an der Lotterie teil.

---

[40] Die Spieltheorie bietet uns die Möglichkeit, diesen Fragen vermittels formalisierter Modelle nachzugehen, wie wir in Kap. 6.2 zeigen.

BOUDON weist nach, daß diese Zunahme der Mitspieler die Anzahl zusätzlicher Gewinner übersteigt. Obwohl also mehr Gewinne ausgeschüttet werden, steigt der Anteil der relativ frustrierten Lotteriespieler.

2.5 Sozialer Wandel und gesellschaftliche Entwicklung

Stabilität und Wandel, Fortschritt und Entwicklung sozialer Ordnungen und ihrer Strukturen sind von jeher Gegenstand mythischer Deutungen, metaphysischer Spekulationen und wissenschaftlicher Reflexionen, weil diese Ordnungen ebenso wie die sie konstituierenden und von ihnen beeinflußten sozialen Beziehungen einem ständigen Wandel unterliegen; eine Erfahrung, die mit Beginn der Neuzeit im Zuge der als Modernisierung bezeichneten sozialen Wandlungsprozesse in stets wachsendem Maße gemacht wurde (vgl. Zapf 1991a). Seit der Aufklärung wurde die Vorstellung vorherrschend, daß die Menschheit sich in einem zwar langsamen, jedoch kontinuierlich fortschreitenden Prozeß befinde, der hin zu einem Mehr an Wissen, Naturbeherrschung und Selbstbestimmung führe und der auf die Dauer die Möglichkeit eröffne, soziale Ordnungen, Nationen und Staaten planend zu gestalten und gezielt hin zu einer "humaneren Gesellschaft" zu verändern. Dabei wurde lange Zeit ein gradlinig ablaufender, nicht umkehrbarer historischer Prozeß universellen Charakters angenommen. Angeregt durch den Erfolg der Naturwissenschaften wurde nach Gesetzmäßigkeiten sozialen Wandels und gesellschaftlicher Entwicklung gefahndet, um den Geschichtsprozeß wie die in seinem Verlauf entstehenden und sich wandelnden sozialen Ordnungen rationaler Planung und Gestaltung zugänglich zu machen. Erst DURKHEIM, PARETO und WEBER nahmen Abstand davon, Wandlung und Entwicklungsrichtungen von Gesellschaften als durch finale Entwicklungsgesetze bedingt zu begreifen.[41] Sie deuteten Wandlungen und Entwicklungen von Gesellschaften kausal als Folge endogener Wandlungskräfte oder exogener Störungen oder einer Kombination von beidem (vgl. Kap. 1.2). Auf diese Weise wurde es wieder möglich, gesellschaftliche Wandlungsprozesse als Resultat menschlichen Handelns unter der kombinierten Wirkung von Erfindungen, Entdeckungen und einmaligen historischen Ereignissen zu modellieren (vgl. Kap.9).

Dennoch war man nach dem 2. Weltkrieg in großem Stil bemüht, vermittels interdisziplinärer Studien in einer zunehmend komplexer werdenden und sich rascher wandelnden Welt mit Einsatz wissenschaftlicher Methoden mögliche oder wahrscheinliche Entwicklungen der geschichtlich - gesellschaftlichen Wirklichkeit, zu prognostizieren, vorauszusehen, vorherzusagen oder zu mutmaßen. Auch wurden Szenarien, Projektionen oder Modelle denkbarer, wahrscheinlicher, erwünschter oder unerwünschter zukünftiger gesellschaftlicher Zustände unter

---

[41] Solche Vorstellungen wirkten noch lange nach, wie die Entgegensetzung von "Spätkapitalismus" und "Industriegesellschaft" in der deutschen Soziologie der 60er und 70er Jahre zeigte, die von unterschiedlichen theoretischen Konzeptionen und Voranahmen ausgingen. Vgl. hierzu den Exkurs in Kap. 2.2.

besonderer Berücksichtigung möglicher Folgewirkungen technischer oder sozialer Innovationen als Grundlagenmaterial für politische Planungen und Entscheidungen entworfen. Es wurde versucht, in der Vergangenheit systematisch gesammelte Erfahrungen und methodisch gewonnenes Wissen als Grundlage für zielorientieres Planen und Handeln in der Gegenwart zu verwenden. Damit wurde angestrebt, in die Prozesse sozialen Wandels in Kenntnis der bestimmenden Faktoren mit Hilfe geeigneter Mittel und unter Berücksichtigung von Innovationen dahingehend gestaltend eingreifen zu können, daß erwünschte oder bevorzugte zukünftige Zustände bewirkt oder, zumindest, gefördert, unerwünschte hingegen möglichst verhindert werden.[42] Im Rahmen dieser Bemühungen wurden auch von Sozialwissenschaftlern, insbesondere von Ökonomen, Soziologen, Politologen und Sozialanthropologen, große und beeindruckende Theorien sozialen Wandels produziert. Infolgedessen wurde die Soziologie zeitweise sogar als "Schlüsselwissenschaft des 20. Jahrhunderts" (Matthes 1981b) apostrophiert und wurden die Sozialwissenschaften als "die" Wissenschaften sozialen Wandels bezeichnet (Boudon 1983). Doch konnten sie die Erwartungen nicht erfüllen, die in ihre Leistungsfähigkeit als Reflexions-, Planungs-, Steuerungs- und Kontrollwissenschaft gesetzt wurden. Wie BOUDON (1983: 143-160) nachgewiesen hat, waren sie wegen der ihnen zugrunde liegenden Postulate prinzipiell nicht in der Lage, Prozesse sozialer Entwicklung und sozialen Wandels angemessen zu beschreiben und zu erklären, und damit zwangsläufig zum Scheitern verurteilt (vgl. Kap. 9.1).[43]

Nach wie vor relevant sind jedoch William F. OGBURNs (1886-1959) Überlegungen zum sozialen Wandel.[44] Er versuchte 1922 als erster diese Thematik "einer neutralen Systematik zugänglich zu machen, indem er erstens zeigte, daß sich bei komplexen Gesellschaften die verschiedenen Lebensbereiche (Familie, Wirtschaft, Recht, Erziehung usw.) in verschiedenem Rhythmus wandeln, die einen schneller, die anderen langsamer, und zweitens, daß insgesamt eine Spannung besteht zwischen materiellen Veränderungen in einer Gesellschaft und den sozial-kulturellen Anpassungsmitteln" (König 1967d: 294).

[42] Diese Bemühungen wurden mit so anspruchs- und voraussetzungvollen Etiketten wie "Futurologie" oder "Zukunftsforschung" versehen (vgl. Büschges 1989b: 840-844).

[43] Dies trifft auch für die in den letzten Jahrzehnten unternommenen und unter dem Etikett "Modernisierungstheorien" rubrizierten Versuche zu, wie neben dem Beitrag von Scheuch (1991) zahlreiche andere Beiträge zum Thema des 25. Deutschen Soziologentages "Die Modernisierung moderner Gesellschaften" (Zapf 1991b) belegen und worauf auch Rüschemeyers Konzept der "partiellen Modernisierung" (1969) hinweist.

[44] Er führte den Begriff "sozialer Wandel" ein, indem er seinem Werk den Titel "Social Change" gab. Für diesen Titel entschied er sich, weil der zunächst vorgesehene Titel "Social Evolution" für ihn zu stark mit den Vorstellungen einer unilinearen Entwicklung belastet war. Diese Vorstellung war mit der Fortschrittsidee verknüpft und verband implizit die Idee der Entwicklung von Kultur und Gesellschaft mit einer Wertung, nämlich der Entwicklung vom niederen zum höheren, vom schlechteren zum besseren. Eine solche Vorstellung lehnte Ogburn entschieden ab. Die ähnlich stark vorbelasteten Titel "Social Progress" oder "Social Development" kamen für ihn aus dem gleichen Grunde nicht in Frage.

Im Zentrum von OGBURNs Werk steht die Auseinandersetzung mit der damals vorherrschenden Auffassung, daß sich Gesellschaften entwickelten, weil die Menschen, die Gesellschaft schufen und ihre Ordnung begründeten, sich entwikkelten. Hieraus wurde im Umkehrschluß gefolgert, daß Menschen, die sich nicht so weit entwickelt haben wie andere, demzufolge auch eine primitivere Kultur und eine primitivere gesellschaftliche Ordnung verzeichnen als die weiterentwickelten Menschen. Hinter diesen Vorstellungen standen Ideen darwinistischen Ursprungs. Gesellschaft wurde begriffen als soziales Verhalten und soziales Verhalten wiederum wurde verstanden als eine Funktion der biologischen Struktur von Menschen im weitesten Sinne. Aus der Unterschiedlichkeit des Verhaltens, das in Gesellschaften zu beobachten war, wurde auf eine verschiedene biologische Struktur der Menschen geschlossen. Es wurde unterstellt, daß überlegenere Zivilisationen und Kulturen das Ergebnis überlegenerer Gehirne seien. Eine höhere Kultur erschien nach dieser Vorstellung deswegen, weil Menschen mit besseren und weiter entwickelten Gehirnen auftraten. Hingegen wurden Zivilisation und Kultur nicht begriffen als Ergebnis eines Akkumulationsprozesses.

Für OGBURN war diese Vorstellung falsch und deckte sich nicht mit der erfahrbaren Wirklichkeit. Wie er ausführlich belegte, läßt sich soziale Entwicklung - einschließlich des Entstehens, Wandels und Vergehens sozialer Ordnungen - nur begreifen als kulturelle Entwicklung: nicht das vererbte biologische Potential entwickelt sich, sondern die Kultur, ein soziales Phänomen (vgl. hierzu Kap. 2.6). Besondere Bedeutung für die zukünftige soziale Entwicklung gab OGBURN den Erfindungen, resultierend aus der Kombination von mentalen Fähigkeiten, existierenden Bedürfnissen und vorgegebenen kulturellen und natürlichen Möglichkeiten, deren Akkumulation und Diffusion sowie der Anpassung daran, die zur Veränderung der kulturellen und zivilisatorischen Basis sowie der institutionellen Regelungen führen, die Wissensbasis eingeschlossen, und die für die Dynamik gesellschaftlicher Entwicklung mitverantwortlich sind.[45] Dabei können einzelne Sektoren der Kultur oder Lebensbereiche hinter anderen in der Entwicklung zurückbleiben; häufig handelt es sich dann um nicht-materielle Sektoren der Kultur in ihrem Verhältnis zur materiellen Kultur, z.B. der religiösen Weltbilder, der sozialmoralischen Leitideen oder des Rechts im Verhältnis zu Technologie und Technik.[46]

[45] Näheres hierzu sowie zur Bedeutung der Begriffe Erfindung, Akkumulation, Diffusion und Anpassung in Kap. 9.1.

[46] Die Gründe für diese Art ungleichzeitiger Entwicklung, "cultural lag" genannt, liegen für Ogburn (1922, 1964a) in einem Mangel an Erfindungen im anzupassenden Kultursektor, in Hemmnissen, sich Veränderungen anzupassen aufgrund des Gewichts von Traditionen, fehlender technischer Möglichkeiten oder der Gefährdung von "vested interests", in der kulturellen Heterogenität einer "Gesellschaft" sowie in den nicht sehr engen und eher indirekte Beziehungen zwischen materiellen und nicht-materiellen Sektoren der Kultur, z.B. den Lebensbereichen Technik, Wirtschaft, Recht, Familie, Philosophie und Religion.

Exkurs: Technische Innovationen und sozialer Wandel

Technische Innovationen und ihre soziale Umsetzung sind nach wie vor bedeutsame Faktoren sozialen Wandelns und gesellschaftlicher Entwicklung. Deswegen soll die Problematik sozialen Wandels in diesem Exkurs daran exemplarisch verdeutlicht werden.

Technische Innovationen wie Kerntechnik, Mikroelektronik oder Gentechnologie sind bedingte und zugleich bedingende Faktoren sozialen Wandels, kulturellen und wirtschaftlichen Wandel eingeschlossen. Galten technologische Innovationen lange Zeit als Garanten sozialen Fortschritts und wesentlich für eine bessere, lebenswertere Gesellschaft, so ist ihre Einschätzung heute eher ambivalent. Seit Beginn der siebziger Jahre unseres Jahrhunderts werden die neuen Technologien auf nahezu ähnliche Weise kontrovers diskutiert wie in den fünfziger und sechziger Jahren "Automation" und "Rationalisierung". Argumentationsmuster, ideologischer Gehalt, Hoffnungen und Befürchtungen gleichen sich in mancher Hinsicht (vgl. Schelsky 1957). Die einen erwarten von neuen Technologien wesentliche Beiträge zur Lösung drängender wirtschaftlicher, ökologischer und sozialer Problemlagen und eine Verbesserung der Lebenswelt. Andere verbinden mit den neuen Technologien Vorstellungen von einer zusätzlichen Gefährdung unserer Lebenswelt und von einer Verschärfung bislang ungelöster Probleme (vgl. Beck 1986). Wieder andere sehen die Entwicklung differenzierter. Sie betonen insbesondere, daß die Folgen der Anwendung neuer Technologien nicht zuletzt davon abhängen, welchen Gebrauch Menschen, Organisationen und Staaten von diesen Technologien machen und welchen sozialmoralischen Leitideen sie in ihrem Handeln folgen (vgl. Jonas 1979).

Technische Neuerungen grundlegender Art, sog. Basisinnovationen oder Schlüsseltechnologien, auch "Pionier-Innovationen" (von Stromer 1986) genannt, lösen Prozesse sozialen Wandels aus, die zu Veränderungen wesentlicher Dimensionen der Sozialstruktur von "Gesellschaften" führen. Religion und Kultur, Politik und Recht, Erziehung und Bildung werden ebenso beeinflußt wie Wirtschaft und Arbeit, Beruf und Freizeit, Wissenschaft und Technik, Werte und Bedürfnisse. Für diese Vermutung sprechen die historischen Erfahrungen, die wir bislang mit Basisinnovationen jedweder Art machen konnten. Sie führten immer zu einer wesentlichen Beeinflussung sozialer Wandlungsprozesse in Richtung, Ausmaß und Dynamik, und zwar gleichgültig, ob die technologischen Neuerungen Ergebnis mehr oder minder zufälliger Entdeckungen oder systematischer wissenschaftlicher Forschung waren (vgl. Ogburn 1922, Kern 1972). Als Belege seien angeführt:

- Die Entdeckung des *Feuers* als Gebrauchsmittel in Form einer kontrollierbaren Energie- und Wärmequelle zum einen, als Waffe zum anderen, das erst den "Siegeszug des Menschen über die Erde" (Rahms 1987) ermöglichte und für den Aufbau stabiler, kooperativer Gemeinschaften bedeutsam war (vgl. Leakey & Lewin 1978).

- Die Erfindung des *Rades* als Bewegungsmittel zur rollenden Fortbewegung zum einen, als Maschinenelement zur Kraft- und Drehmomentübertragung zum anderen.
- Die Einführung der *Schrift* als Verständigungsmittel, das die personenunabhängige Speicherung von Informationen sowie die raum-, zeit- und situationsüberwindenden Kommunikation ermöglichte (vgl. Haarmann 1990).
- Die Erfindung des *Geldes* als Tauschmittel, welches die instrumentelle Voraussetzung für die Entwicklung von Gütermärkten, Verkehrswirtschaften und des Kreditwesens war (vgl. Simmel 1900).
- Die Entdeckung des *Buchdrucks* als Nachrichtenmittel und damit als Instrument zur Beschleunigung der Verbreitung von Nachrichten und Ideen jedweder Art (vgl. Merkelbach 1986).
- Die Erfindung der *Dampfmaschine* als Antriebsmittel und die damit gegebene Chance der Ersetzung menschlicher und tierischer Energie durch beliebig verwertbare fossile Energieträger.
- Die Konstruktion von *Schiff, Eisenbahn, Auto* und *Flugzeug* als Verkehrsmittel und die damit ermöglichte raschere Überwindung räumlicher Distanzen.
- Die Erfindung von *Telegraph, Funk* und *Telefon* als Kommunikationsmittel.

Technologische Neuerungen bestimmen allerdings nicht aus einer ihnen innewohnenden Sachgesetzlichkeit heraus Ausmaß, Richtung und Dynamik sozialen Wandels. Diese hängen nach unserem heutigen Erkenntnisstand in erster Linie jeweils davon ab, ob und für welche Zwecke, mit welchen Intentionen und unter Einsatz welcher Mittel sich Menschen dieser Neuerungen bedienen und sich nutzbar machen. Dabei kommt den Handlungszusammenhängen sowie der Steuerung durch Institutionen unter besonderer Berücksichtigung jeweils gegebener, verhaltens- wie ergebnissteuernder Handlungsrechte (vgl. Coleman 1991: 56-80) besondere Bedeutung zu. Für das Ergebnis dieses Prozesses ist es durchweg von erheblicher Bedeutung, welche gesellschaftlichen Gruppen, Organisationen oder sonstigen Zusammenschlüsse von Personen oder Personenverbänden (vgl. Coleman 1992) die Mittel und die Möglichkeiten besitzen, die Neuerungen ihren Zwecken dienstbar zu machen und sie in ihrer Einführung und praktischen Umsetzung wie in ihrer effektiven Nutzung ihrer Kontrolle zu unterwerfen (vgl. Büschges 1986, Lutz 1986). Diese Behauptung widerspricht der "im öffentlichen Bewußtsein wie in der wissenschaftlichen Diskussion der entwickelten Industrieländer" lange Zeit vorherrschenden, irreführenden und durch einen "technologischen Determinismus" geprägten Vorstellung, die in der "Modernisierung gesellschaftlicher Strukturen letztlich nichts anderes ... als deren - durch Trägheit, Borniertheit oder kurzsichtige Interessen oft verzögerte - Anpassung an die vom technischen Fortschritt erzeugten Notwendigkeiten und eröffneten Möglichkeiten" (Lutz 1986: 561) sah.

Selbst bei Geltung universeller Gesetze und einer durchgängig deterministischen Verfassung der Wirklichkeit lassen sich hinreichend treffsichere langfristige Aussagen über den Zusammenhang von technischer Innovation und sozialem Wandel nur für isolierte, stationäre und zyklische physikalische Systeme oder diesen vollkommen gleichende soziale Systeme machen.[47] Aber auch in diesem Fall gelingt dies nur, wenn alle relevanten Informationen exakt und vollständig vorliegen. Diese ist jedoch nicht zu realisieren, so daß "ein rein deterministisches Gesetz, wenn die zugehörige Information teilweise verborgen ist ..., sich in völlig zufallsbedingten Phänomenen manifestieren kann" (Ekeland 1985: 82). Bei der Analyse sozialen Wandels haben wir es aber mit nicht-stationären, offenen und dynamischen Systemen zu tun. Nicht zuletzt aufgrund der Intentionalität handelnder Menschen und des Erkenntniswachstums wird der jeweils folgende Zustand nicht voll und ganz vom vorhergehenden Zustand bestimmt. Soziale Systeme sind nicht finalistisch, sondern - nach EKELAND - darwinistisch, d.h.: "In jedem Stadium ihrer Entwicklung erscheint ihr jeweiliger Zustand als das natürliche Endprodukt, zu dem die vorausgehenden Zustände hinstrebten, ohne daß er vollständig von ihnen determiniert worden wäre. Aber dieser Zustand der scheinbaren Vollendung ist trügerisch, da er unvermeidlicher Weise im folgenden Stadium der Evolution überholt wird" (Ekeland 1985: 136).

Für den Zusammenhang von technischer Innovation und sozialem Wandel kommt in modernen, durch Organisationen geprägten Gesellschaften den Organisationen als korporativen Akteuren und Agenturen des Wandels besondere Bedeutung zu (vgl. Coleman 1992). Für Organisationen sind technisch-organisatorische Neuerungen Instrumente betrieblicher Strategien zum Zwecke der Bestandserhaltung oder des Wachstums. In einer in ständigem Wandel befindlichen Umwelt verfügen Organisationsleitungen grundsätzlich über zwei voneinander verschiedene Strategiebündel, um das Austauschverhältnis mit der Umwelt zu beeinflussen (Büschges 1983: 162): Sie können sich in ihren Leistungen, Programmen, Vorschriften, Strukturen und Technologien sowie in ihrem Personal der wandelnden Umwelt anpassen, d.h. jeweils auf eingetretene Wandlungsprozesse reagieren. Sie können aber auch danach trachten, die Austauschbeziehungen durch gestaltende Einwirkung auf die Umwelt und deren Veränderung positiv zu beeinflussen.

Technisch-organisatorische Innovationen sind für Organisationen (vgl. Kap. 8.3) in modernen Gesellschaften Instrumente betrieblicher Strategien, um ihren Bestand nur erhalten, zu überleben oder zu wachsen. Da sich in aller Regel die Leistungen von Organisationen mit verschiedenen Programmen erstellen lassen, ist mit der Entscheidung für eine Innovation noch keineswegs bestimmt, wie diese umzusetzen ist. Meist ist zwischen mehreren Modellen zu wählen, die in gleicher Weise geeignet sind. Deswegen kommt es häufig hinsichtlich der zu treffenden Entscheidung und der Beurteilung ihrer Zweckmäßigkeit und Wirksamkeit zu mehr oder minder ausgeprägten Meinungsverschiedenheiten oder gar Konflikten. Die für Organisationen als funktionale Systeme (vgl. Kap. 7.1) charakteristische arbeitsteilige Struktur hat nämlich zur Folge, daß jede Veränderung für die von der Innovation direkt oder indirekt Betroffenen eine Veränderung ihrer individuellen Situation in der Organisation, ihrer Handlungsspielräume und Handlungschancen,

---

[47] Dies setzt allerdings voraus, daß man auf eine für unsere theoretische Orientierung grundlegende Annahme verzichtet, nämlich die Intentionalität menschlichen Handelns (vgl. Kap. 0.3 und 4.5).

d.h. ihrer Organisationsrollen (vgl. Kap. 8.3) bedeutet. Auch werden solche Veränderungen in der Regel dazu führen, daß die eingespielten, aus Eigendefinition, Organisationsdefinition und Umweltdefinition resultierenden Organisationsrollen und die damit gegebenen, zum Teil als Besitzstand betrachteten Handlungsmöglichkeiten und Einflußpotentiale verändert werden oder verändert werden können.

Technisch-organisatorische Innovationen sind deswegen prinzipiell und unausweichlich von Meinungsverschiedenheiten und mehr oder minder ausgeprägten Konflikten (vgl. Kap. 2.4) begleitet. Diese Meinungsverschiedenheiten und Konflikte lassen sich weder durch Hinweise auf sog. "technologische Zwänge" oder "ökonomische Gesetzmäßigkeiten", noch durch Verwendung von "sozio-psychologischen Manipulationen" ausschalten. Auch führt wegen der Interdependenz der Akteure jede Veränderung zu mehr oder minder großen Anpassungprozessen in der Zeit. Deswegen ist es nahezu unmöglich, die Folgen technisch-organisatorischer Innovationen und deren Wirkungen im einzelnen wie für die Organisation als Ganzes hinreichend exakt und umfassend im vorhinein abzuschätzen. Zwar können auf der Grundlage von Erfahrungen, die in der Vergangenheit gemacht wurden, in Verbindung mit allgemeinen Erkenntnissen und Einsichten gewisse Voraussagen über mögliche Folgen technisch-organisatorischer Innovationen abgeleitet werden. Auch können gewisse Anhaltspunkte für Voraussetzungen, Möglichkeiten und Grenzen ihrer Steuerung auf diesem Wege gewonnen werden. Doch handelt es sich hierbei, was man nie vergessen sollte, stets um Prognosen. Solche Prognosen haben nur dann und nur insoweit Geltung, wie die in der Vergangenheit relevanten Bedingungen und Faktoren auch in der Zukunft in gleicher Weise wie in der Vergangenheit wirken.

Man muß davon ausgehen, daß jede technisch-organisatorische Neuerung - und erst recht eine Basisinnovation - zu unbeabsichtigten Konsequenzen (vgl. Kap. 4.3) führt, die sich nach Art, Richtung, Umfang und Auswirkungen kaum hinreichend zuverlässig abschätzen lassen. Hinreichend treffsichere Prognosen werden um so schwieriger und unzuverlässsiger, je größer die Flexibilität der eingesetzten Technik ist und je weitreichender und langfristiger ihre Wirkungen und die Anpassungsprozesse sind. Durch Vermehrung unseres Wissens und durch ein hinreichendes Maß an Informationen läßt sich in diesem Falle zwar die subjektive Wahrscheinlichkeit von Prognosen erhöhen und damit vielleicht ein Mehr an subjektiver Sicherheit gewinnen. Aber auch in diesem Falle bleiben unbeabsichtigte und externe Effekte von Innovationen nicht voll kontrollierbar. Der Grund hierfür liegt in der gegebenen Begrenztheit allen menschlichen Planens und Entscheidens, sowie in der Intentionalität individuellen Handelns (vgl. Hesse 1987). Deswegen ist es auch bei technisch-organisatorischen Innovationen unerläßlich, unbeabsichtigte Folgen absichtsgeleiteten Handelns mit ins Kalkül zu ziehen und offene, jederzeit Revisionen ermöglichende Planungs- und Entscheidungsstrukturen und Verfahrensweisen zu bevorzugen. Eine derartige "Sozialtechnik der kleinen Schritte" (Popper 1992b [1945]: 188) empfiehlt sich auch für den Fall, daß dies, wie meist, politisch schwieriger und insgesamt weniger elegant ist.

Die unbeabsichtigten Folgen absichtsgeleiteten Handelns sind Beleg dafür, daß sich die Folgen menschlichen Handelns und damit auch die Folgen technisch-organisatorischer Innovationen nicht allein durch die verfügbaren und eingesetzten Mittel, die technisch-organisatorischen Neuerungen, in Verbindung mit einer Bezugnahme auf die Beweggründe des oder der Handelnden - hier der Organisationsleitung oder der Innovatoren - prognostizieren lassen. Für eine Abschätzung möglicher Folgen und Nebenfolgen solcher Neuerungen ist es unerläßlich, auch das jeweilige soziale Umfeld der Handelnden, die sozialen Institutionen, insbesondere die Rechts- und Wirtschaftsordnung, die Arbeitsverfassung unter Einschluß der Gestaltung der Arbeitsbeziehungen, das Tarifvertragssystem und die Systeme sozialer Sicherung nebst deren Funktionen in die Analyse mit einzubeziehen. Davon sowie von ihrer Interpretation durch die jeweils handelnden Menschen hängen die möglichen Handlungseffekte ebenso ab wie von den Absichten und den eingesetzten Mitteln der im organisatorischen Handlungszusammenhang miteinander verbunden handelnden Personen. Für die Einschätzung möglicher Wirkungen technisch-organisatorischer Innovationen ist es deswegen u.E. unerläßlich, die Modelle zur Folgenabschätzung und Steuerung des Innovationsprozesses so zu konstruieren, daß sie der Erkenntnis Rechnung tragen, daß jede Handlung und jedes Handlungsergebnis ein komplexes Produkt aus kulturellen, institutionellen, situationsbezogenen und persönlichkeitsspezifischen Faktoren darstellen (vgl. Kap. 4.5).

Für technisch-organisatorische Innovationen auf der Grundlage der Mikroelektronik ist es von besonderer Bedeutung, diese Zusammenhänge zu bedenken. War es bislang bei den eingesetzten Techniken innerhalb gewisser Grenzen immer noch möglich, die mit technisch-organisatorischen Neuerungen verbundenen Gestaltungsprobleme als technisch und/oder ökonomisch stark determinierte Anpassungsprobleme aufzufassen, insbesondere als Probleme der Anpassung der mentalen Systeme der Menschen und ihrer Qualifikation an die Neuerungen, so kann dies bei mikroelektronisch fundierten Innovationen kein gangbarer Weg mehr sein. Zwar war schon bisher der Sachverhalt so, daß die technische und/oder ökonomische Abhängigkeit nur bedingt gegeben war und daß in der Regel relativ weite Gestaltungsspielräume bestanden. Angesichts der Flexibilität der Mikroelektronik und der mit ihr verbundenen Informations- und Kommunikationstechnologien ist eine solche Abhängigkeit nun prinzipiell kaum noch gegeben. Wir haben es hier mit einer Technik zu tun, welche neue Möglichkeiten eröffnet. Diese müssen nicht mehr von der Technik und ihrer organisatorischen Umsetzung, sondern können nun von den Menschen und ihren Wünschen und Möglichkeiten Ausgang nehmen (vgl. Friedrichs & Schaff 1982, Staudt 1983). Die mikroelektronisch fundierte Technik schafft die Möglichkeit, die in arbeitsteiligen Zusammenhängen, wie sie für Organisationen charakteristisch sind, bislang aus Gründen der Sicherung der Kooperation unerläßliche sachliche, räumliche und zeitliche Verkoppelung von "Mensch- und Mensch-Systemen" und "Mensch- und Maschine-System" zu entkoppeln. Damit wird die Vielfalt verschiedenartiger Problemlösungen wachsen und es wird in manchen Fällen möglich werden, die mit der beginnenden Industrialisierung eingetretene Trennung von Arbeits- und Lebensraum wieder rückgängig zu machen. Vielleicht ist es sogar möglich, den arbeitsteiligen Zusammenhang, den wir bisher unter "Betrieb" oder "Organisation" verstehen, aufzulösen in ein Netzwerk per Telekommunikation miteinander verbundener Personen. Ob, wann und wie dies geschieht, ist nicht primär eine Frage der Technik und ihrer Möglichkeiten und auch nicht primär eine Frage ökonomischer Rationalität, sondern mit davon abhängig, wie sich Tarifpartner und Gesetzgeber dazu verhalten. Die Diskussion um die Arbeitszeit und ihre Flexibilisierung und die Diskussion um die Arbeitslosigkeit, wie sie bereits seit Jahren geführt werden, verweisen beide darauf, daß die zukünftige Entwicklung ganz entschieden davon abhängen wird, wie die institutionellen Bedingungen gestaltet werden. Die mit der Mikroelektronik zum Vorschein kommenden Gestaltungsprobleme machen deutlich, daß technisch-organisatorische Innovationen mindestens ebensosehr ein soziales Problem darstellen wie ein ökonomisches oder technologisches.

2.6 Kultur

"Kultur" ist einer jener Begriffe, die nicht nur in den Sozialwissenschaften, sondern auch in der Geschichtswissenschaft sowie in Geschichts- und Sozialphilosophie sehr häufig verwandt werden, und zwar von Vertretern sehr verschiedener theoretischer Richtungen und wissenschaftlicher Orientierungen. Der Begriff, der auch in unserer Alltagssprache in vielen Zusammenhängen benutzt wird, bleibt in der Regel recht vage. Präziser wird der Begriff "Kultur" nur, wenn man sich bemüht, ihn inhaltlich zu fassen und zu konkretisieren. Dann aber entschwinden die Gemeinsamkeiten zwischen verschiedenen theoretischen Richtungen und wissenschaftlichen Orientierungen sehr schnell. Es kommt zum Vorschein, daß der Begriff in der wissenschaftlichen Literatur wie in der Alltagssprache weder einheitlich angewandt noch immer eindeutig bestimmt wird. Je nach Zielsetzung, Bezugsrahmen und Sprechsituation sowie theoretischer Orientierung kann er auf recht verschiedene Sachverhalte verweisen. Besonders prekär ist, daß der Begriff oft benutzt wird, ohne ihn zu problematisieren und ohne nähere Informationen darüber beizusteuern, was mit diesem Begriff gemeint ist. Man denke nur daran, wie und in welchen Zusammenhängen heutzutage der Begriff "multikulturelle Gesellschaft" gebraucht wird.

"Kultur" ist für GEHLEN "die vom Menschen handelnd veränderte Natur", denn die "'Kultursphäre' (ist, d.A.) ... in erster Annäherung der Umkreis der vom Menschen veränderten Natur, das sozusagen vom Menschen in die Welt hineingebaute Nest" (Gehlen 1961: 21f). Dazu gehören für ihn neben Waffen, Werkzeugen, Hütten, Haustieren und Gärten auch soziale Ordnungen wie Ehe und Familie, ebenso die Mythen und die Religion als Gesamtinterpretation der Welt. Dieser Vorstellung korrespondiert in etwa mit der Definition von HARTFIEL & HILLMANN, die unter "Kultur die Gesamtheit der Lebensformen, Leitvorstellungen und der durch menschliche Aktivitäten geformten Lebensbedingungen einer Bevölkerung in einem historisch und regional abgegrenzten Raum" (Hartfiel & Hillmann

1982: 415) verstehen. Demgegenüber bezeichnet NEIDHARDT, in der Tradition PARSONS' stehend (Parsons 1951: 5, 10f), als "Kultur" lediglich "das System kollektiver Sinnkonstruktionen, mit denen die Menschen die Wirklichkeit definieren" (Neidhart 1986: 11). Edward B. TYLOR (1832-1917), ein Vertreter des klassischen Evolutionismus, begriff "Kultur" als selbständigen Komplex und bestimmte diesen als jenen "Inbegriff von Wissen, Glauben, Kunst, Moral, Gesetz, Sitte und allen übrigen Fähigkeiten und Gewohnheiten, welche der Mensch als Glied der Gesellschaft sich angeeignet hat" (Tylor 1972: 51). Für WEBER hingegen ist "Kultur ... ein Wertbegriff, ... ein vom Standpunkt des Menschen aus mit Sinn und Bedeutung bedachter Ausschnitt aus der sinnlosen Unendlichkeit des Weltgeschehens" (Weber 1922b: 175ff). Für ihn ist "die empirische Wirklichkeit ... 'Kultur', weil und sofern wir sie mit Wertideen in Beziehung setzen; sie umfaßt diejenigen Bestandteile der Wirklichkeit, welche durch jene Beziehung für uns bedeutsam werden, und nur diese" (Weber 1922b: 175ff).

SCHWEMMER weist auf die Herkunft des Begriffs "Kultur" aus dem Lateinischen, von "colere, bebauen, (be)wohnen, pflegen, ehren" hin, und versteht darunter im weitesten Sinne eine "Bezeichnung für die Gesamtheit aller derjenigen Leistungen und Orientierungen des Menschen, die seine 'bloße' Natur fortentwickeln und überschreiten" (Schwemmer 1984: 508). Er macht darauf aufmerksam, daß der Begriff "bis ins 18. Jahrhundert vornehmlich als die Ausbildung der leiblichen, seelischen und geistigen Fähigkeiten bzw. Tugenden des Menschen" verstanden wird, als das "vom Menschen - und zwar um seiner Vervollkommnung willen - der Natur hinzugefügte". Erst "mit der Entstehung der Geschichtsphilosophie, in der die Naturgeschichte der Kulturgeschichte gegenübergestellt wird" (Schwemmer 1984: 508), werde Kultur zu einem eigenen Thema. Die "von Wilhelm DILTHEY (1833-1911) durchgeführte Scheidung zwischen den Systemen der Kultur (Kunst, Wissenschaft, Religion, Sittlichkeit, Recht, Wirtschaft) und den 'äußeren' Organisationsformen der Kultur (Gemeinschaft, Herrschaft, Staat, Kirche)" wirkte sich - nach KÖNIG (1967b: 160) - in der "deutschen Tradition" besonders verhängnisvoll aus. Sie birgt die Gefahr, "daß damit eine Art von Schichtung zwischen 'höherer' Kultur, die gewissermaßen dem 'Geiste' näher steht, und einer 'niederen' angebahnt wird, ... (die, d.A.) dann gern mit dem Begriff von 'Zivilisation'" (König 1976b: 161) zusammenfließt, eine Gefahr, die bereits in FREYERs Beitrag (1931) über "Typen und Stufen der Kultur" zu VIERKANDTs "Handwörterbuch der Soziologie" (1931) sichtbar wurde. Nach KÖNIGs Überzeugung kann jedoch "der soziologische Kulturbegriff einzig so gefaßt werden, daß Kultur als inhärenter Bestandteil des sozialen Geschehens angesehen wird" (König 1967b: 162).

Dieser Forderung versucht die Kulturanthropologie gerecht zu werden. Sie geht von einem umfassenden Kulturbegriff aus, der durchweg die Gesamtheit der Lebensformen, Wert- und Glaubensvorstellungen, sozial-moralischen Leitideen sowie der durch die menschlichen Aktivitäten geformten Lebensbedingungen einer Bevölkerung in einem historisch und regional abgegrenzten Raum meint und neben der immateriellen auch die materielle Kultur einschließt, also "die Dinge, die unser

Leben sachlich erfüllen und umgeben, Geräte, Verkehrsmittel, die Produkte der Wissenschaft, der Technik, der Kunst" (Simmel 1983 [1903]: 96f).[48]

OGBURN (1922) trägt dieser Sichtweise in vollem Umfang Rechnung, indem er unterscheidet zwischen:

- "original nature of man" - zu übersetzen mit "ursprüngliche menschliche Natur" -, welche das physische Erbgut, das psychische Erbgut und die mentalen Fähigkeiten umfaßt;
- "social heritage" - zu übersetzen mit "soziales" oder "kulturelles Erbe" -, welches Kultur im weiteren Sinne und Gesellschaft umfaßt, d.h. die sog. materielle wie die nicht-materielle Kultur (Gebäude, technische Ausstattungen, soziale Organisation, Sprache, Künste, Philosophie, Wissenschaft, Religion, Moral, Gewohnheiten), in das die Menschen hineingeboren werden und welches Produkt menschlicher Gesellschaften und zugleich Produkt menschlichen Bemühens ist, nicht aber alleinige Gabe der menschlichen Natur und auch nicht gleichzusetzen mit der natürlichen Umwelt;
- dem "natural environment" - zu übersetzen mit "natürlicher," nicht von Menschen kultivierter Umwelt.

Für OGBURN ist soziale Entwicklung nur als kulturelle Entwicklung zu begreifen. Nicht das vererbte biologische Potential entwickelt sich, sondern die Kultur, ein soziales Phänomen, denn "levels of culture of different people are not indexes of their inherited ability" (Ogburn 1922: 375). Zu diesem Ergebnis gelangt er insbesondere aufgrund seiner, in den Sozialwissenschaften häufig vernachlässigten, Unterscheidung zwischen der "ursprünglichen menschlichen Natur" und dem als Kultur begriffenen "sozialen Erbe".[49] Menschliches Verhalten ist nach dieser Vorstellung ebenso wie die Entwicklung gesellschaftlicher Ordnungen und Kulturen ein komplexes Produkt aus der originären menschlichen Natur und dem sozialen Erbe. Deswegen ist eine klare Differenzierung zwischen jenen Beiträgen, die aus der originären Natur des Menschen stammen oder durch diese bedingt sind, und jenen, die sich seinem sozialen Erbe verdanken, schwierig, wenn nicht gar unmöglich. Daß dem so ist, liegt nach OGBURN insbesondere an einem weiteren, für die Entwicklung von Kultur und Gesellschaft bedeutsamen Faktor, nämlich dem "behavior of men in culture", dem Verhalten und Handeln des Menschen im

---

[48] Damit unterscheidet sich die Kulturanthropologie von der philosophischen Anthropologie, die nicht "zwischen 'der' Kultur und 'den' Kulturen" unterscheidet und sich nicht "für die Mannigfaltigkeit der Kulturen und ihre Inhalte" interessiert (König 1972: 15).

[49] Es handelt sich hier um eine Unterscheidung, die in der englischen Sprache in der Differenz zwischen *"nature"*, d.h. "what is inherited", und *"nurture"*, d.h. *"whatever is derived from the individual's experience, training, environment"* (Geddie 1959: 735) zum Ausdruck gebracht wird. Allerdings hat sich der von Graham Wallas (1858-1932) geprägte, von Ogburn zunächst übernommene Begriff des "kulturellen Erbes" (social heritage), wie König betont, "mit Recht nicht durchgesetzt, weil in ihm ein Akzent von Determinismus durchscheint, als ob kulturelle Kontinuität genauso unausweichlich sei wie ein 'vererbter' Charakter" (König 1972: 14).

Kulturzusammenhang. Menschliches Verhalten, das gesteuert wird über Erfahrung, Lernprozesse und Ausbildung spezifischer Verhaltensmuster, wirkt seinerseits zurück auf die Kultur, die dadurch für die nachfolgenden Generationen verändert wird und zu anderen Handlungsbedingungen führt. Dabei werden der Kultur in aller Regel mehr neue Elemente hinzugefügt als alte verloren gehen. So wandelt sich die kulturelle und zivilisatorische Basis, die Wissensbasis eingeschlossen.

Mit OGBURN korrespondierende Vorstellungen und Überlegungen im Hinblick auf die Natur des Menschen entwickelte TENBRUCK bereits in seiner Habilitationsschrift, in der er von der "Unspezifität der menschlichen Anlage" ausgeht. Diese spricht für ihn "gegen jede Art von reduktiver Anthropologie, die Handlungen als das eindeutige Produkt von festen Bedürfnissen, Fähigkeiten und Anlagen versteht, welche allenfalls gewisse Umweltbedingungen zu ihrer Verwirklichung in den ihnen spezifischen Handlungsformen bedürfen sollen" (Tenbruck 1986: 81ff).[50] Der Mensch verfüge "als ein handelndes Wesen" von Natur aus lediglich über Anlagen, "die einen bestimmten Bereich von Handlungen ermöglichen, aber nicht bewirken". Deswegen sei der Mensch keineswegs "dasjenige Tier, das auch noch Vernunft hat. Sein Handeln entspringt aus anderen Wurzeln ... Die Vernunft ist ein Aspekt des ursprünglich einheitlichen menschlichen Handelns und keine von diesem Handeln lösbare oder jedenfalls nur unter sehr bestimmten sozialen Bedingungen autonomisierbare Fähigkeit". So reiche "die Ausrüstung des Menschen als Individuum unter günstigen Bedingungen allenfalls zur Daseinsfristung" aus. Seine Handlungsfähigkeit gewinne er "erst von der Gesellschaft her", diese leiste "die eigentliche und wirkliche Überbrückung der Kluft zwischen unspezifischen Anlagen und wirklichem Handeln". "Die Gesellschaft ist nicht nur das äußere Mittel und Medium, das dem Menschen die Verwirklichung äußerer Zwecke und die Produzierung seiner selbst ermöglicht. Er wird in ihr erst actualiter Mensch, Person und handelndes Wesen. ... Zwischen Anlagen und Handeln liegt die Kultur, aber Kultur ist an Gesellschaft gebunden. Der Mensch ist von Natur ein kulturelles Wesen, das heißt, er ist ein Wesen, das erst in der Gesellschaft aus der Hilflosigkeit seiner Weltoffenheit zum Handeln und zu sich selbst findet."[51] Deswegen müsse "eine Anthropologie ... zwei Perspektiven sowohl umfassen als auch auseinanderhalten ..., nämlich einmal die mit der natürlichen Ausstattung gegebene Verhaltensart und Verhaltensmöglichkeit und zum

---

[50] Dieses Schema versagt "nicht nur dort, wo Trieb biologisch gemeint, wie bei dem angezogenen geschlechtlichen Bedürfnis oder Hunger, sondern es versagt auch, wenn unter Trieb irgendwelche seelischen oder geistigen Anlagen verstanden werden, also etwa Machtstreben, Eitelkeit, Ehrtrieb, religiöses Bedürfnis, Erwerbsinn, Liebe oder was dergleichen psychologische oder sozial-psychologische Begriffe sonst sein mögen. Soweit Anlagen zur Natur des Menschen gezählt werden können, müssen wir uns darunter sehr ungeformte und unspezifische Möglichkeiten vorstellen, aus denen gar kein bestimmtes Handeln zureichend erschlossen werden kann" (Tenbruck 1986: 81).

[51] Das ist für Tenbruck (1986: 85) "die grundlegende und wichtige Erkenntnis, in die Gehlens Arbeiten einmünden und sich mit Plessners und Portmanns (Helmuth Plessners (1892-1985) und Adolf Portmann (1893-1982), d.A.) Erkenntnissen wie auch der angelsächsischen Sozialwissenschaft zugrundeliegenden Einsichten in menschliches Handeln treffen."

anderen die Natur, welche (der Mensch, d.A.) unter sozialen Bedingungen entwickelt." Denn: "Die Natur des Menschen aktualisiert sich erst unter kulturellen Bedingungen und somit in der Gesellschaft, welche der reale Träger der Kultur und somit auch der menschlichen Natur ist" (Tenbruck 1986: 81ff).[52]

Dies hat zur Folge, daß sich "menschliche Kultur ... in einer großen Mannigfaltigkeit von Unterkulturen und Einzelkulturen (manifestiert, d.A.), deren Zahl grundsätzlich unübersehbar ist. ... Daher ist der erste Grundsatz der Kulturanthropologie der vom kulturanthroplogischen Relativismus" (König 1972: 15). In diesem Zusammenhang kritisiert KÖNIG die in Soziologie wie Sozialanthropologie zu beobachtende Bevorzugung der "Analyse von Institutionen (Familie, Wirtschaft, Recht und Staat) und ihre(r) spezifischen Funktionen"[53] (König 1972: 21) unter Vernachlässigung der Person und ihrer Entfaltung, weil dabei leicht übersehen werde, daß die "Übernahme der Kultur nur durch eine konkrete und individuelle Person" (König 1972: 21) erfolgt. Zwischen menschlicher Persönlichkeit und Kultur besteht dabei keine einseitige, lediglich auf die Persönlichkeit einwirkende Beziehung, sondern eine wechselseitige, denn die Personen können ihrerseits auch auf die Kultur einwirken und sie verändern, z.B. durch Erfindungen, "mechanical, social, or ideational" (Ogburn 1964b: 15).

Zusammenfassend bleibt festzuhalten, das Kultur i.w.S. die materiellen wie die nicht-materiellen Schöpfungen der Menschen umfaßt, insbesondere Weltanschauungen und Weltbilder, einschließlich der religiösen Überzeugungen und ihrer Institutionen; sozialmoralische Leitideen, einschließlich der handlungsleitenden und -steuernden Wertsysteme; Sprache und Symbolsysteme; Wissen (einschließlich der Wissenschaften); Institutionen wie Ehe und Familie, Wirtschaft, Recht und Staat, Bildung und Ausbildung, Arbeits- und Sozialordnung; Techniken der Daseinsgestaltung und der Daseinsfürsorge, einschließlich der technischen Geräte, Ausstattungen und Bauwerke.[54]

---

[52] Ähnlich wie Ogburn und Tenbruck sieht auch Norbert Elias "die natürliche Wandelbarkeit des Menchen als soziale Konstante" (Elias 1970: 110), denn: "Die menschliche Verhaltenssteuerung ist von Natur, also auf Grund der ererbten Konstitution des menschlichen Organismus, so eingerichtet, daß sie in geringerem Maße von eingeborenen Antrieben und in höherem Maße von durch individuelle Erfahrung, durch Lernen geprägten Antrieben bestimmt wird als die eines anderen Lebewesens. Dabei verhält es sich nicht nur so, daß Menschen dank ihrer biologischen Konstitution ihr Verhalten in höherem Maße als andere Lebewesen zu steuern lernen *können*, ihr Verhalten *muß* durch Lernen geprägt werden" (Elias 1970: 116).

[53] Evtl. sogar nur einer einzigen Institution, nämlich der Familie, was Ogburn (1964b: 14) moniert.

[54] Diese Auffassung teilt auch Kreckel, wenn er sagt, "wir schlagen vor, den Begriff *Kultur* auf alle die relativ dauerhaften materiellen und symbolischen Erzeugnisse menschlichen Handelns (bzw. 'menschlicher Geschichte') zu beziehen, die sich als Bedingungen auf aktuelles menschliches Handeln auswirken und deren jeweilige Bedeutungen und Anwendungsmöglichkeiten von einer Mehrzahl von Individuen erlernt, verstanden und bei ihrem Zusammenarbeiten und Zusammenleben berücksichtigt werden" (Kreckel 1976: 121).

Exkurs: Zum Zusammenhang von Wertwandel und Kirchenmitgliedschaft

Wesentlichen Kulturelementen, wie den Weltanschauungen und Weltbildern, den religiösen Überzeugungen und ihren Institutionen sowie den sozialmoralischen Leitideen, einschließlich der handlungsleitenden und steuernden Wertsysteme, können im Rahmen dieses Studienbuches keine umfangreicheren Erörterungen gewidmet werden, obwohl sie für soziales Handeln, soziale Beziehungen, soziale Ordnungen, soziale Konflikte wie sozialen Wandel auch heute noch von erheblicher Bedeutung sind. Deswegen soll wenigstens in diesem Exkurs die Bedeutung des kulturellen Rahmens am Beispiel einer aktuellen Thematik nachgegangen werden, nämlich dem Zusammenhang von Wertwandel und Kirchenmitgliedschaft.

Seit Mitte der achtziger Jahre nehmen die Kirchenaustritte der deutschen Katholiken kontinuierlich zu, in den letzten Jahren geradezu rapide. Mitte 1992 widmete DER SPIEGEL (o.V. 1992) seine Titelgeschichte diesem Phänomen unter der Überschrift: "Nur noch jeder vierte ein Christ". Aufgrund einer von einem seriösen Forschungsinstitut durchgeführten Umfrage kommt er zu dem Ergebnis, daß sich die Mitglieder der evangelischen wie der katholischen Kirche mehr und mehr von ihrer Amtskirche entfremden. Als Reibungspunkte zwischen amtskirchlichen Statements und subjektiven Einstellungen sowie individuellem Verhalten der Kirchenmitglieder werden u.a. genannt: Abtreibung, kirchliche Moraldoktrin zu Sexualverhalten und Geburtenkontrolle, Zölibat, Wiederverheiratung Geschiedener, Sterbehilfe, Freitod etc. Allerdings spricht - nach Meinung des SPIEGEL- vieles dafür, daß für den Austritt aus der Kirche schließlich nicht Glaubensgründe ausschlaggebend sind, sondern finanzielle Erwägungen.

Seine religionssoziologische Studie zum Thema: "Christentum zwischen Tradition und Postmoderne" leitet GABRIEL mit den Sätzen ein: "Was ist los mit dem in den Kirchen zur Institution gewordenen Christentum? Sind wir seit zwanzig Jahren Zeugen des Anfangs seiner zu Ende gehenden Geschichte? .... Immer mehr Menschen lassen sich nicht mehr durch die in den Kirchen Gestalt gewordene Lebensmacht des Christentums bestimmen, sondern bestimmen selbst ihr Verhältnis zu den Kirchen und deren Ansprüchen an die Lebensführung. Mehrheitlich fallen die Entscheidungen der einzelnen in vielen Bereichen anders aus, als es in den kirchlichen Lebensprogrammen vorgesehen ist, von deren Befolgung nach traditionellem kirchlichen Selbstverständnis nichts weniger abhängt als das ewige Heil des Menschen. Besonders für den Katholizismus kommt die Entwicklung der letzten zwanzig Jahre einer Revolution gleich" (Gabriel 1992: 11).

Im Hinblick auf die steigenden Kirchenaustrittszahlen stellt sich vor diesem Hintergrund aus soziologischer Sicht folgendes, dem Bereich der Kultur zuzuordnende Problem: Handelt es sich bei den Personen, die aus der Kirche austreten, eher um solche, die sich in religiösen Fragen mit der Amtskirche im Dissens befinden, führen also weltanschauliche Differenzen oder Glaubensprobleme zum Austritt, oder ist davon auszugehen, daß lediglich formal ein Schritt vollzogen wird, der innerlich schon längst getätigt wurde? Spielen Gefühle der Bevormundung und Fremdbestimmung eine Rolle, finanzielle Aspekte wie die Kirchensteuer und das Kirchgeld oder aktuelle Anlässe der Verärgerung über Meinungsäußerungen kirchlicher Würdenträger? Ferner ist zu fragen: Wie wirken sich Werte wie Individualismus, Selbstverwirklichung, Selbstbestimmung, Pluralisierung der sozialmoralischen Leitbilder und der Lebensstile etc. auf die Entscheidung für den Kirchenaustritt aus? Wird hier von den "Austretenden" überhaupt ein Konfliktfeld gesehen?

"Der kulturelle Umbruch der späten 60er und frühen 70er Jahre in der Bundesrepublik wurde zum Anlaß und Auslöser vielfältiger emprischer Forschungsaktivitäten unter dem Stichwort des 'Wertwandels'" (Gabriel 1991: 79). Zur Gewinnung von Trends wurden vorliegende empirische Daten aus mannigfachen Umfragen aus den Archiven geholt und zu Zeitreihen zusammengestellt. "Für methodologische und insbesondere theoretische Überlegungen und Konzepte blieb wenig Zeit. Die Daten sollten möglichst für sich sprechen und so wurden sie auch ... rezipiert" (Gabriel 1991: 79). Auch die Wandlungen im Bereich von Kirchlichkeit, Kirchenbindung, Kirchenzugehörigkeit und Kirchenaustritt wurden im Lichte dieser Befunde gedeutet und zu erklären versucht.

In seiner rückschauenden kritischen Betrachtung und Reflektion der Wertwandelsforschung und ihrer Resultate gelingt es GABRIEL vier Trends auszumachen, die immer wieder herausgestellt wurden. Sie weisen keinen kontinuierlichen Verlauf auf, zumal "zwischen etwa 1965 und 1975 eine forcierte Veränderung stattfindet" (Gabriel 1991: 82). Diese Trends wurden auch für die Erklärung der Wandlungen im Raum der Kirchen sowie in der Kirchenbindung als relevant erachtet (vgl. Gabriel 1991: 80-82):

- Der Rückgang des bürgerlichen Leistungswertes, der unbedingten und nicht nur konditionalen Geltung des - für das sogenannte bürgerliche Wertsystem - zentralen Wertes der Leistung, und damit verbunden weiterer Pflichtwerte zugunsten von Selbstentfaltungswerten. Er wird u.a. verantwortlich gemacht für die Abnahme der Kirchenbindung und für den Rückgang des regelmäßigen Gottesdienstbesuchs der Katholiken.
- Die Zunahme des "Wertes" politischer Teilhabe, verbunden mit einer Steigerung der Ansprüche an die Politik und als verantwortlich auch angesehen für die Kritik an der Amtskirche sowie für die Forderung nach mehr Partizipation der Laien.
- Der Wandel der Erziehungsziele von Konformität zur Selbständigkeit, die zunehmende Betonung von Selbständigkeit und freiem Willen zu Lasten von Gehorsam und Unterordnung. Damit wird i.d.R. die Konsequenz verbunden, daß sich eine geringere Orientierung an den Morallehren und Geboten der Kirche etabliert.
- Der Wandel der Kirchenbindung und der Verbindlichkeit von Institutionen und Traditionen, als Säkularisierung begriffen und in Zeitreihen erfaßt im Rückgang der Kirchgangshäufigkeit sowie der Bejahung institutionell verfaßter Glaubensaussagen, in zunehmender Akzeptanz der Ehescheidung und zunehmender Ablehnung kirchlicher Moralvorschriften, woraus abnehmende Kirchenbindung, zunehmende Distanzierung und wachsende Austrittsneigung resultieren sollen.

Problematisch ist an der empirischen Wertwandelforschung das große Theoriedefizit, das dazu führte, daß in Umfragen erfaßte Veränderungen ohne nähere Begründung und hinreichende theoretische Erörterung als "Wertwandel" etikettiert wurden. GABRIEL (1991: 82-90) gelingt es, vier verschiedene, teils mehr, teils weniger ausgearbeitete und überprüfte theoretische Ansätze auszumachen:

- Bedürfnistheoretisch-psychologische Ansätze, die von Veränderungen in der individuellen Bedürfnishierarchie auf Wertwandel schließen, dabei mit INGLEHART (1987) zwischen materiellen und nicht-materiellen Bedürfnissen unterscheiden (Materialisten und Postmaterialisten) und als "Gesetzmäßigkeiten" die sog. "Mangelthese" und die sog. "Sozialisationsthese" zugrunde legen.
- Konjunkturtheorien der Wertaktualisierung, die auf kulturelle Phänomene angewandte konjunkturtheoretische Argumentationen mit ökonomischen. sozialstrukturellen und konflikttheoretischen Analysen verbinden.
- Modernisierungstheorien, die den Wertwandel als durch gesellschaftlichen Strukturwandel induziert begreifen, von zunehmender sozialer Differenzierung und damit einhergehender Individualisierung ausgehen und Wertwandel als Ausdruck des Individualisierungsschubs verstehen, der die Rückseite des Zerfalls traditionaler Lebenswelten nach dem 2. Weltkrieg darstellen soll.
- Entwicklungslogische Ansätze, die individualpsychologische mit gesellschaftlichen Argumentationen verbinden, das Individuum als Träger des Wertprofils in den Vordergrund stellen und von einem "sozialstrukturell ausgelöste(n) Entnormativierungsprozeß, ... der sich vornehmlich in den Spähren von Beruf, Religion, Sexualität und Familie ausgewirkt hat" (Gabriel 1991: 88) ausgehen.[55]

In seiner umfangreichen, den derzeitigen Diskussions- und Erkenntnistand aufarbeitenden und systematisch verdichtenden Arbeit gelangt GABRIEL (1992: 193) zu dem Ergebnis, daß "die Nachkriegsgenerationen einen Bruch zum institutionell verfaßten Christentum vollzogen haben", dieser Wandel sich jedoch nicht kontinuierlich, sondern "abrupt zwischen 1968 und 1978" vollzog. Im Modernisierungsprozeß wird das Christentum "in die Grenzen eines spezifischen Funktionssystems der Religion zurückgedrängt und reorganisiert in der Gestalt eigenständiger religiös-kirchlicher Sozialformen von der Trennung der Kirchengemeinde gegenüber der Bürgergemeinde bis zur Herausbildung spezifischer kirchlicher Organisationsstrukturen" (Gabriel 1992: 193). Für diese Entwicklung sind drei Merkmale charakteristisch: "strukturelle Differenzierung der Gesellschaft in funktionale Teilsysteme", "kulturelle Pluralisierung", "strukturell erzeugte Individualisierung" der Sinnbezüge des Christentums unter gleichzeitiger "Schwächung seiner institutionellen Verfassung" (Gabriel 1992: 195). Kirchenzugehörigkeit und

[55] In seiner Studie über "Ethik und Protest. Moralbilder und Wertkonflikte junger Menschen" stellt Schmidtchen hierzu fest: "Über den Wertwandel sind wir theoretisch und empirisch hervorragend dokumentiert. Während die Daten konvergieren, divergieren die Interpretationen. Niemand bezweifelt aber, daß ein Wertwandel großen Stils stattfindet" (1993: 16).

Kirchenbindung sind nicht länger umfassend sozial gestützt und institutionell durch mit Sanktionsmacht ausgestattete Instanzen sozialer Kontrolle gesichert. Das Kirchlichkeit in den gesamten Lebenszusammenhang als Sozialform einbindende katholische soziale Milieu hat sich weitgehend aufgelöst und seine Sozialisations- wie seine Stabilisierungsfunktion verloren.

Während zunächst der Protestantismus stärker von dieser Entwicklung betroffen wurde, hat die katholische Kirche, wenn man die regelmäßigen Gottesdienstbesucher und die Kirchenaustritte betrachtet, nahezu gleich gezogen. Zusammenfassend kommt das INSTITUT FÜR DEMOSKOPIE ALLENSBACH (IfD) in der ersten Stufe seiner kürzlich für die Deutsche Bischofskonferenz durchgeführten Studie zu dem Ergebnis: "Kirchenaustritte sind heute kein Thema, das in der privaten Kommunikation tabuisiert wird" (IfD 1992: 10). 45% der westdeutschen Bevölkerung, 66% der mit Austrittsgedanken schon einmal befaßten und 82% der zum Austritt Entschlossenen haben im privaten Umfeld Kontakte zu Ausgeschiedenen oder Austrittswilligen (vgl. IfD 1992: 10). In Zukunft sei mit weiter steigenden Austrittszahlen zu rechnen. Finanzielle Gründe werden zwar am häufigsten genannt, jedoch dominiert bei Katholiken die Kritik an der Kirche. Auch ist nicht zu übersehen, daß "ein enger Zusammenhang zwischen der individuellen Religiösität und Überlegungen, aus der Kirche auszutreten" (IfD 1992: 28) besteht. Die Glaubens- und Institutionenkrise erweisen sich als der zentrale Ursachenkomplex, zumal "die Entscheidung, die Konfessionsgemeinschaft zu verlassen, ... nicht unvermittelt (fällt, d.A.), sondern ... meist am Ende eines langjährigen Entfremdungsprozesses" steht (IfD 1993: 3).[56]

Die katholische Tradition hatte in der zweiten Hälfte des 19. Jahrhunderts "eine spezifische Sozialform herausgebildet, für die drei Merkmalskomplexe charakteristisch waren:

- die Einbindung unterschiedlicher katholischer Sozialmilieus in ein geschlossenes, konfessionelles Gruppenmilieu mit eigener 'Welt-Anschauung', eigenen Institutionen und einer spezifischen Ritualisierung des Alltags;
- die Zentralisierung und Bürokratisierung der kirchlichen Amtsstrukturen mit einer Sakralisierung der modernisierten Organisationsformen und einer Disziplinierung des von der 'Welt' getrennten Klerus;
- die Herausbildung eines weltanschaulich geschlossenen Systems, das sowohl die Distanz zur modernen Welt als auch den Anspruch auf ein Monopol letztgültiger Weltdeutungen legitimierte" (Gabriel 1992: 165).

[56] "Die Entscheidung, aus der Kirche auszutreten, läuft ... in der Regel in zwei mehrjährigen Phasen ab: Einer längeren Phase, in der die Kontakte zur Institution brüchiger, das Verhältnis zur Kirche distanzierter oder kritischer werden, ohne daß jedoch ein Austritt erwogen wird; daran schließt sich eine in der Regel ebenfalls mehrjährige Phase an, in der der Gedanke an einen Austritt in Intervallen immer wieder aufgenommen wird. Die Länge dieser Phasen hängt unter anderem von dem Alter ab" (IfD 1993: 7).

Das "Verschwinden traditionaler Produktions- und Lebensformen" und das "Abschmelzen der Großgruppenmilieus" beraubt den Katholizismus in Verbindung mit der "Enttraditionalisierung der industriegesellschaftlichen Lebensformen" seiner "sozialen Basis". Die Folgen sind: "Risse in der katholischen 'Welt-Anschauung'", "Herauslösung aus der Welt katholischer Institutionen", "Entritualisierung des Alltags", "Entsakralisierung der empirischen Kirchenstrukturen", "Konziliare Umcodierung der christlichen Tradition" und damit zugleich eine "Pluralisierung des Katholizismus" in einen "fundamentalistischen Sektor", einen "expliziten und interaktiven Sektor", einen "Sektor diffuser Katholizität", einen "Sektor formaler Organisation" sowie einen, den neuen sozialen Bewegungen folgenden "'Bewegungs'-Sektor" (vgl. Gabriel 1992: 165ff).

2.7 Sozialisation

Das Verhalten und Handeln der Menschen ist, was kollektivistisch orientierte Soziologen[57] leicht übersehen, nicht nur abhängig von ihrer sozialen und materiellen Umgebung, sondern auch von ihrer individuellen Persönlichkeit. Da der Mensch als handelndes und zugleich lernendes Wesen (Elias 1970: 110ff) aber erst in dem Gesellschaft genannten sozialen Zusammenhang "actualiter Mensch, Person und handelndes Wesen" wird (Tenbruck 1986: 84), ist die Persönlichkeit des Menschen nicht nur Resultat des biologischen Erbes, sondern auch seines jeweiligen sozio-kulturellen Umfeldes. Die menschliche Persönlichkeit entfaltet und entwickelt sich in einem mit Sozialisation[58] bezeichneten lebenslangen Lernprozeß. Diese Vorstellung "hat sich in den letzten drei Jahrzehnten in der wissenschaftlichen Diskussion in Soziologie, Psychologie und Pädagogik ... zunehmend durchgesetzt" (Hurrelmann & Nordlohne 1989: 604). Es handelt sich dabei um einen Entwicklungsprozeß, der sich in wechselseitiger Abhängigkeit von und Auseinandersetzung des Menschen mit seiner gesellschaftlich vermittelten sozialen und

---

[57] Wer sich über den Unterschied zwischen kollektivistischen und individualistischen Sozialtheorien informieren will, sei auf Kap. 3.3 und 6.1, auf die Lektüre der Studien von Vanberg (1975) und Raub & Voss (1981) sowie auf die Stichworte "Individualismus" und "Kollektives Handeln" bei Boudon & Bourricaud (1992: 219-227, 256-263) verwiesen.

[58] Heute "wird der Sozialisationsbegriff als bequemes Etikett benutzt. Er steht als Überschrift über allen Studien, die sich mit verschiedenen Arten des Erwerbs von (z.B. linguistischen, kognitiven, symbolischen, normativen) Kenntnissen, Fähigkeiten usw. durch das Individuum - insbesondere in seiner Kindheit und Jugend - beschäftigen" (Boudon & Bourricaud 1992: 511). Hingegen findet man manchmal auch noch die frühere, im deutschen Sprachraum auf Schaarmann und Wurzbacher zurückgehende Unterscheidung von "Enkulturation" als Bezeichnung für den Prozeß, durch den dem Menschen das "sozio-kulturelle Erbe" vermittelt wird, "Sozialisierung" oder "Sozialisation" als Bezeichnung für den Prozeß, in dem die für das Rollenverhalten entscheidenden Verhaltensmuster erlernt werden, und "Personalisation" als Bezeichnung für den Prozeß, in dem der Mensch zu einer relativ autonomen, sozialkulturellen Persönlichkeit wird und die Fähigkeit erlangt, sich nicht nur passiv an soziale "Zumutungen" anzupassen, sondern diesen Anpassungsprozeß mehr oder minder selbständig und auch aktiv einflußnehmend zu gestalten (vgl. Wurzbacher 1963, Neidhardt 1975, Hurrelmann 1976).

materiellen Umwelt vollzieht und in dem kulturelle Rahmenbedingungen (vgl. Kap. 2.6) und institutionelle Regelungen (vgl. Kap. 4.4) in Verbindung mit situativen Gegebenheiten eine Rolle spielen (vgl. Wurzbacher 1963, Hurrelmann 1976). Da menschliches Verhalten und Handeln ebenso wie gesellschaftliche Ordnungen und Kulturen nach der hier zugrundegelegten Vorstellung jedoch ein komplexes Produkt aus der originären menschlichen Natur und dem sozio-kulturellen Erbe sind (vgl. Kap. 4.5), ist eine klare Differenzierung zwischen denjenigen Beiträgen, die aus der originären Natur des Menschen stammen, und jenen, die sich seinem sozio-kulturellen Erbe verdanken, schwierig, wenn nicht gar unmöglich.

Charaktereigenschaften und Persönlichkeitsmerkmale einschließlich beruflicher Fertigkeiten und Qualifikationen sowie religiöser Orientierungen lassen sich vor diesem Hintergrund mit IRLE (1978: 222), und in Anlehnung an Kurt LEWIN (1890-1947), auffassen als Produkt der für die Biographie charakteristischen Interaktion von Erbeigenschaften und Umweltbedingungen nebst deren Wechselwirkung, wobei die Umweltgegebenheiten nicht nur passiv ertragen werden müssen, sondern auch aktiv gestaltet und bewältigt werden können. Charaktereigenschaften und Persönlichkeitsmerkmale können deswegen sowohl innerhalb wie zwischen Generationen eine erhebliche Variation aufweisen. Dies dürfte insbesondere dann der Fall sein, wenn beträchtliche Unterschiede hinsichtlich der historischen Lagerung (vgl. Mannheim 1928, Elder & Rockwell 1978) bestehen[59] und wenn dies auch für das Ausmaß sozialer Ungleichheit einschließlich horizontaler und vertikaler Differenzierungen und deren Veränderungen im Zeitablauf gilt (vgl. Mayer 1990, Berger & Hradil 1990). Solchen Tendenzen und deren Konsequenzen für die Entwicklung der menschlichen Persönlichkeit wird in der Regel unter der Thematik: "Sozialstruktur und Sozialisation" theoretisch wie empirisch nachgegangen.[60] Es geht dabei um sozialisations- und lagebedingte, gruppen-, schicht- und klassenspezifische Unterschiede sowie sozio-kulturelle und sozio-ökonomische Differenzierungen in den Verhaltensdispositionen von Individuen in Abhängigkeit von ihrer Zugehörigkeit zu bestimmten Generationen, sozialen Klassen oder Schichten,

---

[59] In diesem Zusammenhang kommt der von Karl Mannheim (1893 - 1947)in seiner Abhandlung "Das Problem der Generationen" (1928) thematisierten Generationszugehörigkeit und ihrer Sozialisationswirkung Bedeutung zu. Diese beruht darauf, "daß jede Generation einen neuen Zugang zur Welt zu erschließen versucht. Auf diese Weise manifestiert sich dann die ähnliche Art der Bewußtseinsschichtung einer Generation". Von soziologischer Relevanz ist ferner, "daß ungleichzeitig entstandene Generationsgruppen mit ihren je unterschiedlichen Erlebnishorizonten und Wertvorstellungen in einer gegebenen Gesellschaft nicht nur gleichzeitig, sondern auch in unterschiedlichen gesellschaftlichen Einfluß- und Machtpositionen existieren" (Stosberg 1992: 43).

[60] Angesichts der kaum übersehbaren Fülle an Literatur zu dieser Thematik sei hier lediglich hingewiesen auf das von Hurrelmann & Ulich (1991) herausgegebene "Neue() Handbuch der Sozialisationsforschung", das von Mayer (1990) herausgegebene Sonderheft "Lebensverläufe und sozialer Wandel", den von Berger & Hradil (1990) herausgegebenen Sonderband "Lebenslagen, Lebensläufe, Lebensstile", die Studie von Bertram (1981) und das Stichwort "Sozialisation" bei Boudon & Bourricaud (1992: 511-518).

ethnischen Gruppen, religiösen Gruppierungen oder sonst zu unterscheidenden Bevölkerungsgruppen.[61]

Erst in den letzten Jahrzehnten wurde auch den Bedingungen und Prozessen nachgespürt, "die im Anschluß an Kindheit und Jugendphase auftreten"[62] und die zu "Veränderungen der Persönlichkeit erwachsener Menschen unter der Einwirkung veränderter Lebensbedingungen führen oder führen können" (Hurrelmann & Nordlohne 1989: 610). Zunächst dominierten bei der Analyse der Entwicklung Erwachsener eher soziologische Perspektiven, welche die Veränderungen mit Bezug auf wechselnde Rollen, unterschiedliche Entwicklungsaufgaben, entwicklungsbedingte Konflikte sowie bedeutende Lebensereignisse zu erklären versuchten, ohne jenen Mechanismen nachzuspüren, welche die Veränderungen bewirkten (vgl. Ahammer 1979: 409f). Insbesondere schnitt "die Gleichsetzung von Sozialisation und Rollenlernen ... begrifflich die Möglichkeit ab, ... (zu berücksichtigen, d.A.) daß der einzelne sich von Rollenerwartungen nur teilweise bestimmen läßt .. (und, d.A.) daß die Sozialisation sich außerhalb von Rollenmustern vollzieht" (Hartmann 1974: 148; vgl. auch Kap. 8.1).[63]

So kommt es nicht von ungefähr, daß es auf die Frage, wie menschliche Präferenzen entstehen und wie sie sich verändern und welche Bedeutung in diesem Zusammenhang Wertsysteme und ihre Wandlungen haben, derzeit keine eindeutige Antwort gibt. Auch wie jene Persönlichkeitsstrukturen entstehen oder erworben werden, die das Denken und Handeln des einzelnen im Hinblick auf Wert- und Moralprobleme bestimmen, wie sie wirken und wie sie beeinflußt werden können, wird derzeit noch kontrovers diskutiert (vgl. Gabriel 1991). Mit der von uns zugrundegelegten Verhaltenstheorie ist am ehesten eine lerntheoretische Konzeption vereinbar wie sie als integrativ-soziale Lerntheorie von WISWEDE (1987) vorgestellt wird. Vereinbar mit dieser Verhaltenstheorie ist auch die Vorstellung, daß Persönlichkeitseigenschaften von einem bestimmten lebensgeschichtlichen Zeit-

---

[61] In diesem Zusammenhang besonders interessant ist die deutsche Wiedervereinigung, die die Möglichkeit eröffnete, die Auswirkungen unterschiedlicher politischer und sozio-kultureller Rahmenbedingungen auf Sozialisationsprozesse zu untersuchen. So konnte z.B. für die ehemalige DDR kurz nach der Wende gezeigt werden, daß sich trotz massiver staatlicher Bemühungen um eine Ausmerzung ähnliche antisemitische Einstellungsmuster finden ließen wie sie in der BRD zu beobachten waren (vgl. Wittenberg et al. 1991). Daß das Ausmaß des Antisemitismus in den neuen Bundesländern tendenziell etwas schwächer ausgeprägt war zeigt den Einfluß sozio-kultureller und politischer Rahmenbedingungen für Sozialisationsprozesse.

[62] Nach Ahammer (1979) unterblieb die Untersuchung der Erwachsenensozialisation in der Entwicklungspsychologie, zum einen weil sich im Lichte der Psychoanalyse, die in der Kinderpsychologie dominierte, Persönlichkeitsmerkmale in den ersten Lebensjahren herausbilden, die später nur noch begrenzt modifizierbar sein sollen, und zum anderen, weil sowohl die biologischen Wachstumsmodelle als auch die Stufenmodelle von Jean Piaget (1896-1980) (Piaget 1954) und Kohlberg (1974) die Erwachsensozialisation ausblenden.

[63] Diesem Gesichtspunkt trägt Hurrelmann (1986) Rechnung, wenn er Sozialisation als "produktive Verarbeitung der äußeren und inneren Realität" versteht und auf diese Weise jene Vorstellung in sein Sozialisationskonzept einbezieht, die früher mit dem Begriff "Personalisation" erfaßt wurde (vgl. Fußnote 58).

punkt ab zeitstabil und situationsresistent als Charakter handlungsrelevant werden, so daß sie Raum läßt, verhaltensrelevante, zeitstabile und situationsübergreifende Lebensweisen oder Lebensstile (Lüdtke 1989) zu berücksichtigen.

3 Grundorientierungen von Soziologie als Wissenschaft

Wie eingangs bereits erörtert (vgl. Kap. 0.1 und 2), unterscheiden sich Soziologen in ihren Vorstellungen von den Zielen und Aufgaben der Soziologie und deswegen sowohl in ihrem Theorieverständnis als auch in ihren Forschungsprogrammen. Angesichts dieser Situation halten wir es für angebracht, im Rahmen dieses Studienbuchs auf einige Unterschiede in den Grundorientierungen von Soziologie als Wissenschaft kurz einzugehen. Sie betreffen die Pluralität des Wissenschaftsverständnisses (Kap. 3.1), die Logik wissenschaftlicher Forschung (Kap. 3.2) sowie die Auseinandersetzungen verschiedener Grundorientierungen (Kap. 3.3). Auf diese Weise wollen wir dazu beitragen, etwas Ordnung in die Heterogenität dessen zu bringen, was alles Soziologie genannt wird.[1]

3.1 Pluralität des Wissenschaftsverständnisses

Drei Dimensionen einer möglichen Grundorientierung von Soziologie als Wissenschaft sollen im folgenden erörtert werden. Sie betreffen erstens die Frage nach den Zielsetzungen der Soziologie (Kap. 3.1.1), zweitens die Frage nach den zur Erreichung dieser Ziele als sinnvoll erachteten Mitteln (Kap. 3.1.2) sowie drittens die Frage nach den Voraussetzungen, Möglichkeiten und Grenzen einer Überprüfung und Bewertung dieser Mittel (Kap. 3.1.3).

3.1.1 Soziologie als problemorientierte Wissenschaft

Wie bereits dargelegt (vgl. Kap. 1), ist die Geburtsstunde der Soziologie als Wissenschaft gekennzeichnet durch die Erkenntnis, daß die gesellschaftlichen Bedingungen menschlichen Handelns nicht determiniert, sondern prinzipiell offen und gestaltbar sind. Als gegenwartsverbundene und zugleich praxisorientierte Sozialwissenschaft (vgl. Kap. 10) entnimmt die Soziologie "ihre Grundprobleme den jeweils präsenten Nöten des Lebens" (König 1949: 8). Damit stellen sich nicht nur dem Wissenschaftler, sondern jedem an der Lösung sozialer Probleme sowie an der Gestaltung sozialen Lebens interessierten Menschen zwei Fragen: erstens, *was* gestaltet werden soll, und zweitens, *wie* dies geschehen kann. Die zweite Frage zielt auf die vorhandenen Möglichkeiten zur Realisierung verschiedener sozialer Zustände. Deren Antwort setzt voraus, daß sich das Entstehen eben dieser sozialen Phänomene erklären läßt. Die erste Frage zielt auf die wünschenswerten

---

[1] Es geht hier nicht um eine differenziert angelegte Unterscheidung und kritische Diskussion, sondern eher um eine recht grobe Typisierung, die keineswegs allen prinzipiell möglichen Unterscheidungsmerkmalen gerecht wird. Zur ausführlicheren Information sei verwiesen auf Opp (1976), Esser et al. (1977), Schnell et al. (1992: 37-115) oder Mikl-Horke (1992: 261-326).

Zustände. Die Antwort hierauf erfordert eine wertende Auswahl aus der Menge prinzipiell möglicher Ziele.

Ein Soziologe kann hinsichtlich der Beantwortung dieser beiden Fragen zwei verschiedene Positionen einnehmen. Er kann der Meinung sein, daß sich die Aufgabe der Soziologie als Wissenschaft nicht auf die Beantwortung der zweiten Frage, nämlich die Erklärung sozialer Phänomene als Lösung von Warum-Fragen, beschränken darf. Zwar könnten solche Erklärungen das für die praktische Gestaltung sozialer Zusammenhänge erforderliche und technisch zum Zwecke der Verwirklichung der Zielzustände umsetzbare Wissen liefern (vgl. Büschges 1989d). Dieses Wissen allein könne aber mit unterschiedlichen Intentionen eingesetzt und sowohl gebraucht als auch mißbraucht werden (vgl. Kap. 10). Deswegen sei es Aufgabe der Wissenschaft, nicht nur die technischen Lösungswege und -mittel aufzuspüren, sondern zugleich auch die damit zu verfolgenden Ziele zu begründen (sog. **normatives Wissenschaftsverständnis**).

Diese Auffassung vertreten Max HORKHEIMER (1895-1973) und Theodor W. ADORNO (1903-1969), Vertreter der "kritischen Theorie", wie folgendes, zugleich die Problematik dieser Position beleuchtende Zitat aus ihrer "Vorrede" zur "Dialektik der Aufklärung" zeigt: "Die Naturverfallenheit der Menschen heute ist vom gesellschaftlichen Fortschritt nicht abzulösen. Die Steigerung der wirtschaftlichen Produktivität, die einerseits die Bedingungen für eine gerechtere Welt herstellt, verleiht andererseits dem technischen Apparat und den sozialen Gruppen, die über ihn verfügen, eine unmäßige Überlegenheit über den Rest der Bevölkerung. Der Einzelne wird gegenüber den ökonomischen Mächten vollends annuliert. Dabei trieben diese die Gewalt der Gesellschaft über die Natur auf nie geahnte Höhe. Während der einzelne vor dem Apparat verschwindet, den er bedient, wird er von diesem besser als je versorgt. Im ungerechten Zustand steigt die Ohnmacht und Lenkbarkeit der Masse mit der ihr zugeteilten Gütermenge. Die materiell ansehnliche und sozial klägliche Hebung des Lebensstandards der Unteren spiegelt sich in der gleißnerischen Verbreitung des Geistes. Sein wahres Anliegen ist die Negation der Verdinglichung. Er muß zergehen, wo er zum Kulturgut verfestigt und für Konsumzwecke ausgehändigt wird. Die Flut präziser Information und gestriegelten Amüsements witzigt und verdummt die Menschen zugleich" (Horkheimer & Adorno 1947: 4f).
In die gleiche Richtung zielt KRECKEL (1976: 103), wenn er feststellt: "Aufgabe emanzipatorischer Forschung ist es, ein empirisch fundiertes Wissen bereitzustellen, das geeignet ist, die Menschen 'aus der Abhängigkeit von hypostasierten Gewalten' (Habermas 1968: 159, d.A.) zu lösen und in eine 'mündige' Gesellschaft zu überführen." Vorherrschendes Ziel der Soziologie wie aller Sozialwissenschaft ist für die Vertreter dieser Richtung eine dialektische Kritik der gegenwärtigen Gesellschaft und ihrer Strukturen sowie eine Befreiung des Menschen durch "handlungsanweisende Aufklärung". Es geht ihnen nicht um strenge Erklärung sozialer Phänomene, sondern um "richtige" und "handlungsanweisende Aufklärung" über die geschichtliche sowie die gesellschaftlich-politische Situation. In der Befolgung der Maxime strikter Wissenschaftlichkeit sehen sie die Gefahr einer Reduktion des Denkens, die Gefahr einer Orientierung soziologischer Untersuchungen nicht an dem Primat des realen Problems, des historisch und politisch hier und heute Relevanten, sondern an den Möglichkeiten und Grenzen vorhandener Untersuchungsmethoden und Forschungstechniken. Sie befürchten, daß man dadurch zur Untersuchung von Problemen gelangt, deren Zusammenhang mit den drängenden Problemen der Gesellschaft nicht mehr erkennbar ist. Sie wollen von der vorwissenschaftlichen Lebens- und Krisenerfahrung ausgehen, die schließlich auch an der Wiege der Soziologie als Wissenschaft stand und von daher zu einer richtigen Beurteilung der geschichtlich-gesellschaftlichen Wirklichkeit gelangen.

Ein Soziologe kann jedoch auch die Auffassung vertreten, daß normative Begründungen und Wertsetzungen nicht Aufgabe von Wissenschaft sind, weil dies logisch unmöglich sei, da sich Normen und Ziele im wissenschaftlichen Sinne nicht begründen und rechtfertigen ließen (sog. **analytisches Wissenschaftsverständnis**). Darüberhinaus bestünde auch hier die Möglichkeit des Mißbrauchs, und zwar durch einen Wissenschaftszirkel, der Ziele "diktatorisch" festsetzen könnte (vgl. Albert 1965, 1971).

In diesem Zusammenhang spielt die Wissenschaftslehre WEBERs (vgl. Weber 1991 [1904-1919]) eine wichtige Rolle, insbesondere sein Versuch einer strikten Trennung von "Werturteilen" und "Sachaussagen". Für WEBER gehören Wertungen lediglich als Gegenstand der Beschreibung, Erklärung und Vorhersage zum Objektbereich der Soziologie, und zwar deswegen, weil Wertungen für menschliches Handeln und Verhalten konstitutiv sind. Insofern und insoweit werden sie als Tatsachenaussagen behandelt. Im wissenschaftlichen Vorgehen, also im Erkenntnisprozeß selbst, haben hingegen Wertungen nichts zu suchen. Sie stören lediglich den Versuch der Erklärung, erschweren die intersubjektive Kontrolle wissenschaftlichen Arbeitens und wissenschaftlicher Resultate oder machen sie gar unmöglich. Wertungen gehören deswegen zum außerwissenschaftlichen Bereich menschlichen Handelns. In diesem Zusammenhang gewinnt die Unterscheidung von *Entdeckungszusammenhang*, die Definition des Problems und seine Abgrenzung umfassend, *Begründungszusammenhang*, die Definition des theoretischen Bezugsrahmens, die Datenerhebungs- und die Datenanalysephase umfassend (vgl. hierzu Wittenberg 1991), und *Verwertungszusammenhang*, die praktische Umsetzung und Verwertung der Untersuchungsergebnisse umfassend, an Bedeutung (vgl. Schnell et al. 1992: 37-115). Zu bedenken bleibt die Warnung POPPERs: "Wir können dem Wissenschaftler nicht seine Parteilichkeit rauben, ohne ihm seine Menschlichkeit zu rauben. Ganz ähnlich können wir nicht seine Wertungen verbieten oder zerstören, ohne ihn als Menschen und als Wissenschaftler zu zerstören. Unsere Motive und unsere rein wissenschaftlichen Ideale, wie das Ideal der reinen Wahrheitssuche, sind zutiefst in außerwissenschaftlichen und zum Teil in religiösen Wertungen verankert" (Popper 1962: 242). Objektivität und Wertfreiheit sind für den einzelnen Wissenschaftler praktisch nicht erreichbar. Auch wäre dies nicht erstrebenswert. Die Forderung nach Wertfreiheit ist folglich mit POPPER durch die Forderung zu ersetzen, "daß es eine der Aufgaben der wissenschaftlichen Kritik sein muß, Wertvermischungen bloßzulegen und die rein wissenschaftlichen Wertfragen nach Wahrheit, Relevanz und Einfachheit und so weiter von außerwissenschaftlichen Fragen zu trennen" (1962: 242).

3.1.2 Soziologie als erklärende Wissenschaft

Wie in jeder Wissenschaft erfordert die Lösung sozialer Probleme eine Antwort auf die Frage "Warum ist etwas der Fall?". Das Vorliegen einer solchen Antwort bedeutet, ein Problem, ein Phänomen oder einen Vorgang *verstanden* zu haben, und ist die unabdingbare Voraussetzung für einen *gezielten* Lösungvorschlag. In dieser Verfahrensweise liegt der Ursprung und die Legitimation aller erklärenden Wissenschaften. Von dem jeweiligen Wissenschaftsverständnis hängt es jedoch ab, wie derartige Antworten formuliert werden. Eine Möglichkeit besteht darin, die Begründung für ein Problem oder ein Phänomen auf zeitliche, räumliche oder situative Konstellationen zu beschränken. Ein Beispiel für eine derartige (historische) Einzelfallanalyse stellt Werner SOMBARTs (1863-1945) Studie "Warum gibt es in den Vereinigten Staaten keinen Sozialismus?" (Sombart 1906) dar. Er geht hierbei der Frage nach, warum in einer speziellen Gesellschaft (nämlich der amerikanischen) zu einem bestimmten Zeitpunkt (der Jahrhundertwende) eine bestimmte politische Strömung keine nennenswerte Rolle spielt, obwohl dies in anderen Gesellschaften sehr wohl der Fall war. Zur Erklärung führt er Ursachen an, die aufgrund der historischen Entwicklung nur für den Sonderfall "amerikanische Gesellschaft" zutreffen sollen. Bei der Antwort auf die gestellte Frage wird damit auf eine besondere, nicht weiter begründbare historische Entwicklung verwiesen.

Die zweite Möglichkeit der Beantwortung der Eingangsfrage geht im Gegensatz hierzu davon aus, daß derartige Phänomene ähnlich wie in den Naturwissenschaften als spezielle Ausprägungen allgemeiner Regelmäßigkeiten verstanden werden können. Dies versucht BOUDON (1980: 34-40) zu zeigen, wenn er SOMBARTs Studie rekonstruiert. Für die Erklärung des Tatbestandes "kein Sozialismus in Amerika" werden zwei Arten von Annahmen verwendet. Die Aussage "Die amerikanische Gesellschaft ist ein geschichtetes System, d.h. ein System, welches ungleichmäßig bewertete soziale Stellungen anbietet" (Boudon 1980: 36) stellt eine *vereinfachende* Annahme über die amerikanische Gesellschaft dar. Diese besitzt wohl noch sehr viel mehr Eigenschaften, im Rahmen der angestrebten Erklärung kommt in den Augen des Forschers jedoch vor allem der Eigenschaft "geschichtetes System" zentrale Bedeutung zu. Die zweite Art von Annahmen betreffen *Verhaltensregelmäßigkeiten* der Akteure. In BOUDONs Rekonstruktion ist dies die Annahme, daß die Akteure den sozialen Aufstieg als erstrebenswertes Ziel betrachten, das nur durch Investition erreicht werden kann (Boudon 1980: 36).

Die systematische Verwendung solcher Annahmen im Rahmen von Erklärungen wird im Kap. 6 ausführlich diskutiert. Im folgenden sollen die zwei prinzipiellen, sich widersprechenden Grundorientierungen diskutiert werden, die mit den beiden Möglichkeiten der Beantwortung sozialwissenschaftlicher Fragestellungen verknüpft sind (vgl. Kreckel 1976: 77ff sowie 103ff):

- Soziologen können davon ausgehen, daß es in den Sozialwissenschaften im Gegensatz zu den Naturwissenschaften wie in allen Geisteswissenschaften keine allgemeinen Gesetzmäßigkeiten gibt (vgl. z.B. Habermas 1963).
- Soziologen können jedoch auch annehmen, daß sich auch in den Sozialwissenschaften gesetzesartige Regelmäßigkeiten finden lassen, die eine Erklärung sozialer Probleme ermöglichen. Vertreter dieser Richtung unterscheiden sich wiederum in der Art der zu suchenden Regelmäßigkeiten oder Gesetze.[2] Je nach Standpunkt sollen diese statistischer, kollektiver oder individueller Natur sein (eine ausführliche Darstellung dieser Positionen findet sich in Kap. 6.1).

Zwischen diesen Positionen wurde im Laufe der Entwicklung der Soziologie als Wissenschaft insbesondere im deutschen Sprachraum eine heftige Kontroverse ausgetragen, ob Soziologie als "Geisteswissenschaft" oder als "Naturwissenschaft" zu begreifen sei (vgl. Kap. 3.3). Seinen Ursprung hat dieser Streit in der einem dualistischen Weltbild entstammenden Vorstellung von zwei wesentlich getrennten "Seinsbereichen" oder "Wirklichkeiten", die "unter verschiedenen Gesetzlichkeiten ('Kausalität' und 'Freiheit') standen und darum nach grundsätzlich verschiedenen Methoden zu erforschen waren" (Geiger 1962: 52). Die damit einst verbundene Vorstellung von einer sichtbaren Welt, "Natur" genannt, und einer Überwelt, "Geist" genannt, die sich Mitte des 19. Jahrhunderts durchsetzte und die von DILTHEY im Gegensatzpaar "Naturwissenschaft" versus "Geisteswissenschaft" auch auf die Soziologie übertragen wurde (vgl. Scheuch 1967: 197f), dürfte heute durchweg überwunden sein. Sie wurde

[2] Zum Gesetzesbegriff vgl. Kap. 6.1.

jedoch vermischt mit der von Wilhelm WINDELBAND (1848-1915) eingeführten Unterscheidung von "Natur- und Kulturwissenschaften", einer Unterscheidung nach der Methode der Begriffsbildung und nach der wissenschaftlichen Vorgehensweise zwischen "nomothetischen" (von: griech. nomos = Gesetz, thetisch = setzend), nämlich Gesetzeswissenschaften (Kant: gesetzgebend, Windelband: Gesetze aufstellend), und "idiographischen" (von: griech. idios = eigentümlich, graphein = schreiben), nämlich Ereigniswissenschaften. Während erstere nach allgemeinen, unabhängig von Zeit und Ort geltenden Gesetzen fragen und suchen, haben sich letztere zur Aufgabe gemacht, das Einzelne in seiner einmaligen geschichtlichen Gestalt zu erfassen und zu beschreiben. Diese Unterscheidung ist auch heute noch für die Unterschiede im Verständnis von Soziologie als wissenschaftlicher Disziplin bedeutsam.

Die von uns vertretene Position folgt der Auffassung, daß allgemeine Regelmäßigkeiten auch in der Soziologie Anwendung finden können. Dabei wird jedoch davon ausgegangen, daß sich die Regelmäßigkeiten auf Individuen und deren Verhalten beziehen müssen (sog. *methodologischer Individualismus*, vgl. Raub & Voss 1981 sowie Kap. 4). Wie eine Erklärung beschaffen sein muß und wie derartige Regelmäßigkeiten bezüglich des Verhaltens von Akteuren im Rahmen einer Erklärung verwendet werden können, ist Gegenstand des sechsten Kapitels.

3.1.3 Soziologie als empirische Wissenschaft

Die meisten Vertreter moderner Soziologie stimmen darin überein, daß das vorwissenschaftliche Bewußtsein von Geschichte, Gesellschaft und Politik für ein "richtiges" und "objektives" Erfassen der sozialen Aspekte unserer geschichtlich-gesellschaftlichen Wirklichkeit ungeeignet ist. Es beruht nur auf einem mehr oder minder beschränkten, unsystematischen, von Zufälligkeiten und persönlichen Lebenserfahrungen abhängigen Zugang zu den sozialen Phänomenen. Es ist im Wissens- und Denkhorizont und damit in seinem Informationsgehalt eingegrenzt und darüber hinaus durch den Einfluß aktueller Lebensinteressen, überkommener Deutungen und vielfältiger Vorurteile an einer ungetrübten und unverzerrten Erfassung der sozialen Wirklichkeit gehindert. Der Notwendigkeit einer Verbreiterung unserer Wissensbasis, einer Objektivierung der Informationen über die geschichtlich-gesellschaftliche Wirklichkeit und einer Entindividualisierung der Lebenserfahrung als Erkenntnisquelle wird deswegen meist zugestimmt.

Die zuvor umrissenen Unterschiede in den soziologischen Grundorientierungen haben jedoch zur Folge, daß der empirischen Forschung für den Fortschritt soziologischen Wissens sowie für die Überprüfung von Theorien ein unterschiedlicher Stellenwert zugeschrieben wird. Vertreter eines *normativen* Wissenschaftsverständnisses benötigen empirische Kenntnisse in erster Linie, um den gegenwärtigen sozialen Ausgangszustand als nicht wünschenswert erkennen zu können. Empirisches Material hat der dialektischen Kritik der gegenwärtigen Gesellschaft und ihrer Strukturen zu dienen und zur Befreiung des Menschen durch "handlungsanweisende Aufklärung" beizutragen.

Vertreter eines *analytischen* Wissenschaftsverständnisses sehen hingegen in der Beschreibung und Erklärung sozialer Erscheinungen das entscheidende Ziel wissenschaftlicher Arbeit, um auf diesem Wege soziale Gesetzmäßigkeiten aufzudecken. Sie sind von der grundsätzlichen methodologischen Einheit sämtlicher Realwissenschaften überzeugt und weisen der empirischen Forschung als Erkenntnisquelle eine zentrale Position im Wissenschaftsprozeß zu. Wissenschaftliche Theorie ist für die Vertreter dieser Richtung ein System durch Ableitbarkeitsbeziehungen untereinander verbundener nomologischer oder gesetzesartiger Aussagen, das in sich selbst logisch konsistent und widerspruchsfrei ist und das als wissenschaftliche Theorie informativ, d.h. an der Empirie prinzipiell überprüfbar ist. Ein soziales Phänomen gilt für sie dann als erklärt, wenn ein oder mehrere Gesetze oder Quasi-Gesetze angegeben werden können, aus dem oder denen bei Vorliegen entsprechender Ausgangsbedingungen das Auftreten des zu erklärenden Phänomens abgeleitet und damit prinzipiell auch vorausgesagt werden kann. Sie fragen, nach welchen Gesetzen oder Quasi-Gesetzen es unter welchen Bedingungen zum Auftreten welcher beobachtbaren sozialen Phänomene kommt (Fijalkowski 1967: 134).[3] Damit wird für die Vertreter dieser Richtung die Ausrichtung an der Empirie und die hieraus folgende Beschäftigung mit den Methoden ihrer Erfassung zum zentralen Bestandteil der Soziologie.

Unsere Ausführungen dürften gezeigt haben, "daß es eine innere Verbindung gibt zwischen bestimmten Vorstellungen von der Aufgabe der Soziologie, bestimmten erkenntnistheoretischen und wissenschaftslogischen Positionen und bestimmten moralischen Prinzipien, die auch politische Relevanz haben" (Dahrendorf 1962: 269). Zur Diskussion steht damit auch weiterhin:

- Welche Prinzipien Wahrheitswert und Objektivität wissenschaftlicher Aussagen bestimmen,
- wer garantiert, daß wissenschaftliche Aussagen "wahr" und "objektiv" sind, und
- welche praktischen Lösungen von einer empirischen Wissenschaft für die Bewältigung sozialer und geistiger Probleme der geschichtlich-gesellschaftlichen Wirklichkeit zu erwarten sind.

3.2 Die Logik wissenschaftlicher Forschung

Wie unsere bisherigen Ausführungen (vgl. Kap. 0.3, 1.4 und 2) haben deutlich werden lassen, liegt dieser Einführung ein analytisches, Soziologie als problemorientierte, erklärende und zugleich empirische Wissenschaft begreifendes Wissenschaftsverständnis zugrunde. Wir teilen WEBERs Auffassung, daß "eine empirische Wissenschaft ... niemanden zu lehren (vermag, d.A.), was er soll, sondern nur was er kann und - unter Umständen - was er will" (Weber 1922b: 151). Ferner sind wir mit POPPER davon überzeugt, daß "die Erkenntnis ... nicht mit Wahrnehmungen oder Beobachtungen oder der Sammlung von Daten oder von Tatsachen (beginnt, d.A.), sondern ... mit *Problemen*", praktischer oder theoretischer Natur,

[3] Eine Systematisierung dieser Vorgehensweise stellen sog. DN-Erklärungen dar, auf die in Kap. 6 ausführlich eingegangen wird.

und zwar deswegen, weil "jedes Problem ... durch die Entdeckung ... eines anscheinenden Widerspruches zwischen unserem vermeintlichen Wissen und den vermeintlichen Tatsachen" entsteht (Popper 1962: 234). Deswegen ist für uns Soziologie nur als eine der intersubjektiven Kontrolle unterworfene, auf die Erfassung der geschichtlich-gesellschaftlichen Wirklichkeit ausgerichtete, theoretisch fundierte und zugleich den sozialen Problemen zugewandte Sozialforschung möglich.

Soziologische Forschung solcherart dürfte u.E. dann den größten Erkenntnisgewinn bringen, wenn sie sich in ihren Forschungsprogrammen an dem vierteiligen Schema der Entwicklung wissenschaftlicher Erkenntnisse orientiert, das POPPER in seiner Arthur-Holly-Compton-Gedächtnisvorlesung 1966 unter dem Titel "Über Wolken und Uhren" (1973) vorstellte: Ausgehend von einem als lösungsbedürftig empfundenem praktischen oder theoretischen Problem (P_1) wird für dieses eine vorläufige theoretische Lösung (T_1) gesucht, die zum Zwecke der Fehlerbeseitigung mit der geschichtlich-gesellschaftlichen Wirklichkeit konfrontiert wird (E_1). Dies macht es in der Regel erforderlich, das Problem neu zu definieren (P_2) und/oder nach neuen theoretischen Lösungmöglichkeiten (T_2) zu suchen, die wiederum empirischer Überprüfung (E_2) zuzuführen sind und an der Erfahrung scheitern können.

Abbildung 3.1: Die Logik wissenschaftlicher Forschung nach POPPER

$$P_1 \rightarrow T_1 \rightarrow E_1 \quad \rightarrow \quad P_2 \rightarrow T_2 \rightarrow E_2$$

Anknüpfend an den Exkurs zu Kap. 2.3 ließe sich etwa das Problem der schlechteren Universitätszugangschancen von Arbeiterkindern im Vergleich zu Angestellten-, Selbständigen- oder Akademikerkindern als erklärungsbedürftiges Problem P_1 in die Frage "*warum* ist das so?" (Boudon 1980: 169) kleiden. Einige Soziologen versuchen nun, diese Frage z.B. mit Hilfe klassen- bzw. schichtspezifischer Erfolgsdefinitionen der Individuen bei Bildungsentscheidungen theoretisch zu fassen. Dies wäre nach POPPER ein vorläufiger Lösungsvorschlag, mittels einer Theorie T_1, die dann an der Empirie (E_1) überprüft werden muß. Mit diesem Vorgehen läßt sich die Unterprivilegierung von Arbeiterkindern beim Hochschulzugang theoretisch fassen, empirisch überprüfen und damit zumindest im Ansatz auch erklären. Nach wie vor bleibt jedoch offen, warum ein geringer Anteil von Arbeiterkindern trotzdem die Universität besucht. Damit stehen wir vor einem neu definierten Problem P_2, das an die vorhergehenden Untersuchungen anknüpft. BOUDON (1980: 171ff) stellt hierzu eine weitere theoretische Lösungsmöglichkeit T_2 vor, die Bildungsentscheidungen als eine Art ökonomisches Kalkül interpretiert, wobei die sozial Schwächeren nur dann in die Bildung ihrer Kinder investieren, wenn sie die Erfolgsaussichten dieser Bildungsinvestitionen hoch einschätzen, wogegen sozial besser Gestellte eher auch dann in die Bildung ihrer Kinder investieren, wenn diese Bedingung nicht gegeben ist. Dieser neue theoretische Entwurf muß sich nach der von uns geteilten Logik wissenschaftlicher Forschung nun natürlich erneut einer empirischen Überprufung E_2 stellen.

Im Rahmen dieses Forschungsprozesses schließt Theoriebildung immer Modellbildung und damit Vereinfachung ein. Es geht um Einfachheit, logische Konsistenz und empirische Interpretation der zugrundeliegenden Theorien unter Anwendung der Methode abnehmender Abstraktion (vgl. Kap. 6.3). Die Forderung nach empirischer Überprüfung theoretischer Entwürfe sowie nach prinzipieller Offenheit von Erkenntnisprozessen ist die logische Konsequenz.

Entsprechend unserer theoretischen Konzeption (vgl. Kap. 0.3, 1.4 und 4.5) kommt es bei allen theoretischen Entwürfen und Modellen darauf an, Annahmen über Individuen als Handelnde und für diese geltende Regelmäßigkeiten des Handelns zu verbinden mit Annahmen über die sozialen Situationen, in denen sich die handelnden Individuen als Akteure befinden, nebst deren Wandlungen in der Zeit. Damit die Anwendung allgemeiner Individualtheorien nicht zwangsläufig zum Verlust relevanter soziologischer Explananda führt, ist dabei stets zwei wechselseitig miteinander verknüpften Aspekten sozialen Handelns Rechnung zu tragen:

- den sozialen Bedingungen individuellen Handelns und seiner Folgen als verhaltens- und ergebnissteuernde Faktoren, jenen Determinanten, die sich aus dem sozialen Umfeld, den technologischen Entwicklungen sowie dem Wandel kultureller Muster, institutioneller Regelungen, ökonomischer Gegebenheiten und sozialmoralischer Leitideen für die Handlungchancen wie die Handlungsentwürfe von Individuen ergeben, und
- den kollektiven oder gesellschaftlichen Folgen individuellen Handelns, jenen Folgen nämlich, die aus den Handlungsentscheidungen der Individuen für andere mit ihnen in sozialen Beziehungen stehende oder über Handlungsketten verknüpfte Individuen oder Gruppen resultieren.

Unsere Vorstellung korrespondiert mit BOUDONs (1980: 29f) Thesen, die das Ergebnis seiner Untersuchung betreffend den "Grundkonsens über das Wesen und die Grundsätze der Soziologie als solcher" zusammenfassen:

- Die "*Phänomene*, auf die sich das Interesse der Soziologen konzentriert, lassen sich durch die *Struktur des Interaktionssystems*, innerhalb dessen diese Phänomene auftauchen, erklären" (Boudon 1980: 30).
- "Das logische Atom der soziologischen Analyse ist daher der einzelne Akteur", der "selbstverständlich ... nicht in einem institutionellen und sozialen Vakuum" agiert, sondern "in einem Kontext von *Zwängen* ..., die er als *Gegebenheiten* akzeptieren muß". Sie haben jedoch nicht zur Folge, "daß man sein Verhalten als ausschließliche Folge aus diesen Zwängen qualifizieren kann. Die Zwänge sind nur einer der Faktoren, mittels derer wir die individuelle Handlung erfassen können" (Boudon 1980: 30).
- Deshalb "... muß der Soziologe in zahlreichen Fällen komplexere Analyseschemata für die individuelle Handlung verwenden als beispielsweise die Wirtschaftswissenschaftler" (Boudon 1980: 30).

3.3 Die Auseinandersetzung verschiedener Grundorientierungen

Der Streit um das "richtige" Verständnis von Soziologie als Wissenschaft ist so alt wie die Soziologie als wissenschaftliche Disziplin selbst (vgl. Esser et al. 1977). Dieser Streit war nicht nur für MARX' Thesen gegen Feuerbach (Marx 1966 [1888]), sondern auch für den die Gründung der Deutschen Gesellschaft für

Soziologie auslösenden und sie begleitenden, mit dem Namen WEBER eng verbundenen Werturteilsstreit konstitutiv (vgl. Weber 1922a, 1924, 1991). Er war für den ersten Frankfurter Soziologentag 1910 ebenso kennzeichnend wie für die Diskussionen, die den 14. Soziologentag in Berlin 1959 begleiteten und 1961 zur internen Arbeitstagung der Deutschen Gesellschaft für Soziologie in Tübingen zum Zwecke der "Standortbestimmung" führten. Mit den der "Logik der Sozialwissenschaften" gewidmeten grundlegenden Referaten von ADORNO (1962) und POPPER (1962) brach der Konflikt erst richtig aus. Er wurde mit der Kontroverse zwischen HABERMAS (1963) und ALBERT (1964a) unter Einschluß anderer Beteiligter fortgesetzt und machte als "Positivismusstreit in der deutschen Soziologie" (Adorno 1972) Geschichte (vgl. Mikl-Horke 1992: 261-274).[4] Der Streit kulminierte schließlich auf dem Frankfurter Soziologentag 1968 unter dem Gegensatz "Spätkapitalismus oder Industriegesellschaft?" im Dilemma praxisbezogener gesamtgesellschaftlicher Analysen versus theoriebezogenen Teilanalysen gesellschaftlicher Probleme (Dahrendorf 1969).

Mit dem Kasseler Soziologentag von 1974 wurde die Diskussion wieder aufgenommen[5] und als "Theorienvergleich in den Sozialwissenschaften" fortgesetzt. Beabsichtigt war, zu einer Abklärung, Verständigung und gemeinsamen Sicherung von Voraussetzungen sozialwissenschaftlicher Theoriebildung zu gelangen (Matthes 1978); ein Unterfangen, das trotz Bemühens aller Beteiligten letztlich scheiterte. Unterschiede und Gegensätze in den erkenntnisleitenden Interessen, Uneinigkeit hinsichtlich der Ziele von Soziologie als wissenschaftlicher Disziplin, Vielfalt und Vielzahl theoretischer Perspektiven und Postulate sowie Divergenzen in den forschungsleitenden logisch-methodologischen Regeln ließen sich nicht überwinden. Einige Soziologen zogen sich aus der theorievergleichenden Diskussion zurück, wandten sich dem Schreibtisch als Werkbank zu, ersetzten empirische Forschung durch "armchair research", Literaturstudium oder die Entwicklung von Taxonomien und klassifikatorischen Typologien und schlugen den vermeintlichen "Königsweg" hin zu großen theoretischen Entwürfen oder zur Konstruktion komplexer Begriffssysteme ein.[6] Andere Autoren hingegen, die der Idee des theoretischen Pluralismus sowie der Methodologie kritischer Prüfung von Theorien verpflichtet waren, beschritten einen steinigen und "dornenreichen Pfad" mit dem Versuch, die Erklärungkraft sozialwissenschaftlicher Theorien mit den Instrumenten empirischer

---

[4] Bei dieser Etikettierung wurde geflissentlich übersehen, daß unter den Streitenden keine Positivisten im wohlverstandenen Wortsinne auszumachen waren. Die an dem Streit beteiligten, einer ganz anderen Orientierung verpflichteten "kritische Rationalisten" wie Popper und Albert wurden dennoch von Vertretern der "kritischen Theorie" wie Adorno und Habermas als Positivisten etikettiert (vgl. Dahrendorf 1962).

[5] Allerdings wesentlich moderater, mit anderer Akzentsetzung und Perspektive.

[6] So z.B. Habermas mit seiner "Theorie des kommunikativen Handelns" (1981), Luhmann mit seiner Theorie "Sozialer Systeme" (1984), Münch mit seiner "Theorie des Handelns" (1982) und Schluchter mit seiner Erörterung von "Religion und Lebensführung" (1988).

Sozialforschung in vergleichenden Feldstudien zu kontrollieren (vgl. Opp & Wippler 1990).[7]

Eine andere, bis heute andauernde Auseinandersetzung resultiert daraus, daß es für den Entwurf theoretischer Modelle zur Analyse sozialer Phänomene für Soziologen - vereinfacht ausgedrückt - zwei konträre Grundannahmen gibt. Sie führen zu verschiedenen theoretischen Entwürfen, forschungsleitenden Kategorien und Forschungsprogrammen.

Die erste Position geht davon aus, daß Menschen seit eh und je in existierende soziale Verbände, "Gesellschaften" genannt, hineingeboren werden. Diesen Sachverhalt können Soziologen zum Anlaß nehmen, die "Gesellschaft", das "soziale System" oder ein mit einem anderen Begriff bezeichnetes "soziales Gebilde" oder "soziales Kollektiv" als eine vorgegebene Wirklichkeit zu betrachten, die vorgängig zu den und unabhängig von den Individuen existiert, die sie konstituieren. Sie können daraus die Schlußfolgerung ziehen, daß es prinzipiell möglich ist, bei den theoretischen Entwürfen und Modellen wie bei der Konzeption von Forschungsprogrammen von eigenständigen, ohne Rückgriff auf Individuen als vermittelnden Instanzen formulierten Annahmen über soziale Phänomene und das Funktionieren sozialer Gebilde auszugehen.

Im Rahmen der zweiten möglichen Konzeption können Soziologen aber auch an die andere Erfahrung anknüpfen, daß es "Gesellschaft", "soziale Systeme", "soziale Gebilde" oder "soziale Kollektive" als eindeutig abgrenzbare und real erfahrbare Objektbereiche nicht gibt. Für diese Annahme spricht unter anderem, daß es sich bei jenen Erscheinungen, die wir gemeinhin meinen, wenn wir von "Gesellschaft", "sozialem System", "sozialem Gebilde" oder "sozialem Kollektiv" sprechen, nicht um eindeutig abgrenzbare und bestimmbare Entitäten, nicht um dinglich objektivier- und faßbare Phänomene handelt. Diese Phänomene stellen vielmehr, wenn wir die erfahrbare Wirklichkeit ernst nehmen, immer Aggregate von Individuen dar, von Individuen, die handelnd und/oder in wechselseitiger Orientierung aneinander miteinander verbunden sind und soziale Gruppierungen bilden. Diese Erfahrung können Soziologen zum Anlaß nehmen, jenen Erscheinungen, die wir gemeinhin meinen, wenn wir von "Gesellschaften" oder "sozialen Systemen" sprechen, jede selbständige, von den sie konstituierenden Individuen *unabhängige* Existenz abzusprechen. Hierfür spricht heute u.a., daß wir es in der Moderne bei diesen Erscheinungen in aller Regel nicht mit regional isolierten und voneinander eindeutig geschiedenen "Gesellschaften" oder "sozialen Systemen" zu tun haben, sondern mit Zusammenschlüssen von Personen, die direkt oder indirekt handelnd miteinander verbunden sind und als solche Gruppierungen oder Kollektive mannig-

---

[7] Zu diesem Zweck gründeten sie 1980 den von der Deutschen Forschungsgemeinschaft im Rahmen des Sonderförderprogramms für die empirische Sozialforschung finanziell unterstützten "Forschungsverbund für vergleichende Theorietestung" mit der doppelten Zielsetzung, bezogen auf ein Erklärungsproblem hierfür geeignete Theorien einem empirischen Test zu unterwerfen und zugleich einen Vergleich von Forschungsmethoden und ihrer Leistungsfähigkeit vorzunehmen. Näheres über diese Studien, ihre Anlage und ihre Resultate, ist nachzulesen in dem Essay "Empirischer Theorienvergleich - Sackgasse, dorniger Pfad oder Königsweg?" (Büschges 1992a).

facher, einander mehr oder minder überlappender Art bilden. Sie können daraus folgern, daß sie bei ihren Analysen gut beraten sind, nicht nur bei der Analyse sozialen Handelns, sondern auch bei der Analyse sozialer Netzwerke und Aggregate oder sozialer Systeme ausschließlich von Annahmen über individuelles Verhalten und Handeln jener Akteure auszugehen, die das soziale Aggregat oder Kollektiv, "Gesellschaft" oder ähnlich genannt, konstituieren oder zu ihm in Beziehungen stehen, und in den Emergenzphänomenen[8] oder kollektiven Effekten kein besonderes Erklärungsproblem zu sehen.

Beide Positionen führen, wenn man sie überzieht, zu unrealistischen Grundannahmen und problematischen theoretischen Modellen sowie weitreichenden wissenschaftlichen wie praktischen Konsequenzen:

- Die kollektivistische Alternative, die die Vorstellung von "Gesellschaft" oder "sozialem System" als sozialem Gebilde ohne Individuen als den eigentlichen Akteuren beinhaltet. Sie führt zum Modell des außengeleiteten, sozial determinierten, durch gesellschaftlich organisierte Sozialisationsprozesse mit den erforderlichen Verhaltensmustern ausgestatteten, Rollen spielenden und mannigfachen sozialen Kontrollen unterworfenen "**homo sociologicus**" (vgl. Abb. 8.1).
- Die individualistische Alternative mit der Vorstellung von "Gesellschaft" oder "sozialem System" als einer Ansammlung autonomer und atomisierter Individuen ohne jede institutionelle oder sonstige soziale Verknüpfung oder Verbindung. Sie führt zum Modell des über alle Zustände der Welt informierten und einer objektiven Rationalität folgenden "**homo oeconomicus**".[9]

---

[8] Das Wort "Emergenz" stammt von lat. se emergere oder emergi, was soviel wie "auftauchen" oder "emporkommen" bedeutet. In der Soziologie werden damit Aggregations-, Anhäufungs- oder Kompositionseffekte bezeichnet, die sich nicht vollständig auf individuelle Handlungen zurückführen lassen, weil sie Resultat der Interdependenz der Akteure sind. Von uns werden sie, mit Boudon (1980: 83ff), in der Regel als unbeabsichtigte Folgen individuellen Handelns oder als paradoxe Effekte bezeichnet (vgl. Kap. 7.3).

[9] Wer sich ausführlicher mit dieser Problematik beschäftigen will, sei auf die Lektüre der Studien von Vanberg (1975), Raub & Voss (1981) und Kirchgässner (1991) verwiesen sowie auf die Stichworte "Individualismus" und "Kollektives Handeln" bei Boudon & Bourricaud (1992: 219-227, 256-263).

4 Grundannahmen einer strukturell-individualistischen Soziologie

Wie in den vorhergehenden Kapiteln bereits deutlich geworden sein dürfte, gehen wir davon aus, daß jedes menschliche Handeln in Form, Inhalt, Adressat, Resultat und Wirkung in aller Regel mehr oder minder sozial bedingt ist und daß es durchweg auch soziale Folgen zeitigt, wobei die Folgen über die Handlungsabsichten hinausgehen und zu paradoxen, widersprüchlichen oder gar unerwünschten Effekten führen können (vgl. Kap. 7.3). So stellt sich menschliches Handeln aus der Sicht einer **strukturell-individualistisch** orientierten Soziologie dar, einer soziologischen Position, die sich dadurch von anderen unterscheidet, daß sie für Zwecke der Beschreibung und Erklärung menschlichen Handelns

- Annahmen über *Personen* als Handelnde und für diese geltende Regelmäßigkeiten des Handelns verknüpft mit
- Annahmen über die *Situationen*, in denen sich die handelnden Personen befinden, sowie über deren verhaltens- wie ergebnissteuernde Wirkungen.

Soziales Handeln und seine Resultate werden hier als soziale Ereignisse begriffen, die, weil von Menschen bewirkt, das Ergebnis von Einstellungen, Entscheidungen und Handlungen von Personen sind, von Personen, die

- in sozialen Wechselbeziehungen zueinander stehen,
- als lernende und handelnde Wesen ihr Leben und ihre Umwelt gestalten,
- deren Handeln als sozio-kulturelles Handeln nicht nur auf der ursprünglichen menschlichen Natur beruht, sondern auch auf dem sozio-kulturellen Erbe sowie den handlungssteuernden sozialmoralischen Leitideen, und die
- als räumlich vereint lebende oder vorübergehend auf einem Raum vereinte Personen eingebunden sind in eine "Gesellschaft", in einen geteilten kulturellen und institutionellen Rahmen, der die Spielregeln bestimmt, an denen sich das Handeln der Personen orientiert oder zu orientieren hat und der einen bedeutsamen verhaltens- wie ergebnissteuernden Faktor darstellt.

Im Lichte dieser theoretischen Orientierung lassen sich, das sei nochmals betont, soziales Handeln, seine Ergebnisse und seine Folgen weder als ausschließlich individuell determiniert, noch als primär gesellschaftlich bedingt angemessen erfassen, beschreiben, deuten und erklären. Das Modell des "homo oeconomicus", das Ökonomen bevorzugen, ist u.E. ebensowenig geeignet, soziales Handeln zu beschreiben und zu erklären, wie das Modell des "homo sociologicus", von dem manche kollektivistisch orientierte Soziologen ausgehen. Der Situation angemessen ist nur ein Modell, das soziales Handeln als komplexes Produkt abbildet, und zwar resultierend aus **kulturellen Rahmenbedingungen, institutionellen Regeln, situationsbezogenen Gegebenheiten** und **persönlichkeitsspezifischen Faktoren.**

Da Annahmen über Regelmäßigkeiten menschlichen Handelns verbunden werden mit Annahmen über soziale Situationen, in denen sich die handelnden Personen befinden, muß den kulturellen Rahmenbedingungen und den institutionellen Gegebenheiten ebenso wie anderen Zwängen und Chancen sozialer Natur bei der Analyse sozialer Phänomene hinreichend Rechnung getragen werden. Aus den handlungsrelevanten, verhaltens- wie ergebnissteuernden sozialen Bedingungen sollen sich in Verbindung mit den Verhaltensannahmen Schlüsse ziehen lassen, und zwar sowohl für das Handeln einzelner oder typisierter und gruppierter Individuen als auch im Hinblick auf die individuellen wie kollektiven Effekte, die dieses Handeln bewirkt oder bewirken kann. Diese theoretische Perspektive erfordert deswegen, daß die für die Beschreibung und Erklärung sozialer Phänomene herangezogenen theoretischen Modelle Aussagen darüber enthalten oder abzuleiten erlauben, wie die sozialen Bedingungen die Handlungsziele und die Handlungsmöglichkeiten der Individuen beeinflussen und wie die sozialen Bedingungen in Verbindung mit den Handlungen der Individuen zu überindividuellen, kollektiven Folgen führen.

Für die Theorieentwicklung wie für die Forschungspraxis folgt aus dieser theoretischen Orientierung, daß durchgängig vier heuristische Regeln zu beachten sind, wenn individuelle Effekte erklärt und mit kollektiven Phänomenen verknüpft werden sollen (vgl. Raub & Voss 1981: 22-33):

- Auszugehen ist von der Annahme einer konstanten menschlichen Natur im Sinne der Geltung bestimmter Verhaltensregelmäßigkeiten für (tendenziell) alle Individuen (Kap. 4.1).
- Vorauszusetzen ist die Interdependenz sozialer Akteure, wobei unterschiedliche Formen der Strukturierung solcher Interdependenzen zu berücksichtigen sind (Kap. 4.2).
- Mit in Rechnung zu stellen sind unbeabsichtigte Folgen absichtsgeleiteten menschlichen Handelns (Kap. 4.3).
- Schließlich müssen Institutionen als für den sozialen Kontext und die sozialen Situationen relevante Randbedingungen in die Erklärung mit eingehen. Genese und Entwicklung solcher Institutionen wären dann im weiteren Verlauf der Erklärungsbemühungen ihrerseits als zu erklärende und nicht nur vorauszusetzende Sachverhalte zu behandeln (Kap. 4.4).

Ehe wir auf diese heuristischen Regeln näher eingehen, seien zunächst die Charakteristika dieser wissenschaftlichen Orientierung in einem Exkurs umrissen. Eine zusammenfassende Darstellung des Grundmodells einer strukturell-individualistisch orientierten Soziologie wird das Kapitel beschließen (Kap. 4.5).

Exkurs: Charakteristika des methodologischen Individualismus

Die hier vertretene empirische Soziologie auf strukturell-individualistischer Grundlage ist dem methodologischen Individualismus verpflichtet, einer Auffassung, die häufig mißverstanden und mißdeutet wird. Deswegen seien zunächst die Charakteristika dieser wissenschaftlichen Orientierung näher umrissen. Als methodologischer[1] Individualismus wird in den Sozialwissenschaften (unter Einschluß der Wirtschaftswissenschaften) jene wissenschaftstheoretische Position bezeichnet, die bei ihrem wissenschaftlichen Vorgehen dem Prinzip folgt, soziale Ereignisse als das Ergebnis der Einstellungen, Entscheidungen und Handlungen von Individuen zu verstehen, weil sie von Menschen bewirkt werden (vgl. Büschges 1985c). Folglich sind auch soziale Phänomene wie Institutionen, Normen, soziale Strukturen usw. nebst deren Funktionieren unter Verwendung theoretischer Aussagen über individuelles Handeln zu erklären. Dabei ist zugleich zu berücksichtigen, wie sich der soziale Kontext auf die Bedingungen individuellen Verhaltens auswirkt (vgl. Albert 1977: 183).

Das Ziel individualistischer Ansätze ist es, soziale Ereignisse, Strukturen und Prozesse derart zu erklären, "daß (a) Hypothesen und Theorien über individuelles Verhalten und Handeln und seine kognitiven, motivationalen u.a. Grundlagen explizit verwendet und (b) die sozialen Bedingungen individueller Handlungen und kollektiver Folgen dieser Handlungen berücksichtigt werden" (Raub & Voss 1981: 9). Deswegen zieht dieses methodologische Prinzip keineswegs, wie häufig fälschlich vermutet wird, Modelle atomisierter und isolierter Individuen und damit zugleich den Verlust zentraler soziologischer Explananda nach sich. Charakteristisch für diese Position ist nämlich die Verknüpfung des "theoretischen Primats individualistischer Hypothesen" mit dem "analytischen Primat des sozialen Kontextes" (Raub & Voss 1981: 32, im Anschluß an Lindenberg 1976: 6). Diese Position ist aber weder an bestimmte Verhaltenstheorien gebunden, noch zwangsläufig mit individualistisch-reduktionistischen Konzeptionen gekoppelt. Da das Individuum lediglich methodisch die Basis für die Theoriekonstruktion bildet, tangiert diese Position weder die moralische noch die soziale Dimension des Menschen.

Die für den methodologischen Individualismus kennzeichnende Verbindung von Annahmen über Individuen als Handelnde und für diese geltende Regelmäßigkeiten des Handelns mit Annahmen über soziale Situationen, in denen sich die handelnden Individuen befinden, als verhaltens- und ergebnissteuernde Faktoren zum Zwecke der Erklärung individuellen Handelns wie seiner kollektiven Folgen, findet sich als Idee bereits bei den schottischen Moralphilosophen und bei den Klassikern der Nationalökonomie (vgl. Kap. 1.2). An dieser Idee orientierten sie sich nicht nur bei der Lösung ökonomischer Probleme, sondern auch bei solchen

[1] Methodologie kann mit Kern (1994: 436) kurz auch als "Theorie der Methoden", i.w.S. als Wissenschaftstheorie, i.e.S. als "die Analyse der wissenschaftlichen Methoden, besonders im Hinblick auf die wissenschaftlichen und theoretischen Ziele ihrer Anwendung" verstanden werden. Vgl. hierzu auch Opp (1976: 16).

sozialer, sozialpsychologischer oder moralischer Natur. Dieser Idee waren WEBER als Repräsentant der soziologischen Tradition, VON MISES (1933) und SCHUMPETER (1970) als solche der ökonomischen ebenso verpflichtet wie VON HAYEK (1952) und POPPER (1962), von denen die angelsächsiche Diskussion um den methodologischen Individualismus ihren Ausgang nahm. In der modernen Soziologie finden wir Vertreter des methodologischen Individualismus nicht nur in den eher der Mikrosoziologie zuzurechnenden theoretischen Orientierungen, wie der verhaltenstheoretischen Soziologie (z.B. Homans 1961) oder den Tauschtheorien (z.B. Homans 1951, Thibaut und Kelley 1959). Wir finden sie auch bei solchen, die das Hauptgewicht auf makrosoziologische Problemstellungen legen, so im Rahmen der Anwendung von Theorien zielgerichteten ("rationalen") Handelns (z.B. Boudon, Coleman) sowie bei der Verwendung sozialpsychologisch fundierter Gleichgewichtstheorien. Daß die Vertreter des auch von uns vertretenen strukturell-individualistischen (z.B. Lindenberg, Wippler) oder institutionell-individualistischen Ansatzes (z.B. Bourricaud 1977) diesem methodologischen Prinzip verpflichtet sind, zeigt bereits die Benennung.

4.1 Konstanz der menschlichen Natur

Für die hier vertretene theoretische Konzeption ist die Annahme einer konstanten menschlichen Natur charakteristisch (vgl. Raub 1984: 22ff). Offen bleiben kann allerdings, von welchen Verhaltensregelmäßigkeiten bei der Konstruktion theoretischer Modelle auszugehen ist. Auch folgt aus der Annahme einer konstanten menschlichen Natur keineswegs, wie manchmal angenommen oder unterstellt wird, daß z.B. alle Menschen im Hinblick auf bestimmte individuelle Merkmale oder Verhaltenseigentümlichkeiten gleich sind oder daß sie sich in ihren Reaktionen und Aktionen in ähnlichen Situationen gleichen. Die Annahme erfordert lediglich die Gleichheit mit Bezug auf bestimmte Verhaltensregelmäßigkeiten, d.h. die Geltung der gleichen handlungstheoretischen Annahmen für alle (typisierten) Individuen (vgl. Kap. 2.5 und 2.6).

Wenn man man z.B. mit IRLE (1978: 222ff) unterstellt, daß Eigenschaften von Personen oder Persönlichkeitsmerkmale zurückgeführt werden können auf die für den Lebenslauf charakteristischen Interaktionen von Erbeigenschaften und Umweltbedingungen nebst deren Wechselwirkung, so folgt aus der Annahme einer konstanten menschlichen Natur geradezu eine erhebliche Variation dieser Eigenschaften. Persönlichkeitsdispositionen variieren dann ebenso wie das Handeln und Verhalten von Personen mehr oder minder beträchtlich, und zwar in Abhängigkeit von Wahrnehmung, Definition und Bewertung der jeweiligen Situationen auf der einen, der je besonderen Lebens- und Lerngeschichte auf der anderen Seite (vgl. Kap. 2.6 und 2.7). Diese Variationen können Indikatoren sein für ungleich verteilte biographische und aktuelle soziale Lagerungen und Handlungsmöglichkeiten und damit sozialer Ungleichheit. Deswegen ist im Rahmen dieses Ansatzes Raum, sozialisations- oder lagebedingten, gruppen-, schicht- oder klassenspezifischen Unterschieden (vgl. Kap. 2.3) sowie sozio-kulturellen (vgl. Kap. 2.6) und sozio-ökonomischen Differenzierungen in den Verhaltensdispositionen von Individuen Rechnung zu tragen. Ob und inwieweit solche Unterschiede berücksichtigt werden und wie sie in den theoretischen Modellen ihren Niederschlag finden, hängt dabei insbesondere davon ab, von welchen Konstanzannahmen der Forscher jeweils ausgeht.

Für die soziologische Analyse sowie für die soziologische Anleitung sozialer Praxis bedeutsame Erklärungen oder Erklärungsskizzen dürften u.E. am ehesten solche Modelle (vgl. Kap. 6.3) liefern, die Theorien rationalen Handelns verwenden. Sie gehen vom Menschen als einem intentional handelnden Wesen aus, das versucht, mit Hilfe ihm geeignet erscheinender Mittel auf der Grundlage seiner jeweiligen Möglichkeiten sowie der gegebenen Umstände seine Ziele zu erreichen. Hinzu tritt die weitere Annahme, daß die handelnden Menschen einerseits die Folgen ihrer Handlungen nicht sicher voraussehen können, also unter Risiko oder Unsicherheit handeln, und zum anderen die Suche nach Handlungsalternativen abbrechen, sobald ihnen die Suche nach weiteren Informationen aus zeitlichen oder anderen Gründen zu aufwendig wird (vgl. Kap. 6.2).

Es handelt sich hierbei, wie COLEMAN (1991: 16ff) kürzlich aufgezeigt hat, um eine Theorie vernünftigen, zweckmäßigen oder zielbewußten Handelns (purposive action), wie sie bereits von WEBER verwandt wurde und wie sie in vielen sozialen Theorien implizit oder explizit zu finden ist. Sie ist auch für die "commonsense psychology" charakteristisch, mit der wir gewöhnlich unser Verhalten und das anderer zu deuten pflegen. Wir verwenden dieses Modell des Handelns in aller Regel, wenn wir davon sprechen, daß wir das Handeln anderer Personen verstehen.[2] Nach BOUDON (1988: 278f) besteht "das Postulat, nach dem das Verhalten des Handelnden erklärt wird, ... in der Bestimmung seiner guten Gründe; es deckt als besondere Varianten die Zweckrationalität und die Wertrationalität Webers ab, aber auch andere Fälle". Ergänzend fügt er hinzu: "Das Wissen, über das ich im Hinblick auf eine bestimmte Frage verfüge, kann also meine Interpretation eines Phänomens in eine bestimmte Richtung lenken. Man könnte hier von dispositionsabhängiger Rationalität sprechen. Ebenso kann meine Position meine Wahrnehmung und meine Erkenntnis eines bestimmten Phänomens steuern,

---

[2] "Das Vorhandensein einer gemeinsamen menschlichen Natur ist der Grund dafür, daß der Deutsche des 20. Jahrhunderts den Selbstmord eines Eskimos verstehen kann. Der Mönch des 16. Jahrhunderts und der amerikanische Handlungsreisende des 19. Jahrhunderts gehören unterschiedlichen sozialen Kontexten an. Doch wenn es im Prinzip in beiden Fällen möglich sein soll, ihr Handeln zu verstehen, dann muß es gewisse Invarianten aufweisen. Eine etwaige kulturelle oder historische Distanz zwischen Beobachter und Akteur vermag das Handeln des Akteurs für den Beobachter niemals unverständlich zu machen. Wenn er das Gefühl hat, den Akteur nicht zu 'verstehen', wenn er den Eindruck hat, daß das Verhalten des Akteurs 'irrational' ist, liegt das fast immer daran, daß er unzureichend informiert ist, oder daß er seine eigenen Lebensverhältnisse in unangemessener Weise auf den Akteur überträgt" (Boudon & Bourricaud 1992: 196). Zu bedenken bleibt: "Die Möglichkeit des Beobachters, Handlungen oder Ergebnisse von Handlungen zu verstehen, entbindet ihn nicht von der Aufgabe, seine Deutung einer rationalen Kritik zu unterwerfen, deren Mittel und Wege einen Unterschied zwischen Sozial- und Naturwissenschaften nicht erkennen lassen" (Boudon & Bourricaud 1992: 198).

so daß man auch von positionsabhängiger Rationalität sprechen kann" (Boudon 1988: 278). Mit dieser Annahme wird, dies sei abschließend betont, zunächst von affektiven, emotionalen und impulsiven Handlungsmotiven ebenso abgesehen wie von bestimmten Formen traditionalen Handelns, nämlich all jenen, bei denen die Wahl traditionaler Handlungsmuster eben nicht den "guten Gründen" zuzurechnen ist. Wir kommen hierauf anläßlich der Erörterung von "Soziologie als Wissenschaft sozialen Handelns" (vgl. Kap. 5) zurück.

4.2 Interdependenz sozialer Akteure

Nach der zweiten heuristischen Regel ist im Rahmen der hier vertretenen theoretischen Konzeption von der Annahme der Interdependenz sozialer Akteure auszugehen. Wie bedeutsam diese Annahme für die Soziologie ist, mag folgendes Zitat von TENBRUCK verdeutlichen:

> "Den Gedanken der Gesellschaft bezieht der Soziologe aus der Tatsache, daß Menschen, welche in durchgängigen Wirkungszusammenhängen stehen, voneinander wechselseitig abhängig sind. Entsprechend sind auch die sozialen Beziehungen zwischen Menschen, die in solchem Wirkungszusammenhang zusammengeschlossen sind, nicht beliebig, sondern voneinander abhängig. Man kann jede einzelne soziale Beziehung nur verstehen, wenn man sie in ihrer Verbindung mit den übrigen betrachtet. Sobald man das tut, bemerkt man eben, daß die Einzelnen in jeder bestimmten Beziehung eingeschränkt und bedingt sind durch die übrigen Beziehungen, welche sie haben. In der Betrachtung der Gesamtheit der voneinander abhängigen sozialen Beziehungen fällt sodann auf, daß es für einen Kreis von Menschen, die zu einem Wirkzusammenhang zusammengeschlossen sind, vorgeordnete und übergreifende soziale Beziehungen gibt. Die Beziehungen sind nicht nur voneinander abhängig, sondern sie sind relativ wichtige und beherrschende oder nicht. So gibt es also für jede Gesellschaft übergreifende soziale Beziehungen. Und diese Muster unterscheiden sich von einer Gesellschaft zur anderen. ... In diesem so allgemeinen Sinne versteht die Soziologie die Gesellschaft als ein soziales System", allerdings nicht als ein "geschlossenes System" (Tenbruck 1986: 197f).

Der strukturell-individualistische Ansatz berücksichtigt diesen Sachverhalt, indem er dem Umstand Rechnung trägt, daß für die Erklärung sozialer Phänomene die Interaktionsbeziehungen der handelnden Personen, die sie direkt oder indirekt miteinander verknüpfen, von besonderem Gewicht sind. Hierbei bestimmen Ordnung und Struktur, die sachliche, räumliche und zeitliche Erstreckung dieser Beziehungen die Handlungsspielräume mit, d.h. sie setzen Handlungszwänge oder eröffnen Handlungsmöglichkeiten und beeinflussen auf diesem Wege die individuellen wie die kollektiven Effekte. Dies gilt in besonderem Maße für die Einbindung in Gruppen und in Institutionen sowie für die institutionellen Regeln, die auf die Gestaltung der Interaktionsbeziehungen einwirken.

Im Lichte dieses Ansatzes lassen sich soziale Situationen für Zwecke soziologischer Analyse im Hinblick auf die den handelnden Personen zukommenden oder möglich erscheinenden Spielräume, Widersprüche und erwartbaren Handlungseffekte danach ordnen, in welchem Ausmaß die Interaktionsbeziehungen

- institutionellen Regelungen unterliegen,
- eine Vorhersage der individuellen wie kollektiven Handlungsfolgen, insbesondere angesichts wechselseitiger Interdependenzen, hinreichend sicher zulassen,
- unbeabsichtigte Folgen für die handelnden oder andere Personen oder Personengruppen erwarten lassen.

Eine Typisierung dieser Art bietet BOUDON (1980) mit seiner Unterscheidung von Interaktionssystemen in

- **funktionale Systeme** einerseits, für die charakteristisch ist, daß "die Akteure in einigen Fällen miteinander durch Rollen verknüpft (sind, d.A.), die (zumindest teilweise) von außen her definiert und von ihnen als Gegebenheiten betrachtet werden" oder auch "intern festgelegt werden" können (Boudon 1980: 57). Für diese Art von Interaktionssystemen, denen Vergemeinschaftungen und Vergesellschaftungen verschiedener Art zugerechnet werden können, z.B. Familien, Sippen, Spielgruppen ebenso wie Vereine, Verbände und andere Organisationen, "ist der Begriff der Rolle für die Analyse unverzichtbar, ... (weil, d.A.) die Individuen, welche die Elemente der Analyse bilden, in einem arbeitsteiligen System oder - wenn man diesen Ausdruck bevorzugt - in einem funktionalen System Positionen innehaben" (Boudon 1980: 58; vgl. Kap. 8).
- **Interdependenzsysteme** andererseits, die sich von den funktionalen Systemen dadurch unterscheiden, daß "die individuellen Handlungen ohne Bezugnahme auf die Kategorie der Rolle analysiert werden können", und die "häufig dadurch gekennzeichnet (sind, d.A.), daß die von den Agenten des Systems ausgehenden Handlungen kollektive Phänomene erzeugen, die als solche von den Agenten nicht gewollt sind" (Boudon 1980: 81f; vgl. Kap. 7).

Die Unterscheidung von "Organisationen" und "Märkten" als zwei Typen verschiedener Formen von Beziehungsnetzen oder Beziehungsgeflechten oder sozialen Systemen, die ALBERT (1967) vornimmt, entspricht z.B. der BOUDONschen Differenzierung. Für Organisationen ist aufgrund ihrer spezifischen Zweckbestimmung, einer daran orientierten, in Positionen und Rollen niedergelegten arbeitsteiligen Gliederung und dem Vorhandensein einer Leitungsinstanz das Modell eines funktionalen Systems angemessen (vgl. Büschges 1983: 16ff). Für Märkte gilt dies hingegen nicht, denn hier fehlt eine "zentrale Autorität". Sie wird ersetzt durch "soziale Mechanismen, die das Verhalten ihrer Teilnehmer in gewisser Hinsicht und bis zu einem gewissen Grade kontrollieren" (Albert 1967: 393).

Halten wir fest: Es empfiehlt sich, verschiedene Arten von Interaktionssystemen zu unterscheiden: "In einigen Fällen vollzieht sich die Interaktion im Kontext von Rollen (funktionale Systeme). In anderen Fällen ist der Rollenbegriff der Analyse wenig dienlich (Interdependenzsystem)" (Boudon 1980: 90). Dabei kann "die Interdependenz ... verschiedene Formen annehmen: die der direkten Interdependenz ... (und, d.A.) die der indirekten Interdependenz" (Boudon 1980: 90). Diese Unterscheidung trägt der Tatsache Rechnung, daß wir es nicht bei jedem Interaktionssystem mit einem Rollensystem zu tun haben und daß es eine Vielzahl von

Beziehungssystemen zwischen Individuen gibt, "die nicht mit Rollensystemen gleichgesetzt werden können" (Boudon 1980: 74).

Abschließend sei noch darauf hingewiesen, daß entgegen einer weit verbreiteten Vorstellung keine generelle und direkte Beziehung besteht zwischen dem Ausmaß und der Strenge der institutionellen Regelung von Interaktionsbeziehungen, der Vorhersehbarkeit der Handlungsfolgen und der Kontrolle abschätzbarer unbeabsichtigter Effekte. Für institutionell wenig geregelte und stark spontanen Charakter tragende Interaktionsbeziehungen ist eine genügend große Zahl von Fällen bekannt, in denen eine solch relativ geringe institutionelle Regelung verbunden ist mit einem hohen Maß an Vorhersehbarkeit der Handlungseffekte, eine Folge stark kanalisierend wirkender Rahmenbedingungen. Ein Beispiel hierfür ist der "perfekte Markt", der den Individuen nur die Chance läßt, zu den gegebenen Bedingungen zu kaufen bzw. zu verkaufen oder am Marktgeschehen nicht teilzunehmen (vgl. Vanberg 1982).

Auf der anderen Seite gilt für institutionell in hohem Maße geregelte und mit hinreichend wirksamen Sanktionen ausgestattete, individuelle Handlungsdispositionen stark determinierende und die individuellen Handlungsspielräume beschränkende Interaktionsbeziehungen keineswegs in jedem Falle, daß damit ein hohes Maß an Vorhersehbarkeit der Handlungsergebnisse und an Kontrolle unbeabsichtigter Effekte gegeben ist. Ein gutes Beispiel hierfür sind "Organisationen" und die für sie manchmal charakteristischen "bürokratischen Effekte", von CROZIER (1964) als "bürokratisches Dilemma" bezeichnet. Diese sind insbesondere darauf zurückzuführen, daß die in und für Organisationen handelnden Personen zwar gebunden sind an den institutionellen Rahmen und damit an das Regelsystem, das die jeweilige Organisation sowie die diese umgebende Gesellschaft nebst deren Ordnungen vorgeben. Dieses Regelsystem beschränkt jedoch lediglich die Handlungsmöglichkeiten und vermag die Handlungsspielräume der handelnden Personen nicht total einzuschränken. So handeln auch die in Organisationen zusammengeschlossenen Individuen nicht nur aufgrund der in den Positionen und Rollen manifesten organisatorischen Regeln und gemäß den vorgegebenen Zielen, sondern zugleich auch orientiert an ihren eigenen Intentionen und geleitet von ihrer eigenen begrenzten Rationalität. Die Folge ist, daß selbst bei umfassenden institutionellen Regeln das Resultat der kombinierten Einzelhandlungen nicht quasi automatisch und in jedem Fall den Intentionen der handelnd miteinander verbundenen Individuen entspricht und auch nicht immer und mit Sicherheit den Intentionen der Leitungsinstanzen, welche die Organisationsstruktur wesentlich bestimmt haben (vgl. Kap. 8).

4.3 Unbeabsichtigte Folgen absichtsgeleiteten menschlichen Handelns

Gemäß der dritten, eingangs genannten heuristischen Regel sind Soziologen gut beraten, wenn sie den unbeabsichtigten Folgen absichtsgeleiteten menschlichen Handelns - auch unintendierte Konsequenzen intentionalen Handelns oder "Widersprüche sozialen Handelns" (vgl. Boudon 1979) genannt - in ihren theoretischen

Modellen Rechnung tragen. Denn menschliches Handeln, individueller wie korporativer Natur, kann Konsequenzen haben, die als solche nicht oder nur bedingt Teil der von den Handelnden verfolgten Pläne und Absichten sind. Diese können für den oder die Handelnden sowie für eine mehr oder minder große Anzahl mit ihnen direkt oder indirekt verbundener Menschen eher positiv oder eher negativ sein. Sie können gar die Handlungsziele in ihr Gegenteil verkehren (vgl. Kap. 7.3).

Entdeckt und in seiner sozialwissenschaftlichen wie praktischen Bedeutung erkannt wurde dieses Phänomen bereits von den schottischen Moralphilosophen (vgl. Büschges 1990 sowie Kap. 1.2). Sie hielten die Erklärung der Ursachen sowie der Auswirkungen unbeabsichtigter Folgen absichtsgeleiteten Handelns für ein soziologisch relevantes theoretisches Problem (Wippler 1981). Allerdings wurde diese Problematik im Rahmen der Entwicklung der Soziologie zunächst nicht weiterverfolgt und erst von Robert K. MERTON (*1910) wieder als "theoretische Aufgabe ... aufgegriffen" (Wippler 1981: 247). Für POPPER (1962: 246) steht "die Soziologie immer wieder vor der Aufgabe ..., ungewollte und oft unerwünschte soziale Folgen menschlichen Handelns zu erklären". Als Beispiel verweist er auf das Phänomen der Konkurrenz, "ein soziales Phänomen, das den Konkurrenten gewöhnlich unerwünscht ist, das aber als eine (gewöhnlich unvermeidliche) nichtgewollte Folge von (bewußten und planmäßigen) Handlungen der Konkurrenten erklärt werden kann und muß" (Popper 1962: 246).[3]

Für Beschreibung, Analyse und Erklärung sozialen Handelns ebenso wie von Prozessen des Wandels sozialer Ordnungen, kultureller Muster und moralischer Regelungen, sind diese indirekten, zumeist unbeabsichtigten und oftmals unerwünschten Folgen einschließlich Nebenfolgen und Rückwirkungen absichtsgeleiteter individueller Handlungen von besonderer Bedeutung. Sie lassen sich in aller Regel selbst bei vollkommener Information der handelnden Individuen nicht vermeiden oder wenigstens hinreichend genau kontrollieren: Zwar können sie auf Unkenntnis, Irrtum, Interessenfixierung, Dogmatismus, mangelhafter oder falscher Definition der Handlungssituation, unzureichender oder vernachlässigter Handlungskontrolle beruhen, doch sind dies nicht die einzigen und häufig auch nicht die für Soziologen interessantesten Typen von Ursachen. Dies liegt darin begründet, daß die hier in Rede stehenden unbeabsichtigten Effekte aus dem Aufeinandertreffen der Handlungsketten mehrerer Individuen herrühren, die miteinander in sozialen Beziehungen stehen und in einen Handlungszusammenhang eingebunden sind. Als individuelle Akteure müssen sie nicht alle die gleichen Intentionen mit ihrem Handeln verbinden. Sie können außerdem, selbst bei gleichen Handlungsintentionen, verschiedene Mittel einsetzen, um ihre Handlungsziele zu erreichen. Auch beeinflussen sich die Handelnden wegen des bestehenden sozialen Zusammenhangs jeweils wechselseitig. Die unbeabsichtigten Folgen absichtsgeleiteter Handlungen sind somit ein wichtiger sozialer Tatbestand: Sie sind Produkt der

---

[3] Dieser Aufforderung trug die deutsche Soziologie erst auf dem 20. Soziologentag in Bremen 1980 Rechnung, auf dem sie den "beabsichtigten und unbeabsichtigten Folgen sozialen Handelns" einen eigenen Themenbereich widmete (vgl. Matthes 1981c, Themenbereich 2).

Verknüpfung mehrerer individueller Verhaltenstendenzen und Handlungssequenzen. Sie bewirken u.a., daß sich soziales Handeln und damit auch sozialer Wandel nicht allein durch Bezugnahme auf die Beweggründe des oder der Handelnden erklären lassen: ein für die Soziologie als Wissenschaft erheblicher Sachverhalt. Denn für eine Erklärung sozialen Handelns wie seiner Folgen sind das soziale Umfeld des oder der Handelnden, die soziale Ordnung, in der sie leben, die sozialen Institutionen und ihre Funktionen sowie deren Interpretation durch die jeweils Handelnden unbedingt mit heranzuziehen. Von diesen Faktoren hängen die Handlungseffekte mindestens ebenso ab wie von den Absichten der einzelnen Handelnden.

Diese Handlungsfolgen sind für Soziologen nicht zuletzt deswegen besonders bedeutsam, weil die für alles menschliche Handeln und für die gesamte menschliche Existenz wichtigen sozialen Institutionen (vgl. Kap. 4.4), kulturellen Schöpfungen (vgl. Kap. 2.6) und technischen Artefakte (vgl. Kap. 2.5) oft das unbeabsichtigte Beiprodukt absichtsgeleiteter individueller Handlungen sind (Popper 1962: 246ff, 1992b [1945]: 110). Solche Produkte menschlichen Handelns, aber nicht menschlichen Plans (Ferguson 1923 [1767]: 170f), nähren stets aufs neue in Wissenschaft und Alltag die fatale Vorstellung, soziale Gebilde, soziale Systeme, kurz "Gesellschaften", und ebenso soziale Institutionen - wie Familie, Wirtschafts-, Rechts-, Staats- und Sozialordnung - seien überindividuelle Wesenheiten und besäßen eine von den sie konstituierenden oder handelnd umsetzenden Individuen unabhängige Existenz. Sie seien ausgestattet mit eigenem Willen und eigenen Zielen. Es handele sich nicht um menschliche Konstruktionen, um Produkte menschlicher Interaktion in Raum und Zeit und somit um Sachverhalte, die durch menschliches Handeln wiederum veränderbar sind (vgl. Kap. 1.4 und 4.4).

Solche Vorstellungen verstellen den Blick dafür, daß wir es auch hier mit Produkten menschlichen Handelns und menschlicher Interaktionen zu tun haben, die durch menschliches Handeln ihrerseits auch wieder veränderbar sind. Die damit angerissene Problematik hat im Verlauf der Geschichte der Soziologie mehr oder minder heftige Kontroversen zwischen den Vertretern gegensätzlicher Standpunkte ausgelöst: zwischen "Individualisten" und "Kollektivisten", zwischen "Holisten" und "Anti-Holisten" (vgl. Huth 1907, Vanberg 1975).[4]

---

[4] Bei den "Kollektivisten" ist zu unterscheiden zwischen "ethischen Kollektivisten" einerseits, die wertend davon ausgehen, daß das allgemeine Wohl dem individuellen Wohl übergordnet ist und daß "Gemeinnutz" vor "Eigennutz" geht, und "methodologischen Kollektivisten" oder "Holisten" andererseits, die "Gesellschaften", "soziale Systeme" oder mit anderen Begriffen bezeichnete "soziale Gebilde" oder "soziale Kollektive" als eine vorgegebene Wirklichkeit auffassen, die vorgängig zu den und unabhängig von den Individuen existiert, die sie konstituieren. Sie ziehen daraus die Schlußfolgerung, daß es prinzipiell möglich ist, bei theoretischen Entwürfen und der Konzeption von Forschungsprogrammen von eigenständigen, ohne Rückgriff auf Individuen als vermittelnden Instanzen formulierten Annahmen über soziale Phänomene und das Funktionieren sozialer Gebilde auszugehen. Bei den "Individualisten" ist ebenfalls zu unterscheiden zwischen "ethischen Individualisten" einerseits, die das Individuum, seine Interessen und seine Bedürfnisse generell höher bewerten als solche der "Gemeinschaft" oder "Gesellschaft" und für die "Eigennutz" vor "Gemeinnutz" geht, und "methodologischen Individualisten" oder "Anti-Holisten" andererseits, über die der vorhergehende Exkurs bereits informierte.

Die unbeabsichtigten Folgen absichtsgeleiteter Handlungen können zu der Vorstellung verführen, die gebräuchliche Redeweise von "der Gesellschaft" als verantwortlicher Instanz für soziale Probleme und deren Brisanz entspränge nicht einer verkürzten Argumentation, sondern beziehe sich auf einen realen Tatbestand. Deswegen sei man durchaus berechtigt, für manche paradoxen Effekte und nichtintendierte negative Handlungsergebnisse den Anonymus "Gesellschaft" und nicht handelnde Personen verantwortlich zu machen. Eine solche Redeweise kann ferner die Wahrnehmung individueller Handlungsspielräume und Handlungschancen und damit zusammenhängender Möglichkeiten zur Veränderung sozialer Bedingungen des Handelns verhindern. Dies gilt insbesondere dann, wenn sie mit einer Sichtweise verbunden ist, die Gesellschaft als Sozialisationsagentur und Steuerungsinstanz individuellen wie kollektiven Handelns ansieht, sich am Modell des außengeleiteten, sozial determinierten, durch gesellschaftlich organisierte Sozialisationsprozesse mit den erforderlichen Verhaltensmustern ausgestatteten, Rollen spielenden und mannigfachen sozialen Kontrollen unterworfenen "homo sociologicus" orientiert und die institutionellen Bedingungen sozialen Handelns nicht als Anreizstrukturen für die handelnden sozialen Akteure begreift, sondern als funktionale Erfordernisse sozialer Ordnungen (vgl. Kap. 7 und 8).

Die unbeabsichtigten Folgen absichtsgeleiteten Handelns sind auch Ausdruck der strategischen Interdependenz der handelnd miteinander verbundenen und aufeinander einwirkenden Menschen (vgl. Kap. 2.2 und 6.2). Bei der Modellierung sozialen Handelns und sozialer Beziehungen nebst deren Wirkungen genügt es deswegen z.B. nicht, von nutzentheoretischen Konzepten und Modellen auszugehen (vgl. Kap. 6.2.2) und als Gegenspieler des jeweils betrachteten Akteurs lediglich eine nicht näher über Akteure spezifizierte Umwelt einzuführen (vgl. Kap. 7.1). Vielmehr ist es unerläßlich, die nutzentheoretisch fundierten Modelle durch spieltheoretische, der strategischen Interdependenz Rechnung tragende Konzepte und Modelle zu ergänzen (vgl. Kap. 6.2.3).

4.4 Soziale Institutionen als Handlungsrahmen

Nach der vierten heuristischen Regel ist es unerläßlich, Institutionen als für den sozialen Kontext und die sozialen Situationen relevante Randbedingungen in die Erklärung sozialer Phänomene mit einzubeziehen. Diese von RAUB & VOSS in Anlehnung an die "Idee des institutionalistischen Individualismus" AGASSIs (1975) vorgeschlagene Regel geht von der Annahme aus, "daß der soziale Kontext einerseits die Menge der für die Akteure verfügbaren Verhaltensalternativen festlegt ... und andererseits die individuellen und kollektiven Konsequenzen der jeweils gewählten Verhaltensalternative (ko-)determiniert" (Raub & Voss 1981: 31). Diese Regel beruht auf der vom institutionalistischen Individualismus empfohlenen theoretischen Strategie, "nach der bei der Erklärung von sozialen Tatbeständen und Prozessen, also z.B. auch bei der Erklärung von Institutionen, die Existenz bestimmter (anderer) Institutionen angenommen und nicht selbst erklärt werden müsse" (Raub & Voss 1981: 31). Institutionen werden in diesem Zusammenhang als eine Art Anreiz- oder Steuerungsmechanismus angesehen, der auf die individuellen Handlungen der Akteure belohnend oder bestrafend einwirkt.

"Der in der institutionellen Ökonomie aber auch in der Soziologie und anderen Sozialwissenschaften verwandte Institutionenbegriff ist vieldeutig", wie VOSS (1985: 2) mit Bezug auf VANBERG (1983) betont. Manche verstehen darunter Organisationen, zur Verwirklichung spezifischer Zwecke geschaffene, arbeitsteilig gegliederte, mit einer Leitungsinstanz ausgestattete, institutionell eingebettete und hierarchisch verfaßte Interaktionssysteme vom Typus "korporativer Akteur" oder "funktionales System" (vgl. Kap. 8.3). Auch soziale Einheiten wie Familien (vgl. Kap. 8.2) "oder Bildungseinrichtungen wie Schulen" werden als Institutionen bezeichnet, "wobei gelegentlich weniger diese Einrichtungen selbst, als vielmehr die auf sie Anwendung findenden Komplexe normativer Regelungen unter den Begriff fallen sollen" (Voss 1985: 2).[5]

Von Ökonomen werden "insbesondere Geld und Rechte, etwa Eigentumsrechte, als Institutionen bezeichnet", wobei man sowohl "die organisierten Gebilde, die solche Rechte oder die Verwendung des Tauschmediums Geld garantieren, als Institutionen bezeichnet (Staat, Rechtsinstitutionen usw.)", als auch "die Verhaltensregelmäßigkeiten in grundlegenden wiederkehrenden Situationen sozialer Interdependenz (z.B. die Anerkennung von Eigentumsrechten)", gleichgültig, ob solche "Regelmäßigkeiten auf Aktivitäten organisierter Gebilde, der Anerkennung internalisierter Normen oder der freien Verfolgung privater Interessen beruhen" (Voss 1985: 2). Dieser Institutionenbegriff ähnelt, worauf VOSS aufmerksam macht, WEBERs Vorstellung von tatsächlichen Regelmäßigkeiten sozialen Handelns (vgl. Kap. 5.2), die "in einem typisch gleichartig gemeinten Sinn" sich wiederholen oder verbreitet sind.[6] Angesichts dieser Situation entscheidet sich VOSS dafür, "unter einer Institution allgemein stabile Abläufe des Verhaltens

---

[5] Diese Mehrdeutigkeit läßt die von Lipp referierte Definition Schelskys (1980) deutlich werden. Dieser versteht unter Institutionen "'Funktionssynthesen', d.h. polyfunktionale, vielschichtig-elastische, nicht monofunktionale, soziale Gebilde", die "Leistungsschwerpunkte" aufweisen und die "a) die generative Reproduktion (Familie, Verwandtschaft), b) die Vermittlung spezifischer Fähigkeiten, Fertigkeiten und Kentnisse (Erziehung, Bildung), c) die Nahrungsvorsorge und Versorgung mit Gütern (Wirtschaft), d) die Aufrechterhaltung der geltenden gesellschaftlichen Ordnung nach innen und außen (Herrschaft, Politik), e) die Orientierung des Handelns im Rahmen von Wertbeziehungen (Kultur, Kultursymbolik)" (Lipp 1989: 306) regeln.

[6] Nach Voss sind "Beispiele für Institutionen im Sinne Webers ... 'Brauch', 'Sitte' und 'interessenbedingtes' soziales Handeln. Diese Typen von regelmäßigen Abläufen sozialen Handelns unterscheiden sich durch die jeweils gegebene 'Chance ihres empirischen Bestandes' (Weber 1976: 15): 'Brauch' (oder 'Konvention') beruht auf tatsächlicher 'Überlegung', die Akteure passen sich einem Brauch 'äußerlich' an, weil sie sonst mit Nachteilen rechnen müßten (Mißbilligung durch unorganisierte andere Akteure, jedoch keine Sanktion durch einen Rechtsstab). 'Sitte' hingegen beruht auf lange 'eingelebter', spontaner und freiwilliger Anpassung an eine Regel. Preisbildung auf dem Wettbewerbsmarkt beruht demgegenüber darauf, daß die beteiligten Akteure aufgrund der Verfolgung ihrer privaten Interessen ihr Verhalten wechselseitig konsistent machen, so daß eine Ordnung entsteht, die aussieht 'als ob' sie auf der Orientierung an einer als geltend vorgestellten Regel beruhen würde (vgl. ibid.). Institutionen in diesem Sinne sind eng verwandt mit 'sozialen Normen'" (Voss 1985: 3).

einer angebbaren Menge von Akteuren in angebbaren sich wiederholenden Situationen" zu verstehen (Voss 1985: 3).

Die hier umrissene Problematik ist, wenn man KÖNIG (1967c) folgt, insbesondere darauf zurückzuführen, daß der Begriff der "Institution" sehr eng zusammenhängt mit den Begriffen "soziale Struktur" (vgl. Kap. 2.2) und "Organisation" (vgl. Kap. 8.3). "Während man unter *Organisationen* zweckgerichtete soziale Systeme und unter *Struktur* eines sozialen Systems den mehr oder weniger verharrenden Rahmen versteht, in dem soziale Prozesse ablaufen, bezieht sich der Begriff der Institution einzig auf die für die Aktivitäten sozialer Systeme bezeichnenden und feststehenden Formen oder Bedingungen des Verfahrens in verschiedenen Zusammenhängen (...). Die Institution ist also mit anderen Worten die Art und Weise, wie bestimmte Dinge getan werden müssen" (König 1967c: 142f).[7] Ihre Normen sind "enger als die von Brauch und Sitte, aber weiter als die des Rechts" (König 1967c: 142).[8] Die häufig zu beobachtende Verwechslung von "Institutionen" und "großen Assoziationen" (z.B. den Gewerkschaften) veranlaßt KÖNIG zu dem Hinweis, daß es nicht auf die Größe ankommt, sondern "nur auf den Grad an formeller Normierung" (1967c: 146),[9] denn: "Einer Assoziation gehört man an als

---

[7] König erläutert dies mit Bezug auf Familie und Ehe: "Die *Familie* ist in dieser Hinsicht eine Organisation oder Assoziation, in deren Rahmen sich Zeugung und Aufbau der sozial-kulturellen Persönlichkeit vollzieht; die *Ehe* ist dagegen eine Institution, welche darüber entscheidet, unter welchen Voraussetzungen sich die Familie in der Zeit aufbaut, da sich ja Eheschließung nicht allein auf die beiden Partner und ihr persönliches Verhältnis bezieht, sondern gleichzeitig unter dem Titel 'Wirkungen der Ehe' mit allen Verpflichtungen befaßt, die aus der Eheschließung resultieren. Dies drückt sich unter anderem darin aus, daß eine Reihe von *Rollen* umschrieben wird, z.B. die von Vater, Mutter, Kind, Ernährer, Vormund usw., die alle Definitionen darüber enthalten, wie in den einzelnen Fällen zu verfahren ist. Wenn die soziale Organisation aus organisierten Assoziationen besteht, so entwickelt sich Institution als eine Reihe von organisierten Verfahrensweisen" (König 1967c: 143).

[8] In Anlehnung an Parsons und dessen Strukturfunktionalismus geht König (1967c) zusammenfassend sogar soweit, daß er formuliert: "Von einer Institution im eigentlichen Sinne spricht man immer dann, wenn es um Komplexe von institutionalisierten Rollenintegraten oder Statusbeziehungen geht, die in einem gegebenen sozialen System von 'strategischer' Bedeutung sind (Talcott *Parsons*). Unter dem Verbum '*institutionalisieren*' versteht man die formellere Ausgestaltung der Normen, was gleichzeitig den Organisationsgrad erhöht" (König 1967c: 145). In diesem Sinne werden in der Regel "institutionalisiert": Geschlechtsbeziehungen, Vormundschaft und Erbe, Eigentum und Verfügungsberechtigung. Aber auch alle bedeutenden "Assoziationen" entwickeln in der Regel ihre eigenen Institutionen. Als Beispiele nennt König Staatsverfassungen und kirchliche Sakramente und betont: "Entscheidend bleibt immer, daß sie für die betreffende Gesellschaft von vitaler Bedeutung sein müssen. Zumeist haben sie auch strukturelle Bewandtnis, indem von ihnen im wesentlichen die Fortdauer einer Gesellschaft oder Assoziation abhängt" (König 1967c: 145).

[9] Jedoch hält König es im Hinblick auf das Merkmal "formelle Normierung" für zulässig, "von allen Einrichtungen, die bestimmte Dienste leisten (Krankenhäuser, Parlamente, Schulen usw.), als Institutionen zu sprechen, wobei als bezeichnend hervortritt, daß zu einem Komplex ausdrücklicher Normen auch ein äußerer und materieller 'Apparat' von Gebäuden, Instrumenten, Maschinen, Techniken, Verfahrensweisen und ähnlichem gehört. Sie alle sind Bestandteile der sog. materiellen Kultur. Unabhängig davon sind die Ziele, Bedürfnisse oder Interessen, denen sie dienen, wie Geschlechtsleben, Abstammung, intime Lebensgestaltung, Glaube, Macht, wirtschaftlicher Gewinn und so fort. Sie sind

(Fortsetzung...)

Mitglied; einer Institution kann man nicht angehören, man ist ihr vielmehr unterworfen" (König 1967c: 146).

Für die in der vierten heuristischen Regel enthaltene Empfehlung, von Institutionen als Handlungsrahmen und Handlungsbedingung bei der Beschreibung und Erklärung sozialen Handelns und seiner Folgen mit auszugehen, ohne zugleich nach ihrer Genese und Entwicklung zu fragen, spricht auch die Auffassung DURKHEIMs, Soziologie sei "die Wissenschaft von den sozialen Institutionen", wobei "ihm der Begriff der Institution im wesentlichen zur Sicherung der Objektivität des sozialen Geschehens gegenüber den individuellen Motivationen" dient, was auch in seinen Versuchen aufscheint, "das Soziale als dem Individuum überlegen zu erweisen" (König 1967c: 146; vgl. auch Kap. 5.4).[10]

Der hier vertretenen Auffassung korrespondiert die Vorstellung von RAUB & VOSS, "daß in einem gegebenen Erklärungszusammenhang bestimmte institutionelle Regelungen, etwa kollektive Entscheidungsregeln (Wahlregeln), nicht weiter auf die interne Struktur ihres Funktionierens oder gar ihre langfristige Entstehung hin analysiert werden müssen, sondern nur die Ergebnisse ihres Funktionierens bekannt sein müssen (z.B. daß es sich um eine Mehrheitswahlregel handelt), um dann zu untersuchen, welche Konsequenzen sich aus der Verteilung von Interessen, Wahlrechten sowie z.B. bestimmter Tauschprozesse und der Regelung etwa für die Macht einzelner Akteure oder Koalitionen von Akteuren ergeben, den Ausgang der fraglichen kollektiven Entscheidung zu beeinflussen. In einem weiteren Schritt könnte dann etwa dieser Ausgang selbst, d.h. unter Umständen eine Vorbedingung für die Schaffung neuer Normen und institutioneller Änderungen, erklärt werden" (Raub & Voss 1981: 31f).

Folgender Hinweis scheint uns noch angebracht: Soziale Normen dienen dazu, "die Willkür in der Beziehung von Menschen zueinander" zu begrenzen (Popitz 1961: 188) und "ein gewisses Maß an wechselseitiger Erwartbarkeit des Verhaltens" zu gewährleisten (Kaufmann 1987: 40). Dies geschieht in der Weise, daß sie "Handlungen und Situationen typisieren" und Normstrukturen entstehen lassen,

---

[9](...Fortsetzung)
die wesentlichen Bestandteile der eigentlichen Kultur, in deren Rahmen die sozial-kulturelle Persönlichkeit aufwächst" (König 1967c: 146). Damit ist die Verbindung hergestellt zu Ogburns Unterscheidung von "biologischem" und "sozio-kulturellem" Erbe, die wir in den Kapiteln 2.5, 2.6 und 2.7 behandelten.

[10] Dies drückt sich, nach König, "insbesondere in dem *Widerstand* aus..., den das Individuum empfindet, wenn es von bestimmten Regelungen abzuweichen sucht, und in den *Sanktionen* oder Zwangsmaßnahmen, die einer Abweichung vom institutionalisierten Verhalten auf dem Fuße folgen. Das heißt auch, daß wir Institutionen nicht 'machen' können, sondern ihnen 'folgen' müssen. Dies wird ferner verantwortlich für die zu beobachtenden Regelmäßigkeiten im sozialen Geschehen. Sie sind die unmittelbarste Folge der Existenz von Institutionen" (König 1967c: 146). Dieser Sachverhalt sollte aber nicht dazu verleiten, in Institutionen überindividuelle Wesenheiten zu sehen, und damit der Gefahr zu erliegen, die mit den Begriffen "Gesellschaft", "soziales Gebilde" oder "soziales System" dann verbunden ist, wenn man den mit ihnen bezeichneten Phänomenen einen eigenen ontologischen Status verleiht. Auch empfiehlt es sich, folgende Warnung Colemans stets zu bedenken: "Würde man von der strikten Befolgung von Normen ausgehen, ließe man sich einen Determinismus aufzwingen, mit dem die Theorie auf die Beschreibung von Automaten reduziert würde, statt Personen vorauszusetzen, die freiwillige Handlungen vollziehen" (Coleman 1991: 39).

"welche die Mitglieder einer sozialen Einheit durch ein bestimmtes Beziehungsnetz (von Rechten und Pflichten) miteinander verbinden" (Popitz 1961: 193). In diesem Sinne lassen sich "unter 'sozialen Normen' solche Verhaltensregelmäßigkeiten ... verstehen, die auf reziproken, 'desiderativen' Verhaltenserwartungen der Akteure in bestimmten Situationen sozialer Interdependenz beruhen und durch Sanktionen abgestützt werden" (Voss 1985: 3 mit Bezug auf Popitz 1980: 10f). Charakteristisch für soziale Normen ist somit zum einen Regelhaftigkeit, Generalisierung, relativ abstrakte Geltung, zum anderen der an die Normadressaten gerichtete Sollensanspruch (vgl. Tyrell 1978: 63). Folglich ist für normiertes Verhalten in der Regel kennzeichnend, daß normkonformes Verhalten belohnt wird und damit Verstärkung erfährt, während normabweichendes Verhalten von anderen oder von eigens dazu institutionalisierten Instanzen sozialer Kontrolle bestraft, d.h. mit negativen Sanktionen belegt wird. Verhaltensbestimmend sind für sozial normiertes Verhalten "nicht triebhafte Regelungen oder spontane Impulse, auch nicht situative Interessenlagen etc., verhaltensbestimmend ist das Bewußtsein der begründeten Verpflichtung" (Tyrell 1978: 75). Dieses begründet "nicht die Regeln selbst, sondern ihre Zweckmäßigkeit. Zweckmäßig, ordnungsstiftend erscheinen Regeln dann, wenn das regelkonforme Verhalten in den meisten Fällen zum Erfolg führt, also der Verfolgung von Absichten der beteiligten Akteure zuträglich ist. Das setzt voraus, daß die für bestimmte Situationen geltenden Verhaltensmuster untereinander abgestimmt sind, daß sie einen den Beteiligten erkennbar sinnhaften, deren Absichten übergreifenden Zusammenhang konstituieren, sodaß nicht nur einzelne Handlungen, sondern ganze Handlungsabläufe in ihren Grundzügen erwartbar werden" (Kaufmann 1987: 41). Voraussetzung ist allerdings, "daß sich die beteiligten Akteure im großen und ganzen an die ... geltenden sozialen Normen halten" (Kaufmann 1987: 42). Ist dies der Fall, so sind soziale Normen "losgelöst vom Einzelergebnis der bestehenden Regelungen ... insofern sicherheitsrelevant, als sie die Erwartung der ihnen Unterworfenen zu strukturieren und deren möglichen Handlungsbereich zu definieren vermögen. Sie verbürgen also gleichzeitig Verhaltenssicherheit und die Bestimmtheit der wechselseitigen Erwartungen und sind damit ein konstitutiver Faktor sozialer Integration. Indem sie den Bereich des Akzeptablen eingrenzen, wirken sie zwar in gewissem Sinne freiheitsbeschränkend, aber gleichzeitig größere Sicherheit der Erwartungen verheißend. Die höhere Wahrscheinlichkeit der Voraussicht und damit die Chance rationaler Interessenverfolgung wird mit einem Verlust an nicht diskriminierten Handlungsmöglichkeiten bezahlt" (Kaufmann 1987: 43).[11]

4.5 Grundmodell einer strukturell-individualistisch orientierten empirischen Soziologie

Soziales Handeln nebst seinen Folgen läßt sich nicht allein durch Bezugnahme auf die Beweggründe, die Motivationen der Handelnden erklären, sondern nur, wenn die Interaktionsbeziehungen, das soziale Umfeld, die soziale Ordnung, in der die Handelnden leben, die sozialen Institutionen und deren Funktionen sowie deren Interpretation durch die Handelnden mit herangezogen werden. Von diesen Faktoren hängen die Handlungseffekte, wie wiederholt betont, mindestens ebenso ab wie von den Absichten der Handelnden. Dieser Sichtweise und diesem Sachverhalt trägt u.E. ein Modell Rechnung, das auf folgenden Vorstellungen beruht:

- Menschen handeln *intentional* und versuchen, mit ihnen geeignet erscheinenden und für sie verfügbaren Mitteln auf der Grundlage ihrer jeweiligen Möglichkeiten und unter Berücksichtigung der gegebenen Umstände ihre persönlichen

[11] Zum Bedürfnis nach und der Realisierung von wirksamen Normen zum Zwecke der Verhaltenssteuerung, vgl. auch Coleman (1991: 310-388).

Ziele zu erreichen. ELSTER faßt dieses Axiom wie folgt zusammen: "*Menschen entscheiden sich für diejenigen Handlungen, deren Folgen sie gegenüber den Folgen jeder anderen realisierbaren Handlung bevorzugen*" (1987: 22). Dabei befinden sie sich in der Regel in einer solchen Situation, daß sie die Folgen ihrer Handlungen nicht sicher voraussehen können. Auch neigen sie dazu, die Suche nach Handlungsalternativen abzubrechen, sobald ihnen die Suche nach weiteren Informationen und zusätzlichen Mitteln zu aufwendig wird. Infolgedessen läßt sich "Handeln als das Resultat zweier aufeinander folgender Filterprozesse betrachten. Der erste bewirkt, daß die Menge der abstrakt möglichen Handlungen auf die realisierbare Menge beschränkt wird, d.h. diejenige Menge von Handlungen, die gleichzeitig mit einer Reihe von physischen, technischen, ökonomischen und rechtlich-politischen Rahmenbedingungen vereinbar sind. Der zweite bewirkt, daß eine Möglichkeit aus der realisierbaren Menge als auszuführende Handlung ausgewählt wird" (Elster 1987: 106f).[12]

- Für die Handlungsmöglichkeiten wie für die Handlungsfolgen sind die *Interaktionsbeziehungen* der Menschen, welche sie direkt oder indirekt miteinander verknüpfen, sowie deren rechtliche Ordnung und institutionelle Einbindung nebst deren sachlicher, räumlicher und zeitlicher Erstreckung sowie deren sozialer Deutung von besonderem Gewicht. Ordnung und Struktur dieser Interaktionsbeziehungen bestimmen Handlungsspielräume, setzen Handlungszwänge, bieten Handlungsmöglichkeiten und bedingen mit die individuellen wie die kollektiven Resultate und Wirkungen des Verhaltens und Handelns der wechselseitig miteinander verbundenen Personen, ihrer Aggregate oder Assoziationen. Besondere Bedeutung kommt in diesem Zusammenhang - neben den Gruppen sowie den Vergemeinschaftungen oder Vergesellschaftungen im WEBERschen Sinne - den institutionellen Regeln zu. Neben Brauchtum, Sitten und anderen Verhaltenskodizes beeinflussen diese institutionellen Regeln in Form von Verträgen, Rechtsregeln oder auf andere Weise individuelles Verhalten und Handeln wie seine Folgen.
- Charaktereigenschaften und *Persönlichkeitsmerkmale* einschließlich beruflicher Fertigkeiten und Qualifikationen sowie religiöser Orientierungen und moralischer Leitbilder sind Produkt der für den individuellen Lebenslauf, die Biographie, charakteristischen Interaktion von Erbeigenschaften und Umweltbedingungen, wobei letztere nicht nur passiv erlitten, sondern in Abhängigkeit von der jeweiligen sozialen Lagerung auch aktiv gestaltet und beeinflußt werden können. Charaktereigenschaften und Persönlichkeitsmerkmale können deswegen eine erhebliche Variation aufweisen, zumal in Gesellschaften mit jenem Maß an horizontaler und vertikaler Differenzierung wie es für unsere Gegenwartsgesellschaft kennzeichnend ist.

[12] Diese allgemeinste Form einer intentionalen Verhaltenstheorie kann in unterschiedlichster Art konkretisiert werden. In Kap. 6.2 werden die Nutzen- und Spieltheorie als Beispiel für eine derartige Konkretisierung näher erörtert.

- Aus den bisher entwickelten Vorstellungen folgt, daß jede Handlung und jedes Handlungsresultat, wie eingangs betont, aufzufassen sind als ein komplexes Produkt aus *kultur*ellen Rahmenbedingungen, *institution*ellen Regeln, *situations*bezogenen Gegebenheiten und *persönlichkeits*spezifischen Faktoren. Insbesondere bestehen beträchtliche Abhängigkeiten von den vorliegenden Interaktionsbeziehungen und ihren Mustern, vom jeweiligen Wissens- und Informationsstand, vom erreichten technischen Niveau, von den handlungsleitenden Weltbildern und sozialmoralischen Leitideen, von den jeweils verfügbaren oder ins Spiel gebrachten Mitteln, von den gewonnenen Erfahrungen, von den vorausgehenden Handlungen und deren Wirkungen sowie von den Intentionen der verschiedenen Handlungsbeteiligten und den von diesen - unter wechselseitiger Abstimmung oder ohne eine solche - angestrebten Folgezuständen.
- Zu berücksichtigen bleibt schließlich noch, daß Handlungen beabsichtigte wie *unbeabsichtigte Folgen* zeitigen können, die auf die Interaktionsbeziehungen und die diese strukturierenden institutionellen Regeln und damit die soziale Ordnung einwirken, diese konservieren oder mehr oder minder dynamisch verändern und so zu neuen Handlungsbedingungen führen.

Dieses Grundmodell verknüpft demnach mehr oder minder stabile Rahmenbedingungen menschlichen Handelns (Strukturaspekt) mit den Wünschen und Zielen der handelnden Individuen (individualistischer Aspekt), wobei letztere oft ebenfalls als gegeben betrachtet werden. Es läßt aber auch Raum dafür, daß Wünsche, Vorlieben und Abneigungen der Individuen bezüglich ihrer Ziele (sog. Präferenzen, vgl. Kap. 6.2) selbst einer gewissen Rationalitätsbedingung unterliegen (vgl. Elster 1987: 23). Dies kann z.B. dadurch geschehen, daß durch Selbstbindung die realisierbare Menge von Handlungsalternativen im Hinblick auf höherrangige Ziele oder Wünsche, der eigenen Spontaneität mißtrauend, beschränkt wird, wie in der Fabel von Odysseus und den Sirenen.[13] Aber auch dadurch, daß Wünsche und Präferenzen mangels entsprechender Realisierungschancen geändert werden, wie in der Fabel vom Fuchs und den sauren Trauben.[14]

Auf die Frage, wie menschliche Präferenzen entstehen und wie sie sich verändern, gibt es bislang ebensowenig eine eindeutige Antwort wie auf die Frage, welche Bedeutung in diesem Zusammenhang religiöse oder anders fundierte Weltbilder sowie Wertsysteme oder sozialmoralische Leitideen und deren Wandlungen haben. Mit der hier vorgestellten Verhaltenstheorie ist am ehesten eine lerntheoretische Konzeption vereinbar, die Wünsche und Präferenzen als aus der

---

[13] Odysseus, der Held der griechischen Mythologie, ließ sich von seinen Gefährten am Schiffsmast festbinden, um sich nicht durch den süßen Gesang der Sirenen, griechischen Fabelwesen, auf deren Insel locken zu lassen, wo er wie andere Seeleute getötet würde, und bat die Gefährten, sich selbst mißtrauend, ihn noch fester an den Mast zu binden, wenn er wegen des Gesangs der Sirenen losgebunden sein wollte.

[14] Der Fuchs, dem es nach Trauben gelüstet, die er vor sich sieht, der jedoch erkennen muß, daß er diese Trauben, weil zu hoch hängend, nicht erreichen kann, hält aufgrund dieses Unvermögens die Trauben für sauer und verzichtet deswegen auf ihren Genuß.

Interaktion von Erbeigenschaften und Umweltbedingungen im Lebenslauf resultierend begreift (vgl. Kap. 2.7 und 4.1). Eine solche kann durchaus so konzipiert werden, daß Persönlichkeitseigenschaften von einem bestimmten lebensgeschichtlichen Zeitpunkt ab zeitstabil und situationsresistent als "Charakter" handlungsrelevant werden. Somit bleibt die Möglichkeit erhalten, im Rahmen des strukturell-individualistischen Ansatzes verhaltensrelevante, zeitstabile und situationsübergreifende Lebensstile zu berücksichtigen.

Auch die Frage, wie jene Persönlichkeitsstrukturen entstehen, erworben werden oder sich verändern, die das Denken und Handeln von Personen im Hinblick auf Wert- und Moralprobleme bestimmen, wie sie wirken und wie sie beeinflußt werden können, wird zur Zeit noch kontrovers diskutiert (vgl. Ulich 1980, Wiswede 1987, Trommsdorff 1989, Gabriel 1991). Reifungstheoretische Ansätze, die Wertorientierungen als im Individuum angelegt und sich entwickelnd ansehen, stehen neben lerntheoretischen Ansätzen, die orientiert an der Perspektive des sozialen Lernens die Internalisierung von Werten Prozessen des Imitations- und des Modell-Lernens zuschreiben, und den am weitesten verbreiteten, auf PIAGET und KOHLBERG zurückgehenden konstruktivistisch-strukturalistischen Ansätzen, die ein Stufenmodell der moralischen Entwicklung postulieren und in diesem Zusammenhang dem Zuwachs an moralischem Wissen sowie dem Wissen um das Erleben und Verhalten anderer Menschen in seiner Verhaltensrelevanz besondere Bedeutung beimessen (Bertram 1980).

Die Prinzipien des hier vorgestellten Grundmodells lassen sich sehr gut verdeutlichen, wenn man als Beispiel die Rekonstruktion des allgemeinen Erklärungsmodells des rational choice-Ansatzes heranzieht, wie sie von ESSER (1991b: 39ff) vorgenommen wurde. Ausgangspunkt ist ein soziales Problem auf der Makro-Ebene. Dabei kann es sich um beliebige soziale Phänomene handeln, z.B. Ereignisse wie die "DDR-Revolution" (vgl. Kap. 9.3), Einzelfälle wie die Ghettobildung in Großstädten (vgl. Kap. 7.4), auffällige statistische Verteilungen wie die Erwerbstätigkeit verheirateter Frauen (vgl. Kap. 8.2), allgemeine soziale Regelmäßigkeiten wie die Definition und den Deutungsfreiraum von Organisationsrollen (vgl. Kap. 8.3), soziale Erscheinungen wie soziale Ungleichheit oder soziale Konflikte (vgl. Kap. 2.3 und 2.4) oder Widersprüche sozialen Handelns (vgl. Kap. 7.3 und 8.4).

Die Erklärung eines sozialen Problems läßt sich mit ESSER (1991b: 45) im Rahmen eines rational choice-Ansatzes aufspalten in drei gesondert zu erklärende Probleme, nämlich:

- "Wie stellt sich die 'Situation' für die Akteure dar?" Für die Antwort hierauf ist es notwendig, geeignete Brückentheorien und Brückenhypothesen zu benennen und zu spezifizieren.
- "Wie gehen die Akteure in der Situation mit diesen Vorgaben um?" Die entsprechende Antwort erfordert die Explikation einer allgemeinen Handlungstheorie.

- "Welche - oft nicht beabsichtigten - Folgen produzieren die Akteure mit ihrem situationsorientierten Handeln?" Die Antwort hierauf verlangt eine Erklärung dafür, wie individuelle Handlungen zu kollektiven Effekten (Verteilungen, Strukturen, Institutionen) führen.

Diese drei Erklärungsprobleme lassen sich mit ESSER (1991b: 46) charakterisieren als (vgl. auch Abb. 1.1):

- Die Frage nach der "**Logik der Situation**"[15] in der sich Akteure befinden, d.h. die Charakterisierung des sozialen Kontextes bzw. des Interaktionssystems der interessierenden Akteure unter besonderer Berücksichtigung der strukturellen Bedingungen der Makroebene (Mikro-Makro-Verbindung) (vgl. Kap. 7, 8 und 9);
- die Frage nach der "**Logik der Selektion**"[16] einer bestimmten Handlung durch die Individuen auf der Mikroebene, verstanden als im Rahmen einer Handlungstheorie gesetzesartig formulierbare Reaktionen auf situative Vorgaben bzw. Randbedingungen (vgl. Kap. 6.2);
- die Frage nach der "**Logik der Aggregation**",[17] d.h. die Aggregierung der individuellen Handlungsfolgen von der Mikroebene zu den analytisch primär interessierenden und zu erklärenden strukturellen oder kollektiven Handlungsfolgen auf der Makroebene der Gesellschaft (Mikro-Makro-Verbindung) (vgl. Kap. 6.3, 7, 8 und 9).[18]

---

[15] Diese Bezeichnung geht zurück auf Popper, der die Situationsanalyse (Logik der Situation, Situationslogik, logic of the situation) als Methode der Ökonomie bezeichnet (1992b [1945]: 114f), die jedoch in allen Gesellschaftswissenschaften Anwendung finden könne (Popper 1962: 246). Unter Verwendung des Rationalitätsprinzips (Popper 1973: 199) bestehe das Anliegen dieses, auch als "*objektiv*-verstehende Methode" (Popper 1962: 246) bezeichneten, Vorgehens darin, " ... daß sie die *Situation* des handelnden Menschen hinreichend analysiert, um die Handlung aus der Situation heraus ohne weitere psychologische Hilfe zu erklären" (Popper 1962: 246). Vgl. auch die Thesen 25 - 27 in Popper (1962: 246f).

[16] Interessant ist hierbei noch die analytische Zerlegung der Handlungswahl ("Logik der Selektion") in die Kognition der Situation, die Evaluation der Handlungskonsequenzen sowie die eigentliche Selektion einer bestimmten Handlung (vgl. Lindenberg 1977: 176, 180f).

[17] "This micro-to-macro problem is sometimes called by European sociologists the problem of transformation. In economics, it is (misleadingly) termed the problem of aggregation; in political science, a major instance of it is the problem of social choice. It is the process through which individual preferences become collective choices; the process through which dissatisfaction becomes revolution; through which simultaneous fear in members of a crowd turns into a mass panic; through which preferences, holdings of private goods, and the possibility of exchange create market prices and a redistribution of goods; through which individuals' task performance in an organization creates a social product; through which the reduction of usefulness of children to parents leads families to disintegrate; through which interest cleavages lead (or fail to lead) to overt social conflict" (Coleman 1986: 1321). Allerdings vergißt Coleman nicht, darauf hinzuweisen, daß diese Mikro-Makro-Verbindung "... has proved the main intellectual hurdle both for empirical research and for theory that treats macro-level relations via methodological individualism" (1986: 1322f).

[18] Bei dieser Vorgehensweise handelt es sich methodologisch um eine Kombination von

(Fortsetzung...)

Wegen der Entkoppelung von Aspekten der Logik der Situation, der Logik der Selektion und der Logik der Aggregation ist ein solches Modell besonders geeignet zur Analyse von "Emergenzen", "paradoxen Effekten", Widersprüchen sozialen Handelns (vgl. Kap. 7.3) oder Phänomenen der "Selbstorganisation" und entspricht im Prinzip den Schemata von COLEMAN (vgl. Abb. 1.1) und BOUDON (vgl. Kap. 7 und 9).

[18](...Fortsetzung)

- "Tiefenerklärungen", nämlich der Aufdeckung der "inneren" Mechanismen auf der durch typisierte Individuen gekennzeichneten Mikroebene, die zu den strukturellen und prozessualen Differenzen auf der Makroebene führen,
- "verstehender" Analyse, nämlich der Rekonstruktion der Logik der Situation aus der subjektiven Sicht der Akteure und
- "historisch-genetischen" Erklärungen, nämlich der Verknüpfung von Anfangs- und Endpunkt des Prozesses nicht über ein einziges "Makro"- Gesetz, sondern unter Zerlegung des Zusammenhangs in eine Kette von Einzelsequenzen unter schrittweiser Einführung von Informationsannahmen über die besonderen historisch-institutionellen Randbedingungen (vgl. Esser 1991b: 48).

5 Soziologie als Wissenschaft "sozialen Handelns"

Beschreibung, Analyse und Erklärung sozialer Phänomene, nicht von Verhaltensweisen einzelner Personen, stehen im Zentrum soziologischen Interesses. Auch wenn Soziologie bei sozialem Handeln ansetzt, wie in der für uns maßgebenden theoretischen Ausrichtung, und wenn Verhaltensweisen von Personen Objekt soziologischer Studien sind, geht es nicht darum, diese zu erklären, sondern auf diesem Wege zur Erklärung sozialer Phänomene auf der Makroebene, insbesondere von Struktur, Funktion und Wandel sozialer Systeme zu gelangen. Soziale Phänomene sind zwar kollektiver Art, sie resultieren jedoch aus dem Handeln von Individuen und lassen sich, nach unserer Überzeugung, auch im Rahmen der Sozialwissenschaften nur mit Hilfe von Theorien erklären, denen Regelmäßigkeiten individueller Natur zugrunde liegen (vgl. Kap. 4 und 6).[1]

Das Handeln von Personen, seine soziale Bedingtheit und seine sozialen Konsequenzen bilden die Grundlage einer Soziologie, die vom handelnden Menschen ihren Ausgang nimmt. Repräsentanten dieses Verständnisses von Soziologie sind PARETO (Kap. 5.1), WEBER (Kap. 5.2) und PARSONS (Kap. 5.3), die vom Handlungskonzept als Grundlage soziologischer Erklärungsmodelle ausgingen. Hingegen setzte DURKHEIM (Kap. 5.4) eher bei der sozialen Determination und eingeschränkten Autonomie der Handelnden an, ohne jedoch die Handelnden völlig zu vernachlässigen.[2] Da die Ideen dieser Klassiker der Soziologie auch heute noch von mehr als nur literarischem Interesse sind, sollen ihre Vorstellungen von Soziologie als einer Wissenschaft sozialen Handelns in diesem Kapitel skizziert werden. Wenn dabei den für soziologische Analysen zentralen und wichtigen sozialen Beziehungen (vgl. Kap. 2.1) und Interdependenzen (vgl. Kap. 4.2) der handelnd verbundenen Akteure nur z.T. und eher beiläufig Rechnung getragen wird, so geschieht dies zum einen, um die Darstellung zu vereinfachen und so, vielleicht, das Verständnis zu erleichtern, zum anderen, weil darauf in den nachfolgenden Kapiteln dieses Buches sehr ausführlich und die verschiedenen Besonderheiten berücksichtigend eingegangen wird.

---

[1] Mit Bezug auf Weber betont Winckelmann (1976: 15): "Soziales Handeln und soziale Beziehungen *erwirken* somit ... Strukturen, Ordnungen, Mächte und Verläufe. Diese sind daher keineswegs intentionalitäts- und aktions*un*abhängig, werden vielmehr gerade und erst durch gesellschaftliche Praxis von konkreten, jeweils empirisch zu ermittelnden Menschen (Interessenten) hervorgebracht und aufrechterhalten".

[2] Nach Boudon können "die meisten Theorien und Ergebnisse von Durkheim problemlos in die Sprache der Handlungssoziologien rückübersetzt werden ..., also der Soziologien, bei denen soziale Akteure oder Agenten Atome und Interaktionssysteme logische Moleküle darstellen" (1980: 21).

5.1 "Logische" und "nicht-logische" Handlungen (Vilfredo PARETO)

Nach REX beruht das Konzept des rationalen Handelns im idealen Fall auf einer Reihe von Annahmen welche die Situation des Handelnden betreffen und die vielleicht in der Ökonomie, jedoch im Rahmen der Soziologie längst nicht immer erfüllt sind (vgl. Kap. 4.5 und 6.2). Es handelt sich hierbei um die Annahmen,

- "daß das Ziel, mit dessen Hilfe das Verhalten erklärt wird, selbst unproblematisch ist. Wir nehmen daher an, daß Menschen jedes von ihnen gewählte Ziel formulieren können, und daß wir in der Lage sind, diese Ziele klar zu verstehen";
- "daß es, bei gegebenem Ziel, bestimmte Verhaltensweisen gibt, die als notwendiges Mittel zur Erreichung des Ziels angesehen werden";
- "daß der hypothetische Handelnde die Art vollkommener Kenntnis der Situation besitzt, wie sie ein Wissenschaftler sich verschafft haben könnte";
- "daß der Handelnde bei gegebener Kenntnis der Mittel und Ziele der Situation diejenigen logischen Überlegungen anstellt, die ein Wissenschaftler im Rahmen angewandter Wissenschaft anstellen würde" (Rex 1970: 108f).

Dieses Konzept entspricht jenem Handlungstypus, den PARETO **logische Handlungen** nennt, nämlich solche, "die aus für ihren Zweck geeigneten Mitteln bestehen und die logisch die Mittel mit dem Zweck verbinden" (Pareto 1962 [1916]: 64f) und die für die Ökonomie charakteristisch sind. Allerdings ist dies nur dann der Fall, wenn "die Mittel-Zweck-Relation in der objektiven Wirklichkeit der Mittel-Zweck-Relation im Bewußtsein des Handelnden entspricht" (Aron 1979b: 97), weil von PARETO bei logischen Handlungen die Übereinstimmung von objektiven und subjektiven Zweck-Mittel-Relationen vorausgesetzt wird. Es geht hier um die Bestimmung des Verhaltens durch verstandesmäßige Überlegungen und um durch Verstandestätigkeit motivierte, nicht gefühlsbedingte Verhaltensweisen.[3] Als Beispiel für eine solche, typisch *ökonomische* Handlung beschreibt BOUDON jemanden, der Obst einkaufen will, sich nicht zwischen Äpfeln und Birnen entscheiden kann, jedoch dann Birnen kauft, weil diese genauso appetitlich wie Äpfel sind, aber billiger, sodaß er die "größtmögliche Befriedigung zu den geringsten Kosten" (1980: 14) erreicht.

Nicht-logische Handlungen sind demgegenüber *alle* Handlungen, denen die zuvor genannten Eigenschaften fehlen und die für die Soziologie charakteristisch

[3] Für ein Verständnis dieser Formulierung ist wichtig, daß Pareto "Residuen", d.h. "in der menschlichen Natur wurzelnde Gefühle oder die Ausdrucksformen dieser Gefühle", und "Derivationen", d.h. "intellektuelle Rechtfertigungssysteme, hinter denen die Individuen ihre Leidenschaft verbergen oder ihre Thesen und Verhaltensweisen mit einem 'Firnis' der Rationalität überziehen", unterscheidet (Aron 1979b: 96). Paretos "Analyse sozialer Systeme ist im wesentlichen eine Analyse der residualen Elemente, die übrig bleiben, wenn man sich die Analyse des Wirtschaftswissenschaftlers wegdenkt. Seine Betonung liegt auf den nicht-logischen Theorien, in deren Rahmen Handeln nicht-logischer Art erklärt werden kann" (Rex 1970: 111).

sind. Hierfür nennt BOUDON (1980: 14f) in Anlehnung an PARETO einige Beispiele: Zum einen die Fabel von BURIDANs Esel,[4] der dem Hungertode nahe sich in gleicher Entfernung von zwei Hafersäcken gleicher Größe, gleicher Gestalt, gleicher Farbe und gleichen Duftes befindet, für den es - mit Bezug auf die Eigenschaften der beiden Hafersäcke - keinen vernünftigen Grund gibt, einem der beiden Säcke als Futter den Vorzug zu geben, und der somit nur vermittels einer zufälligen oder auf Aberglauben beruhenden Wahl sich für einen der beiden Säcke entscheiden und so überleben kann. Zum anderen den Kettenraucher, dem jede Zigarette sogleich einen Genuß verschafft, den er auf andere Weise nicht erzielen kann (kurzfristige Rationalität), während sie zugleich als nicht-erwünschte Auswirkung geringfügig die Wahrscheinlichkeit erhöht, sich in Zukunft, also langfristig, eine der verschiedenen Raucherkrankheiten zuzuziehen (langfristige Rationalität), und der im Bemühen um die Beseitigung einer Autopanne seinen Zigarettenkonsum übermäßig steigerte, was Halsschmerzen bewirkte, ihm den Tabakgenuß endgültig verleidete und so zur Durchbrechung des circulus vitiosus führte. Kennzeichnend für diese verschiedenen, nicht-logische Handlungen hervorrufenden Situationen sind: Entscheidungsunsicherheit, Unterschiede in der Fristigkeit der Entscheidungsfolgen, gegensätzliche Wirkung von Entscheidungen und Interdependenzen.

In PARETOs Konzeption stehen dem Typus "logische Handlung" verschiedene Typen "nicht-logischer Handlungen" gegenüber. Dies ist darauf zurückzuführen, daß sich für PARETO jedes soziale Phänomen unter zwei Aspekten betrachten läßt: Zum einen, wie es wirklich ist, d.h. wie es sich einem sachverständigen Beobachter (objektiv) darstellt, zum anderen wie es sich im Geiste gewisser Menschen (subjektiv) darstellt. Während bei den "logischen Handlungen" ein objektiver Zweck gegeben und dieser mit dem subjektiven Zweck identisch ist, fehlt bei den "nicht-logischen Handlungen" entweder der objektive Zweck oder stimmen objektiver und subjektiver Zweck auf verschiedene Weise nicht überein.[5]

Für BOUDON kommt PARETO das Verdienst zu, mit dem Begriff der nichtlogischen Handlungen "das entscheidende Merkmal der *komplexen* Handlungstypen für die Analyse des sozialen Lebens hervorzuheben ..., d.h. solcher Handlungen, die dem Beobachter den Eindruck vermitteln, daß sich der Akteur entweder auf widersinnige Grundsätze stützt (der Esel von BURIDAN, der die rechte Seite der linken vorzieht) oder daß er Ziele verfolgt, die er nicht wünscht (der hinausgeschobene Selbstmord des Rauchers)" (Boudon 1980: 17f). Allerdings biete PARETO keine zufriedenstellende Definition der nicht-logischen Handlungen, was

[4] Ein auf Aristoteles zurückgehendes moralphilosophisches Gleichnis, das wahrscheinlich im Mittelalter dazu diente, die Theorie des französischen Logikers und Naturphilosophen Buridan (1295-1358) zurückzuweisen, wonach der Wille zu wählen habe, was ihm die Vernunft als das größere Gut vorstelle (vgl. Janich 1980: 362f).

[5] Zur Verdeutlichung dieser recht komplizierten Unterscheidungen entwickelte Aron (1979b: 98) eine Systematik, die einen Überblick über die verschiedenen Formen nicht-logischer Handlungen ermöglicht.

"darauf zurückzuführen (sei, d.A.), daß man zweifellos den Begriff der Rationalität nicht allgemein definieren kann, sondern lediglich innerhalb besonderer Handlungs- (oder Interaktions-)Zusammenhänge" (Boudon 1980: 18).[6] Nach PARETO müssen Soziologen in der Regel komplexere Analyseschemata für individuelle Handlungen anwenden als die klassischen Ökonomen, um der Handlungssituation entsprechen zu können. Im Falle von BURIDANs Esel würde die Anwendung der klassischen Entscheidungsorientierung der Ökonomie zum Hungertode führen. Die moderne Ökonomie hingegen berücksichtigt die Maximierung der Zufriedenheit unter Minimierung der Entscheidungskosten. Sie unterstellt, ebenso wie wir in Kap. 4.1, vernünftiges Handeln oder Handeln aus guten Gründen, was bei BURIDANs Esel dazu führt, daß er sich aufs Geratewohl auf einen der Säcke stürzt. Soziologen dienen häufig sog. "shadow-motivations" als Entscheidungshilfe, z.B. die Bevorzugung der rechten Hand, oder sie gehen von der Unterstellung des Handelnden unter eine Autorität (vgl. Kap. 2.1) aus, was z.B. bei BURIDANs Esel die des Bauern sein könnte, der die Säcke aufgehängt hat (Boudon 1980: 30).

5.2 Bestimmungsgründe "sozialen" Handelns (Max WEBER)

WEBER ging davon aus, "daß die theoretischen Konstruktionen der Soziologie auf dem Grundmodell der Motivation eines 'hypothetischen Handelnden' aufgebaut werden sollten" (Rex 1970: 107). In §1 der "Soziologischen Grundbegriffe" definierte er Soziologie als "eine Wissenschaft, welche soziales Handeln deutend verstehen und dadurch in seinem Ablauf und seinen Wirkungen ursächlich erklären will" (Weber 1976 [1922]: 1). Für soziales Handeln und seine verschiedenen Bestimmungsgründe, von denen hier die Rede ist, ist für WEBER zunächst bedeutsam, den Begriff des "Handelns" genauer zu bestimmen: "'Handeln' soll dabei ein menschliches Verhalten (einerlei ob äußeres oder innerliches Tun, Unterlassen oder Dulden) heißen, wenn und insofern als der oder die Handelnden mit ihm einen subjektiven *Sinn* verbinden" (Weber 1976 [1922]: 1). "Soziales" Handeln unterscheidet sich jedoch dadurch von anderen Weisen des Handelns, daß es "seinem von dem oder den Handelnden gemeinten Sinn nach auf das Verhalten *anderer* bezogen wird und daran in seinem Ablauf orientiert ist" (Weber 1976 [1922]: 1). Bei der typisierenden "Klassifikation der Bestimmungsgründe sozialen Handelns, die die Modalitäten der Orientierung sozialen Handelns in ihrem reinen Typus darlegt" (Winckelmann 1976: 18), geht WEBER in §2 seiner soziologischen

[6] In diesem Zusammenhang spielen die Situation, in der sich der Handelnde befindet, und ihre Definition durch den Handelnden eine wichtige Rolle. Dabei können Definitionen und Interpretationen der Situation im Hinblick auf intendierte Handlungsziele vom vorhandenen Wissenstand des Handelnden und seinen Ressourcen abhängig sein und in eine bestimmte Richtung gelenkt werden, was Boudon "dispostionsabhängige Rationalität" (1978: 278) nennt. Zum anderen kann aber auch die Position, die der Handelnde in der Situation einnimmt, seine Wahrnehmung, seine Definition und seine Interpretation der Situation sowie der Restriktionen und Opportunitäten beeinflussen, was Boudon mit "positionsabhängiger Rationalität" (1978: 278) bezeichnet.

Grundbegriffe wie PARETO vom "Konzept des rationalen Handelns", dem paretianischen Typus der "logischen Handlung" aus.[7] WEBER nennt ein solches Handeln

- **zweckrational** und versteht darunter soziales Handeln, das bestimmt ist "durch Erwartungen des Verhaltens von Gegenständen der Außenwelt und von anderen Menschen und unter Benutzung dieser Erwartungen als 'Bedingungen' oder als 'Mittel' für rational, als Erfolg, erstrebte und abgewogene eigene *Zwecke*" (Weber 1976 [1922]: 12).[8] Davon unterscheidet er
- **wertrationales** Handeln, bestimmt "durch bewußten Glauben an den - ethischen, ästetischen, religiösen oder wie immer sonst zu deutenden - unbedingten *Eigen*wert eines bestimmten Sichverhaltens rein als solches und unabhängig vom Erfolg" (Weber 1976 [1922]: 12),
- **affektuelles**, insbesondere emotionales Handeln, bestimmt "durch aktuelle Affekte und Gefühlslagen" (Weber 1976 [1922]: 12) und
- **traditionales** Handeln, bestimmt "durch eingelebte Gewohnheit" (Weber 1976 [1922]: 12).

Für WEBER handelt "zweckrational", "wer sein Handeln nach Zweck, Mitteln und Nebenfolgen orientiert und dabei sowohl die Mittel gegen die Zwecke, wie die Zwecke gegen die Nebenfolgen, wie endlich auch die verschiedenen möglichen Zwecke gegeneinander rational abwägt: also jedenfalls weder affektuell (und insbesondere nicht emotional), noch traditional handelt. Die Entscheidung zwischen konkurrierenden und kollidierenden Zwecken und Folgen kann dabei ihrerseits wertrational orientiert sein: dann ist das Handeln nur in seinen Mitteln zweckrational" (Weber 1976 [1922]: 13). Allerdings ist Handeln, insbesondere soziales Handeln, sehr selten "*nur* in der einen oder der anderen Art orientiert", was allzu leicht übersehen oder vergessen wird, und ist "absolute Zweckrationalität

[7] Daß "das Höchstmaß an 'Evidenz' ... die zweckrationale Deutung" besitzt, war dabei für Weber (1922d: 404) maßgebend. Deswegen ist Rex zuzustimmen, wenn er Webers Vorgehen so deutet, daß damit "die theoretischen Konstruktionen der Soziologie auf dem Grundmodell des Motivation eines 'hypothetischen Handelnden' aufgebaut werden sollten. Der 'hypothetische Handelnde' ist eine theoretische Konstruktion, und Aussagen über seine Motivationen haben empirische Implikationen, so daß es möglich ist, sie 'objektiv' zu verifizieren" (Rex 1970: 107). Diese Verfahrensweise trägt dem Umstande Rechnung, daß "Erklärungen des Verhaltens durch das Handeln" notwendigerweise "eine subjektive Formulierung der theoretischen Konzepte" erfordern. Eine solche hat jedoch keineswegs "die Preisgabe der hergebrachten Grundsätze wissenschaftlichen Beweises" zur Folge, denn "es gibt keinen Grund, warum dies weniger wissenschaftlich sein sollte als die Erklärung mit Hilfe irgendeines anderen theoretischen Konzeptes" (Rex 1970: 107f).

[8] Durch die Orientierung am Verhalten anderer unterscheidet sich Webers zweckrationales Handeln von Paretos logischem Handeln: "Soziales Handeln (einschließlich des Unterlassens oder Duldens) kann orientiert werden am vergangenen, gegenwärtigen oder für künftig erwarteten Verhalten anderer (Rache für frühere Angriffe, Abwehr gegenwärtigen Angriffs, Verteidigungsmaßregeln gegen künftige Angriffe). Die 'anderen' können Einzelne und Bekannte oder unbestimmt Viele und Unbekannte sein", wie Weber (1976 [1922]: 11) erläutert.

des Handelns ... nur ein im wesentlichen konstruktiver Grenzfall" (Weber 1976 [1922]: 13).[9] Denn wir haben es bei diesen "Arten der Orientierung" mit Abstraktionen zu tun (vgl. Kap. 6.3), "denen sich das reale Handeln mehr oder minder annähert oder aus denen es - noch häufiger - gemischt ist" (Weber 1976 [1922]: 13). Ob diese Art von Klassifikation für die Soziologie zweckmäßig ist, kann deswegen auch "nur der Erfolg ergeben" (Weber 1976 [1922]: 13).[10]

Welchem Handlungstypus der Obsteinkäufer, BURIDANs Esel oder der Kettenraucher in BOUDONs Beispielen zuzurechnen sind, läßt sich mit Hilfe der WEBERschen Kategorien folglich nicht so einfach entscheiden wie bei der Zuordnung zu den beiden paretianischen Handlungstypen. Notwendig ist hier sowohl eine sorgfältige, den relevanten empirischen Gegebenheiten nachspürende Analyse der Handlungssituation als auch die Konstruktion eines den Akteuren und ihren Verhaltensregelmäßigkeiten entsprechenden, soziale Beziehungen oder Interdependenzen berücksichtigenden, den "subjektiv gemeinten Sinn" hypothetisch einbeziehenden Handlungsmodells (vgl. Kap. 6).

5.3 "Muster" zur Typisierung von Handlungsorientierungen (Talcot PARSONS)

Der Ausgangspunkt für PARSONS war die anthropologische Einsicht, daß das Wesen des Menschen unbestimmt ist (vgl. Kap. 2.6), daß "die Natur des Menschen ... sich erst unter kulturellen Bedingungen und somit in der Gesellschaft (aktualisiert, d.A.), welche der reale Träger der Kultur und somit auch der menschlichen Natur ist" (Tenbruck 1986: 84), und daß somit eine kulturell vermittelte Orientierung des Handelnden in der Handlungssituation[11] erforderlich ist (vgl.

---

[9] Diese Formulierungen lassen deutlich werden, daß Webers Rationalitätsbegriff weiter gefaßt ist als Paretos Begriff der logischen Handlung und eher eine Berücksichtigung der Besonderheiten der Handlungssituation ermöglicht. Für den, der diese Bestimmung sorgfältig ließt, ist es "... völlig ausgeschlossen, Max Webers weitreichenden Begriff der 'Rationalität', wie es immer wieder geschieht, auf bloße Zweck-Mittel-Rationalität einzuschränken" (Winckelmann 1976: 20).

[10] Denn auch für Weber gilt: "Jede Deutung strebt zwar nach Evidenz ... Aber eine sinnhaft noch so evidente Deutung kann als solche und um dieses Evidenzcharakters willen noch nicht beanspruchen: auch die kausal *gültige* Deutung zu sein. Sie ist stets an sich nur eine besonders evidente kausale *Hypothese*. ... (Die, d.A.) Kontrolle der verständlichen Sinndeutung durch den Erfolg ..., ist also, wie bei jeder Hypothese, unentbehrlich" (Weber 1976 [1922]: 4). Damit bezieht Weber eine Position, die unserer, in Kapitel 6 näher umrissenen Vorstellung sehr nahe kommt. Für ihn ist "das Konzept des rationalen Handelns selbst nur eine Möglichkeit, und zwar eine Möglichkeit, die wichtige Annahmen über die Situation des Handelnden macht, welche aber nicht immer vorhanden sein müssen" (Rex 1970: 108). Dabei ist ferner zu beachten, daß für Weber "der empirisch-interpretativ zu bestimmende Sinn zielgerichteten Handelns ... eben *kein* psychischer, 'psychologisch' als Bewußtseinsinhalt zu ermittelnder, sondern ein *pragmatischer*, aus der faktischen Sozialsituation zu gewinnender Sinn" (Winckelmann 1976: 3) ist.

[11] In diesem Zusammenhang sei darauf hingewiesen, daß Parsons zwischen "personality, social (Fortsetzung...)

Kap. 2.6 und 2.7). Hierauf aufbauend, entwickelte er zunächst für die Analyse der Rollenbeziehungen zwischen Arzt und Patient sein berühmtes Schema der **pattern variables**, der Orientierungsalternativen,[12] das später verallgemeinert wurde und das im Laufe der Zeit komplexe Veränderungen erfuhr (Parsons 1975: 22). PARSONS geht dabei von der Definition der Handlungssituation durch den Handelnden aus, die sich auf jene Aspekte seiner Umgebung bezieht, die im Hinblick auf seine Interessen für den Handelnden bedeutsam sind.[13] Im Rahmen einer derartigen Handlungssituation besitzen die Akteure motivationale und kognitive Orientierungen sowie Wertorientierungen als Basis für ihre Handlungsentscheidung (vgl. Jung 1988: 257f).

Ein zentrales Anliegen PARSONS' war die Lösung des Problems sozialer Ordnung (vgl. Kap 2.2). Zu diesem Zweck mußte er nicht nur erklären, wie sich derart zielgerichtet handelnde Akteure in spezifischen Situationen verhalten, sondern auch, wie und warum deren Handlungen mit einer sozialen Ordnung korrespondieren.[14] Um dieses Problem im Rahmen einer allgemeinen Theorie für alle

---

[11](...Fortsetzung)
system, and culture" unterscheidet (vgl. Parsons 1951: 3ff, Parsons et al. 1962: 6ff), wobei er unter "personality", begriffen als "Persönlichkeitssystem", den Menschen als "sozialkulturelle Persönlichkeit" faßt (vgl. Kap. 2.7), unter "social system", begriffen als "Handlungssystem", die "sozialen Interaktionsbeziehungen" (vgl. Kap. 2.1 und 2.2) und unter "culture", begriffen als "kulturelles System", das "System kollektiver, symbolisch vermittelter Sinnkonstruktionen" (vgl. Kap. 2.6). Für die Verknüpfung von Persönlichkeits-, sozialem und kulturellem System verwendet Parsons das Konzept der "Interpenetration". Mit diesem Begriff bezeichnet er "den Verbindungsmechanismus zwischen Kultursystem, sozialem System, personalem System und Organismus, durch den Teile der jeweils zu verknüpfenden Systeme im Kontakt wie ein gemeinsames Subsystem fungieren" (Luhmann & Göbel 1994: 314).

[12] Parsons knüpfte dabei zum einen an William I. Thomas' (1863-1947) Vorstellung von der Bedeutung der Definition der Situation durch den Handelnden für die Wahl einer Handlungsalternative an (vgl. Fußnote 13) und griff zum anderen "auf die berühmte, von Tönnies (1972 [1887], d.A.) für die deutsche Soziologie entwickelte und auch von Weber (1976 [1922]: 21f, d.A.) angewandte Unterscheidung von *Gemeinschaft* und *Gesellschaft* als Typen sozialer Organisation zurück" (Parsons 1975: 21).

[13] Die Definition der Situation durch den Handelnden benutzten William I. Thomas und Florian Znaniecki (1882-1958) bereits in ihrem Werk über den polnischen Bauern in Europa und Amerika (1927 [1918-20]) als analytisches Werkzeug. Hier knüpft Parsons an. Welche Bedeutung dieser Definition für den Handelnden zukommt, geht aus folgenden Formulierungen hervor, die sich auf die Verwendung persönlicher Dokumente für soziologische Forschungen beziehen und die als letzten Satz das sog. "Thomas Theorem" enthalten: "There may be, and is, doubt as to the objectivity and veracity of the record, but even the highly subjective record has a value for behavior study. A document prepared by one compensating for a feeling of inferiority or elaborating a delusion of persecution is as far as possible from objective reality, but the subject's view of the situation, how he regards it, may be the most important element of interpretation. For his immediate behavior is closely related to his definition of the situation, which may be in terms of objective reality or in terms of a subjective appreciation - 'as if' it were so. Very often it is the wide discrepancy between the situation as it seems to others and the situation as it seems to the individual that brings about the overt behavior difficulty. ... If men define situations as real, they are it in their consequences" (Thomas & Thomas 1928: 571f).

[14] Streng genommen reicht sein Erklärungsanspruch sogar weiter: nämlich wie diese Handlungen soziale Ordnung entstehen lassen. Daß Parsons in diesem Punkt gescheitert sei, ist Inhalt der Kritik u.a. (Fortsetzung...)

möglichen Handlungen zu lösen, entwirft Parsons ein Klassifikationsschema von Handlungsmustern, auch Bewertungs- oder Orientierungsalternativen genannt, das die Situationsdefinition und die Handlungsbewertung nicht nur hinsichtlich des individuellen Akteurs, sondern gerade auch hinsichtlich ihrer Funktion für die Gesellschaft (also einer übergeordneten Struktur) erfassen soll. Dieses Schema von Orientierungsmustern wird zunächst durch vier, später durch fünf Gegensatzpaare bestimmt, die ein Kontinuum an Situationen und Bewertungen festlegen (vgl. auch Jensen 1980: 62; Jung 1988):

Abbildung 5.1: PARSONS' pattern variables

Situationseigenschaften

universalistisch	vs.	partikularistisch
leistungsorientiert	vs.	askriptiv (nicht leistungsorientiert)[15]
spezifisch	vs.	diffus
affektiv neutral	vs.	affektiv besetzt
eigeninteressiert	vs.	kollektivistisch[16]

Handlungsmotive

Diese Gegensatzpaare beschreiben mögliche Ausprägungen von Motiven und Situationseigenschaften, die einer Beziehung zwischen zwei Akteuren zugrundeliegen können.[17] Parsons verdeutlicht dies an den Beziehungen Arzt-Patient

[14](...Fortsetzung)
von Coleman (1986) und dem methodologischen Individualismus, der die fehlende Erklärung der Entstehung von Normen hervorhebt, die von Parsons als ursächlich für soziale Integration individueller Handlungen und Akteure betrachtet werden.

[15] Diese Dichotomie wurde anläßlich der Überarbeitung der "pattern variables" während der Zusammenarbeit mit Bales und Shils hinzugefügt, und zwar unter Übernahme der aus der Anthropologie stammenden, von Ralph Linton (1893-1953) eingeführten Unterscheidung zwischen "ascription", "angeborene" und "unabänderliche" Merkmale von Personen betreffend, und "achievement", bezogen auf Merkmale, "die aufgrund der persönlichen Biographie 'erworben' sind" (Jensen 1980: 61).

[16] Tönnies' "Gesellschaft" entspricht eine affektiv-neutrale, funktional spezifische, auf erworbene Eigenschaften bezogene, universalistische Kriterien berücksichtigende, dem Selbstinteresse verpflichtete Orientierung, Tönnies' "Gemeinschaft" hingegen eine affektive, funktional diffuse, auf zugeschriebene Eigenschaften bezogene, partikularistische Kriterien berücksichtigende, dem Interesse des Kollektivs verpflichtete Orientierung (vgl. Tönnies 1972 [1887]).

[17] Am knappsten und zugleich klarsten informiert über die "pattern variables" in ihrer endgültigen (Fortsetzung...)

und Mutter-Kind, und zwar aus der Sicht das Arztes bzw. der Mutter. Die Situation der Beziehung zwischen Arzt und Patient sollte universalistisch sein, da (primär) die Persönlichkeiten der Akteure in den Hintergund treten sollten (Marktbeziehung), und sie sollte leistungsorientiert sein, da die ärztliche Tätigkeit an Erfolgsmaßstäben meßbar sein sollte und monetär honoriert wird. Die Motive sollten spezifischer Natur sein, da ausschließlich die Gesundheit des Patienten Ursache für die Handlungen sein sollte, und sie sollte affektiv neutral sein, d.h. die Akteure sollten in der Regel nicht emotional "engagiert" sein. In der Mutter-Kind-Beziehung sollte hingegen die Einzigartigkeit der Person im Vordergrund stehen (partikularistisch), sie sollte nicht an einer bestimmten Leistung orientiert sein, die Interaktion sollte sich nicht nur auf einen eingegrenzten Gegenstandsbereich beschränken (diffus), und Emotionen, z.B. in Form von Liebe, sollten eine bedeutende Rolle spielen (affektiv besetzt).

Akteur oder Handelnder und Handlungssituation gewinnen in ihrer Beziehung zueinander im Lichte der pattern variables den spezifischen, für das "Verstehen" einer Handlung - im WEBERschen Sinne - relevanten Sinnzusammenhang. Dieser wird im Handeln offenbar, wodurch der Intentionalität des Handelnden oder, mit den Worten WEBERs, seinem "subjektiv gemeinten Sinn" (1976 [1922]: 1f) zentrale Bedeutung zukommt. Zum sozialen Handeln, im WEBERschen Sinne, wird individuelles Handeln dann, "when the situation of an actor is another actor. A situation is social, when another actor is the key to the understandig of an actor's orientation of the situation" (Jung 1988: 258). Allerdings geht der jeweils andere Handelnde mit seinen Intentionen und Situationsdefinitionen nicht in die Analyse mit ein. Die Vernachlässigung *wechselseitiger* Handlungsabhängigkeiten, der sog. strategischen Interdependenz (vgl. hierzu Kap. 6.2.3),[18] hält PARSONS deswegen für möglich, weil er von den kulturell vordefinierten, mit Sanktionen bewehrten und durch Sozialisationsprozesse internalisierten, die Interaktion steuernden und die Kooperation sichernden, als soziale Normen definierten Rollenerwartungen ausgeht (vgl. Kap. 8.2).[19]

---

[17](...Fortsetzung)
Fassung Jung in seinem, dem Gedenken Parsons' gewidmeten Aufsatz, in dem er formuliert: "the combined choices generate types of all possible definitions of a situation. The choices are formulated as alternatives beween:
(1) *affective* involvement or *neutrality* (affektiv neutral versus affektiv besetzt, d.A.);
(2) *specific* or *diffuse* interest (spezifisch versus diffus, d.A.);
(3) preoccupation with the inherent (or ascribed) *qualities* of the objects in the environment or with their *performance* (leistungsorientiert versus askriptiv [nicht leistungsorientiert], d.A.);
(4) evaluation of the objects according to *particularistic* or *universalistic* criteria (universalistisch versus partikularistisch, d.A.);
(5) the actor's commitment to *self*-interest or the interest of a *collectivity* of which he is a member (eigeninteressiert versus kollektivistisch, d.A.)" (Jung 1988: 257f).

[18] Zu verschiedenen Arten von Interdependenzen zwischen Akteuren, vgl. Kap. 7.

[19] Diese Vorstellung kommt dem Modell des *"homo sociologicus"* recht nahe (vgl. Kap. 3.3). Eine
(Fortsetzung...)

Für die Bestimmung der Situationsdefinitionen, die Analyse der "Orientierungsmuster" wie der Handlungsentwürfe des Obsteinkäufers, des Esels von BURIDAN oder des Kettenrauchers in BOUDONs Beispielen müßten zunächst die kulturell vordefinierten Rollenerwartungen, das Maß ihrer Internalisierung und ihre jeweilige Handlungsrelevanz ermittelt werden, was nur auf dem Wege empirischer Forschung zu leisten ist und sich nicht durch definitorische Bemühungen allein erreichen läßt.

5.4 "Soziale Determination" von Handlungen (Émile DURKHEIM)

Während WEBER und PARSONS vom eigeninteressierten Akteur in einer Handlungssituation ausgehen und Handeln für sie dann zum sozialen Handeln wird, wenn ein oder mehrere andere Akteure Teil der Handlungssituation oder in diese einbezogen sind, verfährt DURKHEIM ganz anders. Er knüpft zwar auch an Handlungssituationen an, hat jedoch zunächst nicht den handelnden Akteur als individuellen Akteur im Blick, sondern begreift soziales Handeln in erster Linie als einen "fait social",[20] einen "soziologischen Tatbestand" (vgl. König 1976b).[21] Als ein solcher gilt für ihn "jede mehr oder minder festgelegte Art des Handelns, die die Fähigkeit besitzt, auf den einzelnen einen äußeren Zwang auszuüben; oder auch, die im Bereich einer gegebenen Gesellschaft allgemein auftritt, wobei sie ein von ihren individuellen Äußerungen unabhängiges Eigenleben besitzt" (Durkheim 1976 [1895]: 114).[22] Diese Vorstellung geht zurück auf DURKHEIMs (1977

---

[19](...Fortsetzung)
vorzügliche Übersicht über die Verschiedenheit der möglichen theoretischen Bezugsrahmen, in welche das Konzept Rolle integriert ist, nebst deren Konsequenzen gibt Popitz (1967) (vgl. auch Kap 8.1).

[20] So heißt es im Vorwort zur ersten Auflage der "Regeln der soziologischen Methode" (1895): "Unsere Methode hat also nichts Revolutionäres an sich. Sie ist sogar in gewissem Sinne eigentlich konservativ, da sie die soziologischen Tatbestände wie Dinge ansieht, deren Natur, so dehnbar und geschmeidig sie auch sein mag, doch durch den Willen nicht verändert werden kann" (Durkheim 1976 [1895]: 86).

[21] Dies ist, wie Aron herausgearbeitet hat, darauf zurückzuführen, daß Durkheim die Soziologie als objektive Wissenschaft "auf seiner Theorie des soziologischen Tatbestandes" gründet und damit ihren Selbständigkeitsanspruch begründet. Deswegen auch "die zwei berühmten Formulierungen, in denen man gewöhnlich das Denken Durkheims zusammenfaßt: 'Man soll die soziologischen Tatbestände als 'Dinge' behandeln', und 'Das Charakteristikum des soziologischen Tatbestandes besteht darin, daß er auf die einzelnen einen Zwang ausübt'" (Aron 1979b: 58). Im Durkheimschen Original lauten die beiden Zitate: "de considérer les faits sociaux comme des choses" (Durkheim 1919: 20) und "Est fait social toute maniére de faire, fixée ou non, susceptible d'exercer sur l'individu une contrainte extérieure" (Durkheim 1919: 19). Bei der Interpretation dieser Formulierungen sollte man Königs Hinweis beachten, daß "die soziologischen Tatbestände wie Dinge zu behandeln ... also im Grunde nicht mehr (heißt, d.A.), als daß eine moralische Wirklichkeit mit den Mitteln der positiven Wissenschaft erfaßt werden soll" (König 1976c: 61).

[22] Diese Feststellung zielt, wie König ausführlich belegt, "gegen den soziologischen und psychologischen Atomismus" (König 1976c: 40f).

[1893]) Untersuchung des Phänomens der Arbeitsteilung. Sie zeigte ihm "die historische Priorität der Gesellschaften, in denen das individuelle Bewußtsein noch völlig fehlt," und führte für ihn zur "Notwendigkeit, die individuellen Phänomene durch die Gemeinschaft und nicht umgekehrt zu erklären" (Aron 1979b: 24). In Übereinstimmug mit den schottischen Moralphilosophen wie SMITH und FERGUSON sah er zu Recht in der Zunahme der Arbeitsteilung und der damit einhergehenden sozialen Entwicklung eine unbeabsichtigte Folge menschlichen Handelns, interpretierte sie jedoch im Gegensatz zu diesen nicht als unbeabsichtigtes Resultat absichtsgeleiteten Handelns in sozialen Kontexten, sondern als Konsequenz überindividueller, das Handeln des einzelnen unmittelbar bestimmender kollektiver Faktoren, nämlich des zunehmenden Volumens einer Gesellschaft, gemessen an der Anzahl der ihr angehörenden Einzelpersonen, sowie der Zunahme der moralischen Dichte, gemessen an "der Intensität der Kommunikations- und Austauschbeziehungen" (Aron 1979b: 28).

Für DURKHEIM ist "das zentrale Problem aller Gesellschaften, der neuzeitlichen wie der alten ... das Verhältnis der einzelnen zur Gruppe" (Aron 1979b: 30), denn sie allein vermag dem einzelnen jenes Maß an Disziplin aufzuerlegen, das Handlungssicherheit verleiht, das Solidarität schafft und das soziale Desintegration verhindert; eine Vorstellung, in der ihn seine Studie über den Selbstmord (1973 [1897]) noch bestärkte. Dabei "*scheint* Durkheim aus dem *homo sociologicus* ein passives Subjekt zu machen, eine Art Automat, dessen Verhalten die Auswirkung *sozialer Ursachen* ist" (Boudon 1980: 20). Er übersieht, daß zwar "die Gruppe eigene Merkmale hat (emergent properties), die nicht aus den sie bildenden Personen abgeleitet werden können, wenn man sie unabhängig von ihrer Gruppenmitgliedschaft betrachtet", daß es "aber darüber hinaus ... keine Eigenarten der Gruppe (gibt, d.A.), die nicht auf Aktionssysteme zurückgeführt werden können, also auf Modalitäten sozialen Handelns" (König 1975: 14f).[23]

Auf welche Weise der Obsteinkäufer, BURIDANs Esel oder der Kettenraucher in BOUDONs Beispielen mit ihrer Handlungssituation fertig werden und zu welchem Ergebnis sie gelangen, dürfte im Lichte der DURKHEIMschen Vorstellungen in erster Linie davon abhängen, welche kollektiven Kräfte, z.B. kulturelle Rahmenbedingungen, institutionelle Regeln und sozialmoralische Leitideen am Werke sind und wie sie das Handeln jeweils determinieren.

---

[23] Ob man Durkheim den Vorwurf des Soziologismus machen kann, "die Lehre, wonach der soziale Agent nur eine scheinbare *Autonomie* besitzt und in Wirklichkeit von den Soziologen als passives Wesen behandelt werden könnte" (Boudon 1980: 21), ist umstritten. Boudon neigt dazu, ihn einen "realistischen Relationisten" zu nennen, jemanden, für den "soziale *Realität* aus Beziehungssystemen oder, anders ausgedrückt, aus konkreten Interaktionssystemen gebildet wird, welche die sozialen Institutionen zwischen den sozialen Agenten definieren" (Boudon 1980: 21). Für diese Deutung spricht u.E. eine Fußnote im Vorwort zur zweiten Auflage der "Regeln der soziologischen Methode", wonach die Individuen die "einzigen aktiven Elemente" der Gesellschaft sind (Durkheim 1976: 93). Sie lautet im Original: "Il est vrai seulement que les individus en sont les sels éléments actifs" (Durkheim 1919: XIV).

Aufgrund unserer theoretischen Orientierung (vgl. Kap. 4.5) gehen wir davon aus, daß soziales Handeln nebst seinen Folgen nicht allein durch Bezugnahme auf die Beweggründe, die Motivationen der Handelnden erklärt werden kann, sondern unbedingt die Interaktionsbeziehungen, das soziale Umfeld, die soziale Ordnung, in der die Handelnden leben, die sozialen Institutionen und deren Funktionen sowie deren Interpretation durch die Handelnden mit herangezogen werden müssen. Deswegen können wir wesentlichen Erkenntnissen und Forschungsergebnissen PARETOs, WEBERs, PARSONS' und auch DURKHEIMs beim Entwurf theoretischer Modelle Rechnung tragen, wie die weiteren Ausführungen zeigen werden.

6 Grundelemente soziologischer Analysen

Nachdem die in diesem Buch verwandte erkenntnistheoretische Orientierung beschrieben (Kap. 3) und deren Grundannahmen expliziert worden sind (Kap. 4), soll nun gezeigt werden, daß die einleitend erörterten Grundfragen empirischer Soziologie (Kap. 2) als Probleme sozialen Handelns (Kap. 5) betrachtet und analysiert werden können. Bevor jedoch Beispiele für derartige Analysen besprochen werden, sollen deren gemeinsame Grundelemente herausgearbeitet werden.

Ziel des folgenden Kapitels ist es, einen Einblick in den "Werkzeugkasten" der theoretischen Soziologie zu geben, um die Logik soziologischer Analysen verstehen zu lernen. Hierfür wird erstens die Struktur einer (real-)wissenschaftlichen Erklärung erläutert (Kap. 6.1), um dann auf die besonderen Erfordernisse soziologischer Erklärungen einzugehen. Wie diesen Erfordernissen durch die Verwendung von Handlungstheorien und die systematische Anwendung von Abstraktion und Modellierung genügt werden kann, soll anschließend (Kap. 6.2 und 6.3.) gezeigt werden. Da es jedoch den Rahmen einer Einführung in die Soziologie sprengen würde, wissenschaftstheoretische Probleme oder spieltheoretische Details umfassend zu erörtern, sei an dieser Stelle explizit auf die zitierte Literatur verwiesen, die einen tieferen Einblick in die angerissenen Themen ermöglicht.

6.1 Die Struktur einer (soziologischen) Erklärung

Die in Kapitel 3.2 erläuterte Logik der Forschung nach POPPER beinhaltete die Formulierung einer Theorie (oder eines theoretischen Konstrukts), die ausgehend von einem (Forschungs-)Problem als Erklärungsversuch an der Realität überprüft werden soll. Hierbei stellen sich jedoch zwei Fragen: (1) Wann kann davon gesprochen werden, daß ein bestimmtes Phänomen *erklärt* wurde (formale Gültigkeit) und (2) wie kann die *Richtigkeit* dieser Erklärung festgestellt werden (inhaltliche Gültigkeit)? Diese beiden Probleme stellen sich nicht nur Soziologen, sondern es handelt sich dabei um genuine Fragen aller Wissenschaften, die sich um die Erklärung realer Probleme bemühen. Versuche der Lösung haben wiederum eine eigene Disziplin hervorgebracht: die Wissenschaftstheorie als Teilbereich der Philosophie. Im folgenden soll ein mit der hier zugrundegelegten erkenntnistheoretischen Orientierung korrespondierender Lösungsvorschlag vorgestellt werden.

Was man sich unter einer wissenschaftlichen Erklärung[1] vorstellen kann, wird am ehesten an einem naturwissenschaftlichen Beispiel deutlich.

---

[1] Erklärung sei hier immer in der Bedeutung "wissenschaftliche Erklärung" gebraucht. Wie andere Begriffe unserer Alltagssprache kann der Erklärungsbegriff auch mit anderen Sinnbedeutungen belegt sein (z.B. jemanden den Weg erklären), daher wird für die wissenschaftliche Verwendung eines Begriffs die Angabe einer Bedeutung notwendig. Stegmüller demonstriert an eben diesem Erklärungsbegriff eine derartige **Begriffsexplikation** (vgl. Stegmüller 1983: 110ff).

Wenn wir eine Kiste über verschiedene Bodenbeläge ziehen, stellen wir fest, daß die benötigte Anstrengung unterschiedlich sein wird. Auf die Frage, warum dies so ist, könnten wir versucht sein, dies mit der unterschiedlichen "Rauhigkeit" der Oberflächen und dem Gewicht der Kiste zu begründen. Daraufhin werden wir mit folgendem Versuch konfrontiert: zwei ebene Glasplatten werden aufeinandergelegt und gegeneinander bewegt. Die hierfür benötigte Kraft ist ungleich gößer als bei einem Stück Holz und nur einer Glasplatte. Ein Physiker erklärt uns nun, die Molekularkräfte zwischen den Materialien seien die Ursache für die Reibungskraft. *Je* größer diese Molukularkräfte (als Eigenschaft bestimmter Stoffe), *desto* höher ist die Reibungskraft. *Weil* in dieser Situation die Molekularkräfte zwischen Glas größer seien als zwischen Holz und Glas (bei konstantem Gewicht), ist die Reibungskraft größer. Dieser Zusammenhang kann in einem *allgemeinen Näherungsgesetz der Reibung* formuliert werden: Die Reibungskraft F_R ist das Produkt aus der Anpreßkraft G und dem für das Material spezifischen Reibungskoeffizienten f_R: $F_R=f_R$ G.

Eine derartige Erklärung beinhaltet zwei Arten von Argumenten. Erstens werden allgemeine Aussagen, die eine Kausalbeziehung angeben, notwendig (sog. nomologische Hypothesen oder Gesetze). Dies können einfache Wenn-dann- (oder Je-desto-)Aussagen oder komplexe Theorien[2] sein. Zweitens müssen Aussagen über die konkrete Situation, auf die das Gesetz angewendet wird (sog. Antecedensbedingungen), getroffen werden. Diese allgemeine Struktur erklärender Argumente kann in dem nach HEMPEL und OPPENHEIM benannten **H-O-Schema wissenschaftlicher Erklärungen** zusammengefaßt werden (vgl. hierzu Hempel 1977: 5ff, Stegmüller 1983: 124):

Abbildung 6.1: Das H-O-Schema wissenschaftlicher Erklärung

Explanans	Gesetz (Wenn ... dann ...)	B	---> E
	Antecedensbedingung	B(i)	
Explanandum			E(i)

Das Erklärungsproblem als spezielles Vorkommnis an einer bestimmten Raum-Zeit-Stelle wird als Explanandum (lat. "das zu Erklärende") bezeichnet. Gesetze (oder nomologische Hypothesen) sind Aussagen, die einen Zusammenhang zwischen einer oder mehreren Ursachen und deren Folgen postulieren. Sie lassen sich immer in einer "Wenn ... dann ..."-Formulierung darstellen. Antecedensbedingungen (lat. "das Vorhergehende") sind die beobachtbaren Ausgangs- oder Randbedingungen, die in der Wenn-Komponente des Gesetzes formuliert wurden. Gesetz und Antecedensbedingungen zusammen ermöglichen erst die Erklärung und werden daher als Explanans (lat. "das Erklärende") bezeichnet. Liegen nun die in

[2] Theorien können hierbei als Menge oder System miteinander logisch verknüpfter (d.h. durch Ableitungsbeziehungen verbundener) nomologischer Hypothesen betrachtet werden (vgl. hierzu Albert 1964b: 27). Im Rahmen der vorliegenden Arbeit soll jedoch nicht explizit auf den Theoriebegriff eingegangen werden, als weiterführende Literatur hierzu sei Albert (1964b) und Stegmüller (1983: 1034ff) empfohlen.

der Wenn-Komponente beschriebenen Randbedingungen im zu erklärenden Fall tatsächlich vor (B(i)), dann kann daraus auf das Explanandum E(i) geschlossen werden. Diese Methode wird auch als deduktiv-nomologische Erklärung ("DN-Erklärung") bezeichnet, da von einem allgemeinen Gesetz (griech. "nomos") logisch zwingend ("deduktiv") auf das zu erklärende Phänomen geschlossen wird.

Um nun die beiden Fragen nach formeller und empirischer Gültigkeit einer Erklärung beantworten zu können, müssen Kriterien für eine derartige Beurteilung angegeben werden. Diese Kriterien wurden von HEMPEL & OPPENHEIM (1948) in den sogenannten **Adäquatheitsbedingungen** für DN-Erklärungen zusammengefaßt (zitiert nach Stegmüller 1983: 124):

- B1) Das Explanans muß *mindestens ein allgemeines Gesetz* enthalten (oder einen Satz, aus dem ein allgemeines Gesetz logisch folgt.)
- B2) Das Argument, welches vom Explanans zum Explanandum führt, muß *korrekt* (oder eine logische Folgerung) sein.
- B3) Das Explanans muß *empirischen Gehalt* besitzen.
- B4) Die Sätze, aus denen das Explanans besteht, müssen *wahr* sein.

Die erste Bedingung (B1) schreibt vor, daß die nomologische Hypothese allgemeiner Natur, d.h. unabhängig von Raum und Zeit, sein müsse. Da dies im strengen Sinn nicht einmal auf die als Idealfall zu betrachtenden physikalischen Gesetze zutrifft, wollen wir uns im folgenden jedoch auf die Forderung nach einer möglichst allgemeinen Gültigkeit beschränken.[3] Die Korrektheit des Arguments (B2) besagt, daß in einer Erklärung nur auf die in der Dann-Komponente des Gesetzes aufgeführten Ereignisse oder Zustände geschlossen werden darf. In der dritten Bedingung (B3) wird die Forderung erhoben, daß sowohl die nomologische Hypothese als auch die Randbedingung der menschlichen Erfahrung (z.B. durch Beobachtung oder Messung) prinzipiell zugänglich sein müssen. Sind diese drei Bedingungen gegeben, sprechen wir von einer potentiellen Erklärung und haben somit die formale Gültigkeit festgestellt.

Betrachten wir nach POPPER (1973) Wissenschaft als evolutionären Prozeß, so sind es genau solche potentiellen Erklärungen, die nun miteinander in einen "Wettstreit" treten, an dessem Ende sich idealerweise eine Einzige als gültig erweist. Dies ist Inhalt der vierten Bedingung (B4), die hierfür die Wahrheit sowohl der Antecedensbedingungen als auch der nomologischen Hypothese fordert. Dem steht jedoch entgegen, daß gesetzesartige Aussagen niemals endgültig

---

[3] Unterliegt dieser Zusammenhang einer räumlichen oder zeitlichen Einschränkung, so spricht Albert (1957) von Quasigesetzen. Zu diesem und weiteren Problemen des Gesetzes- und Theorienbegriffs vgl. Opp (1976: 73-81). Die Frage, ob in den Sozialwissenschaften derartige allgemeine Gesetze (analog zu den Naturwissenschaften) existieren und gefunden werden können, war einer der zentralen Inhalte des Positivismusstreits (vgl. Kap. 3.3). Da eine tiefergehende Diskussion dieses wissenschaftstheoretischen Problems den Rahmen einer allgemeinen Einführung sprengen würde, sei verwiesen auf Schnell et al. (1992: 78-115) sowie Adorno et al. (1972) für eine Sammlung der unterschiedlichen Positionen.

belegt werden können, da jedes in Zeit und Raum unbeobachtete Phänomen eine potentielle Widerlegung darstellt. Auch wenn wir in unserem bisherigen Leben nur weiße Schwäne zu Gesicht bekommen haben, können wir nie sicher sein, daß im nächsten Teich nicht doch ein schwarzer Schwan schwimmt. Diese Unmöglichkeit der Verifizierung von nomologischen Hypothesen (vgl. hierzu Popper 1966, Opp 1976: 369ff) wird umgangen mit der Forderung nach nomologischen Hypothesen, die "gut bestätigt" sein müssen. Neben dem grundlegenden Problem, daß Erklärungen zu einem früheren Zeitpunkt als befriedigend und später als unbefriedigend empfunden werden können (Stegmüller 1983: 149-153) stellt sich hierbei das Problem, wann von solch einer Bestätigung gesprochen werden darf.

Betrachtet man dieses Konzept der wissenschaftlichen Erklärung als Soziologe, so stellt sich neben den skizzierten allgemeinen Problemen der Logik, des Messens und der Wahrheit von Gesetzen vor allem eine zentrale Frage: Welche allgemeinen Gesetze bezogen auf menschliches Verhalten und die hieraus entstehenden Aggregate (Organisationen, Gesellschaft etc.) können für die soziologische Erklärung herangezogen werden? Gesetze, die den naturwissenschaftlichen Theorien hinsichtlich Aussagekraft, Reichweite und Fruchtbarkeit gleichkommen, wurden für die Sozialwissenschaften bisher noch nicht entwickelt. Der Umgang mit diesem Tatbestand führt zu unterschiedlichen wissenschaftstheoretischen Positionen in der Soziologie (vgl. Kap. 3).

Die erste dieser Positionen besteht im wesentlichen in der Ablehnung des vorgestellten Erklärungsbegriffs aufgrund der Überzeugung, daß allgemeine Gesetze in den Sozialwissenschaften nicht existieren. Diese Überzeugung wird zum einen begründet mit dem pragmatischen Hinweis auf die bisher erfolglose Suche und zum anderen zurückgeführt auf prinzipielle Überlegungen, denen zufolge das wesentliche Element soziologischer Erklärungen das Verstehen und Nachvollziehen subjektiver Sinnzusammenhänge zwischen den Individuen und darüber hinaus jedesmal individuell einzigartig sei. Da diese Sinnzusammenhänge jedoch nie zeitlich stabil seien, wird die Suche nach allgemeinen Regelmäßigkeiten diesbezüglich als sinnlos erachtet.[4]

Die zweite mögliche Auffassung in dieser Frage geht ebenfalls von der (praktischen oder theoretischen) Unmöglichkeit der Verwendung allgemeiner Gesetze aus. Trotzdem wird an der zugrundeliegenden Struktur des erläuterten Erklärungsbegriffes festgehalten, indem auf statistische Aussagen über Regelmäßigkeiten z.B. einer bestimmten Gruppe oder Population von Individuen zurückgegriffen wird. Grundlage hierfür ist die Beobachtung, daß sich für einzelne Verhaltensweisen, Einstellungen oder Ereignisse bei genügend großer Anzahl von Einheiten Aussagen über die Wahrscheinlichkeit ihres Eintreffens oder Vorliegens machen lassen.

---

[4] Diese Position ist z.B. Vertretern des sog. "Symbolischen Interaktionismus" (als dem Hauptzweig der "interpretativen Soziologie") zu eigen, vgl. die klassischen Schriften von Wilson (1973) und Blumer (1973, insbes. S. 81). Eine einführende Darstellung geben Eberle & Maindok (1984: 54-89), eine Auseinandersetzung aus kritisch-rationaler Sicht findet sich in Schnell et al. (1992: 84-102).

Die Systemamtik der Verwendung statistischer Regelmäßigkeiten im Rahmen von Erklärungen läßt sich am Beispiel der Frauenerwerbsbeteiligung zeigen (vgl. Funk 1993: 67). Ist zum Beispiel bekannt, daß 60% aller nicht erwerbstätiger Frauen verheiratet sind und Kinder im Vorschulalter haben, läßt sich für Frau X als einen beliebigen Einzelfall folgende Vorhersage treffen:

Abbildung 6.2: Die induktiv-statistische Erklärung

(G1) als statistische Regelmäßigkeit:	Für 60% aller Fälle gilt: Wenn Frauen verheiratet sind und Kinder im Vorschulalter haben, dann sind sie nicht erwerbstätig.
(A1) Randbedingung für X:	Frau X ist verheiratet und hat zwei Kinder im Vorschulalter
______________________________	[r = .60]
Explanandum:	Frau X ist mit 60%iger Wahrscheinlichkeit nicht erwerbstätig

Wie bei der D-N-Erklärung wird von einer allgemeinen Regelmäßigkeit auf einen zu erklärenden Einzelfall geschlossen, jedoch kann dies nur mit der im "Gesetz" festgelegten Wahrscheinlichkeit (hier r = .60) geschehen.

Werden statt allgemeiner Gesetze statistische Aussagen verwendet, so spricht man von einer induktiv-statistischen (IS-)Erklärung (Stegmüller 1983: 777-781). Hierbei kann auf das Explanandum nur mit einer durch das statistische Gesetz vorgegebenen Wahrscheinlichkeit geschlossen werden. In der empirischen Sozialforschung lassen sich diese Wahrscheinlichkeiten des Zusammentreffens zweier Merkmale oder Ereignisse mit Hilfe von Korrelationsmaßen messen. Ob zwischen den in der statistischen Aussage aufgeführten Komponenten eine (Kausal-)Beziehung existiert und welcher Art diese ist, bleibt jedoch ohne zusätzliche theoretische Annahmen im dunkeln.[5]

Den zwei folgenden Positionen ist die Auffassung gemeinsam, daß die Suche nach allgemeinen Aussagen analog zu den Naturwissenschaften sinnvoll und erfolgversprechend ist. Differenzen bestehen jedoch hinsichtlich der Inhalte dieser Gesetze. Die sogenannten "Kollektivisten" in der Soziologie vertreten hier die Meinung, daß sich diese Regelmäßigkeiten nicht auf Individuen, sondern auf übergeordnete (kollektive) Einheiten beziehen müssen. Diese Auffassung hat in den Sozialwissenschaften Tradition, die unter anderem auf geschichtsphilosphische Ansätze der Entwicklung menschlicher Gesellschaft zurückgeht. Diese postulieren für Aggregate wie "Gesellschaft" oder "Zivilisation" einen klar vorgegebenen Entwicklungsprozeß (eben ein Gesetz, dem diese Entwicklung folgt), der meist in einem Endpunkt kumuliert. Klassische Vertreter dieses Ansatzes waren CONDOR-

[5] Die mit induktiv-statistischen bzw. mit allgemein probabilistischen Erklärungen verbundenen methodologischen Schwierigkeiten können hier nicht weiter erläutert werden. Hierzu sei auf die Ausführungen in Stegmüller (1983: 777-781), Schnell et al. (1992: 56ff), Falk (1993) sowie insbesondere Hempel (1977: 55-123) verwiesen.

CET, COMTE mit seinem Drei-Stadien-Gesetz oder die Klassentheorie von MARX (vgl. hierzu Boudon 1980: 113 sowie Kap. 1.2). Ein anderer Zweig der kollektivistischen Richtung versucht unabhängig von zukünftigen Entwicklungen überindividuelle Einheiten zu finden, die allgemeinen Gesetzen folgen sollen. Diese Einheiten werden meist als Systeme bezeichnet, deren Funktionieren mit Hilfe allgemeiner Systemerfordernisse erklärt werden soll.[6] Die Probleme solcher Ansätze liegen zum einen in ihrer zumeist unzureichenden empirischen Fundierung, zum anderen in der Vernachlässigung individueller Handlungsfreiheiten.

Wie am Anfang dieses Kapitels anhand des DN-Modells gezeigt, kann eine befriedigende Erklärung (und erst recht eine Prognose oder gar Handlungsempfehlung) auf der Grundlage einer Theorie nur dann gegeben werden, wenn diese empirischen Gehalt besitzt. Betrachten wir nun das folgende, in der ein oder anderen Form in der Systemtheorie oft verwendete allgemeine Gesetz (vgl. Baekker 1993): "Ein System reguliert sich derart, daß dessen Überleben sichergestellt wird." Diese Aussage ist inhaltsleer (und damit nicht überprüfbar), solange die Bedeutung des Systembegriffs nicht unter Rückgriff auf empirisch zugängliche Kriterien spezifiziert wird. Dies kann z.B. bedeuten, die Teile (z.B. Moleküle, Individuen etc.) sowie die Grenzen des Systems anzugeben. Spricht man jedoch von "Politik" oder "Wirtschaft" als Systemen (Pollack 1990, Baecker 1987) ohne diese Komponenten anzugeben, kann nicht von einer Erklärung im obigen Sinne gesprochen werden.[7]

Eine zweite Problematik resultiert aus der Tatsache, daß Gesetze, in denen das einzelne Individuum nicht mehr vorkämen, zwangsläufig deterministisch auf den Einzelnen wirken würden. Ein allgemeines Gesetz der Art "Mit zunehmender Industrialisierung des Systems 'Wirtschaft' nimmt die Umweltverschmutzung zu" ist zwar in nomologische Hypothesen umformbar (Wenn in einem System Industrialisierung auftritt, dann folgt hieraus Umweltverschmutzung), läßt aber die auf individuellem Verhalten begründeten Ursachen im dunkeln. Würde man einer derartigen Aussage gesetzesartigen Charakter zusprechen, hieße dies nichts anderes, als daß die Umweltverschmutzung (zumindest in Industriestaaten) für die Individuen unvermeidlich sei. Die zu erklärenden Phänomene träten in jedem Falle, also auch unabhängig vom Handeln des Einzelnen, ein. Lehnt man eine derartige "Erklärung" ab, so können sich nomologische Hypothesen nur auf das Verhalten von Akteuren beziehen. Wo jedoch liegen die Regelmäßigkeiten individuellen Verhaltens, die uns Erklärungen auch kollektiver Tatbestände erlauben?

Ein pragmatischer Ausweg liegt in der Verwendung der bereits vorgestellten Annahme zielgerichteten Verhaltens (Coleman 1991: 16ff, Elster 1987: 22). Diese Annahme läßt sich umformulieren in: "Wenn Menschen handeln, dann gemäß ihren individuellen Zielen" und stellt insofern eine von Raum und Zeit unabhängige gesetzesartige Annahme dar. Auf den ersten Blick scheint dies nur eine wenig

---

[6] Vgl. hierzu z.B. Parsons (1976), Baecker (1993), kritisch hierzu Kirsch (1971: 35).

[7] Davon unberührt bleibt jedoch die heuristische Fruchtbarkeit derartiger Ansätze z.B. hinsichtlich der Strukturierung eines Forschungsproblems, vgl. hierzu Esser & Troitzsch (1991a: 13ff).

gewinnbringende Wortspielerei, da ohne die konkreten Ziele der Individuen auch keine konkreten Phänomene individueller oder kollektiver Art erklärbar sind. Doch da Annahmen über die Ziele von Akteuren im Rahmen der Antecedensbedingungen getroffen werden können, bereiten die unterschiedlichen Ziele (Werte, Normen) der Menschen keine grundsätzlichen Probleme mehr. Vielmehr können Verteilungen solcher Zielvorstellungen für eine Menge von Akteuren festgestellt und als Randbedingungen der Erklärung festgehalten werden. Beispielsweise besteht eine Fußballmannschaft aus elf zielgerichtet handelnden Akteuren, deren Ziel in der Regel ist, das Spiel zu gewinnen.

Wichtig ist jedoch festzuhalten, daß die Angabe der von den Menschen angestrebten Dinge oder Zustände für sich allein keine Erklärung ausmacht. Dies wird anhand eines kleinen Beispiels deutlich:

Herr X und Herr Y ziehen aufgrund eines Wechsels der Arbeitsstelle in eine neue Stadt. Befragt nach ihrer Bereitschaft, mit ausländischen Mitbürgern in einem Stadtteil zu leben, gibt Herr X an, er halte dies überhaupt nicht für wünschenswert, während Herr Y sogar gerne in einer multikulturellen Umgebung leben würde. Bei der Beobachtung ihrer Wohungswahl stellt man fest, daß Herr X in einen Stadtteil mit hohem Ausländeranteil zieht, während Herr Y nur Deutsche als Nachbarn hat. Dieser paradoxe Befund klärt sich, fragt man nach den Gründen für diesen Umstand: Herr X ist aufgrund seines niedrigen Gehalts nicht in der Lage, die höheren Mieten in Vierteln mit höherer Wohnqualität zu bezahlen, während Herr Y bei seiner zukünftigen Frau einzieht.

Erst unter Berücksichtigung der relevanten Randbedingungen (wie Mietpreise und Einkommen) erschließt sich das beobachtete Verhalten und damit auch der Mechanismus des Entstehens kollektiver Phänomene. Relevant können sowohl Merkmale des Akteurs (sog. individuelle Rahmenbedingungen) als auch Zustände und Eigenschaften seiner Umwelt (sog. strukturelle Rahmenbedingungen) sein. Hierbei können auch die Ziele der Menschen selbst zum Explanandum werden, wenn z.B. im Rahmen der Betrachtung von Sozialisationsprozessen die Entstehung von Werten und Normen erklärt werden soll. Jedoch gilt auch hier, daß auf bereits existierenden Zielvorstellungen in Verbindung mit strukturellen Rahmenbedingungen aufgebaut werden muß, um eine befriedigende Erklärung zu erreichen.

Soziologische Erklärungen auf strukturell-individualistischer Grundlage beinhalten demnach eine gesetzesartige Aussage über zielgerichtetes Verhalten, Antecedensbedingungen über individuelle Ziele sowie schließlich die Rahmenbedingungen, in die der Akteur eingebettet ist. In den beiden folgenden Kapiteln sollen diese Komponenten genauer beschrieben werden.

6.2 Die Verwendung von Handlungstheorien

Bisher wurde gezeigt, daß zielgerichtetes Verhalten die grundlegende Prämisse darstellt, auf der soziologische Analysen gemäß des strukturell-individualistischen Ansatzes notwendigerweise basieren müssen. Es wurde jedoch auch deutlich, daß allein die Angabe der Ziele der Akteure nicht ausreicht, individuelles Verhalten zu erklären. Insbesondere gilt es hierbei zu bedenken, daß Ziele widersprüchlich sein können und daß verschiedene Möglichkeiten existieren, diese zu erreichen: um den Hunger zu stillen, kann ein Akteur sowohl die Currywurst an der Imbißbude als auch ein Menü im Drei-Sterne-Restaurant zu sich nehmen. Dabei wird deutlich, daß nicht nur die Art der Nahrungsaufnahme, sondern auch andere Ziele tangiert werden, z.B. möglichst bekömmlich und gesund oder möglichst sparsam zu essen. Menschliches Verhalten wird in diesem Sinne zu Wahl- oder Entscheidungsverhalten, auch wenn es manchmal so scheint, als bliebe dem Akteur keine Alternative. Dies wird an dem obigen Beispiel deutlich: zwar kann Herr X bei seinem Umzug nicht zwischen verschiedenen Wohnungen wählen, er besitzt aber die Wahl zwischen Umziehen und Nichtumziehen. Im letzteren Falle könnte Herr X seine neue Arbeitsstelle nicht antreten; damit wird sein Verhalten wieder zu einer Wahl zwischen verschiedenen (Ziel-)Zuständen. In dieser Situation hat er sich für die neue Arbeit entschieden und dokumentiert damit, daß er deren Ablehnung als zu großes Opfer (oder mit anderen Worten: als zu hohe Kosten) für den Vorteil anderer Wohnverhältnisse betrachtet. Dem Wahlverhalten eines Akteurs liegt immer ein Vergleich von mindestens zwei verschiedenen Zuständen zugrunde, die als mehr oder weniger gut bzw. schlecht für die eigene Person betrachtet werden.

Wir betrachten im folgenden zielgerichtetes Verhalten als Wahlhandlung in einer konkreten Situation. Deswegen werden Annahmen über die Verknüpfung von situativen Rahmenbedingungen mit den individuellen Zielen notwendig, so daß der Prozeß des individuellen Abwägens und Entscheidens beschreibbar wird.[8] Handlungstheorien versuchen eine derartige Beschreibung zu liefern, indem sie eine Systematik des Zusammenhangs zwischen (individuellen, situationellen, institutionellen und kulturellen) Rahmenbedingungen und den individuellen Zielen der Akteure angeben. Sie stellen somit eine Spezifizierung des allgemeinen Gesetzes der Zielgerichtetheit menschlichen Verhaltens dar, um die Erklärungskraft dieser Prämisse zu erhöhen (vgl. Coleman 1991: 19-24, Raub 1984: 43). Als Beispiel hierfür sollen zwei Spielarten der sogenannten rational choice-Theorie erörtert werden: die Nutzen- und die Spieltheorie.

6.2.1 Präfenzen und Nutzenfunktion

Die hier erörterte Nutzentheorie stellt den Kern einer ganzen Reihe von Theorien dar, die inzwischen auch im deutschen Sprachraum mit dem englischen Begriff "rational choice-" (RC-)Theorien bezeichnet werden,[9] und die im wesentlichen alle auf dem folgenden Konzept basieren. Die Individuen handeln zielge-

[8] In welchem Ausmaß eine derartige Beschreibung empirisch exakt ist und sein muß, wird im folgenden Kapitel diskutiert werden.

[9] Da ein großer Teil der aktuellen Literatur zu rational choice-Theorien englischsprachig publiziert wird und sich die englische Terminologie auch im deutschen Sprachraum durchsetzt, sollen zur besseren Orientierung die zentralen Begriffe entweder im Original verwendet oder zumindest in Klammern mit angegeben werden. Insbesondere bei der Behandlung von Nutzen- und Spieltheorie werden z.B. Handlungskonsequenzen als **outcomes** und Nutzenauszahlungen als **payoffs** bezeichnet.

richtet in Bezug auf sog. Handlungskonsequenzen (outcomes), also Zustände oder Dinge, die hinsichtlich ihrer Wünschbarkeit positiv oder negativ bewertet werden.[10] Die grundlegende Annahme aller RC-Theorien lautet, daß die Individuen in der Lage sind, diese Handlungskonsequenzen hinsichtlich ihrer Wünschbarkeit miteinander zu vergleichen und in eine widerspruchsfreie Reihenfolge zu bringen.[11] Eine derartige Rangfolge nennt man Präferenzen. Diese sind von den Individuen vorgegeben und insofern nicht Bestandteil, sondern der notwendige "Input" der Theorie.

Präferenzen werden in der RC-Theorie meist als stabil angenommen, d.h. die grundlegende Bewertung hinsichtlich der Wünschbarkeit von Handlungskonsequenzen ändert sich nicht. Dies ist empirisch natürlich nicht immer der Fall. Menschen ändern im Gegenteil (bestimmte) Präferenzen, wie insbesondere in Fragen des modischen Geschmacks jeder an sich selbst beobachten kann. Jedoch können zwei gute Gründe für die Annahme der Präferenzstabilität angeführt werden. Erstens lassen sich auf einer bestimmten Ebene durchaus stabile Präferenzen finden: ob nun fastfood oder Vollwertprodukte gekauft werden, ändert sich - aber daß langfristig Unterernäherung vermieden werden soll, dürfte für die allermeisten Menschen zutreffen. Den Individuen werden somit grundlegende, langfristig stabile Präferenzen zugeschrieben, die sich in konkreten, dann u.U. auch wechselnden, Ausprägungen niederschlagen (vgl. z.B. Becker 1982a: 4, Stigler & Becker 1977, Raub 1984: 70f). Zweitens läßt sich mit der Annahme sich ändernder Präferenzen jede Verhaltensänderung und damit auch jedes gesellschaftliche Phänomen erklären. Da aber kaum jede Instabilität auf derartige individuelle Änderungen zurückgeführt werden kann, ist die Suche nach anderen Ursachen naheliegend.

Präferenzen geben nur an, ob eine Handlungskonsequenz gleich, besser oder schlechter als eine andere bewertet wird. Es wird keine Angabe über das "wieviel besser/schlechter" getroffen. Mit einer derartigen Aussage würde die Erklärungskraft der Theorie deutlich besser: wenn bekannt ist, daß A dreimal so gut wie B eingeschätzt wird, kann auch angegeben werden, für wieviele B auf ein A verzichtet wird. Man kann zeigen, daß diese Verhältnisse von outcomes auf einer Skala gemessen werden können (vgl. hierzu z.B. Riker & Ordeshook 1973). Dies ergibt eine sog. Nutzenfunktion, die jeder Handlungskonsequenz in der Rangfolge einen Nutzenwert zuordnet, der den relativen Wert zu den anderen Konsequenzen der Rangfolge angibt.[12]

Mit dem Konzept der Präferenz wird folglich die Vergleichbarkeit verschiedener Ziele (bzw. Handlungskonsequenzen oder outcomes) als Voraussetzung formuliert und quantitativ in Form des Nutzens beschrieben. Die im folgenden dargestellte

---

[10] Die Vorstellung, daß das Streben nach Lust und die Vermeidung von Unlust die grundlegende Triebfeder menschlichen Handelns sei, geht zurück auf den Hedonismus Benthams (vgl. Bentham 1966 [1789]).

[11] Dies kann an folgendem Beispiel verdeutlicht werden: wird ein Akteur vor die Wahl zwischen drei verschiedenen Früchten (Apfel, Banane, Orange) gestellt und ist ihm der Apfel lieber als die Banane und diese wiederum lieber als die Orange, so muß er auch den Apfel höher als die Orange bewerten. Natürlich darf der Akteur auch angeben, daß ihm zwei Früchte gleich recht seien, man spricht dann von Indifferenz.

[12] Vgl. zum Begriff der Nutzenfunktion Luce & Raiffa (1957: 29), Kirsch (1970: 31f) sowie insbesondere Davis (1972: 60-75).

Nutzentheorie verknüpft dies mit den situativen Rahmenbedingungen, die für die Erklärung individuellen Handelns notwendig sind.

6.2.2 Nutzentheorie

Wie läßt sich der Entscheidungsprozeß auf der Basis von quantitativ vergleichbaren Zielen modellieren? Betrachtet man einen Akteur in einer gegebenen Handlungssituation ("Wo gehe ich essen?", "Welche Wohnung wähle ich?", etc.), so lassen sich analytisch sechs Schritte unterscheiden.

1. Ein Akteur wird nur eine beschränkte Anzahl von **Handlungsalternativen** in Betracht ziehen. Beschränkungen (sog. Restriktionen) ergeben sich aus vielfältigen Gründen, z.B. seinem Informationsstand bezüglich der verfügbaren Handlungsalternativen, der zur Verfügung stehenden Zeit, den einsetzbaren Mitteln, der technischen Realisierbarkeit, etc. Die Anzahl der verbleibenden Handlungsalternativen (h_1 ... h_i ... h_m) wird als "opportunity set" bezeichnet. Diese Betrachtungen von Restriktionen entspricht dem ersten Filter in der ELSTERschen Beschreibung von Entscheidungsprozessen (vgl. Kap. 4.5).
2. Der Akteur sucht nach den Konsequenzen, die mit der Ausführung der verbliebenen Handlungen verbunden sein werden. Auch hier gilt, daß er nicht alle objektiv möglichen **Handlungskonsequenzen** in Betracht zieht. Diese Konsequenzen werden mit (c_1 ... c_k ... c_n) bezeichnet.
3. Diese Handlungskonsequenzen können gemäß den obigen Annahmen über Präferenzen mit **Nutzenwerten** belegt werden, wobei nu_k den Nutzen der Handlungskonsequenz c_k bezeichnet. Als Skala wird für diese Nutzenwerte im allgemeinen $1 \leq nu_k \leq -1$ gewählt, wobei Werte im positiven Bereich Nutzen und im negativen Bereich Kosten bedeuten.
4. Der Akteur wird nicht alle Handlungskonsequenzen in gleicher Weise bei allen möglichen Handlungsalternativen erwarten. Wählt er den Gang zur Imbißbude, so rechnet er z.B. mit einer geringen Vielfalt an möglichen Gerichten, dagegen wird er im Gourmetrestaurant mehr als nur Bockwurst und Pommes auf der Speisekarte zu finden hoffen. Dahinter steht demnach die Vorstellung, daß ein Akteur Erwartungen hinsichtlich des Eintreffens bestimmter Dinge oder Zustände bildet, wobei diese Erwartungen von absoluter Sicherheit des Eintreffens bis zur absoluten Sicherheit des Nichteintreffens reichen können. Der Grad dieser Sicherheit wird anhand von Wahrscheinlichkeiten modelliert, wobei es sich jedoch nicht um objektive, sondern um subjektive Wahrscheinlichkeiten handelt: ein Akteur kann subjektiv absolut sicher sein, daß ein Ereignis eintrifft, obwohl objektiv eine evtl. nicht unbeträchtliche Chance des Nichteintretens besteht.
   Jetzt wird auch deutlich, welche Vorteile eine metrisch skalierte Nutzenfunktion mit sich bringt. Für jede Handlungskonsequenz wird eine Erwartung gebildet, inwieweit ihr Auftreten bei jeder einzelnen möglichen Handlungsalternative wahrscheinlich ist. So könnte ein Akteur z.B. erwarten, daß die Handlungskonsequenz c_2 (z.B. seinen Chef beim Essen zu treffen) bei der ersten Handlungs-

alternative h_1 (der Imbißbude) mit Sicherheit nicht eintreffen wird (da der Akteur weiß, daß sein Chef das Essen dort nicht verträgt), während bei der Handlungsalternative h_2 (dem Gourmetrestaurant) eine fünfzigprozentige Chance besteht (da der Chef dort jeden zweiten Tag speist). Diese Erwartungen können mittels einer **Eintrittswahrscheinlichkeit** p für jede Handlungskonsequenz modelliert werden, wobei gilt $0 \leq p_{ik} \leq 1$. In unserem Beispiel wäre die Erwartung p_{21} (den Chef an der Imbißbude zu treffen) gleich 0, die von p_{22} (Treffen im Gourmetrestaurant) 0,5. Diese Wahrscheinlichkeiten werden multipliziert mit den Nutzenwerten nu_k. Das Ergebnis ist der **subjektiv erwartete Nutzen einer Handlungskonsequenz**, mit ihm können unsicher zu realisierende Ziele hinsichtlich ihrer Wünschbarkeit miteinander verglichen werden.[13]

5. Indem nun die mit ihren Eintrittswahrscheinlichkeiten gewichteten Nutzenwerte über eine Handlungsalternative aufsummiert werden, erhält man den **subjektiv erwarteten Nutzen** (subjective expected utility) **dieser Handlungsalternative**, formal:

$$SEU(h_i) = \sum_{k=1}^{n} nu_k \, p_{ik} \quad .$$

In diesem Wert sind die situativen Rahmenbedingungen mit den Zielen der Akteure verknüpft: erstens fließt nur die Bewertung von Handlungskonsequenzen ein, die mit in der gegebenen Situation realisierbar erscheinenden Handlungsalternativen in Verbindung gebracht wurden. Zweitens werden die Erwartungen des Akteurs über die Eintrittswahrscheinlichkeiten im wesentlichen Maße von der Situation abhängen, in der er sich befindet.

6. Die Erklärung individuellen Handelns erfolgt schließlich mittels einer **Maximierungsannahme**: es wird diejenige Handlung ausgeführt, für die der subjektiv erwartete Nutzen maximal ist (Luce & Raiffa 1957: 50), formal: h_i wird ausgeführt, wenn

$$SEU(h_i) = \max SEU(h_j) \text{, mit } 1 \leq j \leq m \quad .$$

Diese Modellierung einer Handlungsauswahl durch einen Akteur läßt sich mittels einer Matrix darstellen. Abbildung 6.3 zeigt eine derartige Handlungsmatrix für einen Akteur, wobei die oben eingeführten Notationen zugrunde gelegt wurden:

---

[13] Vgl. hierzu Luce & Raiffa (1957: 19ff), für eine Diskussion der Verwendung subjektiver Wahrscheinlichkeiten Kirsch (1970: 43-60).

Abbildung 6.3: Die nutzentheoretische Handlungsmatrix

Menge der Handlungen	Menge der möglichen Konsequenzen c_1 ... c_k ... c_n	Subjektiv erwarteter Nutzen der Handlung
h_1	nu_1p_{11} ...	$SEU(h_1)$
h_2	...	$SEU(h_2)$
...		
h_i	nu_1p_{i1} + ... + nu_kp_{ik} + ... + nu_np_{in}	$\sum_{k=1}^{n} nu_{ik}\, p_{ik}$ = $SEU(h_i)$
...		
h_m		$SEU(h_m)$
h_n ... h_z	} Durch Restriktionen ausgeschlossene Handlungsalternativen	

Die Nutzentheorie spezifiziert das Postulat zielgerichteten Handelns, indem der Auswahlmechanismus mittels zweier "Filter" (Elster 1987: 106f) beschrieben wird: der erste Filter beschränkt die in Betracht zu ziehenden Handlungsalternativen auf das "opportunity set", der zweite ermittelt die von dem Akteur am meisten präferierte Handlung, indem Erwartungswerte des Nutzens gebildet und aufsummiert werden. Dieser Maximierungsmechanismus individuellen Handelns wird als Rationalitätspostulat bezeichnet. *Ein Akteur handelt demnach rational, wenn und nur wenn er die Handlungsalternative wählt, die den höchsten subjektiv erwarteten Nutzen erbringt.*[14]

Aufgrund der vielfältigen Verwendung des Begriffs "Rationalität" in Alltag und Wissenschaft ergeben sich verschiedene Bedeutungsinhalte, die insbesondere in der sozialwissenschaftlichen Theorie zu Kommunikationsproblemen führen können. Viele der Einwände gegen die RC-Theorie sind auf diesen Tatbestand zurückzuführen (vgl. hierzu auch Opp 1978: 54-58). Deswegen sollen im folgenden einige Implikationen des hier verwendeten Rationalitätsbegriffes verdeutlicht werden:

- Das Postulat der Rationalität ist empirisch erst einmal inhaltsleer; LINDENBERG spricht in diesem Zusammenhang von einem "leeren Sack" (vgl. Linden-

[14] Eine umfassendere Darstellung der Nutzentheorie findet sich in Luce & Raiffa (1957), Stegmüller (1983), eine leicht zu lesende Einführung bietet Opp (1978: 42-53).

berg 1981: 26). Aussagekräftig wird die Theorie erst, wenn gemessene oder angenommene Präferenzen hinzugenommen werden.

- Es handelt sich bei der Nutzentheorie *nicht um eine normative Theorie* in dem Sinne, daß Handlungsanweisungen für Akteure abgeleitet werden sollen. Statt dessen wird rationales Verhalten als gesetzesartige Annahme verwandt, um zu beschreiben, was ein rationaler (d.h. zielgerichtet handelnder) Akteur mit bestimmten Zielen *tun würde* (Stegmüller 1983: 449-452).
- Hieraus folgt auch, daß rationales Verhalten unabhängig von moralischen oder ethischen Aspekten zu sehen ist. Je nachdem welche grundlegenden Präferenzen für die Akteure angenommen (oder gemessen) werden, können diese als Egoisten, Altruisten etc. typisiert werden. Die RC-Theorie ist somit nicht auf ein wertendes Menschenbild fixiert, sondern überläßt diese Frage der Empirie.[15]
- Nur (handelnde) *Akteure*, für die Präferenzen gemessen oder plausibel angenommen werden können, sind in der Lage, sich rational zu verhalten. Diese Akteure können nicht nur Individuen, sondern auch sog. korporative Akteure (z.B. Betriebe und Organisationen als juristische Personen) sein (vgl. Kap 8.3).[16] Jedoch muß die Anwendung des Rationalitätspostulats auf korporative Akteure prinzipiell durch den Rückgriff auf individuelle Präferenzen begründet werden (vgl. Kirsch 1971: 36). Zuständen oder überindividuellen Systemen kann dagegen keine Rationalität im hier verwendeten Sinne zukommen.
- Der Rationalitätsbegriff ist unabhängig von den tatsächlich realisierten Ergebnissen definiert. Die in die Erwartungswerte mit einfließenden Wahrscheinlichkeiten implizieren, daß auch eine (evtl. noch so kleine) Gegenwahrscheinlichkeit existiert, so daß das tatsächlich realisierte Ergebnis von dem erwarteten differieren kann. Die Entscheidung eines Patienten mit akuter Blinddarmentzündung für einen operativen Eingriff mit einer Erfolgsrate von 50000:1, der doch in Folge der Operation stirbt, widerspricht nicht der Vorstellung rationalen Handelns, da ohne diesen Eingriff die Krankheit in 95% aller Fälle tödlich verläuft.

Bei der Anwendung dieser formalen Theorie im Rahmen einer soziologischen Analyse entsteht demnach das Problem, die Annahme der Rationalität auf konkrete Handlungssituationen zu beziehen. Hierbei stellen sich insbesondere zwei Fragen: Welche für die Akteure relevanten Handlungskonsequenzen müssen in die Analyse mit einbezogen werden, und welche Nutzenwerte können diesen Konsequenzen zugeordnet werden? Obwohl beides prinzipiell empirisch erhoben werden könnte, ist dies faktisch aufgrund des damit verbundenen Aufwandes eher selten möglich. Daher muß der Forscher oft auf plausible Annahmen zurückgreifen, deren Systematik in Kap. 6.3 ausführlich diskutiert wird. Wichtig ist in diesem Zusammen-

---

[15] In der Tat kann "moralisches" Verhalten problemlos mit RC-Theorien modelliert werden, z.B. Altruismus (Margolis 1985: 15) oder sogar Sadismus (Taylor 1987: 112ff).

[16] Das bekannteste Beispiel stellt die in der Ökonomie verwandte Gewinnmaximierungsannahme für den korporativen Akteur "Unternehmen" dar.

hang, daß eine gute Analyse weder eine vollständige Aufzählung aller möglichen Handlungsalternativen noch exakte Nutzenwerte erfordert.

Dies wird am Beispiel einer Analyse von WIPPLER (1985) besonders deutlich. Er geht dabei der ursprünglich von MICHELS (1925) gestellten Frage nach, warum auch und gerade in Organisationen wie Parteien, die ausdrücklich demokratische Prinzipien auch auf die *internen* Entscheidungsprozesse anwenden wollen, eine Tendenz zur Oligarchie auftritt. Oligarchie beschreibt hierbei eine Situation, in der die Führungspersonen in der Organisation über Ziele und Maßnahmen entscheiden können, ohne daß eine Kontrolle durch die Mitglieder stattfindet. Damit besitzt eine Minderheit die Möglichkeit, Ziele zu verfolgen, die keine demokratische Mehrheit in der Organisation finden würden. WIPPLER rekonstruiert diesen Gedanken von MICHELS, indem er für die Akteure eine begrenzte Anzahl von Handlungskonsequenzen auswählt, die seines Erachtens das Entscheidungsverhalten der Akteure in jedem Fall beeinflussen. Für diese Handlungskonsequenzen legt er dann keine exakte Nutzenwerte fest, sondern trifft Annahmen über die *Entwicklung* dieser Nutzenwerte für den Fall, daß sich zentrale Eigenschaften der Organisation (wie z.B. die Größe einer Partei) ändern. Er kommt dabei zu dem Ergebnis, daß sich bei zunehmender Größe der Organisation zwangsläufig Oligarchie einstellen muß, solange die Fähigkeit der Mitglieder zur gemeinsamen Sanktion der Führungspersonen wenig ausgeprägt ist. Diese Fähigkeit steigt z.B. mit der Möglichkeit interner Kommunikation. Die Analyse WIPPLERs zeigt beispielhaft, wie die Nutzentheorie zu Erklärung sozialer Phänomene verwendet werden kann (vgl. Kap. 8.3.2).

Ein oft vorgebrachter Einwand gegen die Nutzentheorie besagt, daß die "soziale Komponente" menschlichen Handelns verlorengehe. Begründet wird dies mit dem Argument, daß Handeln nur noch auf eine "unpersönliche" Nutzenfunktion reduziert würde, und das soziale Umfeld unberücksichtigt bliebe. Auf dieses Argument wird im folgenden Kapitel eingegangen, in dem eine interpersonelle Variante der RC-Theorie vorgestellt wird.

6.2.3 Spieltheorie

Bisher wurde mittels der Nutzentheorie lediglich *ein* (handelnder) Akteur betrachtet. Wie jedoch aus den verschiedenen Definitionen für soziales Handeln als Gegenstand der Soziologie deutlich wird (vgl. Kap. 5), können die Akteure meist nicht isoliert voneinander, sondern nur in ihrer wechselseitigen Interdependenz betrachtet werden. Die "Ausweitung" der Nutzentheorie auf derartige Situationen soll im folgenden anhand der Beziehung zwischen Arbeitgeber und Arbeitnehmer verdeutlicht werden.[17]

Betrachten wir hierzu ein Unternehmen (bzw. den korporativen Akteur "Arbeitgeber"), das einen Ingenieur für die Entwicklung einer neuen Technologie beschäftigen möchte. Im Arbeitsvertrag wird hierzu das Arbeitsfeld des Ingenieurs beschrieben und als Entlohung ein Grundgehalt zuzüglich einer an der Gewinn-

[17] Das folgende Kapitel hat nicht zum Ziel, eine umfassende Einführung in die Spieltheorie zu bieten, sondern soll vielmehr einen kurzen Einblick in die Möglichkeiten ihrer Anwendung für soziologische Analysen geben. Für weiterführende Informationen sei der interessierte Leser auf die Arbeiten von Schelling (1960), Rapoport (1966), Davis (1972), Coombs et al. (1975), Axelrod (1987) sowie Rasmussen (1989) verwiesen.

situation des Unternehmens orientierten Prämie vereinbart. Obwohl die Situation für beide Seiten klar definiert erscheint, ergibt sich bei näherer Betrachtung für beide Akteure ein Problem. Da kurzfristig die Messung des Arbeitsergebnisses schwer oder gar nicht möglich ist, kann der Arbeitgeber nicht entscheiden, ob der Ingenieur seine Kraft ganz auf das Entwicklungsprojekt konzentriert. Letzterer könnte zum Beispiel einen wesentlichen Teil seiner Arbeitszeit darauf verwenden, wissenschaftliche Veröffentlichungen über andere Themen zu verfassen, um seinen "Marktwert" auf dem Arbeitsmarkt zu steigern und möglichst bald in einen besser dotierten Job zu wechseln. Der Arbeitnehmer wiederum ist am Ende des Jahres nur sehr ungenau darüber informiert, wie hoch die Gewinne der Firma in dieser Periode waren. Er ist daher auf die Aussagen des Arbeitgebers angewiesen und kann die korrekte Höhe seiner Prämie nicht kontrollieren. Jeder der beiden Akteure hat demnach die Möglichkeit, den anderen zu übervorteilen und Leistungen zurückzuhalten, ohne daß dies der Partner zumindest in der Gegenwart kontrollieren kann. Zudem weiß keiner von beiden, wie sich der andere verhalten wird. Diese Situation läßt sich mit Hilfe einer Matrix verdeutlichen, wobei den Akteuren jeweils zwei Handlungsalternativen zugestanden werden: die Leistung zurückzuhalten (d.h. zu "defektieren", engl. to **d**efect (D)) oder die korrekte Leistung zu erbringen (d.h. zu "kooperieren", engl. to **c**ooperate (C)).

Abbildung 6.4: Eine Klassifikation von Handlungsergebnissen

		Arbeitgeber	
		C	D
Arbeitnehmer	C	Situation I	Situation II
	D	Situation III	Situation IV

Die Situation I ist dadurch gekennzeichnet, daß die Leistungen korrekt ausgetauscht werden: der Arbeitnehmer bekommt die korrekte Prämie, während der Arbeitgeber von der Realisierung eines neuen Produktionsverfahrens profitieren kann. In Situation IV können dagegen diese für beide Seiten vorteilhaften Ergebnisse nicht erreicht werden: weder erhält der Arbeitnehmer die Prämie, noch wird die neue Technologie entwickelt. Defektiert nun der Arbeitgeber und der Arbeitnehmer erbringt die volle Arbeitsleistung (Situation II), so spart sich das Unternehmen die Prämie *und* erhält die neue Technologie. Umgekehrt kann der Arbeitnehmer in Situation III sowohl die Prämie als auch die Vorteile nachlässigen Arbeitens für sich verbuchen, während der Arbeitgeber leer ausgeht. Anhand dieser Ergebnisauflistung wird deutlich, daß die Akteure nicht *allein* durch die Wahl einer Handlungsalternative die Ergebnisse ihrer Wahl (in Form von erwarteten oder sicheren Handlungskonsequenzen) bestimmen können. Vielmehr hängt die realisierte Situation ebenfalls von der Handlungsweise des Interaktionspartners ab. Dies wird im Rahmen von RC-Theorien als **Situation strategischer Interdependenz** bezeichnet (vgl. Rapoport 1966: 17, Harsanyi 1976: 96), sie ist die Grundlage der Anwendung der Spieltheorie.[18] Welche Aussage kann diese Theorie für die beschriebene Situation treffen?

Wie wir im vorhergehenden Kapitel gezeigt haben, liegen den Handlungsentscheidungen der Akteure deren Präferenzen zugrunde. Welche Präferenzordnung können die Akteure bezüglich der vier möglichen Ergebnisse besitzen? Für den Arbeitgeber kann man plausibel annehmen, daß die Ausbeutung durch den Arbeitnehmer in der Situation III für ihn das schlechteste Ergebnis darstellt, während die technische Entwicklung, für die keine Prämie gezahlt werden muß (II), sicher die beste Alternative sein dürfte. Für die beiden anderen Situationen wollen wir annehmen, daß die Vorteile der neuen Technologie (I) höher wiegen als die Ersparnis der Prämienzahlung an den Ingenieur (IV). Für den Arbeitnehmer gilt umgekehrt, daß die Ausbeutung des Arbeitgebers in Situation III die beste, die Ausnutzung durch den Arbeitgeber bei voller Arbeitsleistung (II) die schlechteste Alternative darstellt. Aber auch für ihn soll gelten, daß die korrekte Erfüllung des Arbeitsverhältnisses durch beide Seiten (I) besser sein soll als die Situation, in der er zwar nicht die volle Arbeitsleitung erbringt, jedoch auch nicht die korrekte Prämienzahlung erhält (IV). Folgende Tabelle gibt nun die hypothetische Präferenzordnung der beiden Akteure wieder:[19]

Abbildung 6.5: outcomes für Arbeitgeber und Arbeitnehmer

Rangfolge der outcomes	Nutzenwerte	Arbeitnehmer	Arbeitgeber
bester	4	III	II
zweitbester	3	I	I
drittbester	2	IV	IV
schlechtester	1	II	III

[18] Vgl. hierzu auch Kap. 2.1 sowie Kap. 4.2.

[19] Die aufgeführten Präferenzordnungen beruhen hier auf Plausibilitätsannahmen, die sich auf eine idealtypische Situation beziehen. Dahinter steht die Annahme, daß für die vorliegende Fragestellung von anderen als den genannten Handlungskonsequenzen *abstrahiert* werden kann. Vgl. hierzu auch Kap. 6.3.

Wie in der Nutzentheorie können entsprechend ihrer Position den Situtionen (oder "outcomes") Nutzenwerte zugeordnet werden. Dies können sowohl kardinale Nutzenwerte mit Ertwartungswerteigenschaft sein, als auch eine einfache ordinale Zuordnung numerischer Werte. Da uns im folgenden nicht interessieren soll, um wieviel der Arbeitgeber Situation I der Situation IV vorzieht, geben die Nutzenwerte lediglich eine (ordinale) Rangordnung wieder, wobei 4 den höchsten, 1 den geringsten Nutzen bezeichnet. Aufgrund dieser Zuordnung kann die Entscheidungssituation der beiden Akteure vereinfacht dargestellt werden:

Abbildung 6.6: payoff-Matrix des Gefangenendilemmas

		Arbeitgeber	
		C	D
Arbeitnehmer	C	3 / 3	1 / 4
	D	4 / 1	2 / 2

Statt der mit römischen Ziffern bezeichneten outcomes stehen nun Nutzenwerte zur Verfügung, die die Präferenzen der Akteure abbilden. Die erste Zahl in jedem Quadranten ist dabei dem Zeilenspieler (Arbeitnehmer), die zweite dem Spaltenspieler (Arbeitgeber) zuzuordnen. Nutzenwerte werden in der Spieltheorie als "payoffs", eine derartige Matrix als payoff-Matrix oder **Normalform eines Spiels** bezeichnet. Die Beschreibung eines Spiels enthält die Anzahl der Spieler (mindestens zwei), deren Handlungsalternativen (die sog. "**Strategien**"[20]), sowie die **payoffs** beider Spieler für jede Strategienkombination. Wie in der Nutzentheorie wird als grundlegendes Postulat die Nutzenmaximierung angenommen: jeder Spieler versucht, einen möglichst hohen payoff zu realisieren. Da wir im vorliegenden Beispiel den verschiedenen Zielzuständen bereits Nutzenwerte zugeord-

[20] Strategien sind nicht eigentlich Handlungsalternativen, wie sie in der Nutzentheorie verwendet werden, sondern eher ein umfassender Verhaltensplan für ein ganzes Spiel. Da diese Unterscheidung jedoch für die hier behandelten Spielsituationen geringe Bedeutung besitzt, soll auf eine explizite Einführung des Strategienbegriffs verzichtet werden. Dem an der Spieltheorie interessierten Leser seien hierzu die in Fußnote 17 angegebenen Lehrbücher, insbesondere Davis (1972: 23), empfohlen.

net haben, können wir Aussagen darüber treffen, was im oben angegebenen Sinne **rationale Spieler** tun würden, oder m.a.W.: Wie sollen sich die Akteure verhalten, um ihre Präferenzen so gut wie möglich zu realisieren?

Ein erster Blick auf die Matrix in Abbildung 6.6 zeigt, daß beiderseitige Kooperation für beide Parteien attraktiv sein müßte; beide erhalten drei Nutzeneinheiten, die zweithöchste Auszahlung für beide Spieler. Nun könnte man annehmen, daß beide Spieler auf das Wohlwollen des anderen vertrauen und C wählen. Doch betrachten wir den Arbeitgeber und fragen uns, wie er auf die beiden Strategien des Arbeitnehmers am besten reagieren sollte. Defektiert der Arbeitnehmer, so wäre die beste mögliche Reaktion des Arbeitgebers hierauf, ebenfalls zu defektieren (sonst würde er statt zwei nur eine Nutzeneinheit erhalten). Kooperiert der Arbeitnehmer stattdessen ("C"), so könnte der Arbeitgeber durch die Wahl von C nun die relativ gute Auszahlung (3) für beide Spieler realisieren. Doch würde er dann gegen das Verhaltenspostulat "Maximiere deinen payoff" verstoßen, denn durch die Wahl von D könnte er vier Nutzeneinheiten erreichen. Unabhängig davon, wie der Arbeitnehmer sich verhält, ist für den Arbeitgeber D stets die Strategie, die ihm den höchsten payoff sichert (eine sog. dominante Strategie). Betrachtet man die Lage des Arbeitnehmers, so wird auch er unabhängig von der Strategiewahl des Arbeitgebers defektieren. Paradoxerweise werden rationale Spieler demnach die Situation IV mit jeweils zwei Nutzeneinheiten für jeden realisieren, obwohl beide die Situation I vorziehen würden (vgl. Abb. 6.4.).

Spiele mit dieser payoff-Struktur werden als **"Gefangenendilemma"** (prisoners dilemma) bezeichnet.[21] Ein Gefangenendilemma zeichnet sich dadurch aus, daß die individuelle Rationalität (der payoff-Maximierung) zu einem kollektiv ineffizienten Ergebnis führt. Obwohl die Situation beiderseitiger Kooperation für *beide Akteure* die bessere Alternative darstellt, wird das für *beide* schlechtere Ergebnis gegenseitiger Defektion erreicht. Der Grund hierfür liegt in der Ausbeutbarkeit der Akteure: selbst wenn ein Spieler bereit wäre, auf seinen höchsten payoff zu verzichten, wäre er mit der Wahl der kooperativen Strategie schlecht beraten. Durch diese Bereitschaft schafft er einen Anreiz für den Interaktionspartner, durch Defektion den maximal möglichen payoff zu erreichen, wobei er für sich selbst lediglich die schlechteste Auszahlung realisieren würde. Mit Hilfe von Spielen wie dem Gefangenendilemma lassen sich eine Reihe von empirischen Situationen beschreiben, in denen die Kooperation von Akteuren problematisch ist. So sind beispielsweise Tauschsituationen, in denen die Tauschpartner über unterschiedliche Information verfügen, als derartiges Dilemma darstellbar (z.B. in Gebrauchtwagenmärkten, vgl. hierzu Miller 1992:27f, Akerlof 1970). Weitere Beispiele für die Modellierung von Interaktionsituationen mittels des Gefangenendilemmas lassen sich z.B. finden für die Darstellung der Interessensgegensätze und -gemeinsamkei-

[21] Eine leicht zu lesende Einführung sowie eine kurze Erläuterung der Geschichte dieses Begriffs bietet Hofstadter (1983). In der Literatur hat sich für die payoffs im Gefangenendilemma eine allgemeine Notation durchgesetzt: der höchste payoff (in unserem Beispiel 4) wird mit T, der zweithöchste (3) mit R, der dritthöchste (2) mit P und der schlechteste (1) mit S bezeichnet. Vgl. hierzu auch Axelrod (1987).

ten von Arbeitgeber und Arbeitnehmer (vgl. Schrüfer 1988: 61ff, Abraham & Prosch 1991 sowie Miller 1992), den Austausch von Informationen zwischen Unternehmen (Schrader 1989: 25ff) oder die Problematik des Dopings im Sport (vgl. Keck & Wagner 1990).

Diese Aufzählung verschiedener sozial problematischer Situationen macht deutlich, daß die Akteure nicht immer das kollektiv schlechteste Ergebnis realisieren. Entwicklungsingenieure arbeiten durchaus erfolgreich an der Einführung neuer Techniken, die Bemühungen um Umweltschutz haben partiell Erfolg und Gebrauchtwagen werden ge- und verkauft. Daher liegt die Vermutung nahe, daß Mechanismen existieren müssen, die die Überwindung derartiger Dilemmasituationen ermöglichen. Dabei muß das Verhalten der Akteure derart "reguliert" werden, daß eine für alle Beteiligten möglichst vorteilhafte Lösung realisiert wird. Man spricht in diesem Zusammenhang auch von Regulierungs- oder Kooperationsmechanismen. Ziel der anwendungsorientierten spieltheoretischen Forschung in den Wirtschafts- und Sozialwissenschaften ist es, diese Mechanismen zu finden und deren Anwendungsbedingungen offenzulegen. Im folgenden sollen einige derartige Auswege aus sozialen Dilemmasituationen anhand des obigen Beispiels aufgezeigt werden.

Eine Möglichkeit, das Verhalten der beiden Akteure zu regulieren, wäre die Existenz einer wirksamen sozialen **Norm**, die kooperatives Verhalten bindend vorschreibt. Es wäre vorstellbar, daß z.B. der Ingenieur sich einem Berufsethos verpflichtet fühlt, das ihm den vollen Einsatz für die Technologieentwicklung (und damit für den Arbeitgeber) vorschreibt. Derartige informelle, soziale Normen müssen jedoch für die wirksame Regulierung unerwünschten Verhaltens hinreichend eindeutig als auch einer gewissen Kontrollinstanz unterworfen sein. Diese Voraussetzungen sind wohl eher selten in ausreichendem Maße gegeben, da die Akteure in der Regel Spielräume (Varianzen) hinsichtlich der Norm besitzen (Boudon 1980: 57-77, Coleman 1991: 312ff sowie Kap. 8.1.2) und die Sanktionierung von Verstößen sowohl die Entdeckung derselben als auch die Übernahme der dabei entstehenden Kosten durch andere Akteure voraussetzt.[22] Die Probleme der Sanktionskosten sowie der Varianzen können relativiert (wenn auch nicht überwunden) werden, wenn formale Normen (z.B. als Gesetze) existieren. Das Arbeitsrecht stellt einen derartigen Versuch einer dritten Partei (hier des Gesetzgebers) dar, unerwünschtes Verhalten wie z.B. die Vernachlässigung von Arbeitsschutzmaßnahmen auch ohne Einwilligung der Akteure normativ zu erzwingen. Wie an den empirisch beobachtbaren, zahlreichen Verstößen gegen die Arbeitsschutzverordnung abzulesen ist, führt eine derartige Steuerung durch eine **Zentralinstanz** nicht unbedingt zum Erfolg. Die die Norm setzende dritte Partei sieht sich wie bei informellen Normen mit Problemen der Entdeckung von Verstößen sowie der Durchführung und Überwachung von Sanktionen konfrontiert. In beiden Fällen wird individuelles Verhalten demnach *vor* der eigentlichen Interaktion reguliert,

[22] Die Sanktionierung von Verhalten kann daher auch als Kollektivgut modelliert werden, wie dies Opp (1978: 21f sowie 151-165) am Beispiel individueller Krisenreaktionen zeigt.

indem die der Norm zugrundeliegenden Rechte zur Verhaltensvorschrift (vgl. Coleman 1991: 313) ex ante begründet (oder transferiert) wurden (z.B. durch Herausbildung eines Berufsethos' oder durch Erlaß eines Gesetzes). Der Inhalt der Norm sowie die damit verbundene Sanktionshöhe werden dabei nicht durch die Interaktionspartner bestimmt, sondern von der sozialen Umwelt den Akteuren vorgegeben. Lösungen mittels informeller oder formeller Normen und Zentralinstanzen setzen demnach voraus, daß eine dritte (der Interaktion exogene) Partei bereits vor dem Eintritt der Dilemmasituation (ex ante) sowohl darüber entscheidet, wie diese gelöst werden soll (z.B. Inhalt der Norm) als auch, wie ein Verstoß geahndet wird. Sie können daher als **exogene Ex-ante-Mechanismen** bezeichnet werden. Deren Hauptproblem besteht in der Verfügbarkeit von Information über Art und Ausmaß der Regulierung, die gerade von *außenstehenden* Akteuren *vor* der eigentlichen Information nur unter hohen Kosten zu beschaffen sein wird (vgl. Klein 1985: 594)

Die Regulierung durch Dritte kann jedoch auch geschehen, ohne daß ex ante Rechte (oder Güter) übertragen werden müssen. Betrachten wir den Fall, daß der Arbeitgeber vor der Entscheidung steht, ob er die Prämienzahlung zu Unrecht verweigert. Neben der finanziellen Ersparnis könnte dabei auch folgende Überlegung eine Rolle spielen. Das Unternehmen benötigt in Zukunft noch weitere Entwicklungsingenieure für zusätzliche Projekte und muß diese auf einem regional begrenzten Arbeitsmarkt anwerben. Über Kontakte der Beschäftigten zu anderen Unternehmen, Universitäten oder einfach mit Freunden würde nun bekannt, daß dieser Arbeitgeber sich oft unredlich gegenüber seinen Mitarbeitern verhält. Dies hätte zur Folge, daß die Attraktivität der Firma für potentielle Arbeitnehmer sinkt und keine oder nur schlechter ausgebildetete Mitarbeiter angeworben werden können. Durch den Ruf bzw. die **Reputation** wird für Akteure zwar ebenfalls ein Anreiz zur Kooperation durch die Sanktion Dritter geschaffen, jedoch entfällt die Notwendigkeit vorab spezifizierter Strafen (vgl. Carmichael 1984, Raub & Weesie 1990). Der für Kooperation verantwortliche Anreizmechanismus stützt sich jedoch auch hier auf exogene Sanktionen, die von Dritten durchgesetzt werden müssen.

Die Beschaffung von Informationen durch Akteure, die nicht in die Interaktion involviert sind, wird oft schwer möglich oder mit hohen Kosten verbunden sein. Vor diesem Hintergrund gewinnen **endogene Kooperationsmechanismen**, deren Einsatz nur von den Interaktionspartnern selbst bestimmt wird, an Bedeutung (vgl. Raub & Voss 1986, Raub & Weesie 1993). Der Ingenieur und sein Arbeitgeber könnten in dem Arbeitsvertrag einen Passus aufnehmen, der für den Fall opportunistischen Verhaltens Sanktionen spezifiziert. Der Arbeitgeber könnte sich so z.B. das Recht vorbehalten, den Ingenieur bei einer nicht genehmigten Veröffentlichung abzumahnen oder mit einer Geldbuße zu belegen. Indem der Arbeitnehmer einen derartigen Vertrag unterschreibt, *verpflichtet* er sich unter Anerkennung des Sanktionsrechts des Partners zu einem bestimmten Verhalten. Alle rechtlich einklagbaren Tauschverträge beruhen in einem derartigen Sinne auf wechselseitigen **Verpflichtungsmechanismen**. Die Parteien entscheiden im Rahmen solcher Verpflichtungen (commitments) nicht nur eigenständig über deren Inhalt, sondern müssen auch sicherstellen, daß diese eingehalten werden. Nur wenn die gegebenen

Zusagen im Vorfeld für den Partner glaubwürdig sind, wird dieser mit kooperativem Verhalten rechnen. Im Falle von formellen Verträgen wird diese Glaubwürdigkeit in der Regel durch die Einklagbarkeit der Zusagen vor einem Gericht oder einer Schiedsstelle erreicht. Eine derartige Lösung findet jedoch ihre Grenzen, wenn Verträge nicht hinreichend spezifiziert werden können. Ändern sich die Umweltbedingungen z.B. derart, daß die Sanktion für einen Akteur an Schrecken verliert (z.B. ist dem Ingenieur die Abmahnung gleichgültig, da er sich demnächst selbständig machen will) oder daß neue, nicht vorhersehbare Verhaltensoptionen auftreten, so können die mit dem Vertrag verbundenen Verpflichtungsmechanismen wirkungslos werden. Zudem entsteht wie bei normativen Regulierungen das Problem, daß bei Vertragsstreitigkeiten eine neue Dilemmasituation auftritt, die unter entsprechenden Kosten wieder exogen (nämlich über Gerichte o.ä.) geregelt werden muß.

Aus diesen Überlegungen folgt, daß eine derartige Verpflichtung umso glaubwürdiger ist, je höher die mit deren Verletzung verbundenen Kosten und je geringer das Informationsbedürfnis für die Verhängung von Sanktionen sind. Die Glaubwürdigkeit von Verpflichtungsmechanismen kann jedoch auch anders als durch die Verknüpfung des opportunistischen Verhaltens mit einer direkten, externen Sanktion sichergestellt werden. So können die Akteure vor dem Spiel Investitionen tätigen, die direkt mit dem ineffizienten outcome des Spiels verknüpft sind und bei defektivem Verhalten verloren gehen.[23] Auch für unser Beispiel der Prämienzahlung in Arbeitsbeziehungen lassen sich derartige Lösungen finden. So ist oft zu beobachten, daß Beschäftigte größerer Unternehmen das Recht erhalten, Aktien des Arbeitgebers zu Vorzugspreisen zu erwerben. Diese Praxis kann als einseitige Verpflichtung des Arbeitgebers zur Prämienzahlung in Form einer Aktiendividende interpretiert werden. Der Arbeitnehmer erhält hierbei ein extern (d.h. gerichtlich) durchsetzbares Zugriffsrecht auf Gewinnanteile des Unternehmens, wobei deren Höhe durch den Aktienmarkt geregelt wird. Damit wird zugleich die Informationsasymmetrie beseitigt, da durch die Koppelung mit dem öffentlich beobachtbaren Wertpapiermarkt der Anreiz für das Unternehmen vermindert wird, seine Gewinnsituation zu verschleiern.[24] Unter bestimmten Umständen können Verpflichtungsmechanismen auch vollkommen ohne externe Sanktionierung auskommen. Dies wird möglich, wenn die Verpflichtung sich nicht auf die Übertragung von Rechten (die im Zweifel ja immer vor dem jeweiligen institutionellen Hintergrund geltend gemacht werden müssen), sondern auf "Gütern" im weitesten Sinne beruht. Dies wird insbesondere dort relevant, wo die Interaktionspartner nicht auf ein gemeinsames Rechtswesen zurückgreifen können oder die Nutzung dieses Rechtswesens nicht oder nur schwer möglich ist. Ins-

---

[23] Derartige Investitionen werden auch als "irreversible Kosten" (sunk costs) (Schrüfer 1988: 159) bezeichnet, ein ähnlicher Mechanismus stellt die Analyse von Pfändern in der Spieltheorie dar (vgl. Raub & Keren 1993).

[24] Natürlich besteht für Aktiengesellschaften der Anreiz, die Gewinnsituation überhöht darzustellen; dies stellt jedoch im Rahmen des hier betrachteten Mechanismus kein Problem dar.

besondere der gegenseitige Austausch solcher Güter kann einen Ausweg aus dem Dilemma darstellen, wie dies das Beispiel der gegenseitigen Lizensierung bei Unternehmenskooperationen eindruckvoll belegt: Wird bei einem gemeinsamen Vorhaben die Vergabe einer Produktionslizenz an das Partnerunternehmen notwendig, so ist insbesondere in internationalen Beziehungen nicht sichergestellt, daß die Lizenz und damit verbundenes Wissen nicht gegen den Lizenzgeber auf dem gemeinsamen Markt eingesetzt werden. Um dies zu verhindern, werden Lizenzen oft getauscht. Damit haben beide Kooperationspartner ein Druckmittel, sobald sich der andere unredlich verhält (Raub & Keren 1993: 45).

Die Entscheidung über den Einsatz oder die Implementation solcher "Konstruktionen" liegt hier allein bei den Akteuren (und wird somit endogen gesteuert), während für die Sicherung der Glaubwürdigkeit von Verpflichtungen auf institutionelle Rahmenbedingungen (wie z.B. Eigentumsrechte an Aktien) zurückgegriffen werden muß. Wie bereits betont, sind sowohl normative wie auch Verpflichtungsmechanismen ex ante-Regulierungen, die die Übertragung von Rechten oder Gütern im Vorfeld der Interaktion notwendig machen. Aus dieser Tatsache resultiert das Problem, inwiefern Information über das Ausmaß und die Ausgestaltung der Regulierung bereits zu diesem Zeitpunkt vorliegt. Dieses Problem läßt sich mit Reputationsmechanismen umgehen, die auf beobachtetem Verhalten beruhen. Die individuelles Verhalten regulierenden Sanktionen werden hier ex post durchgeführt, sind jedoch mit dem Problem behaftet, daß die Kosten der Information über unredliches Verhalten sowie der Sanktionsdurchführung durch Dritte getragen werden müssen, die diese Kosten nur schwer auf die Interaktionspartner abwälzen können.

Tatsächlich ist eine nicht unbeträchtliche Anzahl empirischer Situationen beschrieben worden, in denen trotz erheblicher Anreize zur Defektion kooperatives Verhalten ohne die Nutzung der beschriebenen Regulierungsarten entstand.[25] Dies läßt den Schluß zu, daß noch weitere Kooperationsmechanismen existieren müssen, die sich weder exogenen noch ex ante-Komponenten bedienen. Ein in der Sozialpsychologie häufig untersuchtes, in diesem Zusammenhang jedoch etwas vernachlässigtes Phänomen stellt das altruistische Verhalten von Individuen dar.[26] Ein altruistischer Akteur berücksichtigt nicht nur das eigene Wohlergehen, sondern auch das seines Interaktionspartners. Kooperatives Verhalten wird dabei möglich, indem auch der Nutzen des anderen maximiert wird. So elegant diese Lösung erscheint, birgt sie jedoch auch ein schwerwiegendes Problem. Es erscheint u.E. wenig plausibel, für die Masse der Individuen ein derartiges Verhalten zu unterstellen. Nur in bestimmten Situationen wie z.B. Interaktionen im Familienverband dürfte eine derartige Annahme gerechtfertigt sein. Dies wird unterstützt durch die Überlegung, daß ein Altruist von einem Nichtaltruisten ausbeutbar ist, die wenigsten Menschen sich jedoch gerne von anderen ausnutzen lassen. Altruismus kann

---

[25] Vgl. hierzu insbesondere die Beispiele in Axelrod (1987) und Miller (1992: 182-198).

[26] Vgl. hierzu Bierhoff & Montada (1988) aus psychologischer Sicht sowie Taylor (1987: 107ff) für eine spieltheoretische Modellierung.

also nur für wenige Anwendungsfälle eine ausreichende Erklärung kooperativen Verhaltens bieten.

Eines der bedeutendsten spieltheoretischen Forschungsergebnisse der letzten Jahre zeigt, daß unter bestimmten Umständen selbst bei rationalen, ausschließlich eigeninteressierten Akteuren weder exogene noch ex ante-Mechanismen für kooperatives Verhalten in Gefangenendilemmasituationen notwendig sind. Man geht hierbei davon aus, daß die Akteure nicht nur einmal, sondern öfters oder sogar regelmäßig immer wieder miteinander interagieren. Diese Situation wurde spielthoretisch durch die Theorie der **iterativen Spiele** (repeated games)[27] modelliert. In der Analyse des Gefangenendilemmas wird die Struktur des Spiels (vgl. Abb. 6.6) unverändert beibehalten, jedoch um die Bedingung ergänzt, daß nach dem ersten Spiel eine Anzahl weiterer identischer Spiele mit den selben Akteuren folgen sollen. Wichtig hierbei ist die Annahme, daß die Spieler zu einem beliebigen Zeitpunkt in dieser Kette auf die vorhergehenden Spiele zurückblicken und so auf das vergangene Verhalten des Partners reagieren können. Es stellt sich dabei die Frage, inwiefern diese Änderung der Interaktionsstruktur zu einer Verhaltensänderung der Spieler führen kann.

Bei der Analyse iterativer Spiele konnte nachgewiesen werden, daß sich unter bestimmten Voraussetzungen rationale Spieler trotz des Defektionsanreizes in jedem einzelnen Spiel über eine Reihe von solchen Interaktionssituationen kooperativ verhalten werden. Intuitiv formuliert, lohnt es sich unter bestimmten Umständen nicht, den anderen in der Gegenwart auszubeuten, da dieser sich in einem zukünftigen Spiel revanchieren kann. Bei der Kalkulation ihrer payoffs über eine Kette von Spielen antizipieren die Spieler diese potentielle Revanche und kommen zu dem Ergebnis, daß sie sich durch ständige gegenseitige Kooperation auf Dauer besser stellen werden. Dieses Ergebnis mag im ersten Moment als Lösung aller Kooperationsprobleme erscheinen, vor allem wenn man bedenkt, wie oft man im Alltag mit den selben Personen immer wieder agiert. Jedoch erbrachte die formale Analyse nicht nur den theoretischen Beweis, daß eine derartige Lösung existiert, sondern auch, welchen Bedingungen diese unterworfen ist. Diese Voraussetzungen faßte AXELROD (1987: 50-63, vgl. auch Raub & Voss 1986: 316f) wie folgt zusammen:[28]

Erstens müssen die Akteure in geeigneter Weise auf das Verhalten des Interaktionspartners reagieren können. Axelrod nennt die drei notwendigen Strategieeigenschaften **freundlich, bedingt** und **provozierbar**. Freundliches Verhalten besagt, am Anfang einer Interaktion, d.h. in einer Situation ohne Information über den Partner, nicht zu defektieren. In ökonomischen Termini ausgedrückt, müssen die Spieler in einer Situation unter Unsicherheit durch kooperatives Verhalten "in die Beziehung investieren". Bedingt verhalten sich die Spieler, wenn sie im Laufe

[27] Synonym hierzu wird der Begriff des **Superspiels** verwendet.

[28] Vgl. insbesondere diese Studie für einen hervorragend verständlichen und interessant geschriebenen Einblick in das geschilderte Problem. Für eine Einführung in die technische Analyse des iterativen Gefangenendilemmas sei Taylor (1987: 60-81) empfohlen.

der Interaktion gezielt auf ein bestimmtes Verhalten des Partners reagieren (z.B. jede zweite Kooperation wird wiederum mit kooperativem Verhalten belohnt). Äußert sich bedingtes Verhalten derart, daß auf Defektion zu einem beliebigen späteren Zeitpunkt wiederum mit Defektion geantwortet wird, so spricht man von der Provozierbarkeit des Verhaltens. Erst diese eröffnet die Möglichkeit, den Partner für die Ausbeutung zu sanktionieren.[29]

An dieser Sanktion setzt nun die *zweite* Voraussetzung für einen Ausweg aus dem Dilemma an. Nehmen wir an, ein Akteur rechnet mit dieser zukünftigen Sanktion (z.B. im nächsten Spiel), weiß jedoch, daß bis dorthin die Interaktionsbeziehung beendet sein wird (z.B. durch einen Umzug o.ä.). In diesem Falle wird für einen rationalen Akteur die nur noch hypothetische Bestrafung ohne Bedeutung sein und er wird wieder defektieren. Zukünftige Ergebnisse dürfen den Spielern also nicht gleichgültig sein, sondern müssen im Gegenteil ein bestimmtes Maß an Bedeutung erreichen. Der Wert zukünftiger Ereignisse wird im Rahmen der Modellierung von iterierten Spielen mit dem sog. **Diskontparameter** ausgedrückt. Um Kooperation für die Akteure attraktiv zu machen, muß dieser Parameter einen kritischen Wert erreichen, der sich an der Höhe der payoffs in dem zugrundeliegenden Spiel orientiert: Je höher die im Vergleich zur Ausbeutung realisierbaren Kooperationsgewinne und je weniger schmerzhaft die beiderseitige Defektion für die Spieler ist, desto größer muß die Gewichtung der Zukunft sein. Außerdem dürfen die Akteure das Ende der Beziehung nicht vorhersagen können, wie dies am Beispiel des Umzugs deutlich wird.[30]

Sehr anschaulich schildert AXELROD (1987: 67-79) anhand des Stellungskriegs im ersten Weltkrieg, wie eine Interaktionssituation entstehen kann, in der diese Bedingungen erfüllt sind, und wie sich dies auch wieder ändern kann. Ein weiteres Beispiel dürfte der Einkauf auf Kredit im Lebensmitteleinzelhandel gewesen sein. Benötigte Lebensmittel wurden im kleinen Lebensmittelladen an der Ecke oft "angeschrieben", wenn der Lohn nicht mehr ausreichte. Diese Schulden waren für den Kaufmann kaum einklagbar: die Kosten eines Verfahrens standen meist in keinem Verhältnis zur Schuldsumme, zudem konnte eine Pfändung oft den wirtschaftlichen Ruin des Kunden bedeuten. Trotzdem bestand für den Schuldner ein Anreiz zur Rückzahlung: Der Kaufmann konnte in einer *zukünftigen* Situation keinen Kredit mehr gewähren, was für die Beschaffung von lebensnotwendigen Gütern unter Umständen

[29] Bekanntestes Beispiel einer bedingten, freundlichen und provozierbaren Strategie im iterierten Gefangenendilemma stellt die sog. TIT FOR TAT-Strategie dar. Sie besagt, im ersten Spiel mit Kooperation zu beginnen und in jedem folgenden Spiel die Verhaltensweisen zu wählen, für die sich der Spielpartner im *vorhergehenden* Spiel entschied. Derartige Strategien können zu stabilen, für beide Seiten vorteilhaften Ergebnissen im iterierten Spiel führen (vgl. Raub & Voss 1986, Axelrod 1987, Taylor 1987).

[30] Zieht man die in Fußnote 21 beschriebenen payoffs heran, so muß formal der Diskontparameter größer sein als (T-R)/(T-P), vgl. hierzu Axelrod (1987: 22). Hieraus folgt auch, daß der Parameter niemals 0 werden darf. Die inhaltliche Interpretation dieses Umstands läßt sich ebenfalls bei Axelrod(1987: 9) nachlesen: In diesem Falle kennen die Spieler das letzte Spiel, und werden in Ermangelung einer wirksamen Sanktion in diesem defektieren. Da nun im vorletzten Spiel sowieso mit der Sanktion zu rechnen ist, wird dort ebenfalls defektiert, um der drohenden Ausbeutung zu entgehen. Diese Argumentation kann nun bis zum ersten Spiel zurückverfolgt werden. Nur wenn das Ende der Iteration unbekannt ist, kann die Drohung zukünftiger Sanktionen Kooperation bewirken.

äußerst schwierige Situationen nach sich ziehen konnte. Dagegen funktioniert die Kreditvergabe in "modernen" Kaufhäusern nach einem anderen Muster: die Kreditsummen und die Zahl der Kredite machen die gerichtliche Eintreibung rentabel, wobei durch entsprechend hohe Zinsen das Risiko der Ausfälle durch Zahlungsunfähigkeit ausgeglichen wird.

Die Beispiele machen deutlich, daß Kooperation unter rationalen Akteuren sowohl ohne ex ante-Regulierungen als auch ohne exogene Regulierungsmechanismen entstehen kann, jedoch bestimmte Bedingungen hierfür gegeben sein müssen. Damit wird auch deutlich, daß für ein Kooperationsproblem verschiedene Lösungsmöglichkeiten existieren, deren Realisierung jeweils von der Struktur der Situation und den Präferenzen der Akteure abhängt.[31] Abbildung 6.7 zeigt die verschiedenen Arten von Kooperationsmechanismen im Überblick:

Abbildung 6.7: Arten von Kooperationsmechanismen

Art	ex ante	ex post
endogen	Verträge und Verpflichtungen	Wiederholte Interaktion (iterierte Spiele) [Altruismus]
exogen	Normen und Zentralinstanzen	Reputation (und andere Marktmechanismen)

In diesem Kapitel wurde gezeigt, wie Theorien rationalen Handelns als Spezifizierung der allgemeinen Annahmen zielgerichteten Handelns verwendet werden können. Hierbei wurde deutlich, daß die Ziele der Akteure (d.h. die Präferenzen) nicht durch eine Theorie erklärt werden sollen, sondern auf Basis dieser Ziele Rückschlüsse auf das Handeln gezogen werden. Dies setzt die empirische Erfassung individueller Intentionen voraus, die der Forscher letztlich nur aufgrund einer plausiblen Interpretation leisten kann. Die Plausibilität beruht dabei auf der Möglichkeit des Forschers, den Sinn einer Handlung durch das Nachvollziehen der

[31] Das in Raub & Weesie (1993) beschriebene Forschungsprogramm geht hierbei der Frage nach, unter welchen Bedingungen die Steuerung mittels exogener Zentralinstanzen mit Ex-ante-Charakter ersetzt wird durch andere Formen der Regulierung von problematischen Interaktionen.

hierfür ursächlichen Gründe zu verstehen. Coleman schreibt hierzu: "Wir sagen, daß wir die 'Gründe' verstehen, warum die Person auf eine bestimmte Weise gehandelt hat, und implizieren damit, daß wir das beabsichtigte Ziel verstehen und auch, wie der Akteur die Handlungen und deren Beitrag zur Zielerreichung einschätzt" (Coleman 1991: 17). Insofern handelt es sich bei derartigen Erklärungen immer auch um eine "verstehende Analyse" (Esser & Troitzsch 1991a: 19).[32]

6.3 Modellierung und Abstraktion

Bisher wurde in diesem Kapitel die Struktur einer Erklärung sowie die mögliche Spezifizierung eines allgemeinen Gesetzes zielgerichteten Handelns erörtert. Jedoch wurde auch klar, daß eine Erklärung realer Phänomene wesentlich mehr als eben dieses allgemeine Gesetz enthalten muß. Dies sollen problemspezifische Theorien leisten, die Annahmen über Regelmäßigkeiten struktureller, institutioneller oder kultureller Bedingungen sowie deren Verknüpfung mit individuellen Präferenzen beinhalten.

OPP versucht z.B., auf der Basis der Nutzentheorie eine Theorie des politischen Protests in gesellschaftlichen Krisensituationen zu entwerfen. Hierbei spezifiziert er die Nutzenargumente der Akteure für die Realisierung des Kollektivguts "kollektiver Protest" (z.B. durch Demonstration, Opp 1978: 59-95). Ein anderes Beispiel für eine bereichsspezifische Theorie ist die sog. Humankapitaltheorie, die u.a. von BECKER (Becker 1975, für einen Überblick vgl. Franz 1991: 88-110) entwickelt wurde. Hierbei wird davon ausgegangen, daß der Erwerb von Fähigkeiten und Wissen (eben dem Humankapital) als Investition der Akteure in Form von Zeit, Geld, mentaler Anstrengung etc. betrachtet werden kann. Die hierbei anfallenden Kosten werden die Akteure nun mit dem erwarteten Nutzen vergleichen, wenn sie über das Ausmaß der Investition entscheiden wollen. Die Individuen können sich hierbei sowohl in ihren Fähigkeiten, als auch hinsichtlich ihrer objektiven Möglichkeiten der Humankapitalbildung (z.B. durch unterschiedliche soziale Umgebungen, vgl. Coleman 1988) oder bezüglich ihrer subjektiven Erwartungen über den zukünftigen Nutzen (Boudon 1980: 169-178) unterscheiden.

Betrachtet man derartige Theorien, so wird deutlich, daß diese nicht die ganze Realität umfassen, sondern mit Hilfe von Basisannahmen nur bestimmte, klar definierte Situationen betrachten und alles andere "ausblenden". Dies kann als Hinweis auf ein prinzipielles Problem sozialwissenschaftlicher Erklärungen verstanden werden. Deren Ziel ist häufig die Erklärung relativ komplexer empirischer Phänomene, die durch eine Vielzahl von Einflußfaktoren und deren Wechselwirkungen gekennzeichnet sind. Eine Erklärung, die dies "vollständig" erklären wollte, müßte all diese Faktoren in der Wenn-Komponente des Gesetzes oder der Theorie beinhalten.

---

[32] Die Diskussion um die Vereinbarkeit von "erklärender" und "verstehender" Soziologie kann anschaulich anhand des Diskurses um Alfred Schütz nachvollzogen werden, vgl. hierzu Esser 1991a, 1991b, Srubar 1992.

Fragt man z.B., warum es in einem bestimmten Fall zu Segregation (also der räumlichen Trennung wie der Ghettobildung) von verschiedenartigen Akteuren kommt, so müßten für eine vollständige Erklärung eine Vielzahl von Ursachen angegeben werden.

So könnten z.B. für die Ghettobildung durch verschiedene Ethnien (z.B. Farbige, Latinos, Asiaten) in amerikanischen Städten als ursächlichen Faktoren angegeben werden: die Bildungsunterschiede, die zugrundeliegenden ungleichen Zugangschancen zum Bildungssystem, die u.a. aus diesen Faktoren resultierenden Arbeitsmarktchancen der verschiedenen Bevölkerungsgruppen, die Wohnungsknappheit und die Mietpreise, die für die einzelnen Städte unterschiedlichen Infrastrukturen, Einstellungen und Vorurteile der Gruppen übereinander, die rechtlichen und institutionellen Regelungen, lokale Klimazonen (die den "Wohnwert" an bestimmten Orten bestimmen können) usw. Es ist leicht einzusehen, daß diese Aufzählung beliebig fortgesetzt werden könnte, und daß alle genannten Faktoren in irgendeiner Weise an der Entstehung von Segregationsphänomenen beteiligt sein können.

Eine vollständige Erklärung (der Segregation) wäre mit der Schwierigkeit konfrontiert, eine möglichst umfassende Aufzählung dieser Faktoren sowie deren Verknüpfung untereinander beinhalten zu müssen. Ein derartiger Versuch ist wohl mit erheblichem Aufwand verbunden und dürfte (wenn überhaupt) nur langfristig zu realisieren sein. Zudem stellt sich das Problem der Überprüfung einer derartigen Theorie: Der Forscher wäre gezwungen, all dies empirisch zu erheben, um das Vorliegen der Antecedensbedingungen nachzuweisen.

Diese Schwierigkeiten könnten zu dem Schluß verleiten, derartige Erklärungen in der Soziologie nicht mehr zu versuchen, da eben die vollständige Erfassung der Realität für den Forscher nie möglich sein werde. Jedoch bietet sich aus unserer Sicht noch eine andere Strategie an, die von der Annahme ausgeht, daß nicht alle möglichen Ursachen eines Phänomens von gleicher Bedeutung sind. So könnte man z.B. die Überlegung anstellen, daß zwar ein Verbot, Hunde in einem Park des Stadteils laufen zu lassen, für Hundehalter ein Grund für den Umzug in ein anderes Stadtviertel sein könnte, die steigenden Mietpreise jedoch für *einen überwiegenden Teil der Akteure* viel eher der ausschlaggebende Grund sein dürfte, umzuziehen. Weiter könnte es vielleicht der Fall sein, daß in verschiedenen Situationen unterschiedliche Ursachen zu dem gleichen Ergebnis führen: während z.B. das Ansteigen des Mietpreises Ursache sein könnte, eine Bevölkerung in teuere und billige Wohnviertel zu segregieren, könnte in einer anderen Stadt Segregation durch den nachträglichen Zuzug einer Bevölkerungsgruppe zustandegekommen sein, die aus Platzgründen außerhalb des Stadtgebiets siedeln mußte.[33]

Es gibt demnach gute Gründe für den Forscher, sich unter Umständen nur auf bestimmte ursächliche Faktoren eines Phänomens im Rahmen seines Erklärungsversuches zu beschränken. Dabei kann versucht werden, für verschiedene Situationen (also z.B. Segregation entweder im Rahmen von Siedlungs- und Migrationsprozessen oder bei Änderungen im Bildungssystem) typische Bündel von Ursachen und Einflußfaktoren zu finden und deren Wirkungszusammenhang nachzugehen.

---

[33] So entstanden z.B. viele Viertel deutscher Städte durch den Zuzug von Hugenotten, die 1685 vor der religiösen Verfolgung aus Frankreich flohen.

Erklärungen, die von einer Vielzahl realer Ursachen einer bestimmten Situation abstrahieren und im Rahmen der Wenn-Komponente der Theorie typisierend vereinfachen, sollen im folgenden **Modelle** genannt werden (vgl. hierzu auch Esser & Troitzsch 1991a, 1991b).[34]

Als sehr anschauliches Beispiel für ein (soziologisches) Modell können die Überlegungen von SCHELLING zur Entstehung von Segregationsphänomenen (Schelling 1969) dienen. Dessen Vorgehen ist typisch für den Aufbau einer modellhaften Erklärung. SCHELLING versucht nicht, eine umfassende Angabe aller Gründe zu geben, die zu Segregation führen können. Statt dessen beschränkt er sich im wesentlichen auf ein Bündel von Ursachen, nämlich die Intentionen oder Ziele der Personen, und abstrahiert von den strukturellen und institutionellen Rahmenbedingungen. Seine Frage lautet hierbei: Ist es denkbar, daß Segregation *gegen den Willen der beteiligten Akteure* entsteht? Sein (in Kapitel 7.4 genauer beschriebenes) Modell führt zu dem Ergebnis, daß sich derartige Situationen (theoretisch) finden lassen, wobei er den Mechanismus aufzeigt, der zu diesem paradoxen Effekt führen kann.

Aufgrund der genannten Abstraktion bilden Modelle *nicht* die Realität "im kleinen Maßstab" ab, sondern stellen vielmehr ausgesuchte Aspekte eines Phänomens in den Vordergrund (Esser & Troitzsch 1991a: 21). Dies bedeutet, daß Modelle nicht ohne weiteres empirisch überprüft werden können, da bewußt von Größen abgesehen wurde, die das empirische Phänomen zusätzlich beeinflussen. Sie stellen vielmehr Bausteine zu einer umfassenderen Theorie oder Erklärung dar, die helfen sollen, Zusammenhänge zu verstehen. Dies führt jedoch zu dem Problem, wie mit derartigen Bausteinen oder Theoriekernen umgegangen werden soll: Wie abstrakt dürfen Erklärungen und Modelle sein? Wie sollen die fehlenden Faktoren eingefügt werden?

Ein Lösungsvorschlag hierfür stellt die **Methode der abnehmenden Abstraktion** für den Entwurf von Modellen und Erklärungen dar (vgl. Lindenberg 1991, insbes. S. 67). Nach dieser Methode soll die Erklärung am Beginn so einfach wie möglich, d.h. mit so wenig Faktoren und Annahmen (z.B. hinsichtlich individueller Präferenzen) wie möglich formuliert werden. LINDENBERG weist darauf hin, daß sogar bewußt falsche Annahmen sinnvoll verwendet werden können, wenn hierdurch der angestrebte Erklärungszusammenhang besser formuliert werden kann. SCHELLING bedient sich dieser Methode, indem sich die Akteure seines Modells hinsichtlich der Wohungsmieten nicht unterscheiden. Mit dieser empirisch sicher falschen Annahme kann er nachweisen, daß unabhängig von der Verteilung von Mieten und Einkommen Segregation entstehen kann. Damit wird jedoch *nicht bestritten*, daß dies *empirisch* eine Rolle spielt. Ausgehend von derartigen stark abstrahierenden Erklärungsmodellen können Stück für Stück weitere Annahmen eingeführt werden, die das Modell der Empirie annähern. Hierbei ist jedoch zu

---

[34] Hierbei spielt es keine Rolle, ob derartige Modelle verbal beschreibend oder formal dargestellt werden. Esser & Troitzsch weisen jedoch darauf hin, daß die formale Darstellung (wie sie z.B. die Spieltheorie ermöglicht) meist eindeutiger ist und zudem den Vorteil besitzt, die Möglichkeiten von Comuptersimulationen nutzbar zu machen (vgl. Esser & Troitzsch 1991a: 22). Sehr anschauliche Simulationen sozialwissenschaftlicher Modelle und Theorien (hierunter auch das Schellingsche Modell) bietet Sims (1987).

prüfen, ob die zunehmende Realitätsnähe (und damit Komplexität) zusätzliche Erklärungskraft mit sich bringt: nur dann sollte der Abstraktionsgrad der Theorie reduziert werden.

Nachdem geklärt wurde, wozu abstrakte Modelle notwendig sind und nach welchen Regeln abstrahiert werden sollte, stellt sich die Frage, wo Abstraktion in der Regel notwendig sein wird. Indem wir wieder auf unser strukturell-individualistisches Erklärungsschema nach COLEMAN (vgl. Kap. 1.4, Abb. 1.1) zurückgreifen, können drei Typen von Abstraktionen unterschieden werden: Annahmen, die von der kollektiven zur individuellen Ebene führen, Annahmen über das Entscheidungsverhalten der Akteure (Handlungstheorien), sowie Regeln, die das Entstehen kollektiver Phänomene aus einzelnen individuellen Handlungen erklären (sog. Transformationsregeln).

Die einfachste Möglichkeit, die Komplexität von Modellen zu reduzieren, besteht in der Abstraktion von strukturellen Randbedingungen, wie dies SCHELLING durch die Vernachlässigung von Mietpreisen und Umzugskosten tut. Damit nimmt er implizit an, daß diese strukturellen Variablen für die Handlungen der Individuen auf der Mikroebene *nicht* relevant sind. Jedoch ist es für eine empirisch gehaltvolle Erklärung natürlich unerläßlich, Faktoren anzugeben, die die Handlungen der Akteure beeinflussen werden. Dies kann prinzipiell für jeden Akteur individuell geschehen (z.B. im Rahmen von Nutzenmessungen). Wenn jedoch (wie für die Soziologie charakteristisch) das Verhalten vieler Individuen erklärt werden soll, können die oben angesprochenen "guten Gründe" nur unter hohem Aufwand für jeden Akteur individuell verschieden spezifiziert werden. Daher wird es notwendig, von den (sicherlich auch vorhandenen) individuell unterschiedlichen Gründen zu abstrahieren und sich auf diejenigen zu beschränken, die für viele Akteure eines Typus zumindest tendenziell gelten. Diese Typisierung realer Akteure wird vor allem dann gelingen, wenn die betrachtete Population institutionelle oder strukturelle Rahmenbedingungen gemeinsam hat. Warum es in einigen Situationen zu Kooperation zwischen Akteuren kommt und in anderen eben nicht, kann z.B. an der unterschiedlichen Verfügbarkeit rechtlicher Regeln liegen, die eine Verpflichtung glaubwürdig machen können. Kooperation würde hier also durch die unterschiedliche institutionelle Einbettung der Akteure und nicht durch individuelle Merkmale (wie z.B. "positive Ausstrahlung") erklärt werden. Derartige Annahmen, die die Präferenzstruktur der Akteure mit strukturellen, institutionellen oder auch individuellen Rahmenbedingungen verknüpfen, heißen **Brückenannahmen** (Lindenberg 1991: 51). Sie ermöglichen erst inhaltlich gehaltvolle Aussagen der Handlungstheorie.

Wie in Kapitel 6.2 deutlich wurde, enthält eine soziologische Erklärung auch Annahmen über die Auswahl der Ziele, die sich in Handlungen äußern. Auch hier könnte der Forscher versucht sein, den "im Kopf" des individuellen Akteurs stattfindenden konkreten Auswahlprozeß zu beschreiben und damit die Realität zu erfassen. Diese Zielsetzung wird in der Psychologie verfolgt, indem die Mechanismen menschlichen Handelns und Verhaltens individuell untersucht werden und versucht wird, Rückschlüsse auf die "Funktion" der menschlichen Psyche zu ziehen.[35] Im Rahmen dieser Bemühungen wurden auch Ergebnisse erzielt, die der RC-Theorie widersprechen, da Individuen nachweislich nicht immer die Handlungsalternative mit dem höchsten Nutzen wählten (vgl. Kahnemann & Tversky 1982). Dies könnte zu dem Schluß verleiten, daß diese Theorie falsch und Erklärungen auf dieser Basis zwangsläufig nicht möglich wären. Dem ist entgegenzuhalten, daß die RC-Theorie wie jede andere (Handlungs-)Theorie auch einer notwendigen Abstraktion unterworfen ist. Selbst wenn die tatsächlichen individuellen Entscheidungskalküle bekannt wären, wäre deren Berücksichtigung bei der Erklärung kollektiver Phänomene mit sehr vielen beteiligten Akteuren im Rahmen einer Erklärung kaum möglich. Indem wir daher im Rahmen einer Erklärung so tun **als ob** Akteure rational handeln würden, abstrahieren wir von den tatsächlichen psychischen Entscheidungsprozessen der Individuen (Lindenberg 1991: 46f). Die RC-Theorie behauptet demnach auch nicht, daß das Rationalitätspostulat (egal in welcher Form) "wahr" sei, sondern lediglich, daß dieses nutzbringend für eine Erklärung einsetzbar ist.[36] Handlungstheorien stellen insofern immer Abstraktionen dar, die sich empirisch zu bewähren haben.[37] Die "einfache" Rationalitätsannahme der geschilderten RC-Varianten muß dann im Rahmen des Prozesses der abnehmenden Abstraktion daraufhin untersucht werden, ob ihre Erklärungskraft "ausreicht". Ist dies nicht der Fall, kann (und muß) sie weniger abstrakt formuliert werden, wie dies beispielsweise KAHNEMANN & TVERSKY (1982) für die Aufhebung der Annahme der Risikoneutralität der Akteure vorschlagen.

Die letzte Klasse von Annahmen, die der Abstraktion unterliegen können, stellen die sog. **Transformationsregeln** dar. Ein kollektives Phänomen (z.B. ein Wahlergebnis einer Bundestagswahl) kann als Resultat einer Vielzahl individueller Handlungen (hier der einzelnen Wahlentscheidungen) verstanden werden. Dessen Erklärung könnte einfach die Angabe der Häufigkeiten individueller Entscheidungen, z.B. Stimmenabgabe für eine Partei, sein. Individuelle Handlungen werden hier durch ein einfaches Aufsummieren in ein kollektives Ergebnis "transformiert". Obwohl die meisten soziologischen und ökonomischen Erklärungen diese Annahme verwenden, dürfte sie empirisch eher selten zutreffend sein. Dies wird deutlich, wenn Wahlen als Kollektivgut betrachtet werden. Das Kalkül, daß die eigene Stimme kein Gewicht bei der Vielzahl von Wählern besitzt, kann den Einzelnen zum Fernbleiben von der Wahl verführen. Verhalten sich viele aus diesem Grund so, kann z.B. der Einzug einer kleinen Partei ins Parlament an der

[35] Lindenberg (1991: 52f) nennt dies das "analytische Primat" der Psychologie, während die Ökonomie und Soziologie vor allem die Erklärung kollektiver Phänomene zum Gegenstand haben.

[36] Besonders deutlich hat dies Friedman (1965: 21) am Beispiel des Billardspielers formuliert: Um vorherzusagen, welchen Weg die Kugel beim Stoß eines sehr guten Spielers nehmen wird, erzielt man gute Ergebnisse mit der Annahme, dieser würde die entsprechenden mechanischen Gesetze kennen und danach den Stoß berechnen. Dabei ist es gleichgültig, ob er danach handelt oder (was wahrscheinlicher ist) diese Theorie überhaupt nicht kennt.

[37] Vergleiche für die Kritik der Unwahrheit spieltheoretischer Axiome Brinkmann (1991: 144f), für die Gegenposition siehe Esser (1993: 51f).

5%- Hürde scheitern, obwohl sie vielleicht genug Anhänger hätte. Die einfache Aggregation individuellen Verhaltens genügt demnach für eine Reihe von soziologischen Problemen nicht (Coleman 1986, 1987: 157), sie ist in diesen Fällen zu abstrakt. Die Suche nach weniger abstrakten Regeln ist eines der zentralen (und eines der schwierigsten) Probleme moderner Soziologie, wenngleich bereits etliche Lösungsvorschläge hierfür vorliegen.[38] Ein möglicher Lösungsweg wurde bereits vorgestellt: die Spieltheorie. Sie verknüpft individuelle Handlungsentscheidungen in Situationen strategischer Interdependenz, um kollektive Phänomene (wie z.B. die Resultate einer Arbeitsbeziehung) zu erklären. Mit ihr kann die Abstraktion nutzentheoretischer Erklärungen hinsichtlich des Transformationsproblems verringert werden.

Die in diesem Buch verwendeten Beispiele und Modelle beinhalten alle die in diesem Kapitel dargestellten Komponenten einer Erklärung: deduktiv-nomologischer Charakter, die allgemeine Gesetzmäßigkeit intentionalen Handelns mit ihrer Spezifizierung in Form von Handlungstheorien, sowie die verschiedenen Arten der Abstraktion. Wie derartige Modelle auf zwei zentrale Erscheinungsformen des Zusammenspiels (Interdependenz) individueller Handlungen angewandt werden können, ist Gegenstand der beiden folgenden Kapitel.

[38] Siehe z.B. Modelle der Diffusion (Hägerstrand 1965, Boudon 1980: 113-138), die Verbindung von individuellem Handeln mit sozialen Netzwerken (Granovetter 1973), oder sog. Schwellenwertmodelle (Granovetter 1978, vgl. hierzu auch Kap. 9.3).

7 Soziologische Analyse von Interdependenzsystemen

Nach der von uns vertretenen theoretischen Konzeption (vgl. Kap. 1.4) und den ihr zugrundeliegenden Annahmen (vgl. Kap. 4) müssen die theoretischen Modelle, die soziologischen Erklärungen zugrunde liegen, zwei Arten von Aussagen enthalten: Auf der Mikroebene muß zunächst angegeben werden, wie die jeweiligen sozialen Bedingungen die Handlungsziele, die Handlungsmittel und die Handlungsmöglichkeiten der individuellen Akteure beeinflussen. Außerdem müssen Aussagen darüber getroffen werden, wie die jeweiligen sozialen Bedingungen in Verbindung mit den Handlungen der Individuen und ihren wechselseitigen interaktiven Verknüpfungen auf der Makroebene zu überindividuellen, kollektiven und damit auch gesellschaftlichen Folgen führen. In diesem Zusammenhang sind die sozialen Beziehungen, ihre sachliche, zeitliche, räumliche und personale Reichweite, ihre Ordnung und Struktur von entscheidender Bedeutung, weil in ihnen die Interdependenz[1] der handelnd miteinander verbundenen Menschen zum Ausdruck kommt. Diese Beziehungen können mehr oder minder organisiert, offen oder geschlossen, symmetrisch oder asymmetrisch, situationsbezogen oder situationsüberdauernd, formellen oder informellen Charakters sein. Sie lassen sich als ein besonderes Geflecht sozialer Beziehungen, als soziale Netzwerke oder, wie hier, als soziale Interaktionssysteme begreifen und sind in aller Regel von komplexer Art.

Nach der Erörterung einiger Klassifikationen von Interaktionssystemen in Kapitel 7.1, sollen zunächst solche Interaktionssysteme, die sich als Interdependenzsysteme bezeichnen lassen, eingehender analysiert werden (Kap. 7.2). Dabei interessieren insbesondere sog. "paradoxe Effekte", die nichtbeabsichtigten Folgen absichtsgeleiteten Handelns (Kap. 7.3), die abschließend an Hand eines ausführlichen Beispiels veranschaulicht werden (Kap 7.4).

7.1 Zur Klassifikation von Interaktionssystemen

Für eine Klassifikation und Typisierung von sozialen Beziehungsgeflechten, Netzwerken oder Interaktionssystemen im Hinblick auf die wechselseitige Beeinflussung und Abhängigkeit der direkt oder indirekt miteinander verbundenen Akteure und ihrer Handlungsergebnisse lassen sich für Zwecke soziologischer Analysen je nach Zielsetzungen und Fragestellungen verschiedene Wege beschreiten. So unterscheidet z.B. WIPPLER (1981: 252) im Hinblick auf die Lösung von Koordinationsproblemen und die Situationskontrolle der wechselseitig miteinander verbundenen Akteure nach der *Größe* des Netzwerkes, der Existenz von hand-

---

[1] Interdependenz ist dabei im Sinne einer wechselseitigen, direkten oder indirekten Verknüpfung und Beeinflussung der Akteure zu verstehen, bedingt durch gegenseitig aufeinander eingestelltes und dadurch orientiertes Sichverhalten der Akteure.

lungssteuernden *Institutionen* sowie der Existenz von *korporativen Akteuren.* LINDENBERG (1991: 62f) differenziert im Hinblick auf Chance und Ausmaß der Kontrolle von Handlungsfolgen eigeninteressierten Handelns der interdependenten Akteure zwischen *komplementärer Kontrolle*, wie sie für Tauschvorgänge kennzeichnend ist, *Koorientierungen*, wie sie für das wechselseitige und handlungsrelevante Wissen von Akteuren voneinander charakteristisch sind, und *Externalitäten*, wie sie für Handlungen typisch sind, die nicht nur für die Handelnden selbst, sondern auch für andere, indirekt mit ihnen verbundene Akteure Folgen haben. COLEMAN (1991: 36ff) unterscheidet im Hinblick auf die Bedeutung von Interdependenzen zwischen Akteuren für die Verwirklichung ihrer Interessen zwischen *struktureller Interdependenz*, bei der die Akteure davon ausgehen, daß Handlungen anderer Akteure von ihrer Handlung unabhängig sind, *Verhaltensinterdependenz*, bei der die Handlungen der Akteure von früheren Handlungen anderer Akteure abhängig sind, und *evolutionärer Interdependenz*, die dadurch charakterisiert ist, daß Verhaltensinterdependenzen im Laufe der Zeit zu Situationen strategischen Gleichgewichts im Sinne der Spieltheorie (vgl. Kap. 6.2.3) führen können. WEESIE & RAUB (1992) differenzieren im Hinblick auf die Gewährleistung von kooperativem Verhalten in problematischen Transaktionen zwischen *struktureller Einbettung* der Interaktionen im Sinne GRANOVETTERs (1985), *institutioneller Einbettung* der Interaktionen im Sinne NORTHs (1990) und der Verwendung von *Pfändern für Zwecke privater Regelung* der Interaktionen.

Um zu einer allgemeineren Klassifizierung zu gelangen, beschreitet BOUDON, dem wir hier folgen, in seiner "Logik des gesellschaftlichen Handelns" (1980) einen anderen Weg. Wie PARETO bei der Typisierung menschlichen Handelns von den logischen Handlungen ausgeht und davon alle anderen als nicht-logische Handlungen abhebt (vgl. Kap. 5.1) und wie WEBER bei der Typisierung sozialen Handelns den Typus des zweckrationalen Handelns zum Ausgangspunkt nimmt (vgl. Kap. 5.2), so wählt BOUDON als entscheidendes Klassifikationskriterium zur Typisierung von Interaktionssystemen das Ausmaß, in dem soziale Beziehungen in ihrer sachlichen, zeitlichen, räumlichen und personalen Reichweite, ihrer Ordnung und ihrer Struktur durch *normative Verhaltenserwartungen* bestimmt werden. Auf dieser Dimension lassen sich Interaktionssysteme als auf einem Kontinuum verteilt auffassen, dessen Extrempunkte durch die als idealtypisch charakterisierten *Interdependenzsysteme* einerseits sowie die sog. *funktionalen Systeme* andererseits gekennzeichnet sind. Letztere wählt BOUDON als Bezugspunkt für seine Klassifikation. Für funktionale Systeme ist nämlich kennzeichnend, daß die Akteure aufgrund von Positionen, die sie innehaben, in Interaktionssysteme eingebunden sind, für deren Analyse die *Kategorie der Rolle*, welche die an die Positionsinhaber gerichteten normativen Verhaltenserwartungen einschließt, unverzichtbar ist (vgl. Kap. 8).

Demgegenüber haben wir es bei allen anderen Interaktionssystemen mit sogenannten *Interdependenzsystemen* zu tun, die in der Regel ein geringeres Maß an Organisation aufweisen und in denen die Akteure zwar auch aufeinander einwirken, aber nicht durch Rollen im strengen Sinne miteinander verknüpft sind, weswegen die Kategorie der Rolle für ihre Analyse unbrauchbar ist. Soziale

Rollen verweisen also auf den Grad der Organisiertheit eines Interaktionssystems, wobei Interdependenzsysteme weniger organisiert (und eher durch nicht-intendierte Effekte gekennzeichnet) und funktionale Systeme mehr organisiert (und weniger durch solche Effekte gekennzeichnet) sind.[2]

7.2 Charakteristika von Interdependenzsystemen

Bereits im Exkurs zu Kapitel 2.2, in dem unser Verständnis von Gesellschaft näher umrissen wurde, und konkret in den Kapiteln 2.1 und 4.2 wurde die Interdependenz der handelnden Individuen betont. Miteinander direkt oder indirekt in Beziehung stehende Individuen sehen sich tagtäglich vielen Entscheidungssituationen in Form von Wahlakten gegenüber. Unserem theoretischen Verständnis nach versuchen die intentional Handelnden dabei, ihre Ziele bestmöglich zu erreichen (vgl. Kap. 6.2). Annahmegemäß befinden sich die Akteure in Interdependenzsystemen in einem sozialen Kontext, der insofern als "unorganisiert" bezeichnet werden kann, als in ihm nur schwach ausgeprägte oder keine normativen Verhaltenserwartungen an die Handelnden herangetragen werden, und damit "die individuellen Handlungen ohne Bezugnahme auf die Kategorie der Rollen analysiert werden können" (Boudon 1980: 81). Während die individuellen Handlungsfolgen als Gegenstand des Wahl- und Entscheidungskalküls für jeden Akteur bedeutsam sind, bleiben die kollektiven Handlungsfolgen auf der Makroebene des sozialen Systems oft unbeachtet oder sie sind prinzipiell nicht abschätzbar (vgl. Kap. 7.3). Dies ist zwar nicht verwunderlich, bleibt aber insbesondere für die Erklärung der eigentlich interessierenden Probleme auf der Makroebene des jeweiligen Interaktionssystems problematisch. Nimmt man nämlich den Gedanken der sozialen Interdependenz ernst, muß man auch berücksichtigen, daß die Folgen einer Handlung auf der Mikroebene Teil der Situationslogiken der anderen, mit dem Handelnden in sozialen Beziehungen stehenden, Akteure werden, mithin deren Handlungschancen und -zwänge mit beeinflussen. Ein Beispiel hierfür liefern die Veränderungen in den Bildungsentscheidungen und deren Konsequenzen (vgl. Kap. 2.3), die in erheblichem Umfang von Externalitäten im LINDENBERGschen Sinne (vgl. Kap. 7.1) begleitet werden. Dies ist darauf zurückzuführen, daß jeder Akteur gleichzeitig zum einen aktiv Handelnder ist und zum anderen passiv von den Handlungsfolgen der mit ihm in sozialen Beziehungen stehenden anderen Akteure Betroffener.[3]

---

[2] "Der Übergang von einem *nicht-organisierten* System zu einem *organisierten* System beruht in der Tat häufig auf dem von den sozialen Agenten geäußerten Willen, die unerwünschten Emergenzwirkungen (d.h. Effekte, die nicht Ziel der Akteure sind, d.A.) auszuschalten. Es ist andererseits einleuchtend, daß ein Organisationsprozeß unumgänglich die Einführung von Normen und Zwängen mit sich bringt, die den Selbständigkeitsspielraum der Individuen einengen und die Einbettung bestimmter Handlungskategorien in Rollen zur Folge haben" (Boudon 1980: 83).

[3] Vgl. hierzu auch nochmals unsere Ausführungen zur Spieltheorie in Kap. 6.2.3.

Um die Folgen von Handlungen sowie insbesondere die Entstehung sogenannter nichtbeabsichtigter Effekte besser zu verstehen, ist es angebracht, die sozialen Beziehungen zwischen den Handelnden etwas genauer zu betrachten. BOUDON (1980: 90) weist zunächst darauf hin, daß soziale Interdependenz sowohl direkt sein kann, wie im Fall des paarweisen Tausches, als auch indirekt, d.h. ohne daß sich die Handelnden gegenseitig als Handelnde wahrnehmen und ohne daß sie um ihre wechselseitige Beeinflussung wissen, wie etwa im Fall der Zunahme von Entscheidungen für eine weiterführende Bildung. Im letztgenannten Fall haben wir es nach COLEMANs Klassifikation mit "struktureller Interdependenz" zu tun, d.h. jener Form der Interdependenz, bei der jeder Handelnde annimmt, "daß die Handlungen der anderen von seiner eigenen Handlung unabhängig sind" (Coleman 1991: 36f). COLEMAN unterscheidet in diesem Zusammenhang hinsichtlich der Handlungsfolgen beispielhaft einige Arten von Interdependenzen, die sowohl hinsichtlich der Anzahl der beteiligten Personen als auch im Ausmaß der beim Übergang von der Mikro- zur Makroebene zu beachtenden strukturellen Randbedingungen differieren (vgl. Coleman 1991: 25f):[4]

- Individuelle Handlungen können positive oder negative externe Effekte haben (Beispiel: Der individuelle Gebrauch des Kraftfahrzeuges erhöht die Luftverschmutzung für alle);
- Am bilateralen Austausch sind zwei Akteure beteiligt und erzielen systembezogene Ergebnisse (Beispiel: Tarifverhandlungen);
- Der bilaterale Austausch läßt sich zu einer Wettbewerbsstruktur verallgemeinern, wobei institutionelle Regeln von besonderer Relevanz sind (Beispiel: Märkte);
- In kollektiven oder sozialen Entscheidungen konkretisieren sich individuelle Willensäußerungen erst vermittelt über bestimmte Entscheidungsregeln zu einem systembezogenen Ergebnis (Beispiel: Wahlen mit 5%-Hürde).[5]

7.3 Interdependenzsysteme und paradoxe Effekte

Als geradezu charakteristisch für Interdependenzsysteme können jene Handlungsfolgen gelten, die von den Handelnden selbst nicht beabsichtigt wurden, und die BOUDON als "paradoxe Effekte"[6] und WIPPLER als "nicht-intendiert" (1978)

---

[4] Für die Verbindung individueller Effekte mit kollektiven Konsequenzen, vgl. Kap. 6.3 sowie Lindenberg (1977) und Raub & Voss (1981: 88-112).

[5] Neben diesen, für Interdependenzsysteme typischen Beispielen, erwähnt COLEMAN (1991: 26) schließlich auch noch zwei Handlungsfolgen, die für sogenannte "funktionale Systeme" (vgl. Kap. 8) typisch sind: In formalen Organisationen sind auch asymmetrische Interdependenzen anzutreffen (Beispiel: Unternehmen); normative Verhaltenserwartungen erlauben die soziale Kontrolle bestimmter Handlungen (Beispiel: Rollenhandeln).

[6] Synonym hierzu werden diese Handlungsfolgen von Boudon auch als "Kompositionseffekte", (Fortsetzung...)

oder "unbeabsichtigt" (1981) bezeichnen (vgl. Kap. 1.4 und 4.3). Mit BOUDON kann man "... sagen, daß ein paradoxer Effekt dann vorliegt, wenn zwei (oder mehrere) Individuen in Verfolgung gegebener Ziele einen *nicht beabsichtigten* Sachverhalt schaffen, der aus der Sicht beider oder eines Betroffenen unerwünscht sein kann" (1979: 68). Diese Effekte sind nun keineswegs etwas Außergewöhnliches, vielmehr sind sie im Alltag allgegenwärtig, häufig ursächlich für sozialen Wandel (vgl. Boudon 1979: 57), werden von Sozialtheoretikern seit langem problematisiert und zuerst mit MANDEVILLEs "Bienenfabel" (1980 [1724]) in Verbindung gebracht (vgl. Wippler 1978: 161 sowie Kap. 1.2). Die soziologische Beschäftigung mit diesen "nicht-logischen Handlungen" (vgl. Kap 5.1) oder "paradoxen Effekten" wird deshalb auch immer wieder als eigentliche Aufgabe soziologischer Aufklärung (vgl. Kap. 10.1) verstanden (vgl. Elias 1977: 131; Popper 1962: 246; 1992b [1945]: 105-117). Nach WIPPLER sind die sozialen Bedingungen, die paradoxe Effekte entstehen lassen, dadurch charakterisiert, "daß die solche Effekte generierenden Verhaltensweisen der Beteiligten nicht von Rollenvorschriften gesteuert und auf einander bezogen sind, d.h. die Handlungen der Akteure sind weder normativ noch über Organisationen koordiniert sondern entspringen 'privaten' Entscheidungen" (1981: 251).

Schon 1936 unternimmt MERTON den Versuch, die soziologische Analyse unvorhergesehener Konsequenzen zielgerichteten Handelns zu initiieren.[7] Ausdrücklich beschränkt er sich in seinen Ausführungen auf "... action which involves motives and consequently a choice between various alternatives" (Merton 1936: 895). Damit stellt er den individuellen Wahlakt explizit in den Mittelpunkt seines Interesses. Einschränkend fügt er allerdings hinzu, daß diese Handlungen weder immer einem expliziten Zweck dienen müßten, noch daß sie durchgängig rational zu sein hätten.[8] Auch die kausale Zuschreibung von Handlungskonsequenzen zu konkreten Handlungen sowie die Bestimmung des Zwecks einer konkreten Handlung bleiben nach MERTON (1936: 897) problematisch. Als pragmatischen Ausweg schlägt er deshalb vor, in Anlehnung an WEBER zu fragen, ob eine ausgeführte Wahlhandlung und ihre Folgen, im Lichte soziologischen Wissens um den Handelnden und seine konkrete Handlungssituation, einen "verständlichen Sinnzusammenhang" (Weber 1976 [1922]: 4) erkennen läßt (vgl. Kap. 5.2).

---

[6](...Fortsetzung)
"unerwünschte Effekte" oder "Aggregationseffekte" (1979: 62), als "Widersprüche sozialen Handelns" (1979), bzw. "Emergenzeffekte" (1980: 82) bezeichnet, oder von Coleman als "neu entstehende (emergente) Phänomene auf der Systemebene" (1991: 6).

[7] "Diese Arbeit ... ist meines Wissens die erste *theoretische* Arbeit eines Soziologen über die Allgegenwärtigkeit paradoxer Effekte im sozialen Leben und folglich über ihre zentrale Bedeutung für die soziologische Analyse" (Boudon 1979: 61).

[8] Vgl. hierzu auch Weber: "Das *reale* Handeln verläuft in der großen Masse seiner Fälle in dumpfer Halbbewußtheit oder Unbewußtheit seines 'gemeinten Sinns'. Der Handelnde 'fühlt' ihn mehr unbestimmt, als daß er ihn wüßte oder 'sich klar machte', handelt in der Mehrzahl der Fälle triebhaft oder gewohnheitsmäßig. ... Wirklich effektiv, d.h. voll bewußt und klar, sinnhaftes Handeln ist in der Realität stets nur ein Grenzfall" (1976 [1922]: 10).

Als Faktoren, die die Antizipation von Handlungskonsequenzen erschweren, betont MERTON zunächst "the existing state of knowledge" (1936: 898). Sowohl die Handelnden als auch sozialwissenschaftliche Beobachter stehen vor dem Problem lediglich stochastischer Zusammenhänge zwischen einer Handlung und ihren Folgen.[9] Als geradezu charakteristisch gilt sogar, daß eine konkrete Handlung eine ganze Bandbreite möglicher Handlungsfolgen nach sich ziehen kann, eben in Abhängigkeit von der konkreten "Logik der Situation" (vgl. Kap. 4.5).[10] Auch bei einer der ökonomischen Rationalität folgenden Allokation unserer Zeit und Energie zur Abschätzung von Handlungsfolgen wird stets ein Quentchen Unwissenheit verbleiben, womit der Aspekt des Handelns unter Unsicherheit angesprochen wird (vgl. Merton 1936: 900). Als zweiten Faktor, der das Auftreten unerwarteter Handlungskonsequenzen begünstigt, benennt MERTON "error" (1936: 901): Die fehlerhafte Abschätzung der Handlungssituation, eine falsche Handlungswahl oder -ausführung sowie falsche Annahmen über die zukünftige Situation werden hier relevant (vgl. Merton 1936: 901). Damit entspricht MERTONs Sichtweise im wesentlichen den der RC-Theorie zugrundeliegenden Annahmen (vgl. Kap. 6.2) bezüglich der Abwägung von Handlungskonsequenzen und der Bedeutung von Informationsrestriktionen. Als dritten generellen Faktor betont MERTON "the imperious immediacy of interest" (1936: 901), womit er die Fixierung des Akteurs auf vorhersehbare unmittelbare Handlungsfolgen und die Nichtbeachtung weiterer, eventuell divergierender, kurz- und langfristiger Handlungsfolgen meint, wie etwa bei BOUDONs Kettenraucherbeispiel (vgl. Kap. 5.1). Als davon zu unterscheidende Ausprägung stellt MERTON auf die einer Handlung zugrunde liegenden Basiswerte ab: "This refers to instances where there is no consideration of further consequences because of the felt necessity of certain action enjoined by certain fundamental values" (1936: 903). Damit bezieht er sich klar auf WEBERs wertrationales Handeln (vgl. Weber 1976 [1922]: 12f, sowie Kap. 5.2). Schließlich kommt MERTON noch auf die mögliche Wirkung sozialwissenschaftlicher Vorhersagen von Handlungskonsequenzen zu sprechen, die gerade weil sie veröffentlicht und damit zu einer relevanten Randbedingung der Handlungswahl intentional handelnder Akteure werden, die Logik der Situation und damit auch die möglichen Handlungskonsequenzen verändern (vgl. Merton 1936: 903f).[11]

Relevant ist dabei in unserem Zusammenhang die Bemerkung WIPPLERs, "daß sich die meisten dieser Faktoren auf die kognitive Situation des Handelnden beziehen und nicht auf soziale Bedingungen" (1978: 156).[12] WIPPLER betont

---

[9] Auch zu diesem Gedankengang bietet sich eine Parallele bei Weber an: "Eine *richtige* kausale *Deutung* eines konkreten Handelns bedeutet: daß der äußere Ablauf und das Motiv *zutreffend* und zugleich in ihrem Zusammenhang sinnhaft *verständlich* erkannt sind. Eine richtige kausale Deutung *typischen* Handelns (...) bedeutet: daß der als typisch behauptete Hergang sowohl (...) sinnadäquat erscheint wie (...) als kausal adäquat festgestellt werden kann. Fehlt die Sinnadäquanz, dann liegt selbst bei größter und zahlenmäßig in ihrer Wahrscheinlichkeit präzis angebbarer Regelmäßigkeit des Ablaufs (...) nur eine *unverstehbare* (...) *statistische* Wahrscheinlichkeit vor" (Weber 1976 [1922]: 5).

[10] Zusätzlich erwähnt Merton das Problem der Vergleichbarkeit vergangener, gegenwärtiger und zukünftiger Handlungen: "We have here the paradox that whereas past experience is the sole guide to our expectations on the assumption that certain past, present and future acts are sufficiently alike to be grouped in the same category, these experiences are in fact different" (Merton 1936: 899).

[11] Je nachdem, ob die Veröffentlichung einer sozialwissenschaftlichen Vorhersage dazu führt, daß Individuen durch ihr Handeln das Eintreten der kollektiven Handlungsfolgen ungewollt erst bewirken oder es ebenso ungewollt gerade verhindern, kann man mit Merton von "self-fulfilling" bzw. "self-destroying" oder "suicidal prophecy" (vgl. Merton 1964: Kap. XI) sprechen.

[12] Gleichwohl spricht Merton die soziale Bedingtheit individueller Wahlhandlungen explizit an: "Concretely, however, the consequences result from the interplay of the action and the objective situation, the conditions of action" (Merton 1936: 895).

deshalb, daß das Ausmaß an Wissen, bzw. Irrtum, in einer Gesellschaft ebenso sozial ungleich verteilt ist, wie das Streben nach der Befriedigung unmittelbarer Bedürfnisse, und daß insbesondere die "Zugehörigkeit zu weltanschaulichen oder religiösen Gemeinschaften" (Wippler 1981: 251) eine soziale Bedingung der dogmatischen Fixierung auf wertorientierte Handlungen ist. WIPPLER unterscheidet explizit zwischen den von MERTON hervorgehobenen "Bedingungen, die Fehleinschätzungen der Handlungssituation seitens individueller Akteure Vorschub leisten" (1981: 252) und den von BOUDON (1979, 1980) herausgestellten "Bedingungskonstellationen vom Typ Interdependenzsysteme, die aus gegebenen individuellen Verhaltensweisen nicht-beabsichtigte Kompositionseffekte generieren" (Wippler 1981: 252).[13] Diesen sog. "paradoxen Effekten" wollen wir uns im folgenden verstärkt zuwenden.

Ein kurzes Beispiel mag das Problem verdeutlichen: Häufig kann man beobachten, daß Erwerbstätige in den Wochen, in denen der Donnerstag ein arbeitsfreier Feiertag ist, sich freitags beurlauben lassen und ihnen mit einem einzigen Urlaubstag vier arbeitsfreie Tage "am Stück" zur Verfügung stehen. In dieser Situation nutzen viele Familien aus stadtnahen ländlichen Regionen den arbeitsfreien Freitag zum gemeinsamen Einkauf in der City. Diese Handlung ist eindeutig "privat" (Wippler 1981: 251) und nicht an normative Verhaltenserwartungen Dritter gebunden. Ebenso offensichtlich ist, daß, z.B. auf Grund der eigenen Bequemlichkeit oder eines mangelnden Angebotes an Bussen und Bahnen im Umland, zur Fahrt in die Stadt weniger öffentliche Verkehrsmittel verwendet werden als vielmehr das eigene Auto. Häufige Folgen dieses Vorgehens sind dann Staus in den Einfallstraßen und der Innenstadt, überfüllte Parkhäuser und zugeparkte Gehwege. Aus der Aggregation des individuell bzw. im Kontext der Familie durchaus rationalen Verhaltensmusters vieler einzelner Familien (Einkaufsbummel in der City) resultiert mithin häufig ein kollektiver Effekt (Verkehrsstau, etc.), der von keinem der Beteiligten beabsichtigt war. BOUDON spricht in diesem Fall von einem "paradoxen Effekt" (1979: 62) oder einem "Emergenzeffekt" (1980: 82) (vgl. auch Kap. 7.4).

In Anlehnung an Abbildung 1.1 läßt sich die interessierende Problematik auch folgendermaßen charakterisieren: Entsprechend der allen Handelnden gleichen "Logik der Selektion" einer Handlung (vgl. Kap. 4.5) entschließt sich eine Vielzahl von Familien unter ähnlichen strukturellen Bedingungen ("Logik der Situation") anhand vergleichbarer Nutzenabwägungen unabhängig voneinander für einen Urlaubstag und gemeinsamen Einkaufsbummel in der City. Auf der Mikroebene der Handelnden ist diese Handlungswahl jeweils individuell, bzw. bezogen auf die beteiligte Familie, rational. Auf der Ebene des übergreifenden Interaktionssystems "Stadt", also der sog. Makroebene, treffen nun aber die Handlungsfolgen einer Vielzahl solcher individuell rational handelnder Familien aufeinander. Aggregiert man diese vielen "privaten" Handlungen, wird man mit dem kollektiven, durch die Summe der Einzelhandlungen erzeugten und von den beteiligten Familien keineswegs beabsichtigten paradoxen Effekten, wie den beschriebenen Verkehrsstaus, etc., konfrontiert. Konkret beschäftigen wir uns hier mit der Mikro-Makro-Ver-

---

[13] "Denn selbst wenn alle Akteure die Folgen ihrer Handlungen richtig vorhersehen, kann das kollektive Ergebnis den Absichten der Beteiligten widersprechen, und zwar als Folge sozialer Bedingungen anderer Art als die bisher im Zusammenhang mit Fehleinschätzungen erwähnten" (Wippler 1981: 251).

bindung, der "Logik der Aggregation" (Esser 1991b: 47f sowie Kap. 4.5) bzw. dem sog. "Transformationsproblem" (vgl. Lindenberg 1977 sowie Kap. 6.3).

Das wissenschaftlich Interessante und im Alltagsverständnis Verblüffende an diesen Effekten ist also, daß sie nicht-beabsichtigte Folgen intentionaler Handlungen[14] darstellen. Sie sind dabei nichts anderes "... als das Ergebnis einer Aggregation individueller Handlungen im Kontext eines Interdependenzsystems" (Boudon 1980: 88). Damit gilt auch in diesem Fall, daß gemäß des Grundmodells einer strukturell-individualistisch orientierten empirischen Soziologie (vgl. Kap. 4.5) die kollektiven (paradoxen) Effekte auf der Makroebene des Interaktionssystems durch individuelle Handlungen auf der Mikroebene zu erklären sind. BOUDON greift hierzu MERTONs ältere Bemühungen auf und versucht zunächst, diese paradoxen Effekte folgendermaßen zu definieren: "Es geht um individuelle oder kollektive Effekte, die sich aus dem Zusammentreffen individueller Verhaltenssequenzen ergeben, ohne Teil der von den Akteuren mit ihren Handlungen verfolgten Absichten zu sein" (Boudon 1979: 62).

In diesem Zusammenhang soll auch kurz auf das insbesondere von ELIAS entworfene Programm einer "Figurationssoziologie" hingewiesen werden: "Die (...) Folgen der Verflechtung von unzähligen verschiedenen menschlichen Aktionen nennt *Elias* 'soziale Figurationen' oder 'nicht-intentionale soziale Interdependenzen'" (Wippler 1978: 158). ESSER charakterisiert die Figurationssoziologie anhand dreier Elemente: "1. 'Gesellschaften' sind nichts als Interdependenzgeflechte von voneinander abhängigen Menschen: *Figurationen* (...). 2. Figurationen und die sie bildenden Menschen sind *Prozesse*, wobei sich die Figurationen und die sie bildenden Menschen langfristig gerichtet verändern, dies in enger Korrespondenz zueinander tun, ohne daß dahinter eine irgendwie geartete Teleologie zu vermuten wäre (...). 3. Menschen bilden Figurationen in wechselseitiger Abhängigkeit und Verflochtenheit, deren Konsequenzen von den Einzelnen nicht mehr übersehen oder kontrolliert werden könnten; Figurationen wandeln sich daher fortwährend als *ungeplante Folge* der Verflechtung der Pläne und Handlungen vieler Menschen" (Esser 1984: 676). ELIAS selbst resümiert: "In diesem Sinne kann man sagen, daß ein Geflecht langfristiger ungeplanter, aber erklärbarer Prozesse die Infrastruktur dessen bilden, was man gegenwärtig 'Geschichte' nennt" (1977: 145).[15]

Mit Blick insbesondere auf die sozialen Bedingungen der Entstehung unbeabsichtigter Effekte absichtsgeleiteter Handlungen versucht sich WIPPLER in deren Klassifikation. Er unterscheidet zunächst Handlungsfolgen, die das Gegenteil von dem darstellen, was die Handelnden durch ihre Handlungen eigentlich erreichen wollten, von jenen Handlungsfolgen, "die aus der Sicht der Handelnden als unerwartete Nebeneffekte charakterisiert werden können" (Wippler 1978: 172). Die zuerst genannten Umkehrungseffekte differenziert er dabei weiter in individuelle Handlungen, welche die Realisierung der Ereignisse, die erreicht werden sollten, gerade verhindern und individuelle Handlungen, welche die Ergebnisse, die sie vermeiden wollten, gerade herbeiführen (vgl. Wippler 1978: 172).

---

[14] "Das Paradigma der paradoxen Effekte impliziert nicht die Vorstellung eines *'rationalen' homo sociologicus*. Aber es impliziert die eines *'intentionalen' homo sociologicus*" (Boudon 1979: 63).

[15] Zu den Gemeinsamkeiten der Figurationssoziologie von Elias und dem auch diesem Studienbuch zugrundeliegenden methodologischen Individualismus, vgl. Esser (1984).

Auch BOUDON versucht, das Auftreten paradoxer Effekte infolge individueller Handlungen zu ordnen und unterscheidet dabei Fälle, in denen das individuelle Ziel zwar erreicht wird, dabei jedoch zusätzlich individueller oder kollektiver Nutzen oder Schaden entsteht, bzw. Fälle. in denen das individuelle Ziel nicht erreicht wird und dabei zusätzlich kollektiver Nutzen oder Schaden entsteht (vgl. Boudon 1979: 62). Differenziert man ferner das Ausmaß der Zielerreichung, bzw. der Betroffenheit von kollektiven Effekten, so lassen sich mit BOUDON (1979: 63) zusammenfassend 18 Fälle kombinatorisch unterscheiden:

- Kein Mitglied einer Gemeinschaft, bzw.
- einige Mitglieder einer Gemeinschaft, bzw.
- alle Mitglieder einer Gemeinschaft erreichen ihre Ziele, indem sie unbeabsichtigterweise gleichzeitig

- kollektiven Nutzen, bzw.
- kollektiven Schaden, bzw.
- sowohl kollektiven Nutzen als auch kollektiven Schaden stiften, der

- nur für einige Mitglieder der Gemeinschaft, bzw.
- für alle Mitglieder der Gemeinschaft eintritt.

Als weiteres Differenzierungskriterium führt BOUDON schließlich noch die Vorhersehbarkeit der paradoxen Effekte ein.[16] WIPPLER knüpft an diese Typologie an und erweitert sie seinerseits um zwei weitere Kriterien, nämlich zunächst um den "Zeitraum, über den sich das Zustandekommen des unbeabsichtigten Effekts erstreckt" (Wippler 1981: 248f), und ebenfalls um die unterschiedlichen gesellschaftlichen Positionen der Handelnden, die die kollektiven Effekte bewirken (vgl. Wippler 1981: 249).[17] Schließlich verweist WIPPLER noch auf jene Handlungsfolgen, "... die vorhersehbar aber dennoch bei der gegebenen Interaktionsstruktur nicht vermeidbar sind. Solchen nicht gewollten Handlungsfolgen liegen Interaktionsstrukturen vom Typ des Gefangenendilemmas zu Grunde, d.h. Interaktionsstrukturen, in denen die Logik der Situation als zwingend und unausweichlich erfahren wird" (Wippler 1981: 249f; vgl. auch Kap. 6.2).[18]

[16] "Es ist nämlich manchmal von ausschlaggebender Bedeutung, für den Beobachter, ob diese paradoxen Effekte (genauer, ob jeder dieser paradoxen Effekte) nicht nur nicht gewollt waren (das sind sie *ex definitione* immer), sondern auch vorhergesehen oder nicht vorhergesehen sowie vorhersehbar oder nicht vorhersehbar" (Boudon 1979: 65).

[17] "Wenn vom Erreichen individueller Ziele die Rede ist, kommt den Handlungen öffentlicher Entscheidungsträger oder den Ausführenden öffentlicher Maßnahmen eine andere Bedeutung zu als den Handlungen derer, die von diesen Maßnahmen betroffen sind. D.h. die individuellen Ziele der Akteure können öffentlichen oder privaten Charakter haben" (Wippler 1981: 249). Allerdings läßt Wippler selbst die unbeabsichtigten Folgen öffentlicher Maßnahmen in seinen weiteren Ausführungen außer Betracht.

[18] Wippler charakterisiert die Bedingungen des Auftretens eines solchen Kooperationsparadoxons

(Fortsetzung...)

Abschließend sollen mit WIPPLER (1978: 174) einige Bedingungen generalisiert werden, die das Entstehen paradoxer Effekte begünstigen: Dieser sieht in großen, unorganisierten, sog. "latenten" Gruppen ebenso eine günstige Voraussetzung für deren Vorkommen, wie in komplexen Statusdifferenzierungen und geringen Machtunterschieden zwischen den Handelnden. Auch die Implementation institutioneller Ordnungen kann das Entstehen paradoxer Effekte nicht verhindern. Damit kommt WIPPLER zu dem Schluß: "Da diese Bedingungen in modernen demokratischen Gesellschaften häufig vorliegen, scheint die Unvorhersehbarkeit sozialer Entwicklungen eher Regel als Ausnahme zu sein" (Wippler 1978: 174).

7.4 Ein Beispiel: SCHELLINGs Segregationsmodell

Wie die Interdependenz von Akteuren paradoxe Effekte hervorrufen kann, wurde bereits anhand des Gefangenendilemmas gezeigt (vgl. Kap. 6.2). Im folgenden soll ein weiteres Beispiel für unerwünschte Interdependenzeffekte vorgestellt werden: Das Modell von SCHELLING zur Erklärung von Segregationseffekten (Schelling 1969).

Ausgangspunkt des Modells ist ein empirisches Problem: Warum entstehen sog. *Segregationseffekte* in einer Population. Segregation kann hierbei definiert werden als gesellschaftliche und räumliche Absonderung einer Bevölkerungsgruppe (Minderheit), die sich aus ethnischen, religiösen oder sozialen Unterschieden von der Mehrheit der Population unterscheidet (vgl. Kuper 1968). Beispiele für derartige Segregationseffekte lassen sich besonders deutlich in modernen Großstädten finden, wo ethnische Bevölkerungsgruppen oft in bestimmten Vierteln konzentriert zu finden sind. In amerikanischen Städten sind dies z.B. Farbige, Latinos oder asiatische Bevölkerungsgruppen, in deutschen Städten die in den siebziger Jahren angeworbenen türkischen oder griechischen Arbeitsmigranten und ihre Familien. Bei der "Wahl" des Wohnviertels spielt jedoch nicht nur die Zugehörigkeit zu einer ethnischen Gruppe, sondern auch die soziale Stellung eine wesentliche Rolle. So läßt sich in den USA beobachten, daß farbige Amerikaner der sog. Mittelschicht die gleichen Einfamilienhäuser besitzen wie ihre weißen Mitbürger, jedoch nicht in deren Nachbarschaft, sondern in gesonderten Vierteln.

Derartige Segregationsphänomene sind besonders interessant, weil sie i.d.R. mit gesellschaftlichen Problemen einhergehen. Schlechte Infrastruktur, fehlende Bildungsmöglichkeiten oder mangelnde Gesundheitsvorsorge in den amerikanischen Slums schaffen soziale Ungleichheiten, die sich z.B. in hohen Verbrechensraten

---

[18](...Fortsetzung)
folgendermaßen: "(1) es existieren weder für die Handelnden gemeinsame Normen noch (2) bindende Abmachungen oder zwingende Verträge zwischen den Handelnden; weiterhin gibt es (3) keine Kommunikationsmöglichkeit, die den Handelnden erlaubt zu verhandeln oder evtl. eine vertragliche Übereinkunft zu erzielen; zusätzlich (4) ist die Anzahl der Verhaltensalternativen in der Situation begrenzt, so daß keine Möglichkeit offen bleibt, sich der Wahl zwischen diesen Alternativen zu entziehen" (Wippler 1978: 163).

niederschlagen können. Diesen Phänomenen kann man nur dann wirksam begegnen, wenn nicht nur singuläre Ursachen der räumlichen Konzentration wie Geldknappheit, Miethöhe etc. betrachtet, sondern die aus individuellen Handlungen resultierenden Entstehungsprozesse sozialer Probleme berücksichtigt werden. Also nicht alleine niedriges Einkommen, sondern die *individuelle Entscheidung* für oder gegen einen Wohnort bei einem gegebenen finanziellen Budget können die Ursache von Segregationsphänomenen darstellen, daher müssen auch die Entscheidungskalküle der Individuen betrachtet werden.

Begibt man sich auf die Suche nach diesen individuellen Kalkülen, so wäre eine erste Möglichkeit, daß die Akteure bewußt unter sich bleiben wollen. Dieser Alltagstheorie begegnet man in diesem Zusammenhang häufig, sie wird oft mit dem Hinweis auf die "kulturellen Eigenheiten" einer Gruppe gestützt. Die Akteure, insbesondere die der Minderheitenpopulation, werden als integrationsunwillig oder -unfähig betrachtet, Segregation wird damit als zielgerichteter, bewußt hervorgerufener Zustand verstanden. Auf diese Weise kann natürlich Segregation entstehen, jedoch ist fraglich, ob dies auch die *einzige* Möglichkeit darstellt. Einen Hinweis, daß dies nicht der Fall ist, findet sich bei COLEMAN (1971: 31). Er verglich jeweils für den Norden und den Süden der USA die tatsächliche räumliche Segregation von weißen und schwarzen Amerikanern mit dem Anteil von Integrationsbefürwortern unter den weißen Bürgern über einen Zeitraum von fast 30 Jahren. Dabei kam er zu dem Ergebnis, daß die tatsächliche Segregation im Zeitablauf annähernd konstant blieb, während der Anteil der Integrationsbefürworter stark zunahm. Wäre allein der Wille für oder gegen die räumliche Trennung ausschlaggebend, so müßte jedoch mit zunehmender Integrationsbefürwortung auch die tatsächlich gemessene Segregation sinken. Dieser Befund läßt demnach vermuten, daß Segregation auch *gegen den Willen der Akteure* entstehen kann. Dies könnte durch Restriktionen verschiedenster Art wie z.B. Mieten, Wohnraumknappheit oder Mobilitätskosten verursacht werden. Doch stellt sich auch hier die Frage, ob bestimmte Präferenzen der Individuen denkbar sind, die auch ohne diese Faktoren zu einem paradoxen Effekt führen können.

Dieser Frage geht SCHELLING nach, indem er ein stark abstrahierendes Modell einer in zwei Gruppen geteilten Population entwirft. Betrachtet wird lediglich ein "Straßenzug", in dem die Akteure (symbolisiert durch 70 weiße oder schwarze Spielfiguren) in einer Reihe aufgestellt werden. Über die Ausgangssituation entscheidet ein Zufallsmechanismus (z.B. durch Würfelwurf, vgl. die Spielregeln in Abb. 7.1) derart, daß eine "integrierte" (d.h. möglichst durchmischte) Population entsteht. Abb. 7.2 zeigt in der ersten Spalte eine so entstandene Ausgangssituation: Fast alle Akteure besitzen in ihrer näheren Umgebung rechts oder links von sich Nachbarn, die der jeweils anderen Gruppe angehören.

Nun stellt sich die Frage, welche Handlungsalternativen und Präferenzen den Akteuren in diesem Modell zugeschrieben werden. Segregation wird hier nur durch Umzüge der einzelnen Akteure auf eine andere Position in dieser Reihe entstehen. Demnach kann ein Akteur auf seiner Position bleiben oder sie verändern, letzteres wird er nur dann tun, wenn er unzufrieden mit seiner aktuellen Position ist (bzw. wenn ein Umzug ihm einen höheren Nutzen bringt als zu

Abbildung 7.1: Spielregeln des Segregationsmodells nach SCHELLING

1. **Erzeugung der "Startsituation"**

1.1 Von links nach rechts werden in einer Reihe 70 Figuren aufgestellt.
1.2 Jede Figur ist entweder weiß oder schwarz.
1.3 Über die Aufstellung wird durch Würfelwurf entschieden.
1.4 Bei Augenzahl 1, 2 oder 3 wird eine schwarze, sonst eine weiße Figur aufgestellt.

2. **Definition der "Umgebung" einer Figur**

2.1 Die Umgebung einer Figur besteht aus den vier Figuren links und den vier Figuren rechts dieser Figur.
2.2 Figuren an den Rändern haben rechts oder aber links eine entsprechend kleinere Umgebung (3, 2, 1 oder 0 Figuren).

3. **Zugregeln**

3.1 Gezogen wird "rundenweise".
3.2 Zu Anfang jeder Runde werden alle Figuren gekennzeichnet, deren Umgebung zu mehr als 50% aus Figuren der anderen Farbe besteht.
3.3 Diese Figuren werden von links nach rechts nacheinander wie folgt gezogen:
3.3.1 Eine Figur zieht nach links oder rechts in die nächstgelegene Umgebung mit mindestens 50% Figuren der eigenen Farbe. Entfernungen entsprechen der Anzahl zu überspringender Figuren.
3.3.2 Ist die Entfernung zur nächstgelegenen Umgebung mit mindestens 50% Figuren der eigenen Farbe nach links oder rechts gleich, wird durch Würfelwurf über die Zugrichtung entschieden. Bei Augenzahl 1, 2 oder 3 wird nach links, sonst nach rechts gezogen.
3.3.3 Eine gekennzeichnete Figur, deren Umgebung sich dann, wenn sie gezogen werden kann, aufgrund erfolgter Züge zu mindestens 50% aus Figuren der eigenen Farbe zusammensetzt, wird nicht gezogen.
3.4 Eine Runde ist beendet, wenn die am weitesten rechts stehende gekennzeichnete Figur gezogen wurde. Nach Ende einer Runde beginnt eine neue Runde. Die Zugfolge ist endgültig abgeschlossen, wenn alle Figuren in einer Umgebung mit mindestens 50% Figuren der eigenen Farbe stehen.

(Rekonstruktion der Spielregeln von Werner Raub).

bleiben). Um das Modell nun weiter zu vereinfachen, nimmt SCHELLING an, daß dieser Nutzen nur von dem Anteil der Akteure mit eigener bzw. fremder Farbe in der Umgebung der betrachteten Person abhängt.[19] Dabei wird die Umgebung, die ein Akteur als für seine Entscheidung relevant betrachtet, definiert als jeweils vier Figuren rechts und links von ihm. Dies trägt der Tatsache Rechnung, daß Individuen nur eine bestimmte Umgebung überschauen und für bestimmte Handlungsfelder unterschiedlich weit definierte Bereiche in ihre Handlungsabwägungen miteinbeziehen. Für die Wahl eines Wohnstandortes wird weniger die Gesamtdichte an Kindergärten in ihrem Wohnort als vielmehr die Anzahl der zu Fuß zu erreichenden Einrichtungen relevant sein. Hinsichtlich des Anteils andersfarbiger Akteure, die ein Individuum als noch akzeptabel empfindet, sind nun unterschiedliche Annahmen möglich, die zu unterschiedlichen Ergebnissen führen können.[20] Die oben erläuterte Alltagstheorie, demnach die Akteure "unter sich" bleiben wollen, würde sich hier in der Annahme niederschlagen, daß die Individuen in ihrer acht Nachbarn umfassenden Umgebung keinen andersfarbigen Akteur akzeptieren würden. Im Gegensatz hierzu führt SCHELLING eine relativ "optimistische" Annahme ein. Seine Akteure akzeptieren andersfarbige Nachbarn, *solange sie sich selbst nicht in der Minderheit befinden.* Ein Umzug findet im Rahmen des Modells also erst dann statt, wenn von den acht relevanten Nachbarn mindestens fünf andersfarbig sind. Die Frage lautet nun, wie sich unter dieser Annahme die räumliche Zusammensetzung der Population über die Zeit entwickeln wird.

Um dies im Rahmen des Modells zu beantworten, werden die unzufriedenen Akteure der Ausgangssituation auf die nächstliegende Position umgesetzt, in der sie sich nicht mehr in der Minderheit befinden. Dies geschieht nach bestimmten Zugregeln, die den Ablauf einer "Spielrunde" bestimmen (vgl. Abb. 7.1). Die hieraus resultierende Situation zeigt Abb. 7.2, wobei die unzufriedenen Akteure in der Ausgangssituation mit Pfeilen markiert sind und die hieraus entstehende Verteilung nach der ersten Runde in der zweiten Spalte dargestellt wird. Hier wird bereits deutlich, daß sich die einzelnen Gruppen zusammenballen, jedoch immer noch eine Zone relativer Durchmischung existiert. Da immer noch unzufriedene Akteure existieren, werden diese in einer zweiten Runde wieder markiert und gemäß den obigen Regeln umgezogen. Die dritte und letzte Spalte in Abbildung 7.2 zeigt das Endergebnis: Während nun kein Akteur mehr unzufrieden ist, hat sich ein segregierter Zustand eingestellt, in dem nur noch wenige Akteure anders farbige Nachbarn besitzen.

---

[19] Damit wird das Modell lediglich auf die hier interessierende Variable, nämlich Segregationsbefürwortung bzw -ablehnung, beschränkt und gleichzeitig angenommen, daß keinerlei Restriktionen (wie unterschiedliche Miethöhen, unterschiedlicher Wohraumbedarf etc.) hinsichtlich der Umzugsmöglichkeiten der Akteure existieren. Dieses Vorgehen entspricht der in Kap. 6.3 erläuterten Grundsätzen der abnehmenden Abstraktion.

[20] Siehe hierzu die Analyse von Schelling (1969: 491ff). Sims (1987) präsentiert hierfür eine Computersimulation, mit deren Hilfe sich der Effekt unterschiedlicher "Akzeptanzanteile" sehr anschaulich studieren läßt.

Abbildung 7.2: Ein Beispiel für das Segregationsmodell (Schelling 1969)

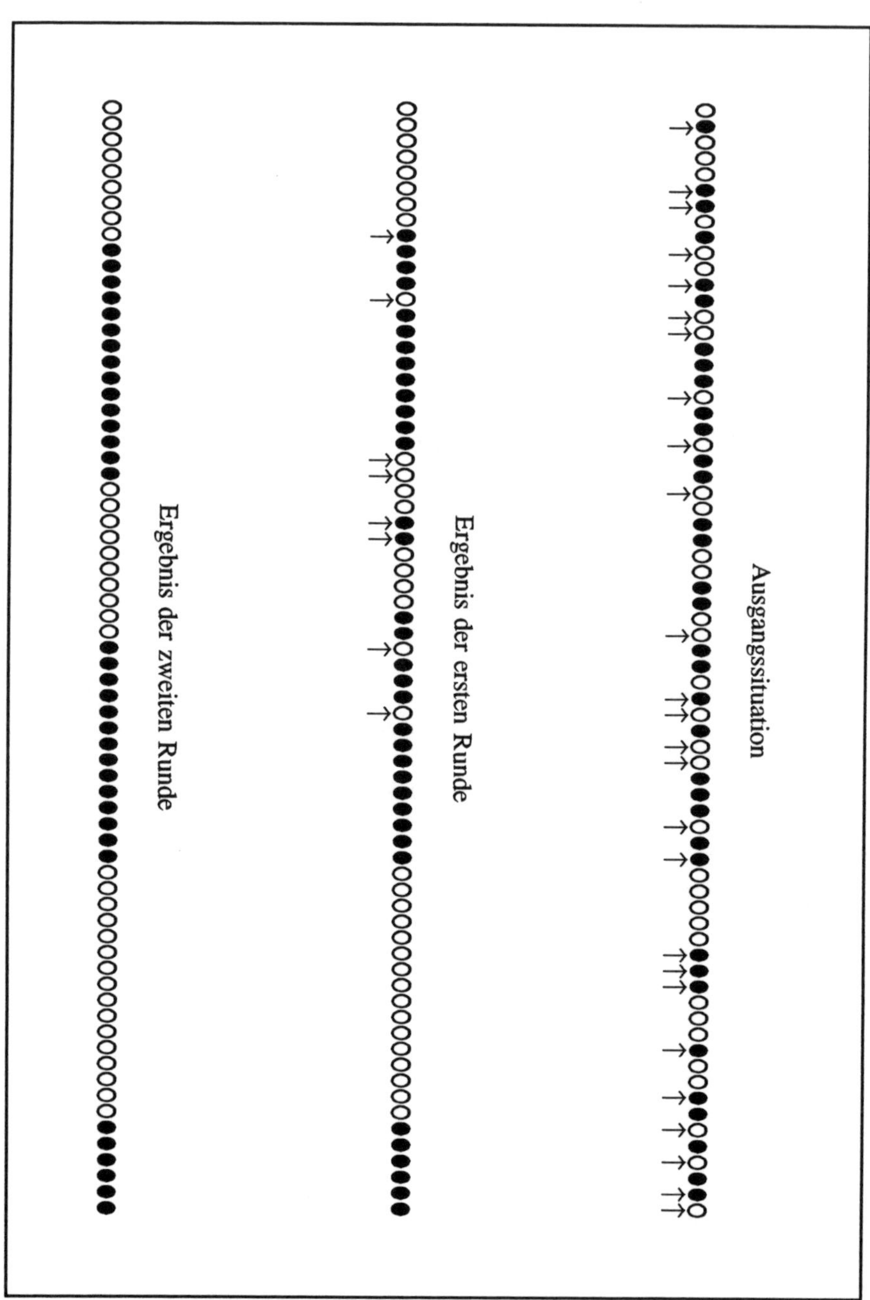

Als Ergebnis des SCHELLINGschen Segregationsmodells bleibt also festzuhalten, daß selbst unter der sehr schwachen Annahme, die Akteure wollten lediglich nicht in eine Minderheitensituation geraten, die Entstehung von Segregation äußerst wahrscheinlich ist.[21] Damit liegt ein paradoxer Effekt vor: Obwohl die Individuen durchaus auch andersfarbige Nachbarn akzeptieren (oder evtl. sogar wünschen), lebt die überwiegende Anzahl in einer "einfarbigen" Nachbarschaft. Grundlage dieses Effektes sind dabei die privaten Umzugsentscheidungen, die aufgrund der Eigenschaften des Interdependenzsystems unerwünschte Auswirkungen auf die anderen Akteure der Population haben. Gleichzeitig wird an diesem Beispiel deutlich, wie die in Kap. 6.3 vorgestellten Prinzipien der Modellierung und Abstraktion gewinnbringend für die soziologische Analyse eingesetzt werden können. Gerade die Erklärung paradoxer Effekte erfordert die Abstraktion von empirischen Gegebenheiten, um den Gegensatz zwischen angestrebten Zielen (bzw. Präferenzen) und den Handlungsergebnissen der Akteure deutlich herausstellen und den zugrundeliegenden Mechanismus erklären zu können. Daher erhebt das vorgestellte Segregationsmodell auch in keinster Weise den Anspruch, eine empirisch exakte Beschreibung darzustellen, wie bereits SCHELLING (1969: 491) bemerkt: "All of this is too abstract to be a motion picture of whites and blacks or boys and girls choosing houses on a road or even stools along a counter; but it is suggestive of some of the dynamics that could be present in individually motivated segregation."

Die Analyse zeigt, daß sich die Vermeidung dieses paradoxen Effekts besonders schwierig gestaltet. Berücksichtigt man weitere Faktoren wie Mieten und Wohnraumknappheit oder trifft eine weniger optimistische Annahme bezüglich der Integrationsbereitschaft der Akteure, so wird die Tendenz zu Segregation eher noch verstärkt. Dies liegt unter anderem auch daran, daß die Akteure auf einem mehr oder minder klassischem Markt (eben dem Wohnungsmarkt) agieren, dem staatlich garantierte Eigentums- und Verfügungsrechte zugrundeliegen. Diese können von Dritten (z.B. dem Staat) nur in Sonderfällen angetastet werden, sollen die gravierenden Nachteile einer zentralen Planverwaltung als institutionelle Alternative vermieden werden. So muß sich der Staat darauf beschränken, selbst als Marktteilnehmer aktiv zu werden und z.B. durch gezielte Bereitstellung von Sozialwohnungen oder mittels Stadtsanierungen solchen Tendenzen entgegenzuwirken. Solchen Maßnahmen sind jedoch angesichts knapper öffentlicher Budgets mehr oder weniger enge Grenzen gesetzt. In anderen Interaktionszusammenhängen können Institutionen und Regeln jedoch durchaus zur Koordination der Akteure und damit zur Vermeidung paradoxer Effekte beitragen, wie das folgende Kapitel zeigen wird.

---

[21] Lediglich zwei Typen von integrierten Startsituationen erweisen sich als stabil und führen nicht zu Segregation, nämlich die einzelne oder paarweise Abwechslung von weißen und schwarzen Akteuren.

8 Soziologische Analyse "funktionaler Systeme"

Nach der Beschäftigung mit Interdependenzsystemen in Kapitel sieben sollen hier nun die von BOUDON als "funktional" charakterisierten Interaktionssysteme im Mittelpunkt stehen. Da für deren Analyse die Kategorie der "sozialen Rolle" zentral ist, erscheint zunächst eine ausführliche Begriffsexplikation angebracht. Anschließend sollen jene von BOUDON (1980) herausgearbeiteten vier Dimensionen sozialer Rollen näher erörtert werden, die funktionale Systeme insofern charakterisieren, als Verhaltenserwartungen oder Normen Rollen kaum eindeutig definieren können und sie damit dem Rollenträger stets einen mehr oder weniger großen Deutungs- und damit Handlungsspielraum belassen (Kap. 8.1). Die in einem Privathaushalt zusammenwohnende Familie einerseits (Kap. 8.2) und Arbeitsorganisationen andererseits (Kap. 8.3) sollen anschließend als funktionale Systeme charakterisiert werden. Am Beispiel der Erwerbsbeteiligung von Frauen vor dem Hintergrund ihrer Haushaltssituation lassen sich schließlich die Spielräume und Widersprüche von Rollensystemen anschaulich illustrieren (Kap. 8.4).

8.1 Charakteristika "funktionaler Systeme"

Als "funktionale Systeme" bezeichnet BOUDON jene Interaktionssysteme, die durch Individuen als Inhaber sozialer Positionen und Träger sozialer Rollen sowie durch Rollenbeziehungen charakterisiert werden können. Die soziologische Analyse von Rollensystemen bezeichnet er als "*funktionale Analyse*" (Boudon 1980: 74). Im Mittelpunkt des Interesses steht hier die Sicherung der Kooperation zwischen den Akteuren, bzw. die Frage, durch welche organisatorischen Arrangements sich "paradoxe Effekte" (vgl. Kap. 7.3 und 7.4) möglichst vermeiden lassen (vgl. Boudon 1980: 83). Die Konzeptualisierung der Interaktionsbeziehungen von Akteuren mittels sozialer Rollen setzt dabei stets ein gewisses Maß an Organisation dieser Beziehungen voraus (Boudon 1980: 75). Deshalb eignet sich die funktionale Analyse insbesondere für arbeitsteilig organisierte Sozialbeziehungen.

In diesem Argumentationsrahmen kommt dem Begriff der "sozialen Rolle" zentrale Bedeutung zu: "Er kann als charakteristisch für die Gesamtheit der Normen definiert werden, die der Rollenträger offensichtlich akzeptiert" (Boudon 1980: 58). Im folgenden soll deshalb zunächst die soziologische Kategorie der "sozialen Rolle" einführend diskutiert werden.

8.1.1 Die soziologische Kategorie der sozialen Rolle

Zur terminologischen Klärung der Begriffe "Rolle" und "Position" bzw. "Status" wird immer wieder auf LINTON zurückgegriffen: "Den Platz, den ein Individuum zu einer bestimmten Zeit in einem bestimmten System einnimmt, wollen wir im Folgenden als sein *Status* in diesem System bezeichnen. ... Der zweite Terminus,

Rolle, soll die Gesamtheit der kulturellen Muster bezeichnen, die mit einem bestimmten Status verbunden sind" (Linton 1973 [1945]: 311).[1]

Insbesondere PARSONS greift den Rollenbegriff wieder auf und weist sozialen Rollen einen zentralen Platz in seinem Theoriegebäude zu: "... roles rather than personalities are the units of social structure" (Parsons et al. 1962: 23). In Deutschland ist die Einführung und Diskussion des Rollenbegriffes eng mit DAHRENDORF und dessen zuerst 1958 in der Kölner Zeitschrift für Soziologie und Sozialpsychologie veröffentlichten Abhandlung "Homo sociologicus" (1958a, 1958b) verbunden. Nachfolgend soll die dieser Publikation zugrunde liegende Argumentation kurz nachgezeichnet werden.

DAHRENDORF geht es in seiner Abhandlung um die Freiheit des Menschen "... im Angesicht der ärgerlichen Tatsache der Gesellschaft" (1958a: 181). Der Mensch ist für ihn "homo sociologicus" oder "Träger sozial vorgeformter Rollen" (1958a: 183). Vor dem Hintergrund dieser Abstraktion und unter Verwendung dieses theoretischen Konstruktes ist Soziologie immer Rollenanalyse.[2] Individuen besetzen soziale Positionen, die mit anderen Positionen in Beziehung gesetzt werden können. Soziale Positionen können durchaus komplex sein und lassen sich als "Mengen von *Positionssegmenten*" (Dahrendorf 1958a: 190) verstehen. Mit jeder Position werden bestimmte Verhaltensweisen verknüpft, die von den Inhabern einer Position erwartet werden, "... zu jeder sozialen Position gehört eine *soziale Rolle*" (Dahrendorf 1958a: 191). Soziale Rollen können konkreter gefaßt werden als "... Bündel von Erwartungen, die sich in einer gegebenen Gesellschaft an das Verhalten der Träger von Positionen knüpfen" (Dahrendorf 1958a: 192). Sie sind nach DAHRENDORF dadurch gekennzeichnet, daß sie von ihren Trägern unabhängig sind, inhaltlich von Erwartungen durch Bezugsgruppen[3] konkretisiert werden und mit Sanktionen bewehrt sind (vgl. Dahrendorf 1958a: 193).

Im "Prozeß der Sozialisierung durch Verinnerlichung von Verhaltensmustern" (Dahrendorf 1958b: 348) machen sich Menschen mit Rollen, ihren Inhalten, Verhaltenserwartungen von Bezugsgruppen und daran geknüpfte Sanktionen vertraut (vgl. Kap. 2.7). Die mit den Verhaltenserwartungen verbundenen Sanktio-

---

[1] Merton faßt zusammen: "Unter dem Begriff Status, ..., versteht *Linton* eine Position in einem sozialen System, die designierte Rechte und Pflichten umfaßt; unter Rolle versteht er das Verhalten, das sich an diesen kulturell vorgeformten Erwartungen anderer orientiert. Nach dieser Definition werden Status und Rolle zu Begriffen, welche die kulturell bestimmten Erwartungen mit den genormten Verhaltensweisen und Beziehungen verbinden, die eine Sozialstruktur ausmachen" (1973: 321). Vgl. auch Dahrendorf (1958b: 350f).

[2] "Die Soziologie bedarf bei der Lösung ihrer Probleme stets des Bezuges auf soziale Rollen als Elemente der Analyse; ihr Gegenstand liegt in der Entdeckung der Strukturen sozialer Rollen" (Dahrendorf 1958a: 183). Mit Boudon (1980: 74) kann diese Auffassung als "Funktionalismus" bezeichnet werden. Sie postuliert, daß jedes Interaktionssystem ein Rollensystem sei.

[3] "Wenn wir unter Bezugsgruppen nicht jede vom Einzelnen willkürlich gewählte Fremdgruppe, sondern vielmehr nur solche Gruppen verstehen, zu denen seine Positionen ihn notwendig in Beziehung bringen, dann können wir sagen, daß jedes Positions- und Rollensegment eine Verbindung zwischen dem Träger einer Position und einer oder mehreren Bezugsgruppen herstellt" (Dahrendorf 1958a: 200).

nen können nicht nur positiv oder negativ sein, sie sind vielmehr auch mit unterschiedlich stark normierten Erwartungen verknüpft. DAHRENDORF (1958a: 195f) unterscheidet zwischen "Muß-Erwartungen" z.B. in Form von Gesetzesvorschriften, "Soll-Erwartungen" mit der Verbindlichkeit von Sitten und Gebräuchen sowie eher gewohnheitsmäßigen "Kann-Erwartungen".

Damit gelangt DAHRENDORF zu einer recht restriktiven Definition sozialer Rollen als Zwänge oder Zumutungen: "Der Begriff der Rolle bezeichnet nicht Verhaltensweisen, über deren Wünschbarkeit ein mehr oder minder eindrucksvoller Consensus der Meinungen besteht, sondern solche, die für den Einzelnen verbindlich sind und deren Verbindlichkeit institutionalisiert ist, also unabhängig von seiner oder irgendeines anderen Meinung gilt" (Dahrendorf 1958a: 202).

Allerdings unterscheidet er wohlweislich zwischen den normierten Rollenerwartungen der Bezugsgruppen, der Einschätzung dieser Normen durch die Mitglieder der Bezugsgruppen sowie dem tatsächlichen Verhalten der Rollenspieler (1958a: 204). Damit deutet DAHRENDORF aber bereits einen Deutungsfreiraum der Rollenspieler an: Erwartungen an die Inhaber sozialer Positionen seien nur selten definitv vorzuschreiben und würden deren Verhalten weniger determinieren als vielmehr eingrenzen (vgl. Dahrendorf 1958b: 349f).

Mit dem "Homo sociologicus", einem von seinem Autor heute als "Jugendsünde" (1989: 5) bezeichneten Essay,[4] gelang DAHRENDORF mit einem Schlag die Etablierung der Rollenanalyse in der deutschsprachigen Soziologie. Mit der starken Betonung des Spannungsverhältnisses zwischen Individuum und Gesellschaft[5] bot er aber zugleich auch genügend Anknüpfungspunkte für die kritische Diskussion des von ihm propagierten Rollenbegriffs.

Eine fundierte Auseinandersetzung mit dem "Homo sociologicus" legt TENBRUCK 1961 ebenfalls in der "Kölner Zeitschrift" vor. Dabei wirft er DAHRENDORF eine Veränderung des Rollenkonzeptes insofern vor, als er das Rollenhandeln von Verhaltenserwartungen und damit verbundenen Sanktionsmöglichkeiten abhängig mache (Tenbruck 1961: 4). Im Zentrum seiner Kritik steht dabei insbesondere die Vernachlässigung der Kultur sowie persönlichkeitsspezifischer Momente in der DAHRENDORFschen Argumentation (Tenbruck 1961: 5). Nicht die Existenz gleichförmiger Verhaltensweisen von Inhabern gleicher Positionen wird von TENBRUCK bestritten, vielmehr wehrt er sich gegen den bei DAHRENDORF im Zentrum stehenden Eindruck des Zwangscharakters sozialer Rollen, insbesondere die Interpretation von Verhaltenserwartungen als äußere und fremde Zumutungen und als ursprünglich für Rollen sowie die Thematisierung des Wirkens von Sanktionen als maßgeblicher Mechanismus zur Steuerung rollenkon-

---

[4] "Der Fehler des Ansatzes meiner Jugendsünde war fundamental: Freiheit ist nicht Freiheit *von* Institutionen, sondern Freiheit *durch* Institutionen; Fortschritt ist nicht Systemsprengung, sondern *strategische Reform*" (Dahrendorf 1989: 5).

[5] "Der Einzelne und die Gesellschaft sind vermittelt, indem der Einzelne *als* Träger gesellschaftlich vorgeformter Attribute und Verhaltensweisen erscheint. ... Die Tatsache der Gesellschaft ist ärgerlich, weil wir ihr nicht entweichen können" (Dahrendorf 1958a: 187).

formen Verhaltens: "Mit einem Kunstgriff sind Begriffe, die ursprünglich nur die entscheidenden Phänomene einer beobachtbaren Ordnung festhalten und damit den Gegenstand und das Problem der Soziologie näher bestimmen sollten, in erklärende Begriffe verwandelt worden. 'Unavoidably but incorrectly' treten Individuum und Gesellschaft sich gegenüber, wird die Rolle zum Diktat der Gruppe, die Sanktion zum Motiv des Rollenträgers. Diesem Mißverständnis ist *Dahrendorf*, aus welchen Gründen auch immer, erlegen" (Tenbruck 1961: 11).

Da Rollenhandeln bei DAHRENDORF letztlich durch Sanktionen erklärt werde, mithin die Vermeidung negativer Sanktionen maßgeblich die Handlungswahl determiniere, gehe damit auch eine "anthropologische Verengung ungeheuren Ausmaßes" (Tenbruck 1961: 13, 17) einher. TENBRUCK (1961: 14f) betont demgegenüber den Aspekt der Spontaneität, der nicht erzwingbaren emotionalen "Identifikation mit der Rolle" und bezieht sich damit auf einen breiter angelegten, komplexeren Rollenbegriff.[6] Der eindeutige Zusammenhang zwischen Erwartungen, Rollenhandeln und Sanktionen erscheint ihm vor allem deshalb wenig hilfreich, weil die Genese der geordneten Verhaltenserwartungen bei DAHRENDORF völlig im Dunkeln bleibe (Tenbruck 1961: 16).

Besonders scharf wird DAHRENDORFs Versuch der Definition sozialer Rollen als von außen an den Menschen herangetragene Erwartungen kritisiert.[7] Nicht äußerer Zwang, sondern im wesentlichen ein nicht disponibler, vom Rollenträger geteilter "Kern von Erwartungen", und damit "innere Kontrollen" (1961: 16) durch den Rollenträger selbst bewirkten nach TENBRUCK die Koordination von Verhaltenserwartungen und aktuellem Verhalten.[8] Des weiteren stellt er heraus, daß die Regelhaftigkeit der Erwartungen bereits als Aspekte von Rollen aufzufassen seien, DAHRENDORFs Versuch der Verankerung der Rollen an externen Erwartungen damit aber auf einen Zirkelschluß hinauslaufe (vgl. Tenbruck 1961: 22). TENBRUCK entzieht damit DAHRENDORFs Definition die Basis, Rollen so stark an Erwartungen zu binden, daß sie dem Rollenträger als etwas Fremdes, eine von außen an ihn herangetragene Zumutung erscheinen müssen.

Schließlich gerät das bei DAHRENDORF den ganzen Text durchdringende, aber insbesondere gegen Ende seines Essays ausführlich problematisierte Spannungsverhältnis zwischen der natürlichen Freiheit des Individuums und dem gesellschaftlichen Zwang in Form von Verhaltenserwartungen in den Mittelpunkt. Strittig ist dabei insbesondere, inwieweit DAHRENDORF seinen "homo sociologicus" als soziologisches Menschenbild verstanden wissen wolle (vgl. auch Popitz

[6] "Soziale Rollen, so können wir folgern, gehen grundsätzlich über den Umkreis dessen, was durch Sanktionen gefordert werden kann, hinaus" (Tenbruck 1961: 14).

[7] "Das Problem des *homo sociologicus* ergibt sich aus dem Gegensatz von Individuum und Gesellschaft. Die soziale Rolle als das Fremde ist die Vergewaltigung des Einzelnen und seiner Freiheit" (Tenbruck 1961: 17).

[8] Der damit angesprochene Prozeß der Sozialisation, in dem Verhaltenserwartungen gelernt, verinnerlicht und einer "innere(n) soziale(n) Kontrolle" unterworfen werden, wird auch von Popitz (1967: 6) betont.

1967: 40f). TENBRUCK wirft DAHRENDORF vor, er sei einer "déformation professionnelle" (1961: 24) erlegen, die sich in einer "Reifizierung des nominalen Rollenbegriffes" (1961: 29) ausdrücke.[9] Statt des Versuches der Herausarbeitung eines soziologischen Menschenbildes, "... wird vielmehr die Geburt des *homunculus sociologicus* ineins zelebriert und beschworen" (Tenbruck 1961: 32).

Aus Sicht eines rational choice-Ansatzes läßt sich die DAHRENDORF-TENBRUCK-Kontroverse auch so zusammenfassen, daß DAHRENDRF den Strukturaspekt, und damit die Zwänge (constraints) menschlichen Handelns, in den Vordergrund stellt. TENBRUCK betont demgegenüber neben der Kultur und der sozialen Struktur insbesondere die Relevanz der handelnden Person selbst (1961: 5f), stellt also eher auf den Wahlaspekt menschlicher Handlungen (choice) ab, und skizziert damit eine soziologische Zugangsweise zur "Rollentheorie", die man durchaus als einem methodologischen Individualismus verpflichtet,[10] bzw. "strukturell-individualistisch" bezeichnen könnte (vgl. Kap. 4).[11]

8.1.2 Der Deutungsfreiraum in Rollenbeziehungen

So unterschiedlich angelegt der Zugang zur soziologischen Durchdringung sozialer Beziehungen als Rollenbeziehungen auch sein mag, nie wird von sozialen Rollen oder Rollenerwartungen als das individuelle Verhalten *vollständig* determinierenden Vorgaben gesprochen: "Alter expects ego to behave in given situational conditions in certain relatively specific ways, or at least within relatively specific limits" (Parsons et al. 1962: 19).

Dies wird auch bei DAHRENDORF deutlich, wenn er zwischen normierten Rollenerwartungen, deren Einschätzung durch die Mitglieder von Bezugsgruppen und dem tatsächlichen Verhalten von Rollenspielern unterscheidet (1958a: 204), bei TENBRUCK, wenn er darauf hinweist, "daß sowohl Rollenkonflikte wie unscharf definierte Rollen notwendig und in großem Umfang zur modernen

---

[9] "Er ist der aus der Wissenschaftsgeschichte bekannten Gefahr erlegen, in der intensiven Beschäftigung mit den fortgeschrittenen Bemühungen und Ergebnissen seiner Vorgänger den Bedingungszusammenhang zu verkennen, der diesen Überlegungen ursprünglich zugrunde lag" (Tenbruck 1961: 29).

[10] "Was immer das Subjekt soziologischer Aussagen sein mag, ob Gruppe oder Institution, Struktur oder Rolle, sie lassen sich alle in Aussagen über das Subjekt Mensch verwandeln und müssen sich darein verwandeln lassen können. Dieser Mensch ist der von seiner Kultur geprägte und unter Bedingungen ihrer Struktur lebende Einzelne, der zum Rollenträger nur deshalb werden kann, weil er Handlungen nach den Momenten der Bedeutung und Bedingung versteht und weil die kulturelle Formung seines emotionalen, affektiven, willensmäßigen und geistigen Habitus, nebst den zugehörigen psychologischen Mechanismen, ihm unter gewissen strukturellen Bedingungen wenn schon nicht bestimmte Handlungen nahelegt, so doch einen Handlungshorizont erzeugt, den die Rolle jeweils ausfüllt" (Tenbruck 1964: 33f).

[11] Zum Begriff der "sozialen Rolle" vgl. auch Popitz (1967). Zur Auseinandersetzung Dahrendorfs mit der Kritik Tenbrucks, vgl. Dahrendorf (1964: 84f, 88).

Gesellschaft gehören" (1961: 18), bei POPITZ, der von "normfreien Verhaltensspielräume(n) im Hinblick auf die *spezifischen Chancen*, die bestimmte soziale Rollen bieten" (1967: 30), spricht und auch bei BAHRDT, der betont, daß vorgeformte Rollenerwartungen "... fast niemals so ausgeformt (sind, d.A.), daß sich aus ihnen das vollständige Verhalten in einer aktuellen Situation abziehen läßt" (1961: 11f).

Diesen Aspekt der Rollenanalyse scheint ebenfalls in BOUDONs Definition von "sozialer Rolle" (1980: 58) durch, wenn er die Akzeptanz der normierten Verhaltenserwartungen durch den Rollenträger, und damit offensichtlich eine subjektive Interpretationsleistung desselben, herausstellt. Explizit unterscheidet BOUDON vier Dimensionen, die dem handelnden Akteur auch in einem funktionalen System einen Deutungsfreiraum zur Auslegung seiner Rolle belassen. Mit der Betonung der *Varianz* von Rollen knüpft BOUDON (1980: 59) zunächst explizit an PARSONS[12] an und weist darauf hin, daß soziale Rollen nur selten eindeutig definiert sind.

Rollenerwartungen, im Zuge der lebenslangen Sozialisation vermittelt und vom Rollenträger in Lernprozessen entdeckt, bedürfen stets der Interpretation durch den Rollenträger. Spannungen und Konflikte in funktionalen Systemen sind nach BOUDON (1980: 68) typische Indikatoren für den Versuch der individuell vorteilhaften Interpretation der Varianz von Rollen. Der dabei angesprochene Deutungsfreiraum dürfte umso größer sein, je weniger eindeutig, bzw. je weniger stark sanktioniert die an einen Rollenträger herangetragenen Erwartungen bzw. Normen sind. So ist in einem Unternehmen als arbeitsteiliges Interaktionssystem sicherlich zu erwarten, daß hierarchiehöhere Vorgesetzte eine größere Varianz ihrer Rolle deutend nutzen können als hierarchieniedrigere Untergebene. Ein extremes Beispiel hierzu wäre die Varianz der Rolle des Vorstandsvorsitzenden im Vergleich zur entsprechenden Rollenvarianz eines Fließbandarbeiters dieser Arbeitsorganisation. Mit diesem Beispiel wird zugleich auf die Relevanz der Ausgestaltung der Interaktionsstruktur zwischen den Akteuren für die generelle Möglichkeit der Interpretation der Rollenvarianz verwiesen (Boudon 1980: 72).

Weiterhin weist BOUDON darauf hin, "... daß die an die Rollen geknüpften Normen, ..., häufig im Widerspruch zueinander stehen" (1980: 59). Insbesondere beim Neueintritt in ein funktionales Interaktionssystem, z.B. eine Arbeitsorganisation, darf die korrekte Antizipation der neuen Rolle nicht vorausgesetzt, sondern müssen die entsprechenden Verhaltenserwartungen durch den Rollenträger selbst erst schrittweise entdeckt werden (Boudon 1980: 73).[13] Die damit einhergehende potentielle *Ambivalenz* oder *Ambiguität* der die Rollen definierenden Normen sichert dem Rollenträger stets einen mehr oder weniger großen Deutungsfreiraum.

Als *Segmentarität* von Rollen läßt sich ferner die Zusammensetzung einer Rolle aus mehreren Teilrollen charakterisieren. Damit knüpft BOUDON an Überlegun-

---

[12] "An important feature of a large proportion of social roles is that the actions which make them up are not minutely prescribed and that a certain range of variability is regarded as legitimate. Sanctions are not invoked against deviance within certain limits" (Parsons et al. 1962: 24).

[13] "...: die Antizipationen der *Rolle* des Subjektes, das in ein Interaktionssystem eindringt, sind häufig (um nicht zu sagen generell) partiell und unvollständig, wenn nicht sogar falsch oder verzerrt" (Boudon 1980: 73). Vgl. auch bereits Bahrdt (1961: 11), der in seiner Auseinandersetzung mit dem "homo sociologicus" die Eigenleistung der Rollenkonkretisierung durch den Rollenträger selbst betont.

gen MERTONs an, der bereits früh darauf hinweist, daß zu jeder sozialen Position, oder zu jedem sozialen Status, eine Reihe von Rollen gehören, die in ihrer Summe ein Rollen-Set (role-set) bilden.[14] Auch DAHRENDORF greift diese Differenzierung auf, wenn er von sozialen Positionen als "Mengen von *Positionssegmenten*" (1958a: 190) spricht. Verhaltenserwartungen von Bezugsgruppenmitgliedern, die sich auf unterschiedliche Positionssegmente beziehen, begünstigen Intra-Rollenkonflikte[15] bzw., positiv gewendet, erweitern den Deutungs- und Handlungsspielraum der Rollenspieler.[16]

In diesem Zusammenhang bietet es sich an, das bei BOUDON (1980: 61ff) ausführlich erläuterte und bereits bei DAHRENDORF (1958a: 205) angelegte Beispiel der Segmentarität und Varianz der Rolle des Hochschullehrers aufzugreifen. Dessen Positionssegmente werden z.B. durch seine Tätigkeit als Lehrer, Forscher, Experte, Intellektueller, Vorgesetzter, Selbstverwalter oder Wissenschaftsmanager umrissen, wobei für das folgende Beispiel hauptsächlich die Rollen des Lehrers und Forschers sowie die Möglichkeit der Akzentuierung dieser Positionssegmente durch den Hochschullehrer selbst relevant werden.
Im Vorwort der zweiten Rangliste deutscher Hochschulen des Magazins DER SPIEGEL werden die Studentenurteile den Professorenempfehlungen gegenübergestellt, mit dem Fazit: "Der Professoren-Tip weicht deutlich vom Urteil der Studenten ab. Nichts wäre hilfreicher für die deutschen Universitäten als eine gründliche Diskussion über diesen Dissens" (1993: 3). Zu dieser Diskussion ist es u.E. hilfreich, an den von BOUDON (1980: 61ff) herausgearbeiteten, auf der Segmentarität sozialer Rollen beruhenden und unterschiedliche Kosten und Nutzen betonenden Rollendualismus des Lehr-Forschers anzuknüpfen. Die Rolle des Professors als *Lehrer* ist dabei insofern "lokal" angebunden, als insbesondere Studierende einer bestimmten Universität dieses Positionssegment bewerten. Weder dürften unter Studierenden Lehrerfahrungen mit Professoren des gleiches Faches an anderen Universitäten weit verbreitet sein, noch dürften Professoren, insbesondere solche an anderen Universitäten, die Lehre ihres Kollegen angemessen einschätzen können. Umgekehrt verhält es sich mit dem Positionssegment des Professors als *Forscher*. Hier fällt es sicherlich Studierenden schwer, seine Forschungsarbeiten am "state of the art" des Faches adäquat zu messen. Dagegen sollten Professorenkollegen aufgrund des wissenschaftlichen Austausches über Veröffentlichungen in Fachzeitschriften, Vorträgen auf Kongressen, etc. gerade hierzu in der Lage sein. Die "kosmopolitische" (Boudon 1980: 63) Reputation des Professors als Forscher steht damit seiner "lokalen" Reputation als Lehrender gegenüber.[17] Werden nun Studierende um ein Urteil über ihre Universität bzw. ihren Fachbereich gefragt, werden sie dabei Professoren vor allem in deren Rolle als Lehrer bewerten. Professoren selbst werden dagegen ihre Empfehlungen von Fachbereichen in erster Linie auf Bewertungen ihrer Kollegen in deren Rolle als Forscher stützen.

---

[14] "...: unter Rollen-Set verstehe ich die Kombination von Rollen-Beziehungen, in die eine Person auf Grund ihrer Inhaberschaft eines bestimmten sozialen Status verwickelt ist" (Merton 1973: 322).

[15] Im Zusammenhang mit dem Gebrauch des Mertonschen Begriffes des Rollen-Set, erscheint die Charakterisierung des Konfliktes aufgrund von Verhaltenserwartungen an unterschiedliche Positionssegmente als "Intra-*Rollen*konflikt" unpräzise, ist doch, laut Merton, mit jedem Positionssegment eine eigene Rolle verknüpft. Zur terminologischen Klärung könnte deshalb vor dem Hintergrund der Mertonschen Differenzierung auch von einem "Intra-*Positions*konflikt" gesprochen werden.

[16] Mit der Identifizierung einiger sozialer Mechanismen, die die Verhaltenserwartungen an unterschiedliche soziale Rollen der gleichen sozialen Position strukturieren, und damit "Intra-*Positions*konflikte" verringern, beschäftigt sich Merton (1973: 325ff).

[17] Zur Unterscheidung einer eher "lokalen" versus einer eher "kosmopolitischen" Orientierung, vgl. Merton (1964: 387ff).

Hinzu kommt noch ein weiterer Aspekt, der hier jedoch lediglich kurz angerissen werden soll: Im allgemeinen ist die Rolle des Hochschullehrers mit einer ausreichend großen Varianz versehen, die es dem Rollenträger erlaubt, zur Verfolgung seiner eigenen Interessen, den Schwerpunkt seiner Arbeit entweder auf die lediglich "lokal" sanktionierte Lehre oder aber die "kosmopolitisch" sanktionierte Forschung zu legen. Dieser Deutungsfreiraum verstärkt den in der Segmentarität der Rolle des Hochschullehrers angelegten Handlungsspielraum zusätzlich. Mit dem Wissen um diese Zusammenhänge bei der Segmentarität sowie der Nutzung der Varianz der Rolle des Universitätsprofessors, lassen sich die abweichenden Urteile der Studenten und Professoren im SPIEGEL-Ranking elegant einer Erklärung zuführen.

Als vierte Dimension, die dem Rollenträger einen Deutungsfreiraum sichert, weist BOUDON abschließend darauf hin, daß Individuen aufgrund ihrer Eingebundenheit in eine Vielzahl von Positionen in modernen Gesellschaften stets mehrere Rollen zu spielen hätten (1980: 60).

Dieser Aspekt dürfte mit zunehmender struktureller[18] und funktionaler[19] Differenzierung und der dabei für jedes Individuum im Verlauf von Modernisierungsprozessen steigenden Anzahl zu besetzender, mit Rollenerwartungen verknüpfter Positionen, bzw. der Charakterisierung unserer Gesellschaft als "Organisationsgesellschaft" (Büschges 1983: 22ff), zunehmend wichtiger werden (vgl. Boudon 1980: 74; Boudon & Bourricaud 1992: 438; Coleman 1992: 271ff). MERTON verwendet zur Charakterisierung solcher Kombinationen sozialer Positionen den Begriff "Status-Set" (1973: 322). Aus der hieraus resultierenden Rollenvielfalt entstehen leicht *Interferenz*en zwischen verschiedenen Rollen, bzw. sogenannte Inter-*Rollen*konflikte.[20] Auch diese Interferenzen konstituieren einen Deutungs- und damit Handlungsspielraum für den Rollenträger (vgl. Kap. 8.4).

BOUDON faßt daraufhin zusammen: "*Varianz* der Rollen, *Ambivalenz* der die Rollen 'definierenden' Normen, *segmentäre* Eigenschaften bestimmter Rollen und *Interferenzen* zwischen Rollen bilden vier wesentliche Phänomene für den Soziologen. Ihr Vorhandensein führt in die Rollensysteme einen Spielraum ... ein, anhand dessen die Existenz einer strategischen Dimension immer garantiert bleibt" (1980: 60). Neben objektiven Unsicherheiten, wie der Ambivalenz oder der Interferenz von Rollen, treten zusätzlich subjektive Unsicherheiten, die insbesondere aus unvollständigen Informationen bezüglich der den Verhaltenserwartungen zugrunde liegenden Normen herrühren (vgl. Boudon 1980: 60). Zusammenfassend bleibt damit festzuhalten: In einem strukturell-individualistischen Erklärungsansatz bietet sich das Konzept der sozialen Rolle zur soziologischen Analyse von Interaktionssystemen insbesondere dann an, wenn durch die Setzung struktureller Zwänge in Form explizit organisierter Interdependenzen das Auftreten paradoxer Effekte

---

[18] "Strukturell ist die Differenzierung, weil sie *Grenzen* zwischen den Handlungsbereichen aufrichtet" (Kaufmann 1990: 30). "Strukturelle Differenzierung bedeutet institutionelle Verselbständigung und soziale Entflechtung spezifischer Funktionsbereiche, dies muß als ein durchgehender Grundzug neuzeitlicher Entwicklungsprozesse angesehen werden" (Kaufmann 1988: 403).

[19] Mit der institutionellen Verselbständigung von Handlungsbereichen geht parallel deren "funktionale Spezialisierung" (Kaufmann 1990: 32) einher.

[20] Mit dem oben eingeführten Mertonschen Vokabular könnte hier auch von Konflikten zwischen Positionssegmenten unterschiedlicher sozialer Positionen ("Inter-*Positions*konflikt") gesprochen werden.

verhindert oder zumindest deren Auftrittswahrscheinlichkeit minimiert werden soll. Dieses Ziel soll durch die prinzipielle Beschränkung der Handlungsmöglichkeiten und damit der Freiheitsrechte der Akteure erreicht werden.[21] Mit anderen Worten handelt es sich dabei um nichts anderes als die gewollte Beschränkung der individuell realisierbaren Handlungsmöglichkeiten analog dem ersten ELSTERschen Filter (vgl. Elster 1987: 106f sowie Kap. 4.5).

In einem "funktionalen System" lassen sich Individuen als Inhaber sozialer Positionen und Träger sozialer Rollen auffassen. Sowohl DAHRENDORFs Betonung sozialer Rollen als Zwänge oder Zumutungen (vgl. 1958a: 202) als auch TENBRUCKs Verweis auf "innere Kontrollen" (1961: 16) argumentieren dabei innerhalb eines von LINDENBERG (1981: 21f) als "homo sociologicus des Funktionalismus" betitelten Menschenbildes: Rollenerwartungen werden im Zuge des Sozialisationsprozesses vom Einzelnen internalisiert; Individuen sanktionieren sich intern selbst (vgl. Tenbruck) und werden zusätzlich durch Mitglieder der Bezugsgruppen extern kontrolliert und sanktioniert (vgl. Dahrendorf). Abbildung 8.1 veranschaulicht diesen Zusammenhang graphisch.[22]

Abbildung 8.1: Der homo sociologicus des Funktionalismus nach LINDENBERG (1981: 22)

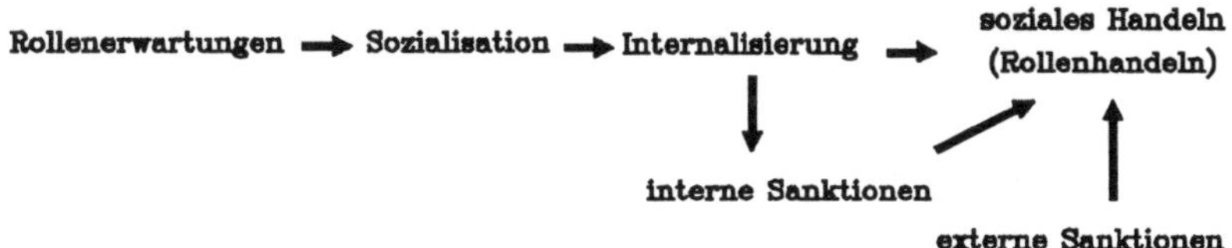

Für unser Verständnis von Individuen als intentional Handelnde ist es dagegen vorteilhaft, mit BOUDON (1980: 59ff) den den Individuen verbleibenden Deutungs- und damit Handlungsspielraum in Rollensystemen zu akzentuieren. Mit TENBRUCK (1961: 5f) wird die Relevanz der kulturellen Einbettung des Interaktionssystems, situativer Einflüsse sowie persönlichkeitsspezifischer Momente betont. Auch in funktionalen Systemen lassen sich somit Handlungen als Wahl-

[21] "Man muß sich allerdings im klaren darüber sein, daß die Milderung oder Vermeidung paradoxer Effekte immer mit Konsequenzen verknüpft ist, die ihrerseits sowohl für den Einzelnen als auch für die Betroffenen insgesamt mehr oder weniger lästig sind" (Boudon 1979: 58).

[22] Lindenberg faßt diesen theoretischen Zugang pointiert folgendermaßen zusammen: "Die Funktion des homo sociologicus des Funktionalismus ist dann auch nur, die theoretische Begründung dafür zu liefern, daß soziales Handeln gleich Rollenhandeln gleich Rollenerwartungen ist. Auf diese Weise ist begründet, warum man das Niveau der kollektiven Phänomene nicht verlassen muß, wodurch sich auch das Transformationsproblem nicht stellt. ... (Individuelles, d.A.) Handeln als solches taucht dabei nicht mehr auf" (1981: 22).

handlungen thematisieren, die auf den Ebenen der handelnden Person, der sie umgebenden sozialen Situation, der handlungsrelevanten institutionellen Bedingungen sowie der kulturellen Arrangements mannigfachen Determinanten ausgesetzt sind. Dabei werden die Akteure bei der Abwägung möglicher Handlungskonsequenzen alternativer Wahlhandlungen die aus der Rollenstruktur resultierenden Erwartungen und Sanktionen ihrer Umwelt mit berücksichtigen und gegebenenfalls die Vorteile nicht-rollenkonformen Verhaltens gegen die zu erwartenden Sanktionen abwägen.

Die Definition von Interaktionssystemen als "funktionale Systeme" mit sozialen Positionen, an deren Inhaber normierte und mit Sanktionen versehene Verhaltenserwartungen herangetragen werden, legt die Anwendung dieser analytischen Zugangsweise insbesondere auf längerfristig angelegte und arbeitsteilig organisierte Interaktionsbeziehungen nahe. BOUDON & BOURRICAUD (1992: 435) betonen die Relevanz des Rollenbegriffs insbesondere für die Mikrosoziologie und dabei konkret die Organisations- und Familiensoziologie. Beispielhaft sollen deshalb in den folgenden Ausführungen private Haushalte (Kap. 8.2) und Arbeitsorganisationen (Kap. 8.3) als "funktionale" Interaktionssysteme analysiert werden. Im Mittelpunkt des Interesses stehen dabei die aus der Varianz der Rollen, der Ambivalenz der die Rollen definierenden Normen, der Segmentarität von Rollen und der Interferenz zwischen Rollen resultierenden Deutungs- und Handlungsspielräume für die Rollenträger. Diese sind sowohl im Kontext der Familie oder des privaten Haushalts zu finden, wo Rollen nicht a priori definiert werden, als auch im Kontext formaler Organisationen, wo genau dies explizit versucht wird (Boudon & Bourricaud 1992: 436).

8.2 Erwerbstätigkeit, Kinderbetreuung und Arbeitsteilung im Haushaltskontext

Als Prototyp eines längerfristig angelegten und arbeitsteilig gegliederten Interaktionssystems kann die Gemeinschaft der in einem Haushalt zusammenwohnenden Personen, bzw. eine Familie, gesehen werden. Gemeinhin wird eine Familie über das Charakteristikum der Verwandtschaft, als sozio-biologische Einheit, ein Privathaushalt dagegen über die gemeinsame Wohnung, "das häusliche Zusammenleben und Wirtschaften" (von Schweitzer 1988a: 21), als sozio-ökonomische Einheit (vgl. Schubnell 1959: 224), wissenschaftlich abgegrenzt.[23] Während sich eine enge Charakterisierung von Familie häufig auf das Leitbild der sogenannten "Normalfamilie"[24] oder "Kernfamilie"[25] bezieht, wird das Konzept Familie im

[23] "Konstitutiv für den Familienbegriff ist die biologisch-soziale und auch rechtlich bestimmte Kernfamilienstruktur, nämlich das Vater-Mutter-Kind-Verhältnis. Konstitutiv für den Haushaltsbegriff ist sodann das Zusammenwohnen und Zusammenwirtschaften in einer Kleingruppe" (Bundesministerium für Familie und Senioren 1994: 24).

[24] "Im Kulturvergleich läßt ... (sie, d.A.) sich als institutionelle Verknüpfung von Haushalt, (Fortsetzung...)

Alltagsverständnis, und neuerdings auch in der empirischen Sozialforschung (vgl. Bien 1994; Bien & Marbach 1991), meist in Richtung auf ein soziales Netzwerk hin geöffnet.[26]

Als weiteres Charakteristikum von Familie läßt sich nun ihre gemeinsame Wohnung als ihr "gesellschaftlicher Ort" (Kaufmann 1990: 26) herausstellen (vgl. Funk 1993: 30f). Damit steht der private Haushalt im Mittelpunkt des Interesses.[27] "Die kontinuierliche Verwendung und Beschaffung (sei es durch Produktion oder Tausch) von Gütern zum Zweck 1. der eigenen Versorgung oder 2. zur Erzielung von selbst verwendeten anderen Gütern heißt *Haushalt*." In dieser Definition von WEBER (1976 [1922]: 46) und ihrer Einordnung in das Kapitel "Soziologische Grundkategorien des Wirtschaftens" tritt die Dominanz des ökonomischen Aspektes bei seiner Beschäftigung mit dem privaten Haushalt deutlich hervor. Diese Akzentuierung gilt es, in soziologischen Analysen nutzbar zu machen.

Der im Kontext eines Privathaushaltes zusammenwohnenden Familie werden typischerweise spezifische Funktionen zur Erfüllung zugewiesen (vgl. Funk 1991a: 219; Bundesministerium für Familie und Senioren 1994: 23ff). Insbesondere die Sozialisationsfunktion und die Funktion der Reproduktion der Gesellschaft verweisen dabei auf die Relevanz der Kindererziehung und -betreuung im Kontext von Familie und Privathaushalt. Dagegen akzentuieren die Produktions-, Konsum- und Sparfunktion eher ökonomische Aspekte des gemeinsamen Haushaltens und Wirtschaftens. Schließlich wird für die Gewährleistung einer angemessenen "Daseinsvorsorge" (vgl. von Schweitzer 1991: 26) die optimale Organisation der haushaltlichen Abläufe selbst ein nicht zu vernachlässigender Faktor. Die Privathaushalten zugeschriebenen Funktionen sind dabei natürlich an konkrete Handlungen der Haushaltsmitglieder gekoppelt. Damit gerät die innerhaushaltliche Arbeits- oder Rollenverteilung ins wissenschaftliche Interesse, die Verwendung des Humankapitals und der Zeit der Haushaltsmitglieder zur Organisation von Erwerbstätigkeit, Kinderbetreuung und Hausarbeitsteilung im Haushaltskontext.

---

[24](...Fortsetzung)
exklusiver Monogamie, lebenslanger Partnerschaft, biologischer Elternschaft und Neolokalität definieren" (Kaufmann 1988: 412, Anm. 7).

[25] "..., die sich am besten als die *Gruppe von Mann und Frau mit ihren unverheirateten und unmündigen Kindern* angeben läßt" (König 1976a: 55). Vgl. zu den typischen Merkmalen dieses "normalen" Familientyps Funk (1993: 23) sowie Bundesministerium für Familie und Senioren (1994: 24).

[26] "**Familie im weiteren Sinn** ist im allgemeinen Verständnis und Bewußtsein in etwa identisch mit **Verwandtschaft im engeren Sinn**, das heißt: auch die verheirateten Kinder und deren Kinder betrachten sich i.d.R. als den Herkunfts-Familien (mütterlicher- und väterlicherseits) zugehörig" (Schäfers 1990: 109; vgl. auch Nave-Herz 1989: 2).

[27] Aktuelle Daten und Fakten zum privaten Haushalt finden sich bei Pöschl (1989), Rapin (1990) und Dietrich & Funk (1991).

Interessant ist hierzu zunächst ein kurzer Blick in die Entwicklung des deutschen Familienrechts (vgl. Limbach 1988: 33f). In der Urfassung des Bürgerlichen Gesetzbuches (BGB) von 1896 wird die haushaltliche Arbeitsteilung explizit in den §§1354 und 1356 geregelt:

§1354: "Dem Manne steht die Entscheidung in allen das gemeinschaftliche eheliche Leben betreffenden Angelegenheiten zu; ..."

§1356: "(1) Die Frau ist, unbeschadet der Vorschrift des §1354, berechtigt und verpflichtet, das gemeinschaftliche Hauswesen zu leiten. ..."

Mit der eindeutigen Zuweisung der Entscheidungskompetenz zum Mann läßt sich ein Haushalt nach dieser Setzung theoretisch auch als korporativer Akteur (vgl. Coleman 1992) fassen.[28] Die geschlechtsspezifische Hausarbeitsteilung wird erstmals im Gleichberechtigungsgesetz von 1957 abgeschwächt, die prinzipielle a priori Zuweisung von Rollen an die Geschlechter (Geschlechtsrollen), bleibt jedoch erhalten:

§1354: [aufgehoben]

§1356: "(1) Die Frau führt den Haushalt in eigener Verantwortung. Sie ist berechtigt, erwerbstätig zu sein, soweit das mit ihren Pflichten in Ehe und Familie vereinbar ist. ..."

Erst mit dem 1. Eherechtsreformgesetz von 1976 wird schließlich die Aufteilung der Hausarbeit zwischen den Ehepartnern in deren alleinige Verantwortung delegiert und die bisher bestehende a priori Definition von (Geschlechts-)Rollen aufgegeben:

§1356: "(1) Die Ehegatten regeln die Haushaltsführung im gegenseitigen Einvernehmen. ...
(2) Beide Ehegatten sind berechtigt, erwerbstätig zu sein. ..."

Diese Entwicklung der geltenden Rechtsregeln spiegelt den sozialen Wandel (vgl. Kap. 9) im Kontext von Familie und Erwerbsarbeit wider und unterstellt das Vorliegen einer Wahlsituation: Beide Ehepartner können heute prinzipiell zwischen einer Tätigkeit im Haushalt und externer Erwerbsarbeit wählen, eine eindeutige Rollenzuweisung fehlt. Die für unser theoretisches Interesse zur Beantwortung anstehenden Fragen sind damit folgende: Welcher (Ehe-)Partner ist (hauptsächlich) erwerbstätig? Welcher (Ehe-)Partner ist (hauptsächlich) für die Betreuung der Kinder verantwortlich? Und: Wie wird die Hausarbeit zwischen den Haushaltsmitgliedern aufgeteilt?

[28] Obwohl Coleman zunächst skeptisch ist, (zusammenwohnende) Familien als korporative Akteure zu fassen, gibt er schließlich doch zu bedenken: "In manchen Bereichen jedoch läßt sich die (zusammenwohnende, d.A.) Familie vielleicht sinnvollerweise als zielgerichteter Akteur bezeichnen, denn sie ist ein Gebilde, in dessen wahrgenommenen Interessen natürliche Personen handeln" (1992: 336).

8.2.1 Ein "klassischer" Erklärungsansatz: Die funktionale Analyse der Familie durch Talcott PARSONS

PARSONS geht bei seinen Analysen von der sog. "isolierten Kernfamilie"[29] als normaler Haushaltseinheit aus (Parsons 1964b: 10).[30] Die Familie wird als kleine Gruppe aufgefaßt, deren interne Rollen sich entlang der Achsen "Geschlecht" und "Generationszugehörigkeit" differenzieren lassen. Dabei analysiert PARSONS Individuen als Träger multipler Rollen (1964c: 36) und zeichnet das Bild einer Familie mit erwerbstätigem Vater, nichterwerbstätiger Mutter und minderjährigen Kindern. Entlang der Dimension "Geschlecht" kommt er zu relativ eindeutigen Rollenzuweisungen. Die Berufsrolle des Vaters wirke im Zuge der "Interpenetration", d.h. der gegenseitigen Durchdringung von Interaktionssystemen (vgl. Luhmann & Göbel 1994), als "boundary-role" (Parsons 1964b: 13) in die Familie hinein. Da mit der Berufsrolle spezifische Aspekte der Mobilität und der außerfamilialen Umwelt verbunden seien, komme ihrem Träger besonderes Gewicht bei allen, die Familie als Gruppe übergreifenden Fragen zu. Damit werde der Mann zum instrumentellen Führer der Familie,[31] wobei der Beruf als Instrument oder Werkzeug beim Agieren außerhalb des Familiensystems aufgefaßt wird.

Insbesondere für Mütter von Kleinkindern sieht PARSONS dagegen die Rolle der Hausfrau als dominant. Selbst wenn Frauen erwerbstätig würden, wären ihre Tätigkeiten qualitativ von jenen der Männer zu unterscheiden. Auch würde ihr Status dann nicht mit jenem ihrer Ehemänner als primäre Statusverleiher oder Einkommenserzieler konkurrieren (Parsons 1964b: 14). Vor diesem Hintergrund wird hauptsächlich die emotionale Ausdrucksfähigkeit der Frau betont, d.h. sie wird vor allem mit der expressiven Führerschaft[32] der Familie beauftragt. Zusammenfassend resümiert PARSONS: "It seems quite safe in general to say that

---

[29] Dieser Begriff von Parsons ist immer wieder mißverstanden und als Fehlen von interfamilialen oder verwandtschaftlichen Kontakten interpretiert worden (vgl. Tyrell 1976: 402ff). Dem widerspricht Parsons eindeutig: "Of course with the independence, particularly the marriage, of children, relations to the family of orientation are by no means broken" (1964b: 11). Tyrell interpretiert dieses Argument als "strukturelle Isolierung" bzw. "Exklusivität der modernen Kernfamilie im Kontext der Verwandtschaft" (1976: 406).

[30] "Das besagt, daß sie sowohl die Wohneinheit, als auch die wirtschaftliche Einheit ist, deren Mitglieder ganz selbstverständlich gemeinsam zur Grundlage für ihren Unterhalt, in unserem Falle Geldeinkommen, beitragen" (Parsons 1964d: 91).

[31] "Of course, as we shall see, he has other very important functions in relation both to wife and to children, but it is fundamentally by virtue of the importance of his occupational role *as a component of his familial role* that in our society we can unequivocally designate the husband-father as the 'instrumental leader' of the family as a system" (Parsons 1964b: 13). Und: "The area of instrumental function concerns relations of the system to its situation outside the system, to meeting the adaptive conditions of its maintenance of equilibrium, and 'instrumentally' establishing the desired relations to *external* goal-objects" (Parsons 1964c: 47).

[32] "The expressive area concerns the 'internal' affairs of the system, the maintenance of integrative relations between the members, and regulation of the patterns and tension levels of its component units" (Parsons 1964d: 47).

the adult feminine role has not ceased to be anchored primarily in the internal affairs of the family, as wife, mother and manager of the household, while the role of the adult male is primarily anchored in the occupational world, in his job and through it by his status-giving and income-earning functions for the family" (1964b: 14f).[33]

Als zweite Dimension der Differenzierung der Kernfamilie unterscheidet PARSONS zwischen den Generationen der Eltern und ihrer Kinder sowie damit verbundener Hierarchie- bzw. Machtdifferentiale. Damit gelangt er zu einer Rollenstruktur, die sich anschaulich in einer Vier-Feldertafel graphisch abbilden läßt (vgl. Abbildung 8.2).

Abbildung 8.2: Grundlegende Rollenstruktur der Kernfamilie nach PARSONS (1964c: 46)

		Instrumentelle Priorität	Expressive Priorität
Macht	Über-geordnet +	Instrumentell übergeordnet Vater (Ehemann)	Expressiv übergeordnet Mutter (Ehefrau)
	Unter-geordnet -	Instrumentell untergeordnet Sohn (Bruder)	Expressiv untergeordnet Tochter (Schwester)

Die Vaterrolle ist dabei relativ zu den anderen Rollen stark mit Macht und Instrumentalität, aber nur gering mit Expressivität ausgestattet. Die Mutterrolle ist ebenfalls relativ stark mit Macht, dagegen relativ gering mit Instrumentalität, aber wiederum stark mit Expressivität ausgestattet. Die Rolle der Kinder ist relativ

[33] Vgl. zur Differenzierung der Dimension "instrumentelle - expressive Rolle" auch Zelditch (1964: 314f).

gering mit Macht ausgestattet, aber jene des Sohnes relativ stark mit Instrumentalität, und jene der Tochter relativ stark mit Expressivität (vgl. Parsons 1964c: 45).

Den Grund für die spezifische Arbeitsteilung zwischen Mann und Frau, bzw. die Zuordnung der eher instrumentellen Rolle zum Mann und die der eher expressiven Rolle zur Frau, sieht PARSONS in der biologisch bedingten Möglichkeit der Entwicklung einer engen Beziehung zwischen Mutter und Baby im Zuge der Geburt und des Stillens von Neugeborenen. Der Mann, der von dieser Beziehung ausgeschlossen sei, spezialisiere sich deshalb auf die alternative instrumentelle Rolle (Parsons 1964b: 23).[34]

Die eingangs skizzierten Fragen, Erwerbstätigkeit, Kinderbetreuung und Arbeitsteilung im Haushaltskontext betreffend, lassen sich im Lichte dieses theoretischen Ansatzes eindeutig beantworten: Generell wird der Ehemann erwerbstätig, die Ehefrau dagegen (vorrangig) für die Betreuung der Kinder verantwortlich sein. Die Erledigung der Hausarbeit fällt ebenfalls in das familiale Betätigungsfeld der Ehefrau.

8.2.2 Ein "moderner" Erklärungsansatz: Die ökonomische Analyse der "new home economics"

Die "new home economics" (Neue Haushaltsökonomik) faßt private Haushalte bzw. die in ihnen zusammenwohnenden Familien als Entscheidungsinstanzen auf, in denen Ressourcen unter Beachtung bestimmter Knappheitsverhältnisse zur Nutzenmaximierung des gesamten Haushalts planmäßig produktiv und konsumtiv eingesetzt werden.[35] D.h. der private Haushalt wird hier als korporativer Akteur konzipiert, nicht mehr der individuelle, vielmehr der Haushaltsnutzen steht jetzt im Mittelpunkt des Interesses. Dazu werden die "traditionelle" ökonomische Analyse durch die stärkere Betonung von Einkommens- und Preiseffekten und die relative Vernachlässigung von Präferenzen bei der Interpretation menschlichen Verhaltens (vgl. Becker & Michael 1982: 161) modifiziert und das Marktinstrument des Preises auf kalkulierende Entscheidungen über knappe Ressourcen, bzw. den planmäßigen Einsatz von Zeit und Gütern im Nicht-Marktbereich Privathaushalt übertragen.[36] So wendet BECKER das Modellgerüst der neoklassischen Mikroökonomie auf bisher nicht-ökonomisch erklärte Fragestellungen an, führt dabei

---

[34] Zur Kritik an Parsons' Analyse der geschlechtsspezifischen Arbeitsteilung, vgl. z.B. Zahlmann-Willenbacher (1979).

[35] Die Basis der theoretischen Zugangsweise der "new home economics" faßt Becker, an dessen Aussagen sich die nachfolgende Zusammenfassung vor allem orientiert, folgendermaßen prägnant zusammen: "Die Annahmen des nutzenmaximierenden Verhaltens, des Marktgleichgewichts und der Präferenzenstabilität - strikt und ohne Einschränkung angewandt - machen zusammen den Kern des ökonomischen Ansatzes aus, so wie ich ihn sehe" (Becker 1982a: 4).

[36] In den Worten Webers (1976 [1922]: 227) wird hierdurch die "zunehmende 'Rechenhaftigkeit'" im Haushalt, seine "rationale Vergesellschaftung" veranschaulicht.

typische ökonomische Randbedingungen ein und beansprucht für diesen Erklärungsansatz geradezu universale Gültigkeit (vgl. Becker 1982a: 5, 7). Zusammenfassend kann man mit KRÜSSELBERG (1987a: 178; 1987b: 103) das Humanvermögenskonzept, die Zeitallokationstheorie und die Idee der Haushaltsproduktionsfunktion als theoretische Ausgangspunkte der "new home economics" bezeichnen (vgl. auch Krüsselberg et al. 1986: 28ff).

Entsprechend des Verständnisses von Sozialisation als lebenslangem Prozeß (vgl. z.B. Kohli 1991) kann auch der Erwerb und die Akkumulation von *Humanvermögen*[37] als über den gesamten Lebenszyklus fortlaufend aufgefaßt werden. Die Relevanz des Sozialisationsagenten "Familie" bei dieser Herausbildung der "soziokulturellen Person" (Krüsselberg 1987b: 103) ist dabei unbestritten (vgl. Wurzbacher 1977; Krüsselberg et al. 1986: 115; Kreppner 1991). Die Vorstellung der Humanvermögensakkumulation impliziert die Annahme, daß das in diesem Sinne erworbene Humanvermögen dem Menschen nicht ohne Gegenleistung zukommt, im ökonomischen Sinn also nicht als freies Gut behandelt werden darf (Krüsselberg et al. 1986: 31). Vielmehr muß das Individuum zum Erwerb von Humanvermögen knappe Ressourcen wie Geld, Zeit, materielle Güter, persönliche Mühe etc. einsetzen, d.h. es entstehen ihm Opportunitätskosten.[38]

Eng mit diesen "Investitionen in sich selbst" (Krüsselberg et al. 1986: 31) verknüpft, ist die Theorie der *Zeitallokation*. Dahinter steht die Einsicht "..., daß das im Menschen verkörperte Humanvermögen einen beträchtlichen Wert repräsentiert und deshalb die menschliche Zeit möglichst effizient zu nutzen ist" (Krüsselberg et al. 1986: 36).[39] Die den Haushaltsmitgliedern zur Verfügung stehende Zeit findet deshalb als relevanter Produktionsfaktor Eingang in die ökonomische Betrachtung ihrer Aktivitäten.

Marktgüter und Dienstleistungen, von Haushaltsmitgliedern gekauft, werden nun nicht lediglich zur Nutzenstiftung konsumiert, sondern als "inputs" in einen sog. *Haushaltsproduktions*prozeß eingebracht.[40] Dabei werden sie mit der nutzenmaxi-

---

[37] "Auf mikroökonomischer Ebene kann das Humanvermögen einer Person verstanden werden als die Summe der von ihr verkörperten Kenntnisse, Fertigkeiten und Eigenschaften" (Krüsselberg et al. 1986: 31). Ökonomen verwenden hierzu auch den Begriff "Humankapital", weshalb in diesem Studienbuch beide Begriffe synonym benutzt werden. Im Kontext der Beschäftigung mit der Familie umfaßt das Humanvermögen vor allem "den Aufbau von Handlungsorientierungen und Werthaltungen in der Welt zwischenmenschlicher Beziehungen. Gefordert ist sowohl der Aufbau sozialer *Daseinskompetenz* (Vitalvermögen) als auch die Vermittlung von Befähigungen zur Lösung qualifizierter gesellschaftlicher Aufgaben in einer arbeitsteiligen Wirtschaftsgesellschaft, der Aufbau von *Fachkompetenz* (Arbeitsvermögen im weiten Sinne)" (Bundesministerium für Familie und Senioren 1994: 28).

[38] Unter Opportunitätskosten versteht man "die entgangenen Erträge oder Nutzen, die bei der nächstbesten Verwendung eines Produktionsfaktors oder Gutes hätten erzielt werden können" (Recktenwald 1981: 429f).

[39] "The so-called economics of the family emphasizes that the time of different family members is their primary scarce resource ..." (Becker 1974: 317).

[40] "... in dieser Sicht gilt der Haushalt als 'Produzent' und die seine Konsumtechnologie erfassende Relation wird 'Haushaltsproduktionsfunktion' genannt" (Zimmermann 1985: 69).

mierend eingesetzten Zeit der Haushaltsmitglieder und in Abhängigkeit von dem als Humanvermögen akkumulierten Wissen, den individuellen Fähigkeiten und Fertigkeiten der Haushaltsmitglieder, kombiniert und zu "commodities", sog. "elementaren Gütern" wie z.B. Mahlzeiten, Freizeitaktivitäten, do-it-yourself-Aktivitäten, Erholung oder Schlaf, (weiter-)verarbeitet. Diese "commodities" erst stiften den Nutzen des Haushalts (vgl. Becker 1982b: 100f). Dabei sieht sich der private Haushalt den üblichen Beschränkungen gegenüber, die überhaupt erst ein "Wirtschaften" erfordern: Die am (Haushalts-)Produktionsprozeß beteiligten Input-Faktoren "Zeit" und "Markt-Einkommen", bzw. die dafür getauschten Marktgüter, stehen nicht in beliebiger Menge zur Verfügung. Damit ergibt sich die für die ökonomische Analyse typische Problemstellung, daß die Mitglieder eines Haushalts das Ziel der Maximierung des Haushaltsnutzens durch den kalkulierenden Einsatz beschränkter Mittel erreichen sollen. Dieses Allokationsproblem des Haushalts wird in der Ökonomie üblicherweise durch die Konstruktion einer Produktionsfunktion gelöst. Die Haushaltsproduktionsfunktion erfaßt damit die spezifischen Einsatzverhältnisse von Humanvermögen und monetärem Kapital, von Zeit und Marktgütern entsprechend der haushaltsspezifischen Ressourcenbeschränkungen zur Erwirtschaftung des gewünschten "commodity"-Outputs.

Bei ihren Maximierungsbemühungen stehen die Haushaltsmitglieder natürlich vor dem Problem, entscheiden zu müssen, welches Ziel aus dem Universum aller möglichen Güterbündel sie auswählen, welche "commodities" also ihre Bedürfnisse bei gegebenen stabilen Präferenzen[41] am besten befriedigen. BECKER will zeigen, wie Haushalte die dabei möglichen Zielkonflikte im Lichte ihrer Ressourcenbeschränkungen optimal lösen. Jedem Haushalt wird dazu eine Nutzenfunktion zugeschrieben, also eine, die haushaltliche Präferenzordnung repräsentierende, auf die individuellen Wünsche und Anspruchsniveaus (vgl. Krüsselberg et al. 1986: 27) bezogene Zusammenfassung alternativer Kombinationen der Nutzen stiftenden "commodities". Die Mitglieder privater Haushalte versuchen nun jenes Bündel an "commodities" zu realisieren, das dem Gesamthaushalt den höchsten Nutzen, die größte "Wohlfahrt" (Krüsselberg et al. 1986: 26f) oder "Lebensqualität" (Krüsselberg et al. 1986: 120), bringt.

Zur Beantwortung der Frage, wie die begrenzten Ressourcen der Haushaltsmitglieder immer wieder neu kombiniert werden müssen, um den Haushaltsnutzen zu maximieren, entwickelt BECKER aufgrund deduktiv-logischer Modellüberlegungen eine ganze Reihe von Theoremen, die, in Abhängigkeit von unterschiedlichen Fertigkeiten und Einkommenspotentialen der Haushaltsmitglieder, die "Rollendifferenzierung in der Familie unter Berücksichtigung von Komplementaritäts- und Substitutionsbeziehungen im Haushaltsmanagement" (Krüsselberg et al. 1986: 101) erklären sollen.

---

[41] Hier stellt Becker ab auf "... grundlegende Wahlobjekte ... Diese tieferliegenden Präferenzen beziehen sich auf grundlegende Aspekte des Lebens, wie Gesundheit, Prestige, Sinnenfreude, Wohlwollen oder Neid ..." (Becker 1982a: 4). Vgl. auch Stigler & Becker (1977).

Grundlegender Ausgangspunkt der "new home economics" ist somit die Überlegung, daß private Haushalte aus ökonomischer Sicht nicht lediglich als Konsumenten im Wirtschaftsprozeß vertreten sind, sondern auch maßgeblich als Produzenten aufgefaßt werden können (Becker 1982b: 101). Dabei findet die in der Ökonomie weitverbreitete Annahme der Nutzenmaximierung als Teil des ökonomischen Kalküls des Wirtschaftssubjektes Privathaushalt Anwendung. Zusammenfassend gilt, daß die "small factory" namens Haushalt (Becker 1982b: 101)[42] im Gleichgewichtszustand ihrer "commodity"-Produktion ihre personellen, materiellen und zeitlichen Ressourcen so einsetzt, daß ein Maximum an Haushalts-"commodities" und damit ein maximaler Nutzen, die größtmögliche Wohlfahrt für den Gesamthaushalt realisiert wird.[43]

Auf diese Basisüberlegungen aufbauend analysiert BECKER (1981: 14ff) die Arbeitsteilung im Haushalt analog der ökonomischen Theorie der komparativen Kostenvorteile, die erklären will, warum ein Wirtschaftssubjekt, d.h. eine Person, eine Organisation oder ein Land, das bestimmte Güter im Verhältnis zu anderen Gütern am kostengünstigsten anbieten kann, sich auch auf die Produktion dieser Güter und die Verbesserung der hierzu nötigen Produktionsfaktoren konzentriert (vgl. Neumann 1991: 286ff; Recktenwald 1981: 298). Übertragen auf den Privathaushalt behauptet BECKER (1981: 16), daß Unterschiede in den individuellen Fähigkeiten, selbst bei der Vernachlässigung biologischer und anderer intrinsischer Unterschiede zwischen den Haushaltsmitgliedern, allein durch unterschiedliche Praxiserfahrung und differierende Investitionen in das individuelle Humankapital erklärt werden könnten.

Unter den Annahmen des ökonomischen Theoriegebäudes wird danach bei komparativen Produktionsvorteilen der Haushaltsmitglieder und mit dem Ziel einer effizienten Haushaltsproduktion höchstens eine Person Zeit sowohl im Markt als auch im Haushalt einsetzen (vgl. Theorem 2.1, Becker 1981: 17). Diese, aus der Allokation der Zeit der Haushaltsmitglieder resultierende Arbeitsteilung geht mit der analogen Allokation von Investitionen in das Humankapital der Haushaltsmitglieder einher: Höchstens eine Person wird sowohl in ihr marktspezifisches als auch in ihr haushaltsspezifisches Humankapital investieren. Haushaltsmitglieder mit komparativen Kostenvorteilen in der Marktproduktion werden nur in ihr marktfähiges Humankapital investieren, Haushaltsmitglieder mit entsprechenden Kostenvorteilen in der Haushaltsproduktion investieren nur dort (vgl. Theorem 2.2, Becker 1981: 18). BECKER verknüpft diese beiden Theoreme und behauptet weiter, daß selbst bei gleichen komparativen Kosten und Humankapitalinvestitionen sowohl in die markt- als auch in die haushaltsspezifischen Fähigkeiten zweier Haushaltsmitglieder, unter der Prämisse der ökonomisch effizienten Haushaltsproduktion bereits mittelfristig höchstens ein Haushaltsmitglied noch sowohl in

---

[42] Vgl. hierzu auch von Schweitzer (1988b), die sich aus haushaltswissenschaftlicher Sicht vehement einem solchen produktionstechnischen Zugang zum Privathaushalt entgegenstellt.

[43] Zu einer Auseinandersetzung mit den "new home economics" aus Sicht einer strukturell-individualistischen Soziologie, vgl. Funk (1993: 85ff).

seine markt- als auch in seine haushaltsspezifischen Fähigkeiten investieren wird (vgl. Theorem 2.3, Becker 1981: 18f). Nach Überzeugung BECKERs würde diese Arbeitsteilung bei Unterstellung konstanter oder steigender Skalenerträge[44] und der typischen Modellbedingung des Ausscheidens ineffizienter Haushalte vom Markt insofern sogar noch zunehmen, als dann ausschließlich ökonomisch effiziente Haushalte am Markt verblieben, deren Mitglieder sich allesamt auf die Produktion entweder im Markt oder im Haushalt spezialisieren würden (vgl. Theorem 2.4, Becker 1981: 19). Diese Aussagen bezieht BECKER schließlich auf die Produktion einzelner "commodities", wobei mit zunehmender Anzahl unabhängig voneinander produzierter "commodities" die Zahl der effizienten Haushalte ansteigen würde, da eine erhöhte Spezialisierung ökonomisch noch vorteilhafter wäre (vgl. Theorem 2.5, Becker 1981: 20).

Neben diesen Vorteilen der spezialisierten Investitionen in das Humankapital sieht BECKER jedoch auch gegebene Unterschiede zwischen den Geschlechtern "an sich", "... intrinsic differences between the sexes" (Becker 1981: 21), als mit verantwortlich für die Arbeitsteilung in Familien und Haushalten an. Die gegenwärtig in allen Industrieländern vorherrschende überwiegende Zuschreibung der Verantwortung für die Hausarbeit zur Ehefrau läßt sich mit der ökonomischen Theorie *alleine* nicht begründen. Erst die Randbedingung biologischer Unterschiede zwischen den Geschlechtern, führt nach BECKERs Argumentation für ökonomisch effiziente Haushalte zur Geschlechterspezifik der theoretisch abgeleiteten Hausarbeitsteilung.[45] Alleine die biologische Tatsache, daß Frauen durch eine Schwangerschaft, die Geburt und die Möglichkeit der Fütterung eines Babys mit ihrer eigenen Muttermilch einerseits zeitlich sehr stark durch diese Reproduktionsprozesse in Anspruch genommen werden, andererseits aber auch ihr entsprechendes Humankapital durch diese Spezialisierung aufgewertet wird, macht die relativ stärkere Einbindung von Frauen in die Betreuung und Erziehung von Kindern, die üblicherweise im Haushaltskontext angesiedelt ist, im ökonomischen Kontext plausibel.[46] BECKER unterstellt deshalb, daß Frauen komparative Vorteile in der gesamten Haushaltsproduktion und Männer analoge Vorteile in der

---

[44] Skalenerträge oder "returns to scale" drücken "die Änderung des Ausstoßes zur Änderung des Einsatzes der Faktoren" (Recktenwald 1981: 507), in diesem Fall also die Effizienz der Haushaltsproduktionsfaktoren Zeit und Humanvermögen der Haushaltsmitglieder aus.

[45] "Consequently, biological differences in comparative advantage between the sexes explain not only why households typically have both sexes, but also why women have usually spent their time bearing and rearing children and engaging in other household activities, whereas men have spent their time in market activities" (Becker 1981: 23). Vgl. hierzu auch den Kommentar Ben-Poraths: "Becker does not wish to base the argument on biological differences ... But the biological differences are an *essential* element in the explanation. In Becker's analysis they are the source of systematic intersex differences in comparative advantage and they are the reason why people are not identical" (1982: 53).

[46] Überraschenderweise treffen sich Becker und Parsons trotz völlig unterschiedlicher theoretischer Zugänge zum Erklärungsproblem der familialen Arbeitsteilung in der Betonung der biologischen Ausstattung des Menschen. Die gemeinsame Basis beider Erklärungsansätze ließe sich deshalb salopp formuliert etwa mit "biology is destiny" betiteln.

Marktproduktion herausbilden. Mit der entsprechenden Umsetzung dieser komparativen Vorteile in Handlungen kann dann ein Erklärungsansatz für die Spezialisierung der Frauen auf die Haushaltsproduktion geliefert werden: ein ökonomisch effizienter Haushalt, bestehend aus einer Frau und einem Mann, würde folglich die Zeit der Frau hauptsächlich auf Tätigkeiten im Haushalt konzentrieren und diejenige des Mannes hauptsächlich auf marktmäßige Erwerbsarbeit. Es soll dabei noch einmal betont werden, daß mit dieser geschlechtsspezifischen Spezialisierung nicht die Nutzenfunktion der Frau oder des Mannes maximiert werden soll, die Ausgestaltung der familialen Arbeitsteilung ist vielmehr die Folge des Strebens nach der Maximierung des Haushaltsnutzens.

Bereits ein erster Blick auf die demographischen Trends sinkender Heiratsraten, steigender Scheidungsquoten und die auf der Aggregatebene zu beobachtende Zunahme der Erwerbsbeteiligung verheirateter Frauen zeigt allerdings ein Bild, das diesen Annahmen über ökonomisch effiziente Haushalte teilweise zu widersprechen scheint. Die historischen Trends des zeitlichen Aufschiebens von Heiraten und Geburten sowie höherer Scheidungsraten sprechen jedoch nicht prinzipiell gegen die Realisierbarkeit ökonomischer Vorteile durch Arbeitsteilung im gemeinsamen Haushalt, sondern können sehr wohl als Ausdruck individuell-rationaler Entscheidungen interpretiert werden.

Bei der Würdigung des Beitrages der new home economics zur Erklärung menschlichen Verhaltens im Kontext des privaten Haushalts steht das prinzipielle Anliegen ökonomischer Modellbildung, das in BECKERs Vorgehen lediglich eine, wenn auch für viele Betrachter ungewöhnliche, Konkretisierung erfährt, im Mittelpunkt: Menschliches Handeln wird allein unter ökonomischen Nützlichkeits- und Optimalitätsbedingungen analysiert. Dabei interessieren systematische Reaktionen typisierter Individuen innerhalb gegebener Randbedingungen, reales Verhalten soll keineswegs exakt abgebildet werden (vgl. Ott 1989: 3). Deshalb haben BECKERs Ausführungen auch nichts mit der Favorisierung traditioneller Geschlechtsrollen oder der Zurückweisung emanzipatorischer bzw. feministischer Ansichten (vgl. Gustafsson 1991: 413) zu tun. Vielmehr bleibt festzuhalten, daß die Aussagen in BECKERs einführenden Theoremen als vorläufig bestätigt gelten müssen, "... solange (in empirischen Analysen, d.A.) immer der Partner, der den geringeren Arbeitslohn erwirtschaftet, die Verantwortung für die Hausarbeit übernimmt und in geringerem Umfang erwerbstätig ist als der Partner mit dem höheren Arbeitslohn" (Gustafsson 1991: 413).

8.3 Arbeitsorganisationen als "funktionale Systeme"

Die Relevanz von Organisationen für unser tagtägliches Leben läßt sich nicht stark genug betonen. Organisationssoziologen sprechen deshalb von unserer Gesellschaft auch als "Organisationsgesellschaft" (Büschges 1983: 22ff; Scott 1986: 24). COLEMAN (1979; 1992: 271ff) faßt Organisationen als "Körperschaften" oder "korporative Akteure", die individuellen Akteuren am Markt gegenübertreten (vgl. auch Vanberg 1979). Dies konstituiert einen neuen Typus von Sozialstruktur, in dem Interaktionen zwischen korporativen Akteuren, bzw. zwischen Individuen und korporativen Akteuren eine grundlegende Bedeutung zukommt (vgl. Coleman 1992: 271ff; 1993; Scott 1986: 27; sowie Raub & Weesie 1993).[47] Warum sich Organisationen als "funktionale Systeme" theoretisch fassen lassen, soll in diesem Kapitel näher erläutert werden.

SCOTT (1986: 35ff) benennt als wesentliche Elemente von Organisationen die "Sozialstruktur", die "Beteiligten", die "Ziele", die "Technologie" sowie die "Umwelt". Unter "Sozialstruktur" faßt er die Werte, Normen und Rollenerwartungen umfassende "normative Struktur" sowie die das tatsächliche Verhalten abbildende "Verhaltensstruktur" zusammen. Alle, die einen Beitrag zum Fortbestand einer Organisation leisten, bezeichnet SCOTT (1986: 39) als "Beteiligte". Von "Zielen" spricht SCOTT zunächst sehr allgemein als von "*Zweck-Nutzen-Konzeptionen* - von Umständen, die die Beteiligten mit der Erfüllung ihnen aufgegebener Pflichten und Aufgaben herzustellen versuchen" (1986: 40). Mit "Technologie" werden die Mittel bezeichnet, die den Input einer Organisation in den gewünschten Output transformieren. Der Aspekt "Umwelt" akzentuiert schließlich die Einbettung von Organisationen in einen konkreten physikalischen, technischen, kulturellen und sozialen Kontext (Scott 1986: 40; vgl. auch Büschges 1983: 155ff). Abbildung 8.3 soll diese analytische Differenzierung verdeutlichen.

Abbildung 8.3: Elemente von Organisationen nach SCOTT (1986: 36)

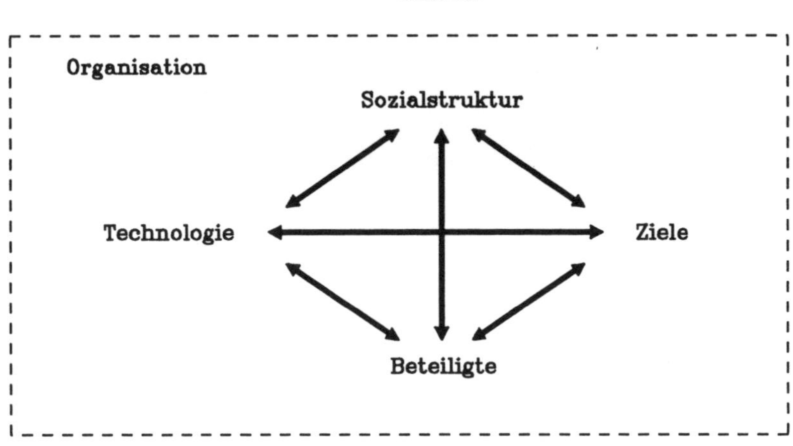

Nach unserer Auffassung können Organisationen im Alltagsverständnis kurz als Zusammenschlüsse von Personen bezeichnet werden, die der Verwirklichung spezifischer Zwecke dienen, dabei arbeitsteilig gegliedert und mit einer Leitungs-

[47] Vgl. generell zu korporativen Akteuren in modernen Gesellschaften Coleman (1992).

instanz ausgestattet sind. Organisationen lassen sich damit definieren als: "Von bestimmten Personen gegründetes, zur Verwirklichung spezifischer Zwecke geschaffenes, planmäßig gestaltetes, herrschaftlich verfaßtes, komplexes, relativ dauerhaftes und strukturiertes Aggregat (Kollektiv) arbeitsteilig interagierender Personen, das über wenigstens ein Entscheidungs- und Kontrollzentrum verfügt, welches die Kooperation steuert und dem als Aggregat Aktivitäten oder wenigstens deren Resultate zugerechnet werden können" (Büschges 1983: 47).

Als "Arbeitsorganisationen" sollen nun solche Organisationen verstanden werden, in denen Menschen ihre berufliche Tätigkeit ausüben (vgl. Büschges 1983: 21f). Organisationen stellen auf Dauer angelegte und zur Bewältigung spezifischer Probleme geschaffene Interaktionssysteme dar. Das Vorliegen eines konkreten und in der personenunabhängig formulierten Organisationsverfassung schriftlich niedergelegten Zweckes der Organisation kann als fundamentaler Unterschied zwischen diesem funktionalen System und dem Interaktionssystem "Familie" betrachtet werden (vgl. Büschges 1983: 61).

Als zentral für das hier vorherrschende Interesse an Organisationen soll deren hierarchisch gegliederte und arbeitsteilig organisierte Differenzierung von Positionen hervorgehoben werden, die von den Organisationsangehörigen eingenommen werden. Die Beziehungen zwischen den Mitgliedern einer Organisation werden deshalb als "Rollenbeziehungen" charakterisiert (vgl. Büschges 1992c, Sp. 1566). Von den Positionsinhabern wird die Erfüllung ganz bestimmter Arbeitsaufgaben erwartet, die im Falle von Arbeitsorganisationen in Arbeitsverträgen mehr oder weniger konkret a priori definiert sind. Zur Steuerung und Gewährleistung der dabei stets geforderten Kooperation der Organisationsmitglieder, bietet sich unter anderem eine hierarchische Strukturierung der Positionen in Organisationen an, wobei hierarchiehöheren und mit Weisungsbefugnissen ausgestatteten Positionsinhabern, mit anderen Worten einer Leitungsinstanz, die Kontrolle weisungsgebundener, hierarchieniedrigerer Positionsinhaber obliegt.

8.3.1 Die Definition von Organisationsrollen

Der komplexe Prozeß der Definition von Organisationsrollen läßt sich analytisch differenzieren in die Definition der Organisationsrolle durch die Leitung und das Personal der Organisation, die Eigendefinition des Trägers der Organisationsrolle sowie die Definition durch Akteure der Umwelt der Organisation, mit denen Positionsinhaber in ihrer Funktion als Organisationsmitglieder interagieren (Büschges 1983: 125). Die Definition der Organisationsrollen durch die Akteure der Organisation fassen BÜSCHGES & LÜTKE-BORNEFELD als dynamischen Prozeß auf, "in dessen Gefolge die generellen und die spezifischen, die formellen und informellen Erwartungen je nach den implementativen Bedingungen der Organisation (...), den Durchsetzungsfähigkeiten des jeweiligen Bewerbers und der Veränderbarkeit der jeweiligen Arbeitsaufgabe modifiziert werden" (1977: 61). Von seiten des Rollenträgers wird in diesem Prozeß der "Grad der *Verfügbarkeit der Rolle*", d.h. die vorgefundenen Spielräume, Deutungs- und Gestaltungschancen (vgl. Kap. 8.1.2), ebenso relevant, wie die "rollenentsprechende *Sozialisierung* innerhalb der Organisation" und die "*Kontrolle* des Rollenverhaltens" (Büschges & Lütke-Bornefeld 1977: 63) durch die relevanten Bezugsgruppen der Vorgesetzten, Kollegen und Agenten der Umwelt der Organisation. Neben den direkten Interaktionen mit Nicht-Organisationsangehörigen sind schließlich auch indirekte Kontakte via Medien, die institutionellen Rahmenbedingungen, die unspezifische Beeinflussung der Wertvorstellungen von Organisationsangehörigen sowie Auswirkungen von Inter-Rollenkonflikten (vgl. Kap. 8.4) als Einflüsse der Umwelt einer Organisation bei der Definition von Organisationsrollen von Relevanz (Büschges & Lütke-Bornefeld 1977: 63; vgl. auch Büschges 1992c, Sp. 1566f). Diese Zusammenhänge bei der Rollendefinition und -übernahme bringt das folgende, von LÜTKE-BORNEFELD entworfene, und in Anlehnung an BÜSCHGES & LÜTKE-BORNEFELD (1977: 62) leicht modifizierte analytische Modell zum Ausdruck.[48]

Abbildung 8.4: Modell der Rollendefinition und -übernahme (Büschges 1983: 125)

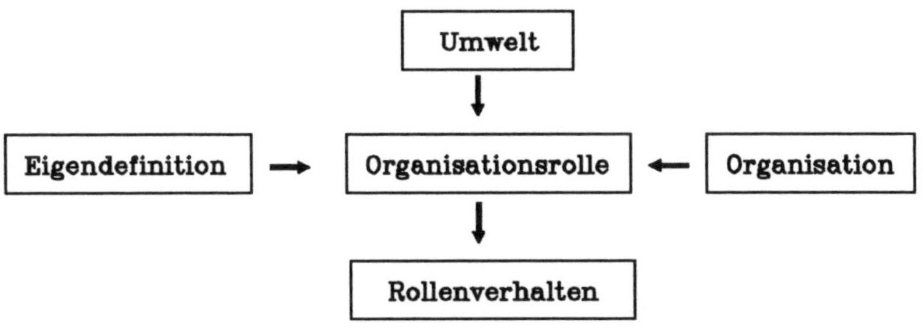

8.3.2 Der Deutungsfreiraum von Organisationsrollen

Zu zeigen gilt nun, daß auch in Organisationen die Definition von Normen, bzw. die z.B. in Organisationsvorschriften niedergelegten Verhaltenserwartungen, den Trägern von Organisationsrollen stets einen mehr oder weniger großen Interpretations- und Deutungsfreiraum belassen, mithin für diese ein "strategisches Interaktionsfeld" (Boudon 1980: 78) darstellen. Inwieweit es Mitgliedern von Organisationen dabei gelingt, in Wahl- oder Entscheidungssituationen nicht nur den organisationsinternen Rollenvorschriften zu folgen, sondern auch private Interessen zu realisieren, hängt sowohl von den anderen Organisationsangehörigen

[48] Für das konkrete Beispiel der Rollendefinition und -vermittlung in einem Kreditinstitut, vgl. Büschges & Lütke-Bornefeld (1977: 63ff).

ab als auch von der Art der institutionellen Verknüpfung der Positionen in Organisationen (vgl. Büschges 1983: 121f). "Je spezieller die Arbeitsaufgabe oder die Organisationsrolle, je begrenzter der Aufgabeninhalt und je größer der Anteil ausführender Funktionen, umso geringer ist der Dispositionsspielraum und damit die individuelle Gestaltungschance einer Organisations- oder Arbeitsrolle und umgekehrt" (Büschges 1983: 110).[49]

Analog dem allgemeinen Fall "funktionaler Systeme" (vgl. Kap. 8.1), läßt sich beispielhaft auch für Organisationen beobachten, daß Rollenvorschriften bruchstückhaft und Informationen über Verhaltenserwartungen mehrdeutig oder schwer zugänglich sind. Undeutlich hervortretende Normen und die Notwendigkeit eines spezifischen Lernprozesses lassen die *Varianz* von Organisationsrollen und hieraus resultierende Unsicherheiten deutlich werden (vgl. Büschges 1983: 133). Für intentional handelnde Akteure, wie sie der strukturell-individualistische Ansatz seinen Analysen zugrundelegt (vgl. Kap. 4), ergeben sich damit Interpretations- und Dispositionsspielräume, die es, entsprechend den in die Eigendefinition der Organisationsrolle einfließenden eigenen Zielen und Interessen, zu nutzen gilt. Generell darf erwartet werden, daß die Varianz der Organisationsrollen mit zunehmender Hierarchieebene ebenfalls zunimmt. Parallel mit dem organisationsinternen Status steigt deshalb die "... Chance zur Eigeninterpretation der Rolle und damit zur Instrumentalisierung der Organisationsrolle zur Durchsetzung individueller Interessen" (Büschges 1983: 136).

Beispielhaft sei hier wieder an WIPPLER (1985) angeknüpft, der die Entstehung oligarchischer Strukturen in demokratisch verfaßten Organisationen nutzentheoretisch modelliert. Hierzu unterscheidet er grob zwei Akteurskategorien: Zum einen die "Mitglieder" von Organisationen, deren Handlungsalternativen er nach HIRSCHMAN (1974) als "Widerspruch" bzw. "Inaktivität" charakterisiert, zum anderen die "Führungspersonen", die zwischen den Handlungsalternativen "Förderung der Mitgliederinteressen" und "Förderung privater Ziele" wählen können. Für jede dieser Handlungsalternativen werden die Nutzen, Kosten und subjektiven Wahrscheinlichkeiten umrissen (vgl. Wippler 1985: 28f). Unter besonderer Berücksichtigung der drei strukturellen Charakteristika "Größe der Organisation", "Netzwerkdichte" und "Homogenität der Fähigkeiten und Neigungen der Organisationsmitglieder" modelliert WIPPLER mit Hilfe des von BOUDON (1980: 123ff) entworfenen heuristischen Schemas zur Analyse sozialen Wandels (vgl. Kap. 9.2) die Entwicklung von einer formal demokratisch verfaßten und funktionierenden Organisation hin zu einer oligarchischen Organisationsstruktur, in der die "Mitglieder" den subjektiv erwarteten Nutzen der "Inaktivität" größer einschätzen als den des "Widerspruchs" und in der die "Führungspersonen" den subjektiv erwarteten Nutzen der "Förderung privater Ziele" größer einschätzen als denjenigen der "Förderung der Mitgliederinteressen".

[49] Vice versa dürfte der Gestaltungsspielraum von Trägern von Organisationsrollen umso größer sein, "je größer der Rollenanteil von leitenden, planenden und organisierenden Funktionen geprägt ist" (Büschges 1983: 135). Als weitere Determinanten des Deutungsspielraums von Organisationsrollen lassen sich der Typ der Organisation, die Bedeutung der Zugehörigkeit zur Organisation bzw. der Besetzung der Position für den Positionsinhaber, die Autoritätsstruktur und die Verortung der eigenen Position darin, die spezifischen Qualifikationen des Positionsinhabers und ihre Relevanz für die Organisation sowie der Zugang zu wichtigen Ressourcen der Organisation benennen (vgl. Büschges 1983: 132).

Mit der Widersprüchlichkeit von Normen, die die Organisationsrollen definieren, läßt sich wiederum auf das Charakteristikum der *Ambivalenz* der Organisationsrollen hinweisen. Beispielsweise könnte für den Kundenberater im Außendienst eines Versicherungsunternehmens die Norm der Orientierung am kundenspezifischen Versicherungsbedarf mit der Norm der Maximierung der verkauften Versicherungsleistungen relativ schnell in Widerspruch zueinander geraten. In diesem Fall wird dem Versicherungsvertreter insofern ein großer Dispositionsspielraum offen stehen, als er seinen eigenen Interessen gemäß den Kunden beraten kann.[50] Die teilweise Widersprüchlichkeit zwischen dem "wohlverstandenen Interesse" des Kunden und dem ökonomisch geprägten Maximierungsstreben von Organisationen und ihrer Agenten scheint ein generelles Charakteristikum solcher asymmetrischer Beziehungen zwischen Individuen und Interessensvertretern korporativer Akteure zu sein.

Auch der Aspekt der *Segmentierung* der Organisationsrollen verdient nochmalige Erwähnung. Sind mit einer Position mehrere Teilrollen verbunden, dann sind diese selten völlig eindeutig definiert, widerspruchsfrei normiert und klar umrissen. Auf wenige Handgriffe beschränkte Fließbandarbeit dürfte dieser hypothetischen Situation am nächsten kommen (vgl. Büschges 1983: 139). Weit mehr verbreitet sind dagegen Spielräume, die meist aus der partiellen Unvereinbarkeit von Teilrollen und der damit gegebenen Interpretationschancen für die Rollenträger resultieren. Das bereits in Kapitel 8.1.2 ausführlich analysierte Beispiel der Hochschullehrer läßt sich hierzu nochmals kurz aufgreifen: So wird die Ausgestaltung der eigenen Rolle durch die Betonung des Rollensegmentes "Forscher", mit den damit verbundenen "kosmopolitischen" Gratifikationen, bzw. die Betonung des Rollensegmentes "Lehrer", mit den damit verknüpften "lokalen" Belohnungen, außer vom didaktischen Geschick und der forschungspraktischen Kompetenz letztlich vom eigenen Interesse des professoralen Rollenträgers abhängen.

Schließlich nehmen Individuen in modernen Organisationsgesellschaften typischerweise in mehreren Organisationen Positionen ein, d.h. sie müssen mehreren Organisationsrollen gerecht werden. Diese können sich teilweise überlagern und dabei verstärken oder abschwächen. Die damit angesprochene *Interferenz* von Organisationsrollen kann sich in sog. "Inter-Rollenkonflikten" bemerkbar machen. Hier ist an das Beispiel des Gewerkschaftsmitglieds zu denken, dem in Zeiten wirtschaftlicher Rezession einerseits an der Sicherheit seines Arbeitsplatzes, andererseits aber auch an den Tarifforderungen seiner Gewerkschaft gelegen ist (vgl. hierzu auch Kap. 8.4).

---

[50] Bedenkt man im vorliegenden Beispiel die Provisionsabhängigkeit des Verdienstes des Versicherungsvertreters und konzediert außerdem eine Informationsasymmetrie zu ungunsten des Kunden, wird die Eigeninterpretation der Organisationsrolle durch den eigeninteressiert handelnden Versicherungsvertreter sehr leicht zur Betonung der Norm "Maximierung der verkauften Versicherungsleistungen" tendieren.

8.4 Spielräume und Widersprüche in funktionalen Systemen: Die Erwerbsbeteiligung von Frauen

Sowohl im Kontext des privaten Haushalts als auch im Fall der Arbeitsorganisation ist aufgrund fortschreitender Arbeitsteilung eine Spezialisierung im Sinn einer Ausdifferenzierung von Rollen zu beobachten. Rollenhandeln soll dazu beitragen, unbeabsichtigte Effekte absichtsgeleiteten Handelns (vgl. Kap. 4.3 und 7.3), etwa die suboptimale Allokation von Zeit und Humankapital im Privathaushalt oder den suboptimalen Einsatz des Produktionsfaktors Arbeit in Arbeitsorganisationen, zu verhindern. Dort allerdings, wo die beiden funktionalen Systeme Privathaushalt und Arbeitsorganisation relevante Handlungskontexte desselben Individuums sind, ist die Gefahr der Interferenz von Rollen, m.a.W. eines Inter-Rollenkonfliktes, virulent. Dies kann als Folge des Umstandes gesehen werden, daß die von einem Individuum zu spielenden Rollen, "... nicht unverbunden nebeneinander stehen, sondern vermittelt durch die Person als Rollenträger miteinander verbunden sind und aufeinander einwirken" (Büschges 1992c, Sp. 1569; vgl. auch Büschges & Lütke-Bornefeld 1977: 62).

Noch zu der Zeit als PARSONS seine in Kap. 8.2.1 referierten theoretischen Entwürfe formulierte, schien die Familienwelt insofern "in Ordnung" zu sein, als Geschlechtsrollen eindeutig definiert waren und die funktionale Analyse mit dem Konzept der sozialen Rolle die soziale Wirklichkeit relativ gut fassen konnte. Charakteristisch für diese, heute nur noch teilweise vorzufindende Situation, ist die problemlose Integration der Kinderbetreuung in haushaltliche Arbeitsabläufe.[51] Mit zunehmender struktureller und funktionaler Differenzierung von Gesellschaften wird jedoch auch der Handlungskontext Familie/Privathaushalt brüchig. Insbesondere die zunehmende Instabilität ehelicher Partnerschaften und die vermehrte außerhäusliche Erwerbsbeteiligung von Frauen in Verbindung mit weniger engen familialen Netzwerken, z.B. aufgrund beruflicher Mobilität, macht die explizite Organisation der Kinderbetreuung außerhalb der Familie so dringlich. COLEMAN spricht in diesem Zusammenhang auch von einem Nebeneinander zweier Organisationsstrukturen in modernen Industriegesellschaften: "eine ursprüngliche Struktur, die auf die Familie gegründet ist und sich von ihr herleitet, und eine neuere Struktur, die sich aus zielgerichteten Körperschaften (d.h. korporativen Akteuren, d.A.) zusammensetzt, welche von der Familie unabhängig sind. (...) Die ursprüngliche Struktur besteht aus Familie, erweiterter Familie, Nachbarschaft und religiösen Gruppen. Die zielgerichtete Struktur besteht aus wirtschaftlichen Organisationen (wie Unternehmen, Gewerkschaften und Berufsgenossenschaften), für einen bestimmten Zweck gegründete freiwillige Vereinigungen und Regierungen"

---

[51] Coleman stellt hierzu fest: "Die vielfältigen Aktivitäten der Familie haben starke wechselseitige externe Effekte. So stand Kindererziehung schon immer in Verbindung mit anderen Aktivitäten, insbesondere mit wirtschaftlicher Produktion und Verbrauch. ... Somit ist für den Haushalt die gemeinschaftliche Produktion verschiedener Produkte charakteristisch, zu denen auch die Kindererziehung gehört. Folglich könnte man sich Kindererziehung als ein Nebenprodukt anderer Aktivitäten in der traditionellen Familie vorstellen" (1992: 336).

(Coleman 1992: 340f). Am Beispiel der Erwerbsbeteiligung von Frauen soll das Konfliktpotential bei der gleichzeitigen Zugehörigkeit zur "ursprünglichen" und zur "zielgerichteten" Struktur, insbesondere die dabei aus der Parallelität der Rollenerwartungen der Organisations- und Haushaltsmitglieder resultierenden Interferenzen von Rollen, angerissen werden.

Die Einbettung des Interaktionssystems Privathaushalt in die ihn umgebende soziale Umwelt der Gesellschaft ist unmittelbar evident. Für die Ausübung der Funktion der "Daseinsfürsorge" (vgl. von Schweitzer 1991: 26; Bundesministerium für Familie und Senioren 1994: 26) im Kontext des privaten Haushalts ist meist die Zugehörigkeit mindestens eines seiner Mitglieder zum Erwerbssystem notwendig, d.h. mindestens ein Haushaltsmitglied ist entweder erwerbstätig oder bezieht finanzielle Transfers, deren Ansprüche in einer früheren Erwerbstätigkeit begründet wurden (z.B. Arbeitslosenunterstützung, Rente, etc.).

Auch (Arbeits-)Organisationen sind stets in eine konkrete soziale Umwelt eingebettet. SCOTT weist auf die außerorganisatorische Sozialisation der Organisationsmitglieder hin, betont ihre organisationsexternen Interessen und verweist auf das lediglich "*partielle(...) Engagement*" (1986: 41) von Organisationsangehörigen. Auch für die Gestaltung der betrieblichen Personalpolitik ist die Beachtung der Einbindung der Organisationsmitglieder in private soziale Netzwerke der Familie, Verwandtschaft, Freunde oder der Mitgliedschaft in anderen Organisationen, zum angemessenen Verständnis der Ausfüllung ihrer Rolle in der Arbeitsorganisation relevant (vgl. Büschges 1992c, Sp. 1568).

Die Zunahme der Erwerbsbeteiligung von Frauen, insbesondere von Müttern, ist in der Literatur vielfältig dokumentiert (vgl. Funk 1993: 59ff) und soll hier nicht weiter aktualisiert werden. Der Fokus der folgenden Ausführungen soll vielmehr auf der individuellen Mitgliedschaft in den beiden funktionalen Systemen Privathaushalt und Arbeitsorganisation sowie den unterschiedlichen Rollenerwartungen der Haushalts- bzw. Organisationsmitglieder an erwerbstätige Frauen liegen. Da hierbei sehr schnell die Problematik der Anwesenheit von Kindern im Haushalt zutage tritt, soll sich im folgenden auf mögliche Interferenzen von Rollen erwerbstätiger Mütter beschränkt werden.

Nach wie vor ist in unserer Gesellschaft eine eher traditionelle Interpretation von Geschlechtsrollen weit verbreitet, d.h. von Frauen wird in ihrer Rolle als Hausfrau und Mutter die Führung des Haushalts ebenso erwartet, wie die Betreuung der Kinder (vgl. z.B. Funk 1991b). Dies spiegelt sich auch in der Organisation der institutionellen Kinderbetreuungsarrangements in der "alten" Bundesrepublik wider: Sie sind eindeutig subsidiär zur Kinderbetreuung in der Familie organisiert. Die Erwerbstätigkeit von Frauen steht damit praktisch immer in Konkurrenz zu der ihr nach wie vor zugeschriebenen Verantwortlichkeit für den größten Teil der Hausarbeit und insbesondere die Kinderbetreuung, und zwar egal ob sie erwerbstätig ist oder nicht.[52] Lediglich unter jüngeren Paaren scheinen sich die Väter

[52] Vgl. hierzu die erdrückenden empirischen Belege in Funk (1993: 149).

stärker in der Kinderbetreuung zu engagieren (vgl. Erler et al. 1988: 28; Holst & Schupp 1990: 408).

Diesen Rollenerwartungen stehen jedoch die außerfamilialen Ansprüche der (vorgesetzten) Mitglieder der Arbeitsorganisation gegenüber, die natürlich an einer regelmäßigen, konzentrierten und auf die Bedürfnisse bzw. Zwecke der Organisation ausgerichteten Erwerbstätigkeit von Frauen interessiert sind. Allein die zeitliche Belastung einer Erwerbstätigkeit muß sich bereits auf die Organisation von Haushalt und Kinderbetreuung auswirken. In der Tat zeigen empirische Studien, daß erwerbstätige Frauen weniger Zeit für Hausarbeit aufwenden als "Nur-Hausfrauen" (vgl. Krüsselberg et al. 1986: 164ff). Inwieweit sie dabei Hilfe vom Ehepartner, den Kindern oder Haushaltsexternen bekommen, soll dabei ebenso dahingestellt bleiben, wie die Möglichkeit unterschiedlicher Anspruchsniveaus an die haushaltliche Ordnung.

Während die lebenslange Vollzeiterwerbstätigkeit von Männern im allgemeinen unhinterfragt bleibt, werden die spezifischen Probleme der Arbeitsaufnahme bzw. der kontinuierlichen Beschäftigung von Frauen in der Literatur immer wieder mit einer Reihe von Einflußfaktoren verknüpft, von denen man annimmt, daß sie auf ihre erwerbsbezogenen Wahlhandlungen einwirken, z.B. die finanzielle Notwendigkeit, die Verwertung individuellen Humankapitals, die Suche nach sozialen Kontakten oder finanzieller Unabhängigkeit (vgl. Funk 1993: 5). Damit kommt die enge und geradezu frauenspezifische Verkettung von Familie und Beruf zum Ausdruck: Entscheidungen bezüglich des einen Lebensbereiches sind immer auf das Engste mit dem anderen Lebensbereich verbunden.[53] Die vielfältigen Probleme, die erwerbstätigen Frauen aus ihrer Kombination von Beruf und Familie erwachsen, werden in der Literatur unter dem Schlagwort der "Doppelbelastung" von Frauen thematisiert (vgl. Metz-Göckel & Müller 1985: 25; Sommerkorn 1988; Mayr-Kleffel 1989: 54).[54] Für die Frauen selbst stellt der Haushaltszusammenhang deshalb den primären sozialen Kontext dar, der ihre Opportunitäten und Zwänge bei der Organisation einer Erwerbstätigkeit maßgeblich strukturiert.[55]

---

[53] Auch die Ergebnisse der Studie von Metz-Göckel & Müller zeigen "... daß die Kinderfrage als Frauenfrage behandelt wird (und dies gilt auch umgekehrt)" (1985: 19).

[54] "Nicht die Gleichzeitigkeit von 'Familienorientierung' und 'Berufsorientierung' der Frau als solcher, sondern die Gleichzeitigkeit der traditonellen Selbstverständlichkeit von Familienbildung und geschlechtsspezifischer Rollendifferenzierung auf der einen Seite und individualisierter Orientierung auf Arbeitsmarkt und Konsum auf der anderen Seite generiert die Überlastkonflikte" (Huinink 1991: 314). Rerrich (1988: 122) spricht in diesem Zusammenhang von einem "doppelten Leitbild" der Frau. Vor dem Hintergrund sinkender Familiengrößen stellen Bertram & Bayer (1984: 13) allerdings für die Zukunft die These einer abnehmenden Doppelbelastung der Frauen auf.

[55] Für eine strukturell-individualistisch orientierte soziologische Analyse des Erwerbsverhaltens von Frauen gilt es deshalb, den Haushaltszusammenhang als sozialen Kontext individuellen Handelns in ihrem Erklärungsmodell explizit zu berücksichtigen (vgl. hierzu Funk 1991a, 1993). Vom über den Haushaltskontext hinausweisenden Familienkontext, dessen soziale und soziologische Relevanz im allgemeinen und in bezug auf die hier thematisierte Problematik im besonderen keineswegs bestritten oder geschmälert werden soll, wird im folgenden abstrahiert.

Dabei läßt sich unmittelbar an die Überlegung anknüpfen, daß erst ein Zusammenleben und -wirtschaften von Frau und Mann die für die Wahlhandlungen im Haushalts- oder Familienkontext relevanten "Komplementaritäten und Substitutionsbeziehungen" (Krüsselberg et al. 1986: 101) konstituiert. Hier soll vom BECKERschen Theorem ausgegangen werden, daß in einem Haushalt zweier (Ehe-)Partner unter den Annahmen des ökonomischen Theoriegebäudes, d.h. insbesondere der Unterstellung komparativer Produktionsvorteile der Haushaltsmitglieder und dem Ziel einer effizienten, den Haushaltsnutzen maximierenden Arbeitsteilung, höchstens eine Person ihre Zeit sowohl im Haushalt als auch im Markt einsetzen wird (vgl. Kap. 8.2.2 sowie Becker 1981: 17). Empirische Evidenzen sprechen eindeutig dafür, daß dies nach wie vor überwiegend die (Ehe-)Frau ist.

Das Kriterium der Heirat wird in diesem Zusammenhang lediglich insofern relevant, als ein unverheiratetes oder verheiratetes kinderloses Zusammenleben überwiegend mit einer Vollzeiterwerbstätigkeit beider Partner einher geht. Frauen ohne Kinder bleiben in jüngeren Kohorten auch nach der Heirat vermehrt erwerbstätig (Lauterbach 1991: 53, vgl. auch Tölke 1990: 39). Zunehmend wird erst mit dem Wunsch nach, bzw. der Geburt von Kindern eine Partnerschaft durch Heirat juristisch geregelt. Die Geburt des ersten Kindes hat heute als Grund für eine Unterbrechung der Erwerbstätigkeit eine größere Relevanz als die Heirat (vgl. Lauterbach 1991: 53; Tölke 1990: 50; 1991). Die empirische Relevanz der BEKKERschen Theoreme erweist sich insbesondere für diese Frauen mit Kindern als problematische Wahlsituation. Die Anwesenheit von Kindern im Haushalt wird damit ein Haupthinderungsgrund für Frauen, erwerbstätig zu sein (vgl. Holst & Schupp 1990: 402; Krombholz 1991: 199).[56] Sinkende Erwerbstätigenquoten mit zunehmender Kinderzahl sind auch durch die amtliche Statistik dokumentiert (vgl. z.B. Lüken & Heidenreich 1991: 795f). Es läßt sich zeigen, daß sich sowohl der Familienstand "verheiratet" als auch das Alter von Kindern im Haushalt negativ auf die Wahrscheinlichkeit einer Frau, erwerbstätig zu sein, auswirkt. Ein nichterwerbstätiger Ehemann erhöht dagegen die Partizipationswahrscheinlichkeit von Frauen (vgl. Funk 1993).

Es erscheint u.E. deshalb durchaus angebracht, hier von einer Rivalität der funktionalen Systeme Privathaushalt und Arbeitsorganisation zu sprechen. Die Interaktionsbeziehungen im Privathaushalt, die ja ebenfalls den Charakter von Rollenbeziehungen tragen, haben Konsequenzen für die Art und Weise, wie vom Personal die Rollen innerhalb der Arbeitsorganisation definiert und in Arbeitsverhalten umgesetzt werden (vgl. Büschges 1992c, Sp. 1568). Umgekehrt wirken die Erwartungen der Organisationsmitglieder an die Berufsrolle beschäftigter Frauen auf deren Situationsdefinitionen und Handlungsstrategien im Haushalt zurück.

In der Terminologie PARSONS' stellt der Familienhaushalt eine solidarische Einheit dar, in der die Mitgliedschaft und der Status zugewiesen sind. Im Berufs-

[56] "Was Frauen beruflich stoppt, sind die Kinder" (Erler et al. 1988: 31).

leben dagegen werde der Status durch das Individuum erworben und sei abhängig von dessen Leistung (Parsons 1964b: 11f). Typisch für moderne, strukturell differenzierte Gesellschaften sei nun die Tatsache, daß Individuen sowohl Mitglieder von Kernfamilien als auch Träger von Berufsrollen sind. Wie in Kapitel 8.2.1 bereits ausgeführt, werden die Berufsrollen im Zuge der Interpenetration auch Teil der familialen Rollen. Solange nur ein Partner erwerbstätig ist, bleibt die Rollendifferenzierung in eher "instrumentell" und eher "expressiv" relativ klar. Wenn jedoch, wie dies in den Jahrzehnten seit der Entwicklung dieses Klassifikationsschemas durch PARSONS geschehen ist, immer mehr verheiratete Frauen und Mütter auf den Arbeitsmarkt drängen, können sich daraus für das familiale Rollengefüge weitgehende Konflikte ergeben.

Auch BECKER gibt zu bedenken, daß durch steigende Löhne und die vermehrte Erwerbsbeteiligung verheirateter Frauen die nach komparativen Kostenvorteilen organisierte und damit letztlich geschlechtsspezifische Hausarbeitsteilung immer weniger vorteilhaft wird, bzw. vom individuellen Standpunkt der Frau nicht mehr rational erscheint. Diese Entwicklung führt aus Sicht der new home economics dann konsequenterweise zu einer sinkenden Attraktivität der Ehe und steigenden Scheidungsraten (Becker 1985: S34).

Die in unserer Gesellschaft nach wie vor vorherrschende Zuschreibung der Verantwortlichkeit für Familie und Haushalt zur (Ehe-)Frau läßt sich auf der normativen Ebene in die Forderung "Eine Mutter sollte im Haushalt bei ihren Kindern bleiben" kleiden und in Abhängigkeit vom Alter der Kinder mehr oder weniger ausgeprägt empirisch nachweisen. Dieser konservativen Norm tritt nun eine progressive Norm gegenüber, die z.B. festhält: "Eine Frau sollte wirtschaftlich für sich selbst sorgen können." Mit dem Eintritt in das Erwerbsleben treten zu diesen normativen Ansprüchen die realen Ansprüche der Haushalts- und Organisationsmitglieder. Ereignisse, wie z.B. die Geburt oder Krankheit eines Kindes oder auch Probleme in den oft privat vereinbarten Kinderbetreuungsarrangements, lassen die sich widersprechenden Anforderungen der Familienmitglieder und der Organisationsangehörigen schließlich offen zutage treten. In unserer theoretischen Terminologie handelt es sich bei diesen Aspekten der "Doppelbelastung" um einen Inter-Rollenkonflikt zwischen den Erwartungen an die Rolle der Mutter und jenen an die Rolle der Erwerbstätigen.

Dieser Inter-Rollenkonflikt kann auf der Seite der Haushaltsmitglieder wegen dem Anspruch an die weibliche Verantwortlichkeit für Familie und Privathaushalt ebenso zu Konflikten zwischen den Ehepartnern bzw. der erwerbstätigen Mutter und ihren Kindern führen, wie auf der Seite der Arbeitsorganisation, wegen den Ansprüchen an die Erfüllung der im Arbeitsvertrag eingegangenen Verpflichtungen, zwischen Kollegen und Kolleginnen bzw. im Verhältnis zu Vorgesetzten. Daß von Arbeitgebern solche Interferenzen von Rollen geradezu antizipert werden, dürfte sich nicht unwesentlich in den nach wie vor zu beobachtenden geschlechtsspezifischen Verdienstchancen und Karrieremustern niederschlagen.

Mit BOUDON (1980: 68) lassen sich diese Interferenzen aber auch als Versuch der individuell vorteilhaften Interpretation der Varianz von Rollen auffassen. Dem eindeutig kodifizierten Sanktionspotential von Arbeitsorganisationen (Abmahnung,

Entlassung) stehen dabei die eher diffusen, auf der normativen Ebene verbleibenden Verhaltenserwartungen der Familien- bzw. Haushaltsmitglieder gegenüber. Lösungsmöglichkeiten dieser sich zumindest partiell widersprechenden Erwartungen von Seite der Familie/des Haushalts sowie der Arbeitsorganisation liegen z.B. in flexiblen Arbeitszeiten zugunsten von Frauen, ihrer Mitsprache bei der Arbeitszeitgestaltung, mütterfreundlichen Wiedereintrittsregelungen oder speziellen Frauenförderplänen. Daß solche frauen- bzw. mütterfreundlichen Regelungen auch für das jeweilige Unternehmen vorteilhaft sein muß liegt auf der Hand. Neben dem Sinken der Fluktuationsrate sind positive externe Effekte solcher Maßnahmen zur Vereinbarkeit von Familie und Beruf insbesondere auf die Arbeitsqualität, die Arbeitsproduktivität sowie die Fehlzeiten zu erwarten.

Im Kontext eines strukturell-individualistischen Erklärungsansatzes wären für die Analyse der Lösung dieses Inter-Rollenkonfliktes z.B. Merkmale der *Person* der Frauen relevant, wie ihr Alter, ihre Bildung, aber auch ihre eigenen Einstellungen zur Frauenerwerbstätigkeit. Die *soziale Situation* der Frauen würde sich insbesondere an ihrer Haushaltssituation festmachen lassen, letztlich wohl an den Fragen: Sind Kinder zu versorgen? Und: Wie alt sind diese Kinder? Nicht zu vergessen ist das Wirken *institutioneller Regelungen*, z.B. das konkrete Angebot an institutionellen Kinderbetreuungseinrichtungen, deren Öffnungszeiten oder die unternehmensspezifische Möglichkeit einer Teilzeitbeschäftigung. Diese institutionellen Regelungen sind mehr oder weniger politischen Eingriffen zugänglich, mithin bewußt gestaltbar. Sehr schwer zu quantifizieren sind *kulturelle Einflüsse* auf die Erwerbsbeteiligung von Frauen. Letztlich dürften hier ähnliche Aspekte relevant werden, wie sie bereits bei der Diskussion des Wertwandels (vgl. Kap. 2.6 und den dortigen Exkurs) aufgegriffen wurden. Teilzeit-, Saisonarbeit oder geringfügige Beschäftigung von Frauen sind somit letztlich auch Ausdruck ihres Deutungs- und Handlungsspielraums (choice) bezüglich der Kombination von Familie/Privathaushalt und Beruf unter der Beachtung konkreter sozialer Randbedingungen (constraints), und damit der Versuch Inter-Rollenkonflikte zu lösen oder diesen vorzubeugen.

9 Soziologische Analyse sozialen Wandels

Statik und Dynamik, Differenzierung und Transformation, Fortschritt und Entwicklung sozialer Ordnungen und ihrer Strukturen (vgl. Kap. 2.2) sind schon seit der Antike Gegenstand der Deutung vermittels mythischer Welt- und Menschenbilder, metaphysischer Spekulationen und Systeme, wissenschaftlicher Modelle und Theorien. Deswegen sei zunächst sozialer Wandel als philosophisches und soziologisches Problem erörtert (Kap. 9.1), ehe wir uns BOUDONs Prozeßtypen zur Analyse sozialen Wandels zuwenden (Kap. 9.2) und diese abschließend am Beispiel der DDR-Revolution (Kap. 9.3) in ihrer Anwendung vorstellen.

9.1 Sozialer Wandel als philosophisches und soziologisches Problem

Im Zuge der Aufklärung wurde im Abendland das antike Modell von Wachstum, Reife und Untergang von Völkern und Kulturen ebenso aufgehoben wie das auf AUGUSTINUS zurückgehende Modell eines nach einem göttlichen Heilsplan ablaufenden, seinem vorausbestimmten Ende zustrebenden geschichtlichen Prozesses. Beide wurden ersetzt durch die Idee, daß die Menschheit sich in einem zwar langsamen, jedoch kontinuierlich fortschreitenden historischen Prozeß befinde, der hin zu einem Mehr an Wissen, Naturbeherrschung und Selbstbestimmung führe. Er würde es auf die Dauer möglich machen, so hoffte man, Nationen und Staaten und schließlich die Weltgesellschaft planend zu gestalten und so zu einer "humaneren Gesellschaft" zu gelangen. Zumeist wurde dabei ein geradlinig in der Zeit ablaufender, eindimensionaler, nicht umkehrbarer historischer Prozeß universellen Charakters angenommen. Er würde auf die Dauer die gesamte Welt einbeziehen und deswegen nicht nur für die abendländischen Völker relevant sein. Diese wurden als an der Spitze der historischen Entwicklung stehend begriffen, sodaß es möglich schien, deren gesellschaftliche Entwicklung als Modell für die gesellschaftliche Entwicklung der gesamten Menschheit zugrunde zu legen, die insoweit als Schicksalsgemeinschaft angesehen wurde.

Zwar lag das Hauptgewicht der Betrachtung zunächst auf der moralischen Entwicklung und ihrer Bedeutung für gesellschaftliche Ordnungen, weil sehr früh schon ein Zusammenhang zwischen der Art der gesellschaftlichen Ordnung und der handlungsanleitenden Moral der in diese eingebundenen Menschen gesehen wurde. Das Interesse galt aber auch dem wissenschaftlichen Fortschritt. Angeregt durch den Erfolg der Naturwissenschaften suchte man nach Gesetzmäßigkeiten gesellschaftlicher Entwicklung. Geschichte wurde dabei mehr und mehr als Resultat menschlichen Planens und Handelns gesehen und der Geschichtsprozeß wie die in seinem Verlauf entstehenden sozialen Ordnungen als solche, die rationaler Gestaltung zugänglich seien, und zwar auch dann, wenn angenommen wurde, daß die gesellschaftliche Entwicklung historischen Gesetzen folge (vgl. Dreitzel 1972: 21-91, Zapf 1969, Mannheim 1958).

Zu einem Gegenstand, "der einer eigenen Gesetzlichkeit unterliegt und dem daher auch eine eigene Wissenschaft zugeordnet werden kann" (Jonas 1981a: 15), werden die "Gesellschaft" genannten sozialen Erscheinungen erst in der Neuzeit. Die von HOBBES 1651 in seinem Werk "Leviathan" (1984 [1651]) aufgeworfene und zu beantworten versuchte Frage nach den Bedingungen der Möglichkeit sozialer Ordnungen angesichts des Naturzustandes des Menschen (vgl. Kap. 2.2) wurde zu einem - theoretisch wie praktisch gleichermaßen bedeutsamen - sozialen Problem, das die Sozialwissenschaften bis heute beschäftigt. Eine eindeutige und allseits akzeptierte Lösung konnte bislang nicht gefunden werden. Allerdings hatten bereits MONTESQUIEU in seinem Werk "Vom Geist der Gesetze" (1965 [1784]) und FERGUSON in seiner "Abhandlung über die Geschichte der bürgerlichen Gesellschaft" (1923 [1767]) für diese Thematik eine theoretische Konzeption entwickelt, die Möglichkeiten einer zureichenden Antwort eröffnete. Beide diskutierten das Problem der gesellschaftlichen Integration in erster Linie als sozialwissenschaftliches und nicht als moralisches Problem. Für beide erwiesen sich die unter dem Terminus "Gesellschaft" erfaßten Phänomene unserer geschichtlich-gesellschaftlichen Wirklichkeit als soziale Tatbestände, die auch als solche zu analysieren seien. Ins Zentrum ihrer Untersuchungen stellten beide die äußeren Lebensbedingungen der zu einer bestimmten Zeit auf einem bestimmten Raum zusammenlebenden Menschen, ihre Institutionen und ihre sozialmoralischen Leitideen oder Werte sowie deren wechselseitigen Zusammenhang. Für MONTESQUIEU mußte man "nicht nur die Natur des Menschen, sondern auch die Institutionen, die Sitten, Gebräuche und die anderen äußeren Umstände kennen, um den Geist der Gesetze in den betreffenden Gesellschaften zu erklären" (Jonas 1981a: 25).[1]

Die für die Analyse sozialer Wandlungsprozesse wichtigen Einsichten FERGUSONs und MONTESQUIEUs wurden im Verlauf der Entwicklung soziologischen Denkens zunächst nicht weiterverfolgt. Die Klassiker der Soziologie wie COMTE, MARX und SPENCER sahen Gesellschaften nur als Momente in einem historischen Entwicklungsprozeß (vgl. den Exkurs in Kap. 2.2). Erst DURKHEIM, PARETO und WEBER hielten es nicht mehr für zulässig, Wandlungen und Entwicklungsrichtungen von Gesellschaften durch finale Entwicklungsgesetze zu erklären.[2] Sie gingen vielmehr davon aus, daß sich Wandlungen und Entwicklungen von Gesellschaften nur kausal als Folge endogener Wandlungskräfte und/oder exogener Störungen angemessen beschreiben und einer Erklärung zuführen ließen

---

[1] Später macht Durkheim, der Darwinschen Evolutionstheorie nahestehend, Montesquieu den Vorwurf, daß er den Begriff "progrés", Fortschritt, nicht bemerkt zu haben scheine. Für Durkheim war es wichtig, "daß die Gesellschaften sich eine aus der anderen entwickelten und die späteren den früheren überlegen sind". Montesquieu habe übersehen, daß dies mit dem "Fortschritt der Menschheit" gemeint sei, weil er nicht auf den Gedanken gekommen sei, "daß diese verschiedenen Arten von Gesellschaften sich nach und nach aus derselben Wurzel entwickelt haben, daß die einen aus den anderen hervorgegangen sind" (Durkheim 1981 [1887-1892]: 125).

[2] Diese Idee blieb jedoch bei vielen Sozialphilosophen und Sozialwissenschaftlern weiterhin erhalten (vgl. Kap. 2.5).

(vgl. Kap. 1.2). Damit eröffneten sie nicht nur die Chance, an die früheren Überlegungen von MONTESQUIEU und FERGUSON anzuknüpfen, sondern boten auch die Möglichkeit, gesellschaftliche Wandlungsprozesse vermittels einer Kombination von Erfindungen, Entdeckungen und einmaligen historischen Ereignissen zu modellieren. Mit letzterem wurde eine Idee wieder lebendig, die bereits CONDORCET in dem posthum veröffentlichten "Entwurf einer historischen Darstellung der Fortschritte des menschlichen Geistes" entwickelte und u.a. an den Folgen der Erfindung des Buchdruckes (Johannes Gutenberg 1456), der Entdeckung der Neuen Welt (Christoph Columbus 1492/93) sowie der Entdeckung des Seewegs zum Osten Afrikas und nach Asien (Vasco da Gama 1497/99) in Verbindung mit der Einnahme Konstantinopels durch die Türken (1453) in ihrer kombinierten Wirkung und den dadurch ausgelösten Wandlungsprozessen aufzeigte (Condorcet 1976 [1795]: 126f).[3]

Von besonderer Bedeutung für die soziologische Analyse sozialer Wandlungsprozesse ist u.E. auch heute noch das 1922 in erster Auflage veröffentlichte Werk OGBURNs: Social Change (vgl. Kap. 2.5). Darin suchte er nach einer Antwort auf die Frage, *wie* sich "Gesellschaft" und "Kultur" entwickelten, und fragte zugleich nach dem "warum" der Entwicklung, d.h. nach den für den Gang der gesellschaftlichen Entwicklung maßgeblichen Faktoren. In seiner Studie kommt er zu dem Ergebnis, daß sich soziale Entwicklung nur als kulturelle Entwicklung begreifen läßt, denn nicht das vererbte biologische Potential entwickelt sich, sondern die Kultur, ein soziales Phänomen (vgl. Kap. 2.5 und 2.6). In diesem Zusammenhang ist OGBURNs Unterscheidung zwischen der "ursprünglichen menschlichen Natur", dem "sozialen" oder "kulturellen Erbe" und der "natürlichen Umwelt" in Erinnerung zu bringen (vgl. Kap. 2.6). Besonderen Einfluß für die zukünftige soziale Entwicklung haben Erfindungen, deren Akkumulation und Diffusion[4] sowie die

---

[3] Der Buchdruck ermöglichte die raschere Vervielfältigung und damit die leichtere Verbreitung alter Schriften und neuer Ideen; auf handschriftlich gefertigte Abschriften oder Aussagen von Experten war man nicht länger allein angewiesen. Die Einnahme Konstantinopels führte zur Vertreibung der griechischen Philosophen, die in Italien, das früh von Griechen besiedelt worden war, Zuflucht suchten. Dadurch wurde den dortigen Gelehrten die Möglichkeit erleichtert oder erst eröffnet, griechische Philosophen, z.B. Aristoteles oder Plato, in der Ursprache und damit im Original zu lesen. Die Entdeckungen der Seewege und der neuen Welt ließen zum einen die von Kepler (1609) und Galilei (1625) behauptete Kugelgestalt der Erde empirisch erfahrbar werden. Zum anderen vermehrten sie das Wissen um die Vielzahl von Völkern, Kulturen, Tierarten, Pflanzenwelten, Klimazonen sowie geographischen und geologischen Regionen. Auf diese Weise, so hoffte Condorcet, würde sich Europa wieder daran erinnern, "daß die Menschen aller Zonen nach dem Willen der Natur gleich sind, Brüder sind und daß die Natur sie nicht hervorgebracht hat, um den Stolz und die Habgier einiger priviligierter Nationen zu nähren" (Condorcet 1976 [1795]: 128).

[4] Ogburn faßt den Begriff Erfindung hier sehr weit. Er beschränkt sich nicht nur auf technische Erfindungen, sondern schließt z.B. auch soziale Erfindungen mit ein. Akkumulation ist im Sinne von Ansammlung und zugleich Anhäufung (lat. accumulo= an-, aufhäufen, steigern) zu verstehen und nicht, wie in der marxistischen Diskussion, als "Anhäufung gesellschaftlichen Reichtums in Form von Geld oder Produktionsmitteln" (Rülcker 1994: 26f). Diffusion wird von Ogburn schließlich allgemein gebraucht im Sinne von ausbreiten, ausdehnen, verbreiten, zerstreuen (nach lat. se diffundere).

Anpassung daran. Sie können Veränderungen der kulturellen und zivilisatorischen Basis einschließlich der Wissensbasis, sowie der institutionellen Regelungen zur Folge haben und sind für die Dynamik gesellschaftlicher Entwicklung bedeutsame Faktoren. Verantwortlich für diese Zusamenhänge ist das "behavior of men in culture", wie es OGBURN nennt, das Verhalten und Handeln der Menschen, das gesteuert wird durch verarbeitete Erfahrungen, Lernprozesse und die Ausbildung spezifischer, situationsangepaßter Verhaltensmuster (vgl. Kap. 2.7) und so das als wandelbar begriffene sozio-kulturelle Erbe verändert, insbesondere für die jeweils nachfolgenden Generationen (vgl. Kap. 2.6).[5]

Erfindungen resultieren aus der Kombination von (1) mentalen Fähigkeiten, die nicht nur dem Erfinder zuzuschreiben sind, sondern als trainierte und erlernte Fähigkeiten auch anderen, und (2) existierenden Bedürfnissen, die allerdings nicht Voraussetzung für alle Erfindungen sind, weil auch der "Zufall" eine Rolle spielen kann, sofern Erfindungen zum einen angenommen und zum anderen auch verwandt werden, wofür deren Nützlichkeit von Bedeutung ist, sowie (3) den vorhandenen kulturellen und natürlichen Gegebenheiten, die Erfindungen ermöglichen oder begünstigen. Für den *Akkumulations*prozeß ist charakteristisch, daß dem sozio-kulturellen Erbe in aller Regel mehr neue Elemente hinzugefügt werden als alte verloren gehen. Dieser Prozeß verläuft jedoch nicht einheitlich. Er ist nicht nur von "Gesellschaft" zu "Gesellschaft" verschieden, sondern kann innerhalb von "Gesellschaften" mehr oder minder variieren, was insbesondere von deren Homogenität oder Heterogenität abhängig ist (vgl. Kap. 2.3). So werden Menschen in verschiedene sozio-kulturelle Akkumulationen hineingeboren, weswegen - trotz gleicher biologischer Ausstattung - die Verhaltensdispositionen sowie die Verhaltensmuster der Menschen nicht gleich sind (vgl. Kap. 4.1). Die umgebende Kultur variiert durch ihren Einfluß auf Lernprozesse, Anpassungsvorgänge und Erziehung der nachfolgenden Generation die sozio-kulturelle wie die personale Entwicklung (vgl. 2.6, 2.7).[6] Die *Diffusion* sorgte dafür, daß Erfindungen sich ausbreiten. Probleme der Diffusion stellen sich u.a., wenn Voraussetzungen für die Übernahme von Erfindungen und Neuerungen in bestimmten Sektoren nicht vorhanden sind, z.B. im Bereich der Technik, der Wirtschaft, des Rechts, der Werte oder sozialmoralischen Leitideen. Die *Anpassung* ("adjustment") bestimmt als vierter Faktor die soziale Entwicklung. Insbesondere die Anpassungsprozesse sind es, die zu Veränderungen der kulturellen und zivilisatorischen Basis führen. In diesem Zusammenhang ist von Bedeutung, daß Kulturen in der Regel nicht eine homogene Gesamtheit darstellen, sondern verschiedene Kultursektoren umfassen, z.B. Wirtschaft, Technik, Wissenschaft, Politik, Recht oder Religion. Diese sind miteinander auf unterschiedliche Weise verflochten, wobei die wechselseitige Abhängigkeit der einzelnen Sektoren und damit die Wechselwirkungen zwischen den Sektoren erhebliche Unterschiede aufweisen können. Dies führt dazu, daß sich nicht alle kulturellen Sektoren gleichzeitig und synchron jeweiligen Veränderungen anpassen, sondern teils schneller, teils langsamer. Ungleichzeitigkeiten im sozialen Wandel mit entsprechenden Anpassungsschwierigkeiten und sogenannten Fehlanpassungen (maladjustment) sind die Folge, und zwar sowohl bezüglich einzelner Sektoren als auch bezüglich einzelner Menschen oder ihrer Gruppierungen. Häufig handelt es sich dabei um nicht-materielle Sektoren der Kultur in ihrem Verhältnis zur materiellen Kultur, z.B. der religiösen Weltbilder, der sozialmoralischen Leitideen oder des Rechts im Verhältnis zu Technologie

---

[5] Mit Ogburn korrespondierende Vorstellungen finden sich auch bei Elias in seinem Konzept der "Figuration" als Bezeichnung für charakteristische Verflechtungsmuster der in sozialen Kontexten wechselseitig miteinander verbundenen Individuen (Elias 1970) sowie der darauf beruhenden "Figurationssoziologie" (vgl. Elias 1977, Esser 1984 sowie Kap. 7.2).

[6] Je größer die Akkumulation, desto schneller die Entwicklung, denn nach Ogburn wachsen die Chancen für das Auftreten von Erfindungen in geometrischer Reihe, wobei Sprache und Schrift beschleunigend wirken. Gesellschaft ist für Ogburn die Akkumulation anerlernter Verhaltensmuster. Der Mensch schafft nicht Gesellschaft selbst, sondern wird in eine Gesellschaft hineingeboren und erbt sie.

und Technik, was Ogburn mit dem Begriff "cultural lag" bezeichnet. Das Ausmaß der Anpassungsprobleme ist abhängig von der regionalen Lage einer "Gesellschaft", ihrem Austausch mit anderen "Gesellschaften", von kulturellen Unterschieden sowie von gegebenen Transfermöglichkeiten.

Mit diesen Hinweisen wollen wir uns hier begnügen und darauf verzichten, einen Überblick über die zahlreichen Theorien sozialer Entwicklung und sozialen Wandels zu geben, die seit dem Ende des 2. Weltkrieges konzipiert wurden. Diese Theorien sind angewandt auf praktische Probleme und ablaufende Wandlungsprozesse sowohl hinsichtlich ihres beschreibenden als auch bezüglich ihres erklärenden oder prognostischen Potentials alle gescheitert (Boudon 1983). Dies ist insbesondere darauf zurückzuführen, daß sie nach Hauptursachen und allgemeinen Entwicklungspfaden sozialen Wandels suchten, daß sie danach strebten, "die entscheidenden Elemente des Wandels zu isolieren (z.B. Differenzierungsprozesse oder Klassenkämpfe)" oder "die *Form* (evolutionär, linear, zyklisch, kontinuierlich oder diskontinuierlich) des sozialen Wandels zu bestimmen", und daß sie sich nicht "auf die Analyse zeitlich und räumlich begrenzter Wandlungsprozesse" beschränkten (Boudon & Bourricaud 1992: 506, vgl. auch Boudon 1980: 165ff, 1983).[7]

9.2 BOUDONs Prozeßtypen zur Analyse sozialen Wandels

Nachdem die Suche nach allgemeinen Gesetz- und Regelmäßigkeiten sozialen Wandels (vorläufig) als gescheitert zu betrachten ist, könnten Soziologen versucht sein, sich auf die Analyse von Einzelfällen zu beschränken (vgl. Kap. 3.1). Vertritt man jedoch die Auffassung, daß sozialem Wandel Regelmäßigkeiten individuellen Verhaltens zugrunde liegen, so kann man der Frage nachgehen, auf welche Weise diese zu unterschiedlichen Phänomenen auf kollektiver Ebene führen. Das strukturell-individualistische Erklärungsschema nach COLEMAN (vgl. Abb. 1.1) zeigt auf, welche Elemente hierfür notwendig sind: (kollektive) Ausgangsbedingungen, die Mikroebene mit den Akteuren und deren Handlungsentscheidungen, sowie die (kollektiven) Resultate dieser individuellen Handlungen. Sozialer Wandel findet statt, wenn aufgrund veränderter Handlungsentscheidungen der Individuen andere kollektive Ergebnisse entstehen als vor der Verhaltensänderung. BOUDON verwendet daher drei notwendige Komponenten einer Analyse sozialen Wandels, die einem solchen Prozeß zugrundeliegen:

---

[7] In seinem kritischen, durch eine Vielzahl empirischer Befunde untermauerten Artikel: "Why Theories of Social Change Fail?" sieht Boudon in folgenden, u.E. nicht nur für Theorien sozialen Wandels charakteristischen Vorgehensweisen die Gründe für das Scheitern der theoretischen Konzeptionen und ihrer Umsetzung (vgl. Boudon 1983: 156ff): einer Tendenz, Theorien sozialen Wandels nicht als theoretische Konstrukte zu verstehen, sondern sie realistisch zu interpretieren, wobei Typologien als empirische Gesetze in der gleichen Weise interpretiert werden, wie dies bei physikalischen Gesetzen der Fall ist (vgl. Kap. 2.2); einer Neigung, Mutmaßungen als Vorhersagen, Existenzaussagen als Allaussagen und Modelle als Theorien zu präsentieren.

- ein **Interaktionssystem**, das die Akteure, deren Handlungskalküle (Präferenzen) sowie Art und Ausmaß ihrer Beziehung untereinander beinhaltet,
- die **Umwelt**, in die das Interaktionssystem eingebettet ist, die verschiedene relevante Akteurskategorien sowie relevante kulturelle, institutionelle, ökonomische, historische oder andere Gegebenheiten mit einschließt,
- sowie Ereignisse (die sich auch als Verteilungen, Quoten oder Parameter äußern können) als **Ausgänge**, die das Resultat der Handlungen der Akteure sind, die das Interaktionssystem bilden.

Im Gegensatz zu den bisher erläuterten allgemeinen Theorien sozialen Wandels versucht BOUDON nun nicht, für eine oder mehrere Ausgangsbedingungen bzw. Umweltkonstellationen bestimmte Ausgänge vorherzusagen. Statt dessen stellt er sich die Frage, wie sich diese drei Komponenten der Analyse gegenseitig beeinflussen können. Die Abbildung 9.1 zeigt eine Übersicht dieser Wirkungszusammenhänge, wobei die von BOUDON (1980: 126) unterschiedenen drei Typen mit Nummern gekennzeichnet wurden.

Den einfachsten Prozeßtyp nennt BOUDON den **reproduktiven Prozeß** (1). Die Handlungen der wechselseitig verbundenen Akteure werden zwar durch Umweltfaktoren und die spezifische Struktur des Interaktionssystems (z.B. Größe, Präferenzen, Netzwerkdichte etc.) beeinflußt. Die als Ausgänge bezeichneten Handlungsergebnisse haben jedoch keinerlei *verhaltensändernde* Rückwirkungen auf die Umwelt oder das Interaktionssystem. Damit können mit diesem Schema stabile Handlungszusammenhänge modelliert werden, die nur bei exogen bedingten Änderungen der Umwelt sozialem Wandel unterliegen.

Der zweite Prozeßtyp dient zur Abbildung sog. **kumulativer Prozesse**. Diese sind dadurch charakterisiert, daß die Handlungsergebnisse auf das Interaktionssystem selbst zurückwirken und dort zu kumulierenden Effekten führen, ohne daß sich jedoch die Umweltbedingungen dabei ändern. Dies kann am Beispiel der absoluten Güterpreise in einer Volkswirtschaft veranschaulicht werden. Obwohl der Preis für eine Kugel Speiseeis innerhalb von zwanzig Jahren von zehn Pfennigen auf eine Mark kletterte, blieb diese relativ, aufgrund der ebenfalls steigenden Durchschnittseinkommen, etwa gleich teuer. Die kumulative Wirkung auf das Interaktionssystem wird anhand des steigenden absoluten Preises, die Konstanz der Umwelt anhand der verteilungsneutralen relativen Preise deutlich. Sozialer Wandel (hier die absolute Teuerungszunahme in einer Volkswirtschaft) kann in einem solchen Interaktionssystem demnach auch durch endogene Mechanismen hervorgerufen werden.

Abbildung 9.1: BOUDONs Prozeßtypen sozialen Wandels[8]

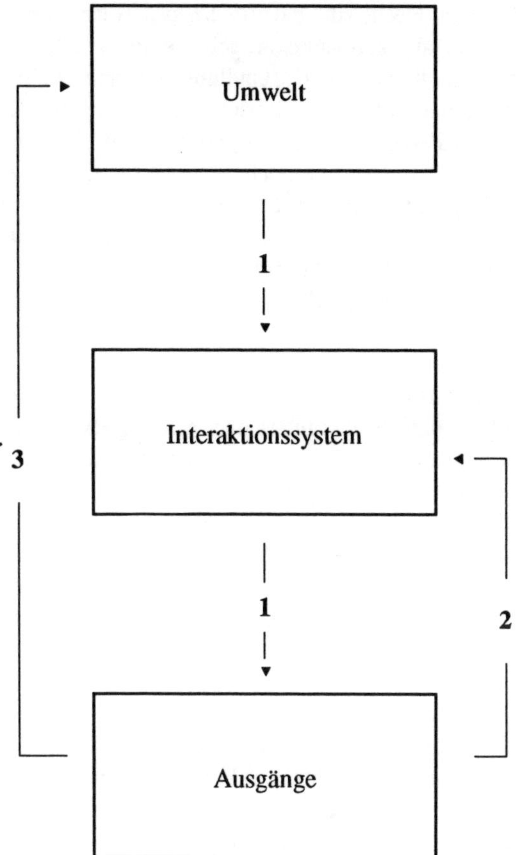

Den dritten, umfassendsten Prozeßtyp nennt BOUDON den **Transformationsprozeß**. Er zeichnet sich dadurch aus, daß im Gegensatz zum kumulativen Prozeß die Handlungen der Akteure nicht nur auf diese selbst, sondern auch auf die Umwelt zurückwirken. Das Interaktionssystem kann hier aus zwei Richtungen sozialem Wandel unterworfen sein: einmal durch direkte Einwirkungen der Handlungsausgänge, zum zweiten durch Veränderungen der Umwelt aufgrund dieser Ergebnisse. Ein anschauliches Beispiel hierfür stellen Auktionen dar (vgl. Smith 1990): Die Umwelt wird gebildet aus der Menge der zu versteigernden Gegen-

[8] Die Darstellung des Transformationsprozesses von Boudon (1980: 126) beinhaltet auch noch eine direkte Rückwirkung vom Interaktionsystem auf die Umwelt. Auf diese wurde hier verzichtet, da u.E. *alle* möglichen Handlungsergebnisse des Interaktionssystems sich als individuelle oder kollektive Ausgänge äußern. Dies macht die Einführung einer zusätzlichen Rückwirkung verzichtbar.

stände, den Auktionsregeln, dem geltenden Rechtssystem etc. Die Akteure des Interaktionssystems sind die anwesenden Interessenten, die als Handlungen Angebote für einen Gegenstand abgeben. Mit der Abgabe eines Gebots sichert sich ein Interessent ein vorläufiges Recht auf den Erwerb des betreffenden Gegenstands, eine sog. Option. Nur wenn ein höheres Angebot eingeht, erlischt diese Option. Ein Angebot führt folglich zu einem Handlungsausgang, indem durch einen Wechsel einer derartigen Option vom letzten zum aktuellen Bieter ein neues Ereignis "produziert" wird. Gleichzeitig wird jedoch auch die Handlungssituation für die Akteure verändert, indem ein noch höheres Gebot nötig wird, um die Option zu erhalten. Der kumulierende Effekt im Interaktionssystem wird hier deutlich anhand des steigenden Preises erkennbar. Dieser Effekt endet jedoch, wenn kein Akteur mehr bereit ist, das letzte Angebot zu überbieten. Mit dem darauf folgenden Zuschlag wechselt der zu versteigernde Gegenstand tatsächlich seinen Besitzer und führt zu einer veränderten Umwelt, in der die Akteure diesen Gegenstand definitiv nicht mehr erwerben können.

BOUDON betont, daß diese Prozeßtypen weder stabil noch endgültig seien, sondern im Gegenteil ineinander übergehen und sich gegenseitig abwechseln. Das Beispiel der Auktion kann z.B. zerlegt werden in einen kumulativen Prozeß, der die Phase ständig steigender Gebote beschreibt, und in einen Transformationsprozeß, der die Veränderung der Güterverteilung am Ende der Versteigerung zum Gegenstand hat. Dabei muß dies keinesfalls in dieser Reihenfolge geschehen, so können z.B. auch die absoluten Preise in einer Volkswirtschaft längere Zeit stabil bleiben, dies entspräche einem Übergang von einem kumulativen in einen reproduktiven Prozeß. Wichtig für die Analyse sozialen Wandels ist demnach sowohl die Zuordnung einer für die Beschreibung geeigneten Prozeßart als auch die Angabe der Ursachen für einen Wechsel zu einem anderen Typ. Dies kann nur gelingen, wenn sowohl die relevanten Akteurskategorien, deren Merkmale und wechselseitige Beziehungen, als auch die relevanten kulturellen, institutionellen und situativen Gegebenheiten ausreichend spezifiziert werden. Dies dürfte am ehesten gelingen, wenn anhand der Kategorisierung von ESSER (1991b: 45), folgende, bereits erwähnte Fragen gestellt werden (vgl. Kap. 4.5):

- Wie stellt sich die Situation der Akteure dar? Welche Brückenannahmen kommen infrage und wie sind sie zu spezifizieren? Es geht hier um die *Logik der Situation.*
- Wie gehen die Akteure mit dieser Situation um? Welche Handlungstheorie ist zur Bestimmung der Selektion von Handlungen geeignet und wie ist sie zu explizieren? Hier geht es um die *Logik der Selektion.*
- Welche - oft nicht beabsichtigten - Folgen produzieren die Akteure mit ihrem situationsorientierten Handeln? Auf welche Weise läßt sich die Transformation der individuellen Handlungen zu kollektiven Effekten beschreiben und erklären? Es geht hier um die *Logik der Aggregation* anhand geeigneter Transformationsregeln.

Dieses Vorgehen wird anhand der modellhaften Erklärung sozialen Wandels am deutlichsten. Die in den Kapiteln 6.2 und 8.3.2 bereits angesprochene Erklärung oligarchischer Tendenzen in demokratisch verfaßten Organisationen von WIPPLER (1985) stellt eine derartige Analyse dar. Im folgenden Kapitel soll anhand der Leipziger Montagsdemonstrationen während des Zusammenbruchs der DDR 1989 ein weiteres Beispiel ausführlich betrachtet werden.

9.3 Die DDR-Revolution als Beispiel für die Analyse sozialer Wandlungsprozesse

Die Revolution in der DDR im Jahre 1989 stellt zweifelsohne die größte und weitreichendste politische und gesellschaftliche Veränderung in den beiden deutschen Nachkriegsstaaten dar, die in der deutschen Wiedervereinigung gipfelte. Ermöglicht wurde diese Entwicklung durch das Verhalten der Menschen in der DDR, die durch die Artikulation ihrer Forderung nach Demokratie und Freiheit die alte Führungsschicht zum Rücktritt zwangen. Dabei stellten die Massenproteste in verschiedenen Städten, wenn auch nicht die einzige, so doch die wichtigste Grundlage dieses Wandels dar. Sowohl wegen der Bedeutung dieses Phänomens als auch aufgrund der Tatsache, daß die Entstehung kollektiven Protests aus individuellem Verhalten und unter der Androhung von Sanktionen keineswegs selbstverständlich ist, wurden diese Massenproteste Gegenstand einer Reihe sozialwissenschaftlicher Analysen.[9] Im folgenden soll eine Möglichkeit skizziert werden, die Entstehung der Demonstrationen zu erklären und ihren Verlauf zu beschreiben. Zu zeigen ist, wie sich die Anzahl der Demonstrationsteilnehmer zu bestimmten Zeitpunkten in Abhängigkeit von individuellen und kollektiven Faktoren entwickelt.

9.3.1 Die Ausgangssituation als reproduktiver Prozeß

Als Grundlage des stark vereinfachten Modells müssen zunächst die Akteure und ihre Rahmenbedingungen bestimmt werden. Wie bereits dargelegt, sind die Akteure potentielle Teilnehmer einer Protestsituation (z.B. der Montagsdemonstration in Leipzig). Die Umweltbedingungen der Ausgangslage werden zunächst durch das alte Regime der DDR festgelegt. Es wird angenommen, daß die Individuen das Land nicht verlassen können, sie im Falle abweichenden Verhaltens mit Sanktionen rechnen müssen und dem staatlichen Gratifikationssystem (Verteilung von Gütern, Jobs etc. nach Vorstellungen der Regierung Honecker) ausgeliefert sind. Diese Umweltbedingungen stellen den Hintergrund für die Individuen dar, die das Interaktionssystem unseres Modells bilden. Die Akteure sind Bürger der

---

[9] Vgl. z.B. Opp (1991), Prosch & Abraham (1991), Tietzel et al. (1991) oder Braun (1994) für derartige Analysen. Für weitere, etwas allgemeinere Literatur zu diesem Thema vgl. Schneider (1990) oder Tetzner (1990). Der folgende Text orientiert sich an der Analyse von Prosch & Abraham (1991).

DDR, die in diese Umwelt eingebettet politisch handeln können. Deren Entscheidungssituation soll durch ein nutzentheoretisches Modell (vgl. Kap. 6.2 und 6.3), basierend auf einigen vereinfachenden Annahmen, abgebildet werden. Die Akteure besitzen darin nur zwei Handlungsalternativen: Entweder sie finden sich mit der Lage ab und reagieren mit *Inaktivität*, oder sie versuchen, die bestehenden Bedingungen durch *Protest* (Teilnahme an Demonstrationen) zu ändern. Der für die Handlungsvorhersage relevante subjektiv erwartete Nutzen soll für die Handlungsalternative "Inaktivität" mit SEU_I, für die Handlungsalternative "Protest" mit SEU_P bezeichnet werden, wobei gilt:

$$(1)\ SEU_I = p_{UI}\ U_I - p_{KI}\ K_I$$

und

$$(2)\ SEU_P = p_{UP}\ U_P - p_{KP}\ K_P$$

mit: $0 \leq p \leq 1.$

Der subjektiv erwartete Nutzen jeder Handlungsalternative setzt sich zusammen aus dem erwarteten Nutzenwert $p_U U$ des Ergebnisses und den erwarteten Kosten $p_K K$. Dabei gibt p die die von den Akteuren erwartete Wahrscheinlichkeit des Eintretens von Kosten und Nutzen an.

Da auch in diesem Beispiel keine empirisch gemessenen Nutzenwerte verwendet werden können, werden nun einige Brückenannahmen über die Kosten und Nutzen der Alternativen in der Ausgangslage notwendig. Sowohl Nutzen als auch Kosten des Protests können als hoch eingeschätzt werden. Als Nutzen des Protests wäre die Bekennung einer abweichenden politischen Meinung bis hin zur Mitwirkung am Sturz der Regierung denkbar. Ein solcher Machtwechsel würde eine Änderung der Versorgungslage, die Aufhebung des inneren politischen Drucks und einen Demokratisierungsprozeß ermöglichen. Als Kosten wirken die starken Sanktionen, die das Regime verhängen kann. Diese Maßnahmen reichen vom Entzug von Gratifikationen (wie Reisen) über Berufsverbote bis hin zu Gefängnisstrafen.

Ob nun der Einfluß von Kosten oder Nutzen bei der Bewertung überwiegen wird, hängt von den Wahrscheinlichkeiten ab, mit denen beide gewichtet werden. Hierzu läßt sich sagen, daß die subjektive Wahrscheinlichkeit, durch Protest die Verhältnisse zu verändern (p_{UP}), als gering angenommen werden kann. Erfahrungen wie die Aufstände in der DDR 1953 und in Ungarn 1956 oder der Prager Frühling 1968 zeigten, daß in einem Regime, das im Innern durch repressive politische und administrative Institutionen stabilisiert wird und von außen politisch-militärische Unterstützung erfährt, solches Verhalten zum Scheitern verurteilt sein muß. Die Wahrscheinlichkeit, die Kosten eines nicht-konformen Verhaltens tragen zu müssen (p_{KP}), sind dagegen hoch. Ein starker Staatsapparat mit einer umfassenden Überwachung gewährleistet bei wenigen Demonstranten eine Sanktionswahrscheinlichkeit von annähernd 100%. Der subjektiv erwartete Nutzen von Protest (SEU_P) wird somit mehr von den negativen Konsequenzen des Protestes geprägt sein. Die Entwicklung dieser Komponenten der Handlungsalternative "Protest" sind für die Erklärung der Ereignisse im Herbst 1989 von entscheidender Bedeutung. Abbildung 9.2 zeigt die Struktur dieser Faktoren.

Abbildung 9.2: Brückenannahmen für die Handlungsalternative "Protest"

Variable	Tendenz	Begründung
U_P	hoch	schlechte Versorgungslage, politische Unfreiheiten
K_P	hoch	starke Sanktionen
p_{UP}	niedrig	stabile Machtverhältnisse
p_{KP}	hoch	starkes Aufgebot an Sicherheitskräften, wenige Demonstranten

Der Erwartungswert von Inaktivität (SEU_I) wird dagegen eher von dem Nutzen U_I dominiert werden. Dieser wird als hoch angenommen, da ein konformes Verhalten Belohnungen erwarten läßt. Diese reichen je nach dem Grad der Anpassung vom einfachen Ausbleiben von Sanktionen bis zum luxuriösen Lebensstil hoher Parteifunktionäre. Auch die Konsequenzen der Anpassung werden mit relativ hoher Sicherheit eintreten, dafür sorgt die Institutionalisierung entsprechender Regeln. Die Kosten eines Arrangements mit dem Regime werden dagegen gering sein. Es wird daher angenommen, daß in der Ausgangslage gilt, daß der subjektiv erwartete Nutzen von Inaktivität größer ist als der von Protest:

$$SEU_I > SEU_P.$$

Die rationalen Akteure dieses Modells bleiben also inaktiv und der Demonstration fern. Hierbei handelt es sich natürlich nur um die Vorhersage einer "Handlungstendenz", denn die Annahmen über die Präferenzen können nicht für alle Akteure im selben Ausmaß gelten. Daß aber die Tendenz stimmt, zeigt ein Blick auf die Entwicklungen in Leipzig. An den Friedensandachten in der Nikolaikirche, aus denen sich die Montagsdemonstrationen später entwickeln sollten, beteiligten sich weniger als hundert Personen, und die Zahl blieb über lange Zeit konstant. Damit liegt ein typischer Fall eines reproduktiven Prozesses vor: Die Handlungen der Akteure ziehen keine Änderung des Interaktionsystems oder der Umwelt nach sich (vgl. Abb. 9.3).

Abbildung 9.3: Die Ausgangslage als reproduktiver Prozeß

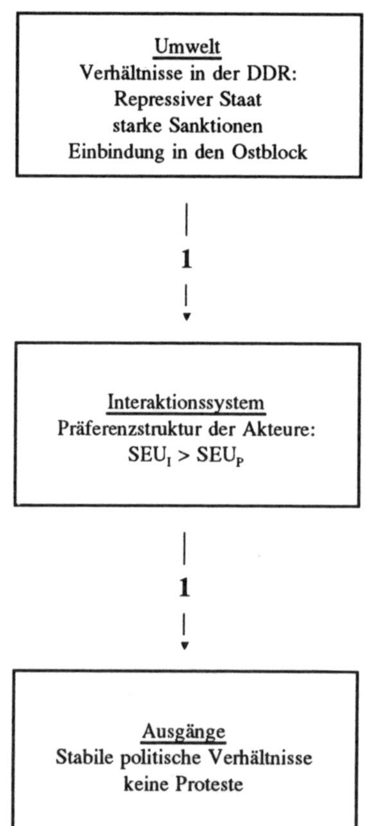

Die Reproduktion eines Systems, in dem Protest nur unter extrem hohen Kosten und persönlichem Einsatz geäußert werden konnte, war für die DDR in den ca. 40 Jahren ihres Bestehens charakteristisch. Noch zu den traditionellen Maifeiern 1989 wurde die Macht des sozialistischen Staates wie gewohnt demonstriert und ein Wandel schien nicht in Sicht. Aus dieser verfestigten Situation heraus wuchs im Herbst 1989 z.B. der öffentlich geäußerte Protest in Leipzig innerhalb von vier Wochen auf eine halbe Million Demonstranten an. Für diese Menschen muß gemäß der getroffenen Annahmen der Protest vorteilhafter erschienen sein als fortdauernde Inaktivität. Für das Modell stellt sich die Frage, warum sich die zugrundegelegten Erwartungswerte der Handlungsalternativen und damit der zurgundeliegende Prozeßtyp änderten.

9.3.2 Die kumulative Phase der Proteste

Die Präferenzstruktur $SEU_I > SEU_P$ beginnt sich im August und September 1989 zu verändern, da sich die Rahmenbedingungen wandeln. Ungarn öffnet die Grenze nach Österreich, und dort kommt es ebenso wie über die Botschaften in Prag und Warschau zu einer Massenausreise von DDR-Bürgern. Die Unzufriedenheit der Menschen und die außenpolitische Isolierung der DDR-Regierung, die sich vehement gegen Gorbatschows Neuerungspläne stemmt, werden nun evident. Der Druck auf das Regime steigt, und seine Möglichkeiten repressiver Innenpolitik erweisen sich ohne den Rückhalt Moskaus als offenkundig begrenzt.

Die neuen Rahmenbedingungen verändern die Präferenzstruktur vor allem in Bezug auf die Handlungsalternative Protest. Die Wahrscheinlichkeit des Sturzes der Regierung steigt (p_{UP}) und die Wahrscheinlichkeit von Repressionen sinkt (p_{KP}). Als Folge gilt daher, daß der subjektiv erwartete Nutzen von Protest nun größer ist als noch vor Monaten: $SEU_P < SEU_P^*$ (mit SEU_P^* als subjektiv erwarteter Nutzen von Protest nach der Veränderung der Rahmenbedingungen).

Damit ist jedoch noch nicht sichergestellt, daß $SEU_I^* < SEU_P^*$, d.h. daß alle Akteure nun die Handlungsalternative "Protest" wählen. Der Zuwachs von SEU_P zu SEU_P^* müßte dazu subjektiv als groß genug wahrgenommen werden. Dabei ist es unwahrscheinlich, daß diese subjektive Wahrnehmung bei allen Akteuren gleich groß ist. Infolgedessen müßte angegeben werden, bei wievielen Akteuren dies der Fall ist. Es sind jedoch keine Aussagen über diese Anzahl möglich ohne zusätzliche Annahmen, deren Begründung problematisch ist. Schon für die sehr pessimistische Annahme allerdings, daß sich nur für einige wenige Akteure die Präferenzstruktur ändert, kann der Verlauf der Revolution rekonstruiert werden. Individuen, die eine solche Änderung frühzeitig vollziehen, könnten z.B. Mitglieder oppositioneller Gruppen oder politisch Verfolgte sein.

Die Teilnehmerzahl an den Protesten steigt nach den Veränderungen der Rahmenbedingungen im August und September 1989 leicht an (vgl. Prosch & Abraham 1991, Opp 1991). Allein diese Tatsache hat Auswirkungen auf SEU_P. Eine wachsende Zahl von Demonstranten senkt z.B. die Wahrscheinlichkeit von Repressionen (p_{KP}) - in einer großen Menschenmenge ist der Einzelne weniger greifbar als in einer kleinen - und erhöht die Wahrscheinlichkeit des Regierungssturzes (p_{UP}). Veränderungen bezüglich der Anzahl der Demonstranten haben also direkten Einfluß auf SEU_P und damit auf die Präferenzstruktur der Individuen.

Offensichtlich liegt hier eine besondere Art der Interdependenz von Akteuren vor. Ausgehend von einer gegebenen Kosten-Nutzen-Relation zweier (oder mehr) Handlungsalternativen machen die Akteure ihre Entscheidung davon abhängig, wieviel andere Akteure sich zu einem früheren Zeitpunkt in einer bestimmten Art und Weise entschieden haben. Für die Erklärung und Modellierung einer solchen Abhängigkeitsstruktur werden oft sog. *Schwellenwertmodelle* herangezogen,[10] in

[10] Der Ausdruck des Schwellenwerts findet sich bei Granovetter (1978). Mit derselben Problematik befassen sich sog. Critical-Mass-Modelle (Schelling 1978, Marwell & Oliver 1993).

denen Akteure erst dann eine Handlung ausführen, wenn eine bestimmte Anzahl anderer dies bereits getan hat. Dieser absolute oder prozentuale Wert wird "Schwelle" oder "kritische Masse" genannt. Im Rahmen unseres Modells soll für jeden Akteur A ein Wert T angenommen werden, der die Anzahl der Protestteilnehmer bezeichnet, ab der dieser selbst Protest wählt. An diesem Schwellenwert gilt also erstmals $SEU_I < SEU_P$, wobei SEU_P von der Teilnehmerzahl N an vorhergehenden Protestaktionen abhängt, d.h. $SEU_P = f(N)$. Unterhalb des Schwellenwerts gilt noch $SEU_I > SEU_P$.

Abbildung 9.4: Entwicklung der Demonstrationen in Leipzig

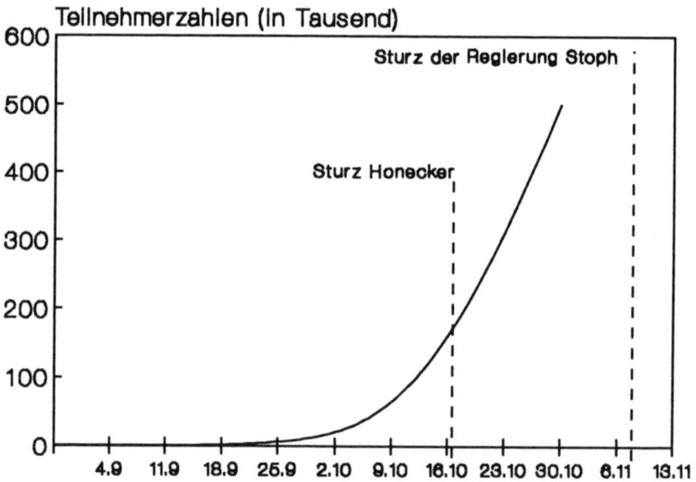

Wäre T (mit $T \neq 0$) für alle Akteure gleich groß, wäre es nie zu den Demonstrationen gekommen, da alle darauf gewartet hätten, daß andere Akteure mit Protest beginnen. Zu Recht weist SCHELLING (1978) jedoch darauf hin, daß eine vollständige Konformität bezüglich der subjektiven Schwellenwerte unrealistisch und vielmehr anzunehmen ist, daß die Akteure verschiedene Schwellenwerte besitzen. Um das Modell zu vereinfachen, wird im folgenden davon ausgegangen, daß die meisten Akteure ein mittlerer Schwellenwert auszeichnet. Je weiter entfernt ein Schwellenwert von diesem Mittelwert ist, desto weniger Akteure werden ihn besitzen.[11]

[11] Dies entspricht einer Normalverteilung der Schwellenwerte, für eine detailliertere Diskussion dieser Annahme vgl. Prosch & Abraham (1991). Die Verteilung der Schwellenwert ergibt sich eigentlich aus den (unterschiedlichen) Präferenzfunktionen der Individuen, genauer aus dem jeweiligen Indifferenzpunkt, an dem $SEU_I = SEU_P$. Um die Analyse möglichst einfach zu gestalten, wird auf die korrekte *endogene* Modellierung hier verzichtet, für Details vgl. Braun (1994).

Abbildung 9.5: Kumulativer Prozeß

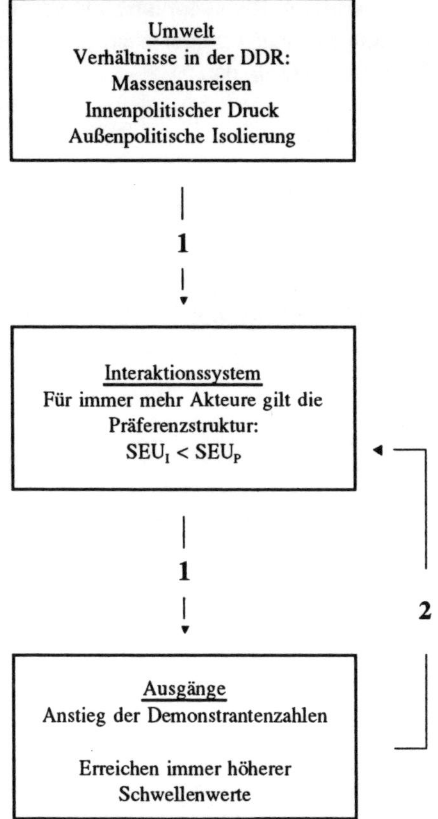

Damit ist der Verlauf der Demonstrationen modellierbar: Nach dem ersten Anwachsen der Teilnehmerzahlen werden zunächst niedrige Schwellenwerte erreicht, die nur wenige Akteure veranlassen, bei der nächsten Demonstration teilzunehmen. Hierdurch werden wieder die nächsthöheren Schwellenwerte erreicht, die für weitaus mehr Akteure handlungsrelevant sind. Die Folge dieses "Dominoeffekts" ist ein kumulativer Prozeß. Aus den Annahmen über die Schwellenwertverteilung ergibt sich bezüglich der Anzahl von Protestteilnehmern im Zeitverlauf zwangsläufig eine Exponentialfunktion. Dies entspricht auch dem tatsächlichen Verlauf der Massenproteste in Leipzig 1989. Die Zahlen bezüglich der Demonstrationen schwanken in den Publikationen, doch ist in ausnahmslos jedem Fall ein exponentieller Kurvenverlauf zu registrieren wie in Abbildung 9.4, die eine Funktion aus gemittelten Werten verschiedener Quellen zeigt (vgl. Prosch & Abraham 1991).

Der exponentielle Anstieg der Demonstrantenzahlen kann demnach als kumulativer Prozeß (vgl. Abbildung 9.5) dargestellt werden, wobei der Übergang vom reproduktiven Prozeß unter Rückgriff auf *exogene* Veränderungen der Umweltbedingungen (Massenausreisen über Ungarn, innenpolitischer Druck, außenpolitische Isolierung durch die Ablehnung der Gorbatschowschen Reformen) modelliert wird. Dagegen stellt der Prozeß positiver Rückkopplung zwischen dem Anstieg der Demonstrantenzahlen und dem Erreichen immer höherer Schwellenwerte eine *endogene* Dynamik innerhalb des Modells dar.

Abbildung 9.6: Transformationsprozeß

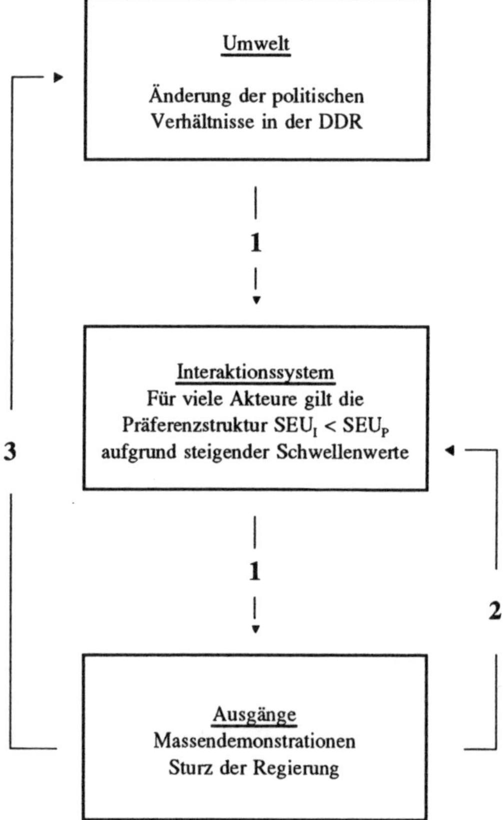

9.3.3 Der Regierungssturz als Ergebnis eines Transformationsprozesses

Das Entstehen der Massendemonstrationen konnte also rekonstruiert werden, indem ein stark vereinfachtes Modell eines Interaktionssystems mit relevanten Umweltbedingungen durch geeignete Brückenannahmen verknüpft wurden. Die sich hieraus ergebenden individuellen Handlungen wurden dann mittels einer geeigneten Transformationsregel, dem Schwellenwertmodell, zu dem kollektiven Explanandum aggregiert. Dieser kumulative Prozeß sowohl endogenen als auch exogenen Ursprungs mündet schließlich in einen Transformationsprozeß (vgl.

Abbildung 9.6). Durch das Erreichen immer höherer Schwellenwerte kommt es zu den legendären Massendemonstrationen, woraufhin die Regierung Honecker und letztendlich das SED-Regime stürzen, und die politischen Verhältnisse in der DDR "revolutioniert" werden (vgl. auch Prosch & Abraham 1991, Opp 1991).

Das erläuterte Modell vollzieht jedoch nur die Entwicklung bis zum Gipfel der Demontrantionsteilnahmen nach, die etwa zur Zeit des Sturzes der Regierung Stoph erreicht wurden. Der danach einsetzende Rückgang der Demonstrantenzahlen kann nicht mehr erklärt werden, es werden hierzu zusätzliche Annahmen benötigt. So könnte man z.B. annehmen, daß nach dem Regierungssturz für viele das wesentliche Ziel erreicht war und damit die Handlungsalternative "Protest" an Attraktivität verlor. Zudem eröffneten sich neue, interessante Handlungsoptionen wie z.B. die Mitwirkung in den sich neu bildenden Parteien und sozialen Bewegungen. Für die Erklärung des Abbruchs des Schwellenwerteffektes und des damit verbundenen Rückgangs der Proteste wird also der Rückgriff auf *exogene* Faktoren im Rahmen zusätzlicher Annahmen über die Entwicklung des Interaktionssystems notwendig. Wie an diesem Beispiel deutlich zu erkennen ist, besteht sozialer Wandel fast immer aus einem komplexen Zusammenspiel von endogenen und exogenen Faktoren. Dieses Zusammenspiel zu finden und mit Hilfe von abstrahierenden Modellen zu erklären, ist zentraler Gegenstand der soziologischen Analyse sozialer Dynamik.

10 Praxisrelevanz soziologischen Wissens

Dem "Handlungswert" (Bellebaum 1976b) und dem praktischen Nutzen der Soziologie als empirischer Sozialwissenschaft stehen in Wissenschaft und Praxis noch immer viele skeptisch gegenüber. Manche sind sogar geneigt, der einst als "Schlüsselwissenschaft des 20. Jahrhunderts" (Matthes 1981b) bezeichneten Soziologie den Charakter einer Wissenschaft im strengen Wortsinn überhaupt abzusprechen. Dem rapiden Auf- und Ausbau des Faches in den 60er und 70er Jahren unseres Jahrhunderts und seiner Indienstnahme für immer neue Studiengänge und immer andere Problemlagen (Büschges 1979) folgte Anfang der 80er Jahre bereits ein Abbau von Planstellen und Sachmitteln: Ausdruck leerer öffentlicher Kassen und wachsender Arbeitsmarktprobleme ausgebildeter Soziologen (Gutmann 1985) zum einen, enttäuschter Erwartungen und nicht erfüllter Hoffnungen bei vielen Politikern zum anderen, die mit der Soziologie die Vorstellung von einer modernen, leistungsfähigen Reflexions-, Planungs-, Steuerungs- und Kontrollwissenschaft verbanden (vgl. Jaeggi 1983, Matthes 1983, Lau 1984, Bonß & Hartmann 1985).[1] Deswegen ist eine abschließende Erörterung der Praxisrelevanz soziologischen Wissens nahezu zwingend.[2]

Angesichts der in dieser Einführung wiederholt herausgestellten Unterschiede und Gegensätze in den erkenntnisleitenden Interessen, der fehlenden Einigkeit über die Ziele von Soziologie als Wissenschaft, der Vielzahl und der Vielfalt theoretischer Perspektiven und Postulate, der Divergenzen in den forschungsleitenden methodologischen Regeln, der Kontroversen über die gesellschaftliche Bedeutung der Soziologie sowie über das Verhältnis von Wissenschaft und Praxis und ihren wechselseitigen Bezug, die für die Soziologie heute wie früher charakteristisch sind (vgl. z.B. Hondrich & Matthes 1978, Boudon 1979, Beck 1982, Büschges 1992a), muß die Antwort auf die Frage nach dem praktischen Nutzen von Soziologie in zwei Schritten versucht werden.[3]

---

[1] Als sich die Nationalökonomie in den 30er Jahren unseres Jahrhunderts in einer ähnlichen Situation befand, auf Ablehnung und Skepsis als Wissenschaft stieß, erörterte der Freiburger Nationalökonom Walter Eucken (1891-1950), einer der Väter des Ordo-Liberalismus, in einer Publikation die Frage: "Nationalökonomie wozu?" (1947 [1938]). Ähnlich verfuhr der französische Soziologe Touraine (1976) Anfang der 70er Jahre mit Bezug auf die Soziologie in seiner Publikation " Was nützt die Soziologie?" Beide Fragen greifen wir hier auf und wandeln sie ab in die Frage "Soziologie wozu?" (vgl. Büschges 1985a). Die Suche nach einer zureichenden Antwort auf diese Frage zwingt nämlich zu grundsätzlicher Selbstbesinnung und dürfte Aufschlüsse darüber geben, welche Bedeutung empirische Soziologie für die soziale Praxis, insbesondere für die Lösung berufspraktischer Probleme hat oder haben könnte.

[2] Mit den "spezifischen Bedingungen der Konstruktion und Konstitution wissenschaftlicher Erkenntnis, die sich Chancen ausrechnen kann, praktische Erkenntnis zu werden", hat sich auch Stehr (1991: 7), der für eine pragmatisch orientierte Sozialwissenschaft plädiert, intensiv auseinandergesetzt.

[3] Leider lassen viele Abhandlungen über das Verhältnis von Theorie und Praxis in der Soziologie eine solche Vorgehensweise vermissen (so z.B. Beck 1982, anders hingegen von Ferber 1977).

In einem ersten Schritt wären Fragestellungen, Zielsetzung, Theorie und Methode einer als empirische Einzelwissenschaft verstandenen Soziologie auf der Grundlage eines strukturell-individualistischen Ansatzes zu skizzieren. Da diese Grundorientierung diesem Studienbuch zugrundeliegt und da sie wiederholt ausführlich und zugleich systematisch behandelt wurde, können wir hier auf diesen Schritt verzichten und auf die früheren Erörterungen verweisen (vgl. Kap. 4, insbesondere 4.5, aber auch Kap. 0.3 und 1.4).

Im folgenden zweiten Schritt werden wir erörtern, in welchem Verhältnis diese Art von Soziologie zur sozialen Praxis steht oder stehen kann und welcher praktische Nutzen von ihr zu erwarten ist. Dabei dient der strukturell-individualistische Ansatz sowohl als theoretische Basis der Argumentation als auch als Modell soziologischen Wissens und seiner möglichen praktischen Verwertung. Im Lichte dieser Orientierung läßt sich eine differenzierte, den unterschiedlichen Verwertungszusammenhängen angemessene Antwort nur finden, wenn zwischen folgenden Zielsetzungen praktischer Verwertung wissenschaftlichen Wissens unterschieden wird, die von OSSOWSKI (1973) angeregt wurden:[4]

- der **soziologischen Aufklärung** mündiger Bürger (Kap. 10.1),
- der **soziologischen Orientierung** von Personen, die in institutionalisierten und beruflich oder auf andere Weise organisierten Handlungsfeldern haupt- oder nebenberuflich oder ehrenamtlich tätig sind (Kap. 10.2),
- der **sozio-technischen Anleitung** zum Zwecke adäquater Lösungen alltags- oder berufspraktischer Probleme im Einzelfall (Kap. 10.3).[5]

Ohne eine explizite Erörterung des zugrundeliegenden theoretischen Ansatzes ist nach unserem Verständnis von Soziologie als empirischer Wissenschaft eine angemessene Antwort auf die Frage nach dem praktischen Nutzen von Soziologie nicht zu finden und nicht zu begründen. Denn die Einschätzung des praktischen Nutzens soziologischen Wissens und der berufspraktischen Leistungsfähigkeit von Soziologie ist abhängig vom jeweiligen wissenschaftlichen, politischen oder weltanschaulichen Standort, von den vorherrschenden Erkenntnis- und Verwertungsinteressen, von den dominierenden wissenschaftlichen oder praktischen Perspektiven, von den zugrundegelegten theoretischen Ansätzen und Bezugsrahmen

---

[4] Sie lassen sich auf die aristotelische Unterscheidung zweier Aufgaben menschlicher Erkenntnis zurückführen, "die eine verknüpft er mit dem Begriff der Nützlichkeit, die andere mit dem Begriff der Weisheit" (Ossowski 1973: 194).

[5] Die hier getroffene Unterscheidung dürfte dazu beitragen, die "häufige Dichotomisierung der Funktion der Soziologie in Ordnungs- oder Emanzipationswissenschaft" (vgl. Kreckel 1976: 98ff) ebenso zu vermeiden wie die "ebenso verkürzte wie analytisch undifferenzierte Gleichsetzung von außeruniversitärer Berufspraxis von Soziologen in Wirtschaft und Verwaltung/Verbänden als technokratisch, sozialtechnologisch, legitimatorisch, herrschaftssichernd usw. und der Hochschul- und Grundlagenforschung als emanzipatorisch, aufklärerisch und sozialen Bewegungen förderlich", was Höhmann et al. (1983: 15) rügen.

sowie von den jeweiligen Fragestellungen und Zielsetzungen,[6] zumal dann, wenn von einem unterschiedlichen Verständnis von "Praxis" ausgegangen wird.[7]

10.1 Soziologische Aufklärung

Soziologische Aufklärung mündiger Bürger ist dem Thema der Emanzipation verpflichtet, dem Soziologie als kritische Wissenschaft ihre Entstehung verdankt (Jonas 1981a, Giddens 1981, Eisenstadt 1983). Sie zielt darauf ab, das emanzipatorische Potential der Bürger, verstanden im ursprünglichen KANTschen Sinne, zu wecken, zu stärken und zu vermehren und so den "Ausgang des Menschen aus seiner selbstverschuldeten Unmündigkeit" (Kant 1784) zu befördern. Beschreibung und kritische Interpretation sozialer Selbstverständlichkeiten und gesellschaftlicher Problemlagen sollen die sie bedingenden sozialen Faktoren, ihre Ursachen und ihre Wirkungen aufdecken und zugleich dazu dienen, ihre Gestaltbarkeit bewußt zu machen. Angesichts der Bedeutung, die den sozialen Situationen und insbesondere den Interaktionsbeziehungen, ihrer kulturellen Einbindung und institutionellen Regelung für die Umsetzung individueller Handlungsziele und -entwürfe zukommt, kann empirische Soziologie einen Beitrag dazu leisten, die Autonomie der Akteure zu stärken. Sie kann so mitwirken, daß Menschen die jeweiligen sozialen Situationen informierter und damit zutreffender definieren, sich ihrer Handlungsspielräume bewußt und insoweit in die Lage versetzt werden, aufgeklärter zu handeln.

Zu dieser Art soziologischer Aufklärung gehören Beschreibung, Erhellung und Interpretation jener sozialen Bedingungen nebst deren Konsequenzen für das Handeln von Individuen, allein oder gruppiert, die im Hinblick auf bestimmte gesellschaftliche Zustände, Entwicklungen oder Problemlagen bedeutsam sind. Dazu gehören ebenso Beschreibung, Erklärung, Voraussage und Interpretation voraussehbarer, abschätzbarer oder nicht auszuschliessender sozialer Folgen individueller wie kollektiver Handlungen. Dabei werden wegen der wechselseitigen Verknüpfung sozialer Bedingungen und sozialer Folgen individuellen wie kollektiven Handelns im Zeitablauf in der Regel beide Aufgaben miteinander verbunden werden müssen (vgl. z.B. Büschges 1980, Giesen 1982). Auch ist in diesem Zusammenhang darüber aufzuklären, daß sich Widersprüche sozialen Handelns und unbeabsichtigte Effekte absichtsgeleiteter individueller wie kollektiver Aktivitäten zwar begrenzen lassen, vorausgesetzt man verfügt über die hierfür erforderlichen Informationen und Mittel, daß sie sich aber selbst bei vollkommener Infor-

[6] Diese Problematik beschäftigte bereits Weber, der sich mit ihr in seinen "Schriften zur Wissenschaftslehre" (1991 [1904-1919]) intensiv auseinandersetzte.

[7] Wird unter "Praxis" z.B. die Gesamtheit menschlicher Handlungen oder Aktivitäten zum Zwecke der Erhaltung, Weiterentwicklung oder Umgestaltung der geschichtlich-gesellschaftlichen Wirklichkeit verstanden, so hat das in dieser Hinsicht andere Konsequenzen, als wenn mit "Praxis" lediglich die aus bestimmten Berufspositionen oder Arbeitsrollen unmittelbar folgenden Handlungen gemeint sind.

mation der handelnden Individuen nicht generell vermeiden oder hinreichend genau kontrollieren lassen (vgl. Kap. 1.4 und 4.3). Denn eine wichtige Funktion der Verwertung soziologischen Wissens liegt gerade darin, in das Bewußtsein zu heben und immer wieder zu betonen, daß diese Effekte zum einen Ausdruck der Intentionalität menschlichen Handelns sind, zum anderen Resultat der Verknüpfung mehrerer individueller Verhaltenstendenzen und Handlungssequenzen im sozialen Kontext und somit ein wichtiger sozialer Tatbestand (vgl. Kap. 7.3). Zwar können die unbeabsichtigten sozialen Folgen verbundener individueller Handlungen auf Unkenntnis, Irrtum, Interessenfixierung, Dogmatismus, mangelhafter oder falscher Definition der Handlungssituation, mangelndem Wissen und unzureichender Information, ungenügender oder vernachlässigter Handlungskontrolle beruhen, dies ist jedoch keineswegs immer und nur der Fall.

Eine Aufklärung über die indirekten, in der Regel unbeabsichtigten und oftmals unerwünschten Folgen einschließlich Nebenfolgen und Rückwirkungen absichtsgeleiteter individueller Handlungen ist nicht zuletzt deswegen von besonderer Bedeutung, weil die für alles menschliche Handeln und für die gesamte menschliche Existenz wichtigen sozialen Institutionen (vgl. Kap. 4.4), kulturellen Schöpfungen und technischen Artefakte und somit wesentliche Inhalte des sozio-kulturellen Erbes (vgl. Kap. 2.6) oft das unbeabsichtigte Beiprodukt absichtsgeleiteter individueller Handlungen sind (Popper 1992b [1945]: 110f). Solche Produkte menschlichen Handelns, aber nicht menschlichen Planes, nähren stets aufs neue die fatale Vorstellung, soziale Gebilde, soziale Systeme und ebenso soziale Institutionen seien überindividuelle Wesenheiten und besäßen eine von den sie konstituierenden oder handelnd umsetzenden Individuen unabhängige Existenz.

Die unbeabsichtigten Folgen absichtsgeleiteter Handlungen sind mit dafür verantwortlich, daß die Redeweise von "der Gesellschaft" als Ursache negativer Erfahrungen im eigenen Handeln und mißlungener Handlungsentwürfe sowie als verantwortlicher Instanz für soziale Probleme und deren Brisanz so häufig anzutreffen ist. Diese Redeweise kann für den einzelnen einen doppelten Effekt haben. Sie kann ihn zum einen, was ihn entlasten kann, seiner eigenen Verantwortung für sein Handeln und die Resultate seines Handelns ledig werden lassen. Er könnte sich entschuldigen, die Verantwortung von sich weisen und die Folgen seines Handelns dadurch zu rechtfertigen versuchen, daß er auf "die Gesellschaft" als für diese Effekte ursächlich verweist. Zum anderen kann aber eine solche Rede- und Sichtweise auch eine angemessene Definition der jeweiligen Situation verhindern oder erschweren und damit zugleich die Wahrnehmung individueller Handlungsspielräume und Handlungschancen sowie sich daraus ergebender individueller wie kollektiver Möglichkeiten zur Veränderung sozialer Bedingungen des Handelns. Hier könnte soziologische Aufklärung auf der Grundlage einer strukturell-individualistischen Orientierung für Abhilfe sorgen und damit für Aufklärung im KANTschen Sinne.

Im Rahmen der Verwendung soziologischen Wissens für Zwecke der Aufklärung müßte zugleich auf jene Ambivalenzen hingewiesen werden, die mit der Vermittlung soziologischen Wissens unaufhebbar verknüpft sind und die HORKHEIMER & ADORNO mit dem Titel "Dialektik der Aufklärung" (1947) belegten.

Erweiterung des Wissens um soziale Strukturen, soziale Prozesse und soziale Beziehungen nebst deren Konsequenzen für die Individuen wie auch für relevante gesellschaftliche Gruppen kann die Individuen in die Lage versetzen, den sozialen Kontext besser zu kontrollieren und so neue Handlungschancen eröffnen. Soziologisches, auf seine empirische Relevanz genügend überprüftes Wissen kann dazu benutzt werden, Quellen sozialer Konflikte und Friktionen aufzuspüren, latente wie manifeste Konflikte einzudämmen, soziale Widersprüche und soziale Probleme aufzudecken oder zu verschleiern, Steuerung und Kontrolle sozialer Kooperation effektiver zu gestalten und auf diese Weise sogar dazu beitragen, die Positionen wie die Handlungschancen herrschender oder nach Herrschaft strebender Eliten zu verbessern. Soziologisches Wissen kann ebensogut dazu verwandt werden, soziale Ungleichheiten aufzudecken, soziale Widersprüche, ihre Ursachen und Folgen bewußt zu machen, latente und manifeste Konflikte aufzuzeigen und die sie bedingenden Faktoren aufzuspüren. Zudem können Möglichkeiten und Grenzen grundlegender Veränderungen der sozialen Ordnungen, der sozialen Strukturen sowie des sozialen Umfeldes erkannt werden und so dazu beitragen, die Handlungsspielräume wie die Handlungskontrolle der Individuen zu erweitern.

Was mit dem jeweils gewonnenen, auf seinen empirischen Gehalt hin überprüften und publik gemachten soziologischen Wissen geschieht, ist davon abhängig,

- wer Zugang zu diesem Wissen hat,
- wer sich dieses Wissen zu eigen machen kann,
- wer die Mittel und die Möglichkeiten besitzt, dieses Wissen für seine Zwecke zu verwerten und handelnd umzusetzen,
- in welchen Handlungszusammenhängen sich die Menschen dieses Wissens bedienen,
- welche gesellschaftlichen Gruppen und Organisationen die Verwertung und die Anwendung dieses Wissens kontrollieren können.

Wegen der gegebenen Begrenztheit menschlichen Planens und Entscheidens, der Intentionalität individuellen Handelns und der in modernen Gesellschaften im wesentlichen von Organisationen verschiedener Art getragenen Umsetzung von Wissensbeständen, auch solchen soziologischer Provenienz, läßt sich nicht hinreichend zuverlässig prognostizieren oder wenigstens in seinen zentralen Momenten bestimmen, welcher Gebrauch von publizierten Wissensbeständen gemacht wird, wem dieser nützt und welche Folgen dieser zeitigt (vgl. Horkheimer & Adorno 1947, Albert 1975, Badura 1976, Büschges 1989e).

10.2 Soziologische Orientierung

Die Nutzung soziologischen Wissens zum Zwecke soziologischer Orientierung zielt darauf ab, anwendungsbezogenes und beruflich wie alltagspraktisch verwertbares Sach-, Methoden und Theoriewissen zu vermitteln, das geeignet ist, die Situationsdefinitionen zu verbessern, die Problemlösungskapazität zu steigern und so die Handlungskompetenz zu erhöhen. Zu diesem Zwecke ist ausgehend von einer Beschreibung und Analyse des jeweils infrage kommenden Handlungsfeldes, das für die in diesem Felde dominierenden oder aktuellen Handlungsprobleme nutzbare Wissen in verständlicher Form aufzubereiten und in seinen verschiedenen Verwertungsmöglichkeiten exemplarisch und unter Erörterung der Notwendigkeiten, Voraussetzungen, Möglichkeiten und Grenzen inter- wie multidisziplinärer Zusammenarbeit aufzuzeigen und zu verdeutlichen.

Da jede Handlung und jedes Handlungsresultat, nach der hier vertretenen theoretischen Konzeption, ein komplexes Produkt ist aus den jeweils relevanten kulturellen Rahmenbedingungen, institutionellen Regeln, situationsbezogenen Faktoren und persönlichkeitsspezifischen Bedingungen der verschiedenen Akteure, erfordert soziologische Orientierung eine explizite Erörterung

- des jeweils zugrunde gelegten Menschenbildes und den daraus abzuleitenden Verhaltenstendenzen,
- von Art und Struktur der wechselseitigen Verknüpfung der Akteure in labilen oder stabilen Netzwerken und der sich hieraus ergebenden möglichen Konsequenzen für soziales Handeln sowie
- der für den sozialen Kontext als Randbedingungen des Handelns relevanten Institutionen und den daraus resultierenden Restriktionen und Opportunitäten für die verschiedenen Gruppen von Akteuren.

In diesem Zusammenhang sollte, soweit möglich und nötig, je nach dem jeweiligen Informationsstand der Handlungsbeteiligten, den jeweils geltenden oder anerkannten kulturellen Werten, den jeweils verfügbaren Ressourcen, einschließlich der verwertbaren Technologie, Rechnung getragen werden. Auch müßte das für die Kooperation und Kommunikation sowie für die Problemlösung erforderliche Wissen anderer Disziplinen, soweit es soziologisch relevant ist, mit einbezogen und dabei zugleich auf jene Kommunikationsprobleme aufmerksam gemacht werden, die aus den unterschiedlichen Wissenschaftstraditionen sowie aus Unterschieden in der "praktischen Heuristik wissenschaftlicher Theorien für berufliches Handeln" (Giesen 1982: 152) sich ergeben oder ergeben können.[8]

---

[8] Vgl. hierfür z.B. "Praktische Organisationsforschung" (Büschges & Lütke-Bornefeld 1977), "Organisationssoziologische Aspekte der Erwachsenenbildung" (Büschges 1980), "Unbeabsichtigten Folgen technisch-organisatorischer Neuerungen" (Büschges 1985 b), "Veränderungen durch technologische Innovation und ihre Abschätzbarkeit" (Büschges 1986), "Schmerz als soziales Phänomen" (Büschges 1987), "Soziologische Aspekte pränataler Diagnostik" (Büschges 1989e), "Soziale Be-

(Fortsetzung...)

Im Rahmen soziologischer Orientierung wäre auch das häufig als problematisch bezeichnete oder empfundene Verhältnis von "Theorie und Praxis" zu diskutieren. Aus strukturell-individualistischer Sicht läßt sich darauf verweisen, daß die zwischen "Wissenschaftlern" und "Praktikern" zu beobachtenden Unterschiede in der Wahrnehmung von Problemen, in den Problemdefinitionen, in den Handlungszielen sowie in den Verfahrensweisen zur Problemlösung und im reflexiven Verhältnis zur eigenen Praxis begründet sind - oder begründet sein können - in Verschiedenheiten der Randbedingungen des Handelns bei Wissenschaftlern auf der einen und Praktikern auf der anderen Seite. Sie können ihren Ursprung aber auch in divergierenden, aus Unterschieden in den durchlaufenden Sozialisationsprozessen herrührenden, individuellen Verhaltensdispositionen haben. In Frage kämen hier die unterschiedlichen institutionellen Regelungen und organisationsstrukturellen Rahmenbedingungen, welche die jeweiligen Tätigkeitsfelder ordnen, sowie der im Bereich wissenschaftlicher Aktivitäten, zumal in der Grundlagenforschung und im Hochschulbereich, weithin fehlende, in den praktischen Handlungsfeldern hingegen durchweg überaus starke Entscheidungs- und Handlungsdruck. Auch andere Karriere-, Gratifikations- und Sanktionsmuster sowie -mechanismen in den Feldern wissenschaftlichen und berufspraktischen Handelns, divergierende Verwertungsinteressen wissenschaftlicher Produktion und berufspraktischer Beiträge können eine Rolle spielen. Hinzu kämen ferner, als aus den sozialen Bedingungen resultierende individuelle Effekte, abweichende Handlungsorientierungen und Handlungsperspektiven. Unterschiede der genannten Art dürften aber nicht nur zwischen Wissenschaftlern und Praktikern, sondern auch zwischen den Praktikern selbst bestehen, insbesondere in Abhängigkeit von der jeweiligen institutionellen und organisatorischen Einbindung sowie von den persönlichen Arbeits- und Lebensorientierungen (vgl. Höhmann et al. 1983).

Für die soziologische Orientierung berufs- und alltagspraktischen Handelns folgt hieraus, daß im Vermittlungsprozeß nicht von wissenschaftlichen Problemen und Problemdefinitonen ausgegangen werden kann, sondern angeknüpft werden muß an die in den jeweiligen Handlungsfeldern dominierenden Probleme und Definitionen. Diese bedürfen jedoch einer dem Praktiker verständlichen, unnötige Verunsicherung vermeindende Neuformulierung der Problembeschreibung und -definition. Sie müßten die von Alltagsdefinitionen und standortbedingten Wahrnehmungsverzerrungen bestimmte Problemsicht aufbrechen und so erst die Voraussetzung für eine wissenschaftliche Lösung schaffen. Hierauf wäre nachdrücklich aufmerksam zu machen und, bezogen auf die jeweils relevanten Handlungsfelder, zu verdeutlichen, wie soziologische Analysen praktischer

[8](...Fortsetzung)
dingungen und soziale Folgen ärztlichen Handelns - erörtert am Beispiel chronischer Krankheit" (Büschges 1991a), "Personalarbeit und soziale Umwelt" (Büschges 1992c), "Verkehrssicherheit als soziales Problem" (1993a), "Produktentwicklung als soziales Problem" (Büschges 1993b), "Verkehr als soziales Problem unter besonderer Berücksichtigung der Sicherheit des Straßenverkehrs" (Büschges & Wittenberg 1995).

Probleme in aller Regel das routinisierte und Sicherheit wie Schnelligkeit im Handeln gewährleistende Erfahrungswissen in Frage stellen, erworbene berufspraktische Qualifikationen und Handlungsroutinen abwerten können und Ambivalenzen sowie die Interessengebundenheit üblicher Entscheidungs- und Handlungsmuster aufzudecken vermögen. Deswegen ist in aller Regel damit zu rechnen, daß soziologische Beiträge zur Analyse praktischer Probleme mit einer erheblichen Verunsicherung der sog. Praxis verknüpft sind und zur Entwicklung von Abwehrstrategien führen können, die der Sicherung des status quo dienen oder dienen sollen.[9]

Aufgrund dieser Tatbestände kommt es bei der Übersetzung von Praxisproblemen in wissenschaftliche Probleme und bei der Suche nach Lösungsmöglichkeiten darauf an, die kulturelle Einbettung, die institutionellen Handlungsbedingungen, die jeweils geltenden organisatorischen Regelungen, die positionsgebundenen Perspektiven, die Reaktionen von Organisationseliten, Professionen und Berufsverbänden auf der einen und die möglichen Wirkungen vorgeschlagener Problemlösungen und empfohlener methodischer Regeln und praktischer Verfahrensweisen auf der anderen Seite mit zu berücksichtigen. Diese sind auf die möglichen Motivationen und Intentionen der betroffenen Personen zu beziehen, um das Ausmaß unbeabsichtigter Effekte und paradoxer Wirkungen so weit wie irgendmöglich unter Kontrolle halten und begrenzen zu können. Dabei sollte aber nicht unterschlagen werden, daß durch Vermehrung unseres Wissens und die Sammlung einer Vielzahl von Informationen sich zwar die subjektive Wahrscheinlichkeit von Prognosen erhöhen und damit ein Mehr an subjektiver Sicherheit gewinnen läßt, aber auch dann noch mit unbeabsichtigten Folgen und externen Effekten zu rechnen ist. Deswegen sollte generell offenen, jederzeit Revisionen ermöglichenden Planungs- und Entscheidungsstrukturen und Verfahrensweisen der Vorzug gegeben werden, einer "Sozialtechnik der kleinen Schritte", wie sie POPPER (1992a [1945]: 188ff) nennt. Eine solche läßt Raum für Planungskorrekturen und Interventionen, wenn unbeabsichtigte Effekte eintreten und unerwünschte Folgen zeitigen. Allerdings ist eine solche Vorgehensweise politisch schwieriger zu handhaben und insgesamt weniger elegant. Auch widerspricht sie dem Glauben an die prinzipielle rationale Gestaltbarkeit der geschichtlich-gesellschaftlichen Wirklichkeit, die nur wegen unseres unzureichenden Wissens und der oftmals fehlenden Rationalität menschlichen Handelns noch nicht erfolgen kann.

Der Zielsetzung soziologischer Orientierung dienen insbesondere die in den verschiedenen speziellen oder angewandten Soziologien in der Forschung gewonnenen und in Lehre umzusetzenden Wissensbestände. Industrie-, Betriebs-, Organisations- und Wirtschaftssoziologie wären hier ebenso zu nennen wie Medizinsoziologie, Stadt- und Siedlungssoziologie, Bildungssoziologie, Arbeits- und Berufs-

[9] Beispiele hierfür enthalten die Berichte über "Probleme der Methodik und der Rezeption von Programmforschung" (Derlien 1981), die Beiträge in dem von Beck (1982) herausgegebenen Sonderband der Sozialen Welt sowie Stehr (1991).

soziologie, Jugend- und Familiensoziologie. Diese ansonsten recht problematischen und durch bereichsspezifische Theorien oft von der allgemeinen Entwicklung soziologischen Wissens abgeschotteten speziellen Soziologien haben im Rahmen dieser Art soziologischer Orientierung ihren berechtigten Platz. Vorauszusetzen ist dabei, daß sie sich nicht als von der allgemeinen Soziologie wie von den jeweils anderen speziellen Soziologien abgehobene Erfahrungswissenschaft verstehen, sondern in erster Linie als Soziologie. Auf diese Weise heben sich die speziellen Soziologien zwar von jenen Disziplinen ab, mit denen sie ihren Gegenstand teilen, doch gewinnen sie Raum für die Aufnahme interdisziplinärer Ansätze und für multidisziplinäre Kooperation. Auch dürfte auf diesem Wege am ehesten Gewähr dafür gegeben sein, daß in den speziellen Soziologien jene Wissensbestände aufbereitet und einer soziologischen Bewertung zugeführt werden, die von anderen wissenschaftlichen Disziplinen erarbeitet wurden und die für die Bestimmung der jeweiligen Situation, insbesondere der Interaktionsbeziehungen, der kulturellen Einbettung und der institutionellen Regelungen nebst deren Wirkungen, heranzuziehen sind.

Es käme darauf an, auf lange Sicht die speziellen Soziologien so zu konzipieren und die verfügbaren Wissensbestände so aufzubereiten, daß sie geeignet sind, praktisch tätigen Nicht-Soziologen eine auf das jeweilige Handlungsfeld bezogene soziologische Orientierung zu vermitteln, die Leistungsfähigkeit, noch bestehende Wissenslücken und prinzipielle Grenzen soziologischen Wissens für die berufliche Praxis systematisch oder exemplarisch aufzuzeigen und so dem soziologischen Laien eine Entscheidungshilfe an die Hand zu geben, die ihn in die Lage versetzt, Soziologie von Scharlatanerie zu unterscheiden.

10.3 Sozio-technische Anleitung

Ziel dieser Art Verwertung soziologischen Wissens ist es, für Zwecke der Lösung konkreter Entscheidungs- und Handlungsprobleme den vorhandenen Bestand an soziologischem Sach-, Methoden- und Theoriewissen, ziel- wie sachgerecht einzusetzen. Die Verwendung soziologischer Wissensbestände für diese Zwecke erfordert eine enge Kooperation mit den anderen, für die jeweils anstehenden Probleme relevanten wissenschaftlichen Disziplinen. Dies ist darauf zurückzuführen, daß jede Einzelwissenschaft immer nur bestimmte Aspekte der komplexen Wirklichkeit erfaßt, für adäquate Problemlösungen praktischer Natur jedoch eine Verschränkung der wesentlichen Aspekte, die von den verschiedenen Wissenschaften angegangen werden, unerläßlich ist. Andernfalls kommt man nur zu einseitigen und damit zu unzutreffenden Problemlösungen. Gerade in diesem Zusammenhang gilt es, die Mahnung Max Werbers stets zu beherzigen: "Die 'Alltagserfahrung', von der unsere Theorie ausgeht, ist natürlich der gemeinsame Ausgangspunkt aller empirischen Einzeldisziplinen. Jede von ihnen will über sie hinaus und muß dies wollen - denn eben darauf beruht ja ihr Existenzrecht als 'Wissenschaft'. Allein jede von ihnen 'überwindet' oder 'sublimiert' die Alltagserfahrung in anderer Weise und nach anderer Richtung" (Weber 1922c: 369).

Wie die Studien von RAUB (1984) und VOSS (1985) gezeigt haben, ist es beim derzeitigen Stand der Entwicklung einer erklärenden Soziologie auf strukturell-individualistischer Grundlage, die auf Theorien rationalen Handelns basiert, zwar möglich, Beiträge zur soziologischen Aufklärung wie zur soziologischen Orientierung zu leisten, denn dafür liegen, wenn auch recht aufwendige, erklärende Modelle vor. Hingegen dürfte der derzeitige Erkenntnisstand für sozio-technische Anleitung im strengen Wortsinn nicht ausreichen. Darüber hinaus dürfte die Konstruktion entsprechender sozio-technischer Regeln eine Reihe bislang ungelöster Probleme zeitigen, weil auch Art und Weise der Kooperation mit anderen Wissenschaften und anderen Wissensbeständen noch nicht hinreichend geklärt sind. So ist BÖLLHOFF zuzustimmen, wenn er feststellt: "Die Soziologie besitzt kein kurzfristig verfügbares, relativ leicht abrufbares und unmittelbar für die Problemlösung in spezifischen Gegebenheiten einsetzbares Wissenspotential" (Böllhoff 1983: 310). Er wiederholt damit nur, was mit anderen Worten Josef A. SCHUMPETER (1883-1950) am Ende seines Vortrages "Wie studiert man Sozialwissenschaft?" (Schumpeter 1910) so formulierte: "Das Studium der Sozialwissenschaften (kann, d.A.) dazu beitragen ..., die Dinge in richtiger Proportion zu sehen, das Wesentliche vom Unwesentlichen und die Gründe von den Folgen zu unterscheiden. Fragen, die sich auf einzelne konkrete Fälle beziehen, können wir gegenwärtig nur selten exakt beantworten, so daß die Resultate für die Praxis von Wert wären. Das tut dem Erkenntniswert der Wissenschaft keinen Eintrag. Ihr Studium leistet uns einen anderen Dienst, es führt uns in das Verständnis der uns umgebenden Dinge ein, es läßt uns die Wichtigkeit der einzelnen Momente mehr oder weniger scharf erkennen. Es kostet uns das sicherlich ein gutes Stück der Frische und des oft so jugendlich schönen Radikalismus, mit dem derjenige an die sozialen Probleme herantritt, der nichts von ihnen versteht. Auch hier wie sonst gehen Erkenntnis und Resignation Hand in Hand. Aber es lehrt uns, was wir von den Dingen zu halten haben, und es lehrt uns die großen Notwendigkeiten derselben. Es bewahrt uns vor Übertreibungen und Hoffnungen, denen Enttäuschung sicher folgt, und es gibt uns die Erkenntnis, daß morgen nur das geschehen kann, was heute im Keim vorhanden ist, und darin liegt das Wesen politischer Bildung".[10]

[10] Den Hinweis auf diese wichtige Quelle verdanken wir unserem 1984 viel zu früh verstorbenen Bielefelder Kollegen Rolf Klima. Er übersandte den Vortrag von Schumpeter im Jahre 1974 allen Wissenschaftlern der Bielefelder Fakultät für Soziologie anläßlich einer aktuellen Diskussion um die Revision des Soziologie-Studienganges. Er verknüpfte damit die ernste, auch heute noch aktuelle Mahnung, "daß wir die Heterogenität der Ansätze unseres Faches und seine sog. Integration zu allererst als ein theoretisches, wissenschaftlich zu behandelndes Problem ernst zu nehmen (und den Studierenden verständlich zu machen) haben, das nicht durch bloßes Curriculum-Management auf der Basis dieser oder jener Parteimeinung zu lösen ist".

Literatur

Abraham, Martin & Bernhard Prosch (1991): Arbeitsbeziehungen und selektive Anreize am Beispiel der Carl-Zeiss-Stiftung, in: R. Wittenberg (Hrsg.), Person - Situation - Institution - Kultur. Günter Büschges zum 65. Geburtstag, Berlin: Duncker & Humblot, 195-211.

Adorno, Theodor W. (1962): Zur Logik der Sozialwissenschaften, in: Kölner Zeitschrift für Soziologie und Sozialpsychologie 14, 249-263.

Adorno, Theodor W. (Hrsg.) (1969): Spätkapitalismus oder Industriegesellschaft? Verhandlungen des 16. Deutschen Soziologentages in Frankfurt, Stuttgart: Enke.

Adorno, Theodor W.; Hans Albert, Ralf Dahrendorf, Jürgen Habermas, Harald Pilot & Karl R. Popper (1972): Der Positivismusstreit in der deutschen Soziologie, Darmstadt und Neuwied: Luchterhand.

Agassi, Joseph (1975): Institutional Individualism, in: British Journal of Sociology 26, 144-155.

Ahammer, Inge M. (1979): Die Untersuchung der Entwicklung der Erwachsenenpersönlichkeit im Rahmen der Theorie des sozialen Lernens, in: P. B. Baltes & L. H. Eckensberger (Hrsg.), Entwicklungspsychologie der Lebensspanne, Stuttgart: Klett-Cotta, 409-442.

Akerlof, George A. (1970): The Market for "Lemons": Quality Uncertainty and the Market Mechanism, in: Quarterly Journal of Economics 84, 488-500.

Albert, Hans (1957): Theorie und Prognose in den Sozialwissenschaften, in: Schweizerische Zeitschrift für Volkswirtschaft und Statistik 93, 60-73.

Albert, Hans (1964a): Der Mythos der totalen Vernunft. Dialektische Ansprüche im Lichte undialektischer Kritik, in: Kölner Zeitschrift für Soziologie und Sozialpsychologie 16, 225-256.

Albert, Hans (1964b): Theorien in den Sozialwissenschaften, in: H. Albert (Hrsg.), Theorie und Realität, 2. Aufl., Tübingen: Mohr (Siebeck), 3-25.

Albert, Hans (1965): Wertfreiheit als methodisches Prinzip, in: E. Topitsch (Hrsg.), Logik der Sozialwissenschaften, Köln und Berlin: Kiepenheuer & Witsch, 181-210.

Albert, Hans (1967): Markt und Organisation: Der Marktmechanismus im sozialen Kräftefeld, in: H. Albert (Hrsg.), Marktsoziologie und Entscheidungslogik, Neuwied und Berlin: Luchterhand, 392-428.

Albert, Hans (1971): Plädoyer für kritischen Rationalismus, München: Piper.

Albert, Hans (1975): Traktat über kritische Vernunft, 3. Aufl., Tübingen: Mohr (Siebeck).

Albert, Hans (1977): Individuelles Handeln und soziale Steuerung, in: H. Lenk (Hrsg.), Handlungstheorien interdisziplinär IV, München: Fink, 177-225.

Alexander, Jeffrey C.; Bernhard Giesen, Richard Münch & Neil J. Smelser (eds.) (1987): The Micro-Macro Link, Berkeley u.a.: University of California Press.

Aron, Raymond (1964): Die industrielle Gesellschaft, Frankfurt/M.: Fischer.

Aron, Raymond (1979a): Hauptströmungen des klassischen soziologischen Denkens: Montesquieu, Comte, Marx, Tocqueville, Reinbek: Rowohlt.

Aron, Raymond (1979b): Hauptströmungen des modernen soziologischen Denkens: Durkheim, Pareto, Weber, Reinbek: Rowohlt.

Axelrod, Robert (1987): Die Evolution der Kooperation, München: Oldenbourg.

Badura, Bernhard (Hrsg.) (1976): Seminar: Angewandte Sozialforschung. Studien über Voraussetzungen und Bedingungen der Produktion, Diffusion und Verwertung sozialwissenschaftlichen Wissens, Frankfurt/M.: Suhrkamp.

Baecker, Dirk (1987): Die Beobachtung der Politik durch die Wirtschaft, in: M. Glagow & H. Willke (Hrsg.), Dezentrale Gesellschaftssteuerung. Probleme der Integration polyzentrischer Gesellschaft, Pfaffenweiler: Centaurus, 65-73.

Baecker, Dirk (1993): System, Systemtheorie, in: G. Enderle, K. Homann, M. Honecker, W. Kerber & H. Steinmann (Hrsg.), Lexikon der Wirtschaftsethik, Basel und Wien: Herder, 1055-1066.

Bahrdt, Hans Paul (1961): Zur Frage des Menschenbildes in der Soziologie, in: Archives Européennes de Sociologie 2, 1-17.

Bahrdt, Hans Paul (1984): Schlüsselbegriffe der Soziologie, 2. Aufl., München: Beck.

Baltes, Paul B. & Lutz H. Eckensberger (Hrsg.) (1979): Entwicklungspsychologie der Lebensspanne, Stuttgart: Klett-Cotta.

Beck, Ulrich (Hrsg.) (1982): Soziologie und Praxis - Erfahrungen, Konflikte, Perspektiven, Soziale Welt, Sonderband 1, Göttingen: Schwarz.

Beck, Ulrich (1986): Risikogesellschaft, Frankfurt/M.: Suhrkamp.

Becker, Gary S. (1974): Is Economic Theory With It? On the Relevance of the New Economics of the Family, in: American Economic Review 64, 317-319.

Becker, Gary S. (1975): Human Capital. A Theoretical and Empirical Analysis with Special Reference to Education, 2. Aufl., Chicago und London: University of Chicago Press.

Becker, Gary S. (1981): A Treatise on the Family, Cambridge/Mass. und London: Harvard University Press.

Becker, Gary S. (1982a): Der ökonomische Ansatz zur Erklärung menschlichen Verhaltens, in: G. Becker, Der ökonomische Ansatz zur Erklärung menschlichen Verhaltens, Tübingen: Mohr (Siebeck), 1-15.

Becker, Gary S. (1982b): Eine Theorie der Allokation der Zeit, in: G. Becker, Der ökonomische Ansatz zur Erklärung menschlichen Verhaltens, Tübingen: Mohr (Siebeck), 97-129.

Becker, Gary S. (1985): Human Capital, Effort, and the Sexual Division of Labor, in: Journal of Labor Economics 3, Supplement, S33-S58.

Becker, Gary S. & Robert T. Michael (1982): Zur Neuen Theorie des Konsumentenverhaltens, in: G. Becker, Der ökonomische Ansatz zur Erklärung menschlichen Verhaltens, Tübingen: Mohr (Siebeck), 145-166.

Bell, Daniel (1976): Die nachindustrielle Gesellschaft, Frankfurt/M. und New York: Campus.

Bellebaum, Alfred (1976a): Ferdinand Tönnies, in: D. Käsler (Hrsg.), Klassiker des soziologischen Denkens, Band 1, München: Beck, 232-266.

Bellebaum, Alfred (1976b): Handlungswert der Soziologie. Vermittlungs- und Verwertungsprobleme, Meisenheim: Hain.

Bellebaum, Alfred (1991): Soziologische Grundbegriffe, 11. Aufl., Stuttgart: Kohlhammer.

Ben-Porath, Yoram (1982): Economics and the Family - Match or Mismatch? A Review of Becker's A Treatise on the Family, in: Journal of Economic Literature XX, 52-64.

Bendix, Reinhard (1985): Autorität, in: Görres-Gesellschaft (Hrsg.), Staatslexikon, I. Band, 7. Aufl., Freiburg u.a.: Herder, 494-500.

Bentham, Jeremy (1966 [1789]): Prinzipien der Gesetzgebung, Frankfurt/M.: Sauer & Hubermann.

Berger, Peter L. (1969): Einladung zur Soziologie, Olten und Freiburg: Walter.

Berger, Peter A. & Stefan Hradil (Hrsg.) (1990): Lebenslagen, Lebensläufe, Lebensstile, Soziale Welt, Sonderband 7, Göttingen: Schwarz.

Bertram, Hans (1980): Moralische Sozialisation, in: K. Hurrelmann & D. Ulich (Hrsg.), Handbuch der Sozialisationsforschung, Weinheim und Basel: Beltz, 717-747.

Bertram, Hans (1981): Sozialstruktur und Sozialisation, Darmstadt und Neuwied: Luchterhand.

Bertram, Hans & Hiltrud Bayer (1984): Berufsorientierung erwerbstätiger Mütter. Zum Struktur- und Einstellungswandel mütterlicher Berufstätigkeit, München: Deutsches Jugendinstitut.

Bien, Walter & Jan Marbach (1991): Haushalt - Verwandtschaft - Beziehungen. Familienleben als Netzwerk, in: H. Bertram (Hrsg.), Die Familie in Westdeutschland. Stabilität und Wandel familialer Lebensformen, Opladen: Leske + Budrich, 3-44.

Bien, Walter (Hrsg.) (1994): Eigeninteresse oder Solidarität. Beziehungen in modernen Mehrgenerationenfamilien, Opladen: Leske + Budrich.

Bierhoff, Hans W. & Leo Montada (1988): Altruismus. Bedingungen der Hilfsbereitschaft, Göttingen u.a.: Hogrefe.

Bierstedt, Robert (1974): The Social Order, 4. Aufl., New York: Mc Graw-Hill.

Blaschke, Friedrich (1933): Einleitung des Herausgebers, in: A. Compte, Die Soziologie. Die positive Philosophie im Auszug, hrsg. von F. Blaschke, Leipzig: Kröner, IX-XXV.

Blumer, Herbert (1973): Der methodologische Standort des symbolischen Interaktionismus, in: AG Bielefelder Soziologen (Hrsg.), Alltagswissen, Interaktion und gesellschaftliche Wirklichkeit, Band 1, Reinbek: Rowohlt, 80-146.

Böllhoff, Friedrich (1983): Thesen zur Praxisrelevanz der Sozialwissenschaften und zur Handlungskompetenz von Sozialwissenschaftlern im Berufsfeld Industrie und Wirtschaft, in: P. Höhmann, E. Lange & H. R. Schneider (Hrsg.), Die Praxisrelevanz der Sozialwissenschaften und die Handlungskompetenz von Sozialwissenschaftlern in außeruniversitären Berufsfeldern, Bielefeld: AJZ-Druck, 308-312.

Bonß, Wolfgang und Heinz Hartmann (Hrsg.) (1985): Entzauberte Wissenschaft. Zur Relativität und Geltung soziologischer Forschung, Soziale Welt, Sonderband 3, Göttingen: Schwarz.

Bornschier, Volker (1991): Soziale Schichtung im keynesianischen Gesellschaftsmodell, in: V. Bornschier (Hrsg.), Das Ende der sozialen Schichtung?, Zürich: Seismo, 37-72.

Boudon, Raymond (1979): Widersprüche sozialen Handelns, Darmstadt und Neuwied: Luchterhand.

Boudon, Raymond (1980): Die Logik des gesellschaftlichen Handelns. Eine Einführung in die soziologische Denk- und Arbeitsweise, Neuwied und Darmstadt: Luchterhand.

Boudon, Raymond (1983): Why Theories of Social Chance Fail?, in: Public Opinion Quarterly 47, 143-160.

Boudon, Raymond (1988): Ideologie, Reinbeck: Rowohlt.

Boudon, Raymond & François Bourricaud (1992): Soziologische Stichworte, Opladen: Westdeutscher Verlag.

Bourricaud, François (1977): L'individualisme institutionnel. Essai sur la sociologie de Talcott Parsons, Paris: Presses Universitaires de France.

Braun, Norman (1994): Das Schwellenmodell und die Leipziger Montagsdemonstrationen, in: Kölner Zeitschrift für Soziologie und Sozialpsychologie 46, im Erscheinen.

Brinkmann, Gerhard (1991): Analytische Wissenschaftstheorie. Einführung sowie Anwendung auf einige Stücke der Volkswirtschaftslehre, 2. Aufl., München und Wien: Oldenbourg.

Bundesministerium für Familie und Senioren (BMFuS) (Hrsg.) (1994): Familien und Familienpolitik im geeinten Deutschland. Zukunft des Humanvermögens. Fünfter Familienbericht, Bonn: Universitäts-Buchdruckerei.

Büschges, Günter (1979): Didaktische Probleme einer "Methodenlehre der Soziologie" für Studenten mit Soziologie als Nebenfach, in: W. Sodeur (Hrsg.), Datenorientierte Vermittlung der Methoden empirischer Sozialforschung, Wuppertal: Arbeitspapiere des Fachbereichs Wirtschaftswissenschaften 40, 23-36.

Büschges, Günter (1980): Organisationssoziologische Aspekte der Erwachsenenbildung, in: A. Weymann (Hrsg.), Handbuch für die Soziologie der Weiterbildung, Darmstadt und Neuwied: Luchterhand, 280-293.

Büschges, Günter (1983): Einführung in die Organisationssoziologie, Stuttgart: Teubner.

Büschges, Günter (1985a): Empirische Soziologie und soziale Praxis, in: Sozialwissenschaft und Berufspraxis 8, 61-86.

Büschges, Günter (1985b): Unbeabsichtigte Folgen technisch-organisatorischer Neuerungen, in: J. Franke (Hrsg.), Betriebliche Innovation als interdisziplinäres Problem, Stuttgart: Poeschel, 114-123.

Büschges, Günter (1985c): Methodologischer Individualismus und empirische Soziologie, in: G. Büschges & W. Raub (Hrsg.), Soziale Bedingungen, Individuelles Handeln, Soziale Konsequenzen, Frankfurt/M. u.a.: Lang, 3-20.

Büschges, Günter (1986): Veränderungen durch technologische Innovation und ihre Abschätzbarkeit, in: Siemens AG (Hrsg.), Soziale Bewältigung der technologischen Entwicklung, München: Siemens AG, 52-60.

Büschges, Günter (1987): Schmerz als soziales Phänomen, in: Fundamenta Psychiatrica 1, 170-173.

Büschges, Günter (1989a): Gesellschaft, in: G. Endruweit & G. Trommsdorff (Hrsg.), Wörterbuch der Soziologie, Stuttgart: Enke, 245-252.

Büschges, Günter (1989b): Zukunftsforschung, in: G. Endruweit & G. Trommsdorff (Hrsg.): Wörterbuch der Soziologie, Stuttgart: Enke, 840-844.

Büschges, Günter (1989c): Individualismus, methodologischer, in: G. Endruweit, & G. Trommsdorff (Hrsg.): Wörterbuch der Soziologie, Stuttgart: Enke, 289-290.

Büschges, Günter (1989d): Soziotechnik, in: G. Endruweit & G. Trommsdorff (Hrsg.): Wörterbuch der Soziologie, Stuttgart: Enke, 677-679.

Büschges, Günter (1989e): Soziologische Aspekte pränataler Diagnostik, in: D. Berg, P. Boland, R. A. Pfeiffer, H.-B. Wuermeling (Hrsg.), Pränatale Diagnostik, Braunschweig: Vieweg, 150-160.

Büschges, Günter (1990): Hintergrund der evolutionären Ideen. Die Evolution von Gesellschaft und Ethik, in: W. Cyran (Hrsg.), Die Sonderstellung des Menschen in der Evolution, Melle: Knoth, 37-58.

Büschges, Günter (1991a): Soziale Bedingungen und soziale Folgen ärztlichen Handelns - erörtert am Beispiel chronischer Krankheit, in: U. Geßler, R. Pilgrim & B. Gmelin (Hrsg.), Der Arzt, München-Deisenhofen: Dustri, 58-70.

Büschges, Günter (1992a): Empirischer Theorienvergleich - Sackgasse, dorniger Pfad oder Königsweg?, in: Soziologische Revue 15, 1-6.

Büschges, Günter (1992b), Handeln in, von und durch Organisationen als wissenschaftliches und praktisches Problem, in: Soziologische Revue 15, 353-359.

Büschges, Günter (1992c): Personalarbeit und soziale Umwelt, in: E. Gaugler & W. Weber (Hrsg.), Handwörterbuch des Personalwesens, 2. Aufl., Stuttgart: Poeschel, 1563-1573.

Büschges, Günter (1993a): Verkehrssicherheit als soziales Problem, in: Zeitschrift für Verkehrssicherheit 39, 150-156.

Büschges, Günter (1993b): Produktentwicklung als soziales Problem, in: Datenverarbeitung-Steuer-Wirtschaft-Recht 22, 125-127, 151-155.

Büschges, Günter (1994): Soziologische Aufklärung in praktischer Absicht, in: Soziologische Revue 17, 273-278.

Büschges, Günter & Peter Lütke-Bornefeld (1977): Praktische Organisationsforschung, Reinbek: Rowohlt.

Büschges, Günter & Reinhard Wittenberg (1995): Verkehr als soziales Problem unter besonderer Berücksichtigung der Sicherheit des Straßenverkehrs, in: G. Albrecht (Hrsg.), Soziologie sozialer Probleme, Opladen: Westdeutscher Verlag, im Erscheinen.

Carmichael, H. Lorne (1984): Reputations in Labor Market, in: American Economic Review 74, 713-725.

Coleman, James S. (1971): Resources For Social Change: Race in the United States, 2. Aufl., New York u.a.: Wiley.

Coleman, James S. (1979): Macht und Gesellschaftsstruktur, Tübingen: Mohr (Siebeck).

Coleman, James S. (1986): Social Theory, Social Research, and a Theory of Action, in: American Journal of Sociology 91, 1309-1335.

Coleman, James S. (1987): Microfoundations and Macrosocial Behavior, in: J. C. Alexander, B. Giesen, R. Münch & N. J. Smelser (eds.) (1987): The Micro-Macro Link, Berkeley u.a.: University of California Press.

Coleman, James S. (1988): Social Capital in the Creation of Human Capital, in: American Journal of Sociology 94 (Supplement), S95-S120.

Coleman, James S. (1990): Foundations of Social Theory, Cambridge/Mass. & London: The Belknap Press of Harvard University Press.

Coleman, James S. (1991): Grundlagen der Sozialtheorie. Band 1. Handlungen und Handlungssysteme, München: Oldenbourg.

Coleman, James S. (1992): Grundlagen der Sozialtheorie. Band 2. Körperschaften und die moderne Gesellschaft, München: Oldenbourg.

Coleman, James S. (1993): The Rational Reconstruction of Society. 1992 Presidential Address, in: American Sociological Review 58, 1-15.

Coleman, James S. (1994): Grundlagen der Sozialtheorie, Band 3. Die Mathematik der sozialen Handlung, München: Oldenbourg.

Comte, Auguste (1933 [1839-42]), Die Soziologie. Die positive Philosophie im Auszug, hrsg. von F. Blaschke, Leipzig: Kröner.

Condorcet, M.-J.-A.-N. Caritat, Marquis de (1976 [1795]): Entwurf einer historischen Darstellung der Fortschritte des Menschlichen Geistes, hrsg. von W. Alff, Frankfurt/M.: Suhrkamp.

Coombs, Clyde H.; Robyn M. Dawes & Amos Tversky (1975): Mathematische Psychologie, Weinheim und Basel: Beltz.

Coser, Lewis A. (1965): Theorie sozialer Konflikte, Neuwied und Berlin: Luchterhand.

Crozier, Michel (1964): The Bureaucratic Phenomenon, Chicago: University of Chicago Press.

Dahmer, Helmut & Helmut Fleischer (1976): Karl Marx, in: D. Käsler (Hrsg.), Klassiker des soziologischen Denkens, Band 1, München: Beck, 62-158.

Dahrendorf, Ralf (1957): Soziale Klassen und Klassenkonflikt in der industriellen Gesellschaft, Stuttgart: Enke.

Dahrendorf, Ralf (1958a): Homo sociologicus. Ein Versuch zur Geschichte, Bedeutung und Kritik der Kategorie der sozialen Rolle, in: Kölner Zeitschrift für Soziologie und Sozialpsychologie 10, 178-208.

Dahrendorf, Ralf (1958b): Homo sociologicus. Ein Versuch zur Geschichte, Bedeutung und Kritik der Kategorie der sozialen Rolle. Fortsetzung und Schluß, in: Kölner Zeitschrift für Soziologie und Sozialpsychologie 10, 345-378.

Dahrendorf, Ralf (1961): Gesellschaft und Freiheit, München: Piper.

Dahrendorf, Ralf (1962): Anmerkungen zur Diskussion der Referate von Karl R. Popper und Theodor W. Adorno, in: Kölner Zeitschrift für Soziologie und Sozialpsychologie 14, 264-270.

Dahrendorf, Ralf (1964): Anhang I. Soziologie und menschliche Natur, in: R. Dahrendorf: Homo sociologicus. Ein Versuch zur Geschichte, Bedeutung und Kritik der Kategorie der sozialen Rolle, 4. Aufl., Köln und Opladen: Westdeutscher Verlag, 75-91.

Dahrendorf, Ralf (1966): Über den Ursprung der Ungleichheit unter den Menschen, 2. Aufl., Tübingen: Mohr (Siebeck).

Dahrendorf, Ralf (1969): Ansprache zur Eröffnung des 16. Deutschen Soziologentages, in: Th. W. Adorno (Hrsg.), Spätkapitalismus oder Industriegesellschaft?, Stuttgart: Enke, 3-8.

Dahrendorf, Ralf. (1989): Einführung in die Soziologie, in: Soziale Welt 40, 2-10.

Davis, Kingsley & Wilbert E. Moore (1945): Some Principles of Stratification, in: American Sociological Review 10, 242-249.

Davis, Morton D. (1972): Spieltheorie für Nichtmathematiker, München: Oldenbourg.

Derlien, Hans-Ulrich (Hrsg.) (1981): Probleme der Methodik und der Rezeption von Programmforschung, München: Gesellschaft für Programmforschung in der öffentlichen Verwaltung.

DER SPIEGEL (1993): SPIEGEL SPEZIAL. Welche Uni ist die beste? SPIEGEL-Rangliste der deutschen Hochschulen, Hamburg: SPIEGEL-Verlag.

Dietrich, Hans & Walter Funk (1991): Private Haushalte in den Neuen Bundesländern. Ein Datenhandbuch, Düsseldorf: Stiftung DER PRIVATE HAUSHALT.

Dreitzel, Hans Peter (1972): Problemgeschichtliche Einleitung, in: H. P. Dreitzel (Hrsg.), Sozialer Wandel: Zivilisation und Fortschritt als Kategorien der soziologischen Theorie, 2. Aufl., Neuwied und Berlin: Luchterhand, 21-91.

Durkheim, Émile (1919 [1885]): Les Règles de la méthode sociologique, 7. Aufl., Paris: Alcan.

Durkheim, Émile (1973 [1897]): Der Selbstmord, eingeleitet von K. Dörner, Nachwort von R. König, Neuwied und Berlin: Luchterhand.

Durkheim, Émile (1976 [1895]): Die Regeln der soziologischen Methode, hrsg. und eingeleitet von R. König, 5. Aufl., Darmstadt und Neuwied: Luchterhand.

Durkheim, Émile (1977 [1893]): Über die Teilung der sozialen Arbeit, eingeleitet von N. Luhmann, Frankfurt/M.: Suhrkamp.

Durkheim, Émile (1981 [1887-1892]): Frühe Schriften zur Begründung der Sozialwissenschaft, hrsg von. L. Heisterberg, Darmstadt und Neuwied: Luchterhand.

Eberle, Friedrich & Herlinde Maindok (1984): Einführung in die soziologische Theorie, München und Wien: Oldenbourg.

Eisenstadt, Shmuel N. (1983): Die soziologische Tradition: Ursprünge, Grenzen, Innovationsmuster und Krisenformen, in: Kölner Zeitschrift für Soziologie und Sozialpsychologie 35, 205-229.

Eisermann, Gottfried (1962): Vilfredo Paretos System der allgemeinen Soziologie. Einleitung, Texte und Anmerkungen, Stuttgart: Enke.

Ekeland, Ingvar (1985): Das Vorhersehbare und das Unvorhersehbare, München: Harnack.

Elder, Glenn H. jr. & Richard C. Rockwell (1978): Historische Zeit im Lebenslauf, in: M. Kohli (Hrsg.), Soziologie des Lebenslaufs, Darmstadt und Neuwied: Luchterhand, 78-101.

Elias, Norbert (1970): Was ist Soziologie?, München: Juventa.

Elias, Norbert (1977): Zur Grundlegung einer Theorie sozialer Prozesse, in: Zeitschrift für Soziologie 6, 127-149.

Ellis, Desmond P. (1971): The Hobbesian Problem of Order: a Critical Appraisal of the Normative Solution, in: American Sociological Review 36, 692-703.

Elster, Jon (1987): Subversion der Rationalität, Frankfurt/M. und New York: Campus.

Endruweit, Günter (1989): Soziologie, in: G. Endruweit & G. Trommsdorff (Hrsg.), Wörterbuch der Soziologie, Stuttgart: Enke, 656-662.

Endruweit, Günter & Gisela Trommsdorff (Hrsg.) (1989): Wörterbuch der Soziologie, 3 Bände, Stuttgart: Enke.

Erler, Gisela; Monika Jaeckel, Rudolf Pettinger & Jürgen Sass (1988): Kind? Beruf? Oder beides? Eine repräsentative Studie über die Lebenssituation und Lebensplanung junger Paare zwischen 18 und 33 Jahren in der Bundesrepublik Deutschland im Auftrag der Zeitschrift Brigitte, Hamburg und München: Brigitte und Deutsches Jugendinstitut.

Esser, Hartmut (1984): Figurationssoziologie und methodologischer Individualismus. Zur Methodologie des Ansatzes von Norbert Elias, in: Kölner Zeitschrift für Soziologie 36, 667-702.

Esser, Hartmut (1991a): Die Rationalität des Alltagshandelns. Eine Rekonstruktion der Handlungstheorie von Alfred Schütz, in: Zeitschrift für Soziologie 20, 430-445.

Esser, Hartmut (1991b): Alltagshandeln und Verstehen. Zum Verhältnis von erklärender und verstehender Soziologie am Beispiel von Alfred Schütz und "Rational Choice", Tübingen: Mohr (Siebeck).

Esser, Hartmut (1993): Soziologie. Allgemeine Grundlagen, Frankfurt/M. und New York: Campus.

Esser, Hartmut; Klaus Klenovits & Helmut Zehnpfennig (1977): Wissenschaftstheorie, 2 Bände, Stuttgart: Teubner.

Esser, Hartmut & Klaus G. Troitzsch (1991a): Probleme der Modellierung sozialer Prozesse, in: H. Esser & K. G. Troitzsch (Hrsg.), Modellierung sozialer Prozesse. Neuere Ansätze und Überlegungen zur soziologischen Theoriebildung, Bonn: Informationszentrum Sozialwissenschaften, 13-26.

Esser, Hartmut & Klaus G. Troitzsch (Hrsg.) (1991b): Modellierung sozialer Prozesse. Neuere Ansätze und Überlegungen zur soziologischen Theoriebildung. Ausgewählte Beiträge zu Tagungen der Arbeitsgruppe "Modellierung sozialer Prozesse" der deutschen Gesellschaft für Soziologie, Bonn: Informationszentrum Sozialwissenschaften.

Euchner, Walter (1980): Versuch über Mandevilles Bienenfabel, in: B. Mandeville: Die Bienenfabel oder Private Laster, öffentliche Vorteile, hrsg. von W. Euchner, Frankfurt/M.: Suhrkamp, 7-55.

Eucken, Walter (1947 [1938]): Nationalökonomie wozu?, 3. Aufl., Godesberg: Küpper.

Falk, Wilhelm (1993): Methodologische Grundlagen der Sozialwissenschaften. Eine propädeutische Einführung, Nürnberg: Universitätsbuchhandlung Büttner.

Ferber, Christian von (1977): Soziologie und Sozialpolitik, in: Ch. von Ferber & F.-X. Kaufmann (Hrsg.), Soziologie und Sozialpolitik, Kölner Zeitschrift für Soziologie und Sozialpsychologie, Sonderheft 19, Opladen: Westdeutscher Verlag, 11-34.

Ferguson, Adam (1923 [1767]): Abhandlung über die Geschichte der bürgerlichen Gesellschaft, 2. Aufl., Jena: Fischer.

Fijalkowski, Jürgen (1967): Methodologische Grundorientierungen soziologischer Forschung, in: M. Thiel (Hrsg.), Enzyklopädie der geisteswissenschaftlichen Arbeitsmethoden, 8. Lieferung, Methoden der Sozialwissenschaften, München: Oldenbourg.

Franz, Wolfgang (1991): Arbeitsmarktökonomik, Berlin u.a.: Springer.

Freyer, Hans (1931): Typen und Stufen der Kultur, in: A. Vierkandt (Hrsg.), Handwörterbuch der Soziologie, Stuttgart: Enke, 294-308.

Friedman, Milton (1965): Essays in Positive Economics, Chicago und London: University of Chicago Press.

Friedrichs, Günter & Adam Schaff (Hrsg.) (1982): Auf Gedeih und Verderb. Mikroelektronik und Gesellschaft, Bericht an den Club of Rome, Wien u.a.: Europaverlag.

Fuchs-Heinritz, Werner; Rüdiger Lautmann, Ottheim Rammstedt & Hanns Wienold (Hrsg.) (1994): Lexikon zur Soziologie, 3. Aufl., Opladen: Westdeutscher Verlag.

Funk, Walter (1991a): Private Haushalte als sozialer Kontext individuellen Handelns, in: R. Wittenberg (Hrsg.), Person - Situation - Institution - Kultur. Günter Büschges zum 65. Geburtstag, Berlin: Dunker & Humblot, 213-234.

Funk, Walter (1991b): Family and Changing Sex-Roles: Some Preliminary Findings About Sex-Role Attitudes in Germany and the United States, General Social Survey Crossnational Report No. 12, Chicago: National Opinion Research Center.

Funk, Walter (1993): Determinanten der Erwerbsbeteiligung von Frauen im internationalen Vergleich. Eine Sekundäranalyse des ISSP 1988 für die Bundesrepublik Deutschland, die USA und Australien, Frankfurt/M. u.a.: Lang.

Gabriel, Karl (1991): Wertwandel in der Bundesrepublik - Erklärungsansätze im Vergleich, in: R. Wittenberg (Hrsg.), Person - Situation - Institution - Kultur. Günter Büschges zum 65. Geburtstag, Berlin: Duncker & Humblot, 79-92.

Gabriel, Karl (1992): Christentum zwischen Tradition und Postmoderne, Freiburg: Herder.

Galbraith, John Kenneth (1968): Die moderne Industriegesellschaft, München: Droemer Knauer.

Geddie, William (ed.) (1959): Chambers's Twentieth Century Dictionary, new edition, Edinburgh und London: Chambers.

Gehlen, Arnold (1961): Anthropologische Forschung, Reinbek: Rowohlt.

Geiger, Theodor (1931): Gesellschaft, in: A. Vierkandt (Hrsg.), Handwörterbuch der Soziologie, Stuttgart: Enke, 201-211.

Geiger, Theodor (1932): Die soziale Schichtung des Deutschen Volkes, Stuttgart: Enke.

Geiger, Theodor (1949): Die Klassengesellschaft im Schmelztiegel, Köln: Kiepenheuer.

Geiger, Theodor (1962): Was ist Soziologie?, in: T. Geiger, Arbeiten zur Soziologie, ausgewählt und eingeleitet von P. Trappe, Neuwied und Berlin: Luchterhand.

Geißler, Rainer (1985): Die Schichtungstheorie von Theodor Geiger, in: Kölner Zeitschrift für Soziologie und Sozialpsychologie 37, 387-410.

Giddens, Anthony (1981): Die klassische Gesellschaftstheorie und der Ursprung der modernen Soziologie, in: W. Lepenies (Hrsg.), Geschichte der modernen Soziologie, Band 1, Frankfurt/M.: Suhrkamp, 96-136.

Giddens, Anthony (1982): Sociology: A Brief but Critical Introduction, London: Macmillan Press.

Giddens, Anthony (1993): Sociology, 2. ed., Cambridge: Polity Press.

Giesen, Bernhard (1982): Drogenproblem und Sozialpolitik. Zur praktischen Heuristik soziologischer Theorien, in: U. Beck (Hrsg.), Soziologie und Praxis, Göttingen: Schwarz, 135-157.

Girard, Alain & Paul Clerc (1964): Nouvelles données sur l'orientation scolaire au moment de l'entree en sixiéme, in: Population 19, 829-872.

Glass, David V. & René König (Hrsg.) (1961): Soziale Schichtung und soziale Mobilität, Kölner Zeitschrift für Soziologie und Sozialpsychologie, Sonderheft 5, Opladen: Westdeutscher Verlag.

Granovetter, Mark S. (1973): The Strenght of Weak Ties, in: American Journal of Sociology 78, 1360-1380.

Granovetter, Mark S. (1978): Threshold Models of Collective Behavior, in: American Journal of Sociology 83, 1420-1443.

Granovetter, Mark S. (1985): Economic Action and Social Structure: The Problem of Embeddedness, in: American Journal of Sociology 91, 481-510.

Gustafsson, Siv (1991): Neoklassische ökonomische Theorien und die Lage der Frau: Ansätze und Ergebnisse zu Arbeitsmarkt, Haushalt und der Geburt von Kindern, in: K. U. Mayer, J. Allmendinger & J. Huinink (Hrsg.), Vom Regen in die Traufe: Frauen zwischen Beruf und Familie, Frankfurt/M. und New York: Campus, 408-422.

Gutmann, Joachim (1985): Im Wartestand - Der Arbeitsmarkt für Soziologen und Politologen, in: Sozialwissenschaft und Berufspraxis 8, 71-83.

Haarmann, Harald (1990): Universalgeschichte der Schrift, Frankfurt/M. und New York: Campus.

Habermas, Jürgen (1963): Analytische Wissenschaftstheorie und Dialektik. Ein Nachtrag zur Kontroverse zwischen Popper und Adorno, in: M. Horkheimer (Hrsg.), Zeugnisse. Festschrift für Theodor W. Adorno, Frankfurt/M.: Europäische Verlagsanstalt, 473-501.

Habermas, Jürgen (1968): Technik und Wissenschaft als "Ideologie", Frankfurt/M.: Suhrkamp.

Habermas, Jürgen (1981): Theorie des kommunikativen Handelns, 2 Bände, Frankfurt/M.: Suhrkamp.

Hägerstrand, Torsten (1965): A Monte Carlo Approach to Diffusion, in: Archives Européennes de Sociologie 6, 43-57.

Haller, Max (1983): Theorie der Klassenbildung und sozialen Schichtung, Frankfurt/M. und New York: Campus.

Harsanyi, John C. (1976): Essays on Ethics, Social Behavior and Scientific Explanation, Dordrecht & Boston: Reidel.

Hartfiel, Günter & Karl-Heinz Hillmann (1982): Wörterbuch der Soziologie, 3. Aufl., Stuttgart: Kröner.

Hartmann, Heinz (1974): Die Sozialisation von Erwachsenen als soziales und soziologisches Problem, in: O. G. Brim jr. & S. Wheeler (Hrsg.), Erwachsenen-Sozialisation, Stuttgart: Enke, 126-162.

Hayek, Friedrich A. von (1952): Wahrer und falscher Individualismus, in: F. A. v. Hayek, Individualismus und wirtschaftliche Ordnung, Erlenbach: Rentsch, 9-48.

Hayek, Friedrich A. von (1969): Dr. Bernhard Mandeville, in: F. A. v. Hayek, Freiburger Studien, Tübingen: Mohr (Siebeck), 126-143.

Hempel, Carl G. (1977): Aspekte wissenschaftlicher Erklärung, Berlin und New York: de Gruyter.

Hempel, Carl G. & Paul Oppenheim (1948): Studies in the Logic of Explanation, in: Philosophy of Science 15, 135-175. Wiederabdruck in: Carl G. Hempel (1965): Aspects of Scientific Explanation and other Essays in the Philosophy of Science. Free Press: New York und London, 245-295.

Hesse, Günter (1987): Innovationen und Restriktionen, in: M. Borchert, U. Fehl & P. Oberender (Hrsg.), Markt und Wettbewerb, Festschrift für Ernst Heuß zum 65. Geburtstag, Bern: Haupt.

Hirschman, Albert O. (1974): Abwanderung und Widerspruch, Tübingen: Mohr (Siebeck).

Hobbes, Thomas (1984 [1651]): Leviathan, Frankfurt/M.: Suhrkamp.

Hofstadter, Douglas C. (1983): Metamagicum, in: Spektrum der Wissenschaft, August, 8-14.

Höhmann, Peter; Elmar Lange & Horst R. Schneider (Hrsg.) (1983): Die Praxisrelevanz der Sozialwissenschaften und die Handlungskompetenz von Sozialwissenschaftlern in außeruniversitären Berufsfeldern, Bielefeld: AJZ-Druck.

Holst, Elke & Jürgen Schupp (1990): Frauen in Familie und Beruf. Steigender Erwerbstätigkeit der Frauen steht keine Entlastung im Haushalt gegenüber, DIW-Wochenbericht 57, 400-409.

Homans, George C. (1951): The Human Group, London: Routledge & Kegan Paul.

Homans, George C. (1961): Social Behaviour, London: Routledge & Kegan Paul.

Hondrich, Otto & Joachim Matthes (Hrsg.) (1978): Theorienvergleich in den Sozialwissenschaften, Darmstadt und Neuwied: Luchterhand.

Horkheimer, Max & Theodor W. Adorno (1947): Dialektik der Aufklärung, Amsterdam: O.V.

Hörning, Karl H. (Hrsg.) (1976): Soziale Ungleichheit: Strukturen und Prozesse sozialer Schichtung, Darmstadt und Neuwied: Luchterhand.

Huinink, Johannes (1991): Familienentwicklung in der Bundesrepublik Deutschland, in: K. U. Mayer, J. Allmendinger & J. Huinink (Hrsg.), Vom Regen in die Traufe: Frauen zwischen Beruf und Familie, Frankfurt/M. und New York: Campus, 289-317.

Hummell, Hans J. (1988): Moralische Institutionen und die Ordnung des Handelns in der Gesellschaft, Duisburger Beiträge zur soziologischen Forschung No. 2, Duisburg: Fachbereich 1 - Soziologie.

Hurrelmann, Klaus (Hrsg.) (1976): Sozialisation und Lebenslauf, Reinbek: Rowohlt.

Hurrelmann, Klaus (1986): Einführung in die Sozialisationstheorie, Weinheim und Basel: Beltz.

Hurrelmann, Klaus & Elisabeth Nordlohne (1989): Sozialisation, in: G. Endruweit & G. Trommsdorff (Hrsg.), Wörterbuch der Soziologie, Stuttgart: Enke, 604-611.

Hurrelmann, Klaus & Dieter Ulich (Hrsg.) (1991): Neues Handbuch der Sozialisationsforschung, 4. Aufl., Weinheim und Basel: Beltz.

Huth, Hermann (1907): Soziale und individualistische Auffasung im 18. Jahrhundert, vornehmlich bei Adam Smith und Adam Ferguson, Leipzig: Duncker & Humblot.

Inglehart, Ronald (1987): Wertewandel unter Bedingungen sozialer Unsicherheit, in: Th. Olk & H.-U. Otto (Hrsg.), Soziale Dienste im Wandel 1, Neuwied und Darmstadt: Luchterhand, 25-68.

Institut für Demoskopie Allensbach (1992): Kirchenaustritte. Eine Untersuchung zur Entwicklung und zu den Motiven des Kirchenaustritts, Manuskript, Allensbach: IfD.

Institut für Demoskopie Allensbach (1993): Begründungen und tatsächliche Gründe für einen Austritt aus der Katholischen Kirche, Manuskript, Allensbach: IfD.

Irle, Martin (1978): Sozialisation: Einführung, in: M. Irle (Hrsg.), Kursus der Sozialpsychologie, Darmstadt und Neuwied: Luchterhand, 222-230.

Jaeggi, Urs (1983): Die Zufriedenen. Fragen zur gegenwärtigen Situation der Soziologie, in: Neue Rundschau, H.1.

Janich, Peter (1980): Buridans Esel, in: J. Mittelstraß (Hrsg.), Enzyklopädie Philosophie und Wissenschaftstheorie, Band 1, Mannheim u.a.: Bibliographisches Institut, 362-363.

Jensen, Stefan (1980): Talcott Parsons, Stuttgart: Teubner.

Jonas, Friedrich (1981a): Geschichte der Soziologie, Band 1, 2. Aufl., Opladen: Westdeutscher Verlag.

Jonas, Friedrich (1981b): Geschichte der Soziologie, Band 2: Von der Jahrhundertwende bis zur Gegenwart, 2. Aufl., Opladen: Westdeutscher Verlag.

Jonas, Hans (1979): Das Prinzip Verantwortung, Frankfurt/M.: Insel.

Jung, Richard (1988): Systems Profile: The Structure of Social Action. In Memoriam Talcott Parsons, in: Systems Research 5, 255-259.

Kahnemann, Daniel & Amos Tversky (1982): Risiko nach Maß - Psychologie der Entscheidungspräferenzen, in: Spektrum der Wissenschaft, März, 89-98.

Kant, Imanuel (1784): Beantwortung der Frage: Was ist Aufklärung?, in: Berlinische Monatsschrift, Dezember, 481-494.

Käsler, Dirk (Hrsg.) (1976/1978): Klassiker des soziologischen Denkens, Band 1 und 2, München: Beck.

Kaufmann, Franz-Xaver (1987): Normen und Institutionen als Mittel zur Bewältigung von Unsicherheit: Die Sicht der Soziologie, in: Bayerische Rückversicherung AG (Hrsg.), Gesellschaft und Unsicherheit, Karlsruhe: Versicherungswirtschaft, 37-48.

Kaufmann, Franz-Xaver (1988): Familie und Modernität, in: K. Lüscher, F. Schultheis & M. Wehrspaun (Hrsg.), Die "postmoderne" Familie. Familiale Strategien und Familienpolitik in einer Übergangszeit, Konstanz: Universitätsverlag, 391-415.

Kaufmann, Franz-Xaver (1990): Zukunft der Familie. Stabilität, Stabilitätsrisiken. und Wandel der familialen Lebensformen sowie ihre gesellschaftlichen und politischen Bedingungen, München: C. H. Beck.

Keck, Otto & Gert Wagner (1990): Asymmetrische Information als Ursache von Doping im Hochleistungssport. Eine Analyse auf der Basis der Spieltheorie, in: Zeitschrift für Soziologie 19, 108-116.

Kellermann, Paul (1976): Herbert Spencer, in: D. Käsler (Hrsg.), Klassiker des soziologischen Denkens, Band 1, München: Beck, 159-200.

Kern, Horst (1972): Technischer Fortschritt, in: A. Bellebaum (Hrsg.), Wissen im Überblick: Die moderne Gesellschaft, Freiburg: Herder, 560-572.

Kern, Lucian (1994): Methodologie, in: W. Fuchs-Heinritz, R. Lautmann, O. Rammstedt & H. Wienold (Hrsg.), Lexikon zur Soziologie, 3. Aufl., Opladen: Westdeutscher Verlag.

Kindelmann, Klaus (1989): Berufschancen und Berufswahl Nürnberger Diplom-Sozialwirte, Unveröffentlichte Diplomarbeit, Nürnberg: Lehrstuhl für Soziologie.

Kirchgässner, Gebhard (1991): Homo Oeconomicus, Opladen: Westdeutscher Verlag.

Kirsch, Werner (1970): Entscheidungsprozesse. Band 1: Verhaltenswissenschaftliche Ansätze der Entscheidungstheorie, Wiesbaden: Gabler.

Kirsch, Werner (1971): Entscheidungsprozesse. Band 2: Informationsverarbeitungstheorie des Entscheidungsverhaltens, Wiesbaden: Gabler.

Klein, Benjamin (1985): Self-Enforcing Contracts, in: Zeitschrift für die gesamte Staatswissenschaft 141, 594-600.

Kliemt, Hartmut (1985): Moralische Institutionen, Freiburg: Alber.

Klima, Rolf (1974): Rundschreiben an die Mitglieder des Lehrkörpers und die wissenschaftlichen Mitarbeiter der Fakultät für Soziologie (23. April), Bielefeld: Fakultät für Soziologie.

Kohlberg, Lawrence (1974): Zur kognitiven Entwicklung des Kindes, Frankfurt/M.: Suhrkamp.

Kohli, Martin (1991): Lebenslauftheoretische Ansätze in der Sozialisationsforschung, in: K. Hurrelmann & D. Ulich (Hrsg.), Neues Handbuch der Sozialisationsforschung, Weinheim und Basel: Beltz, 303-317.

König, René (1949): Soziologie heute, Zürich: Regio.

König, René (1952): Praktische Sozialforschung, in: R. König (Hrsg.), Das Interview, Praktische Sozialforschung I, Köln und Berlin: Kiepenheuer & Witsch, 15-36.

König, René (1958): Grundformen der Gesellschaft: Die Gemeinde, Hamburg: Rowohlt.

König, René (1967a): Einleitung, in: R. König (Hrsg.), Soziologie, Frankfurt/M.: Fischer, 8-14.

König, René (1967b): Kultur, in: R. König (Hrsg.), Soziologie, Frankfurt/M.: Fischer, 159-164.

König, René (1967c): Institution, in: R. König (Hrsg.), Soziologie, Frankfurt/M.: Fischer, 142-148.

König, René (1967d): Sozialer Wandel, in: R. König (Hrsg.) Soziologie, Frankfurt/M.: Fischer, 290-297.

König, René (1972): Über einige Fragen der empirischen Kulturanthropologie, in: R. König & A. Schmalfuß (Hrsg.), Kulturanthropologie, Düsseldorf und Wien: Econ, 7-48.

König, René (1975): Kritik der historisch-existenzialistischen Soziologie. Ein Beitrag zur Begründung einer objektiven Soziologie, München: Pieper.

König, René (1976a): Soziologie der Familie, in: R. König (Hrsg.), Handbuch der empirischen Sozialforschung, Band 7, 2. Aufl., Stuttgart: Enke, 1-217.

König, René (1976b): Émile Durkheim, in: D. Käsler (Hrsg.), Klassiker des soziologischen Denkens, Band 1, München: Beck, 312-364.

König, René (1976c): Einleitung, in: E. Durkheim, Die Regeln der soziologischen Methode, hrsg. und eingeleitet von R. König, Darmstadt und Neuwied: Luchterhand.

Kreckel, Reinhard (1976): Soziologisches Denken. Eine kritische Einführung, Opladen: Leske + Budrich.

Kreckel, Reinhard (Hrsg.) (1983): Soziale Ungleichheiten, Soziale Welt, Sonderband 2, Göttingen: Schwarz.

Kreppner, Kurt (1991): Sozialisation in der Familie, in: K. Hurrelmann & D. Ulich (Hrsg.), Neues Handbuch der Sozialisationsforschung, Weinheim und Basel: Beltz, 321-334.

Krombholz, Heinz (1991): Arbeit und Familie: Geschlechtsspezifische Unterschiede in der Erwerbstätigkeit und die Aufteilung der Erwerbstätigkeit in Partnerschaften, in: H. Bertram (Hrsg.), Die Familie in Westdeutschland. Stabilität und Wandel familialer Lebensformen. DJI: Familiensurvey 1, Opladen: Leske + Budrich, 193-231.

Krüsselberg, Hans-Günter. (1987a): Ökonomik der Familie, in: K. Heinemann (Hrsg.), Soziologie wirtschaftlichen Handelns, Kölner Zeitschrift für Soziologie und Sozialpsychologie, Sonderheft 28, Opladen: Westdeutscher Verlag, 169-192.

Krüsselberg, Hans-Günter (1987b): Einige Hypothesen der 'economics of the family' im empirischen Test, in: H. Todt (Hrsg.), Die Familie als Gegenstand sozialwissenschaftlicher Forschung, Berlin: Dunker & Humblot, 101-127.

Krüsselberg, Hans-Günter; Michael Auge & Manfred Hilzenbecher (1986): Verhaltenshypothesen und Familienzeitbudgets - Die Ansatzpunkte der "Neuen Haushaltsökonomik" für Familienpolitik, Band 182 der Schriftenreihe des Bundesministeriums für Jugend, Familie und Gesundheit (BMJFG), Stuttgart u.a.: Kohlhammer.

Kuper, Leo (1968): Segregation, in: D. Sills (Hrsg.), International Encyclopedia of the Social Sciences. Ohne Erscheinungsort: Crowell Collier and Macmillan, 144-150.

Lau, Christoph (1984): Soziologie im öffentlichen Diskurs, in: Soziale Welt 35, 407-428.

Lauterbach, Wolfgang (1991): Erwerbsmuster von Frauen. Entwicklungen und Veränderungen seit Beginn dieses Jahrhunderts, in: K. U. Mayer, J. Allmendinger & J. Huinink (Hrsg.), Vom Regen in die Traufe: Frauen zwischen Beruf und Familie, Frankfurt/M. und New York: Campus, 23-56.

Leakey, Richard E. & Roger Lewin (1978): Wie der Mensch zum Menschen wurde, Hamburg: Hoffmann & Campe.

Lenk, Hans (1977): Einleitung des Herausgebers, in: H. Lenk (Hrsg.), Handlungstheorien - interdisziplinär IV, München: Fink, 8-16.

Lepsius, M. Rainer (1961): Ungleichheit zwischen Menschen und soziale Schichtung, in: D. V. Glass & R. König (Hrsg.), Soziale Schichtung und soziale Mobilität, Kölner Zeitschrift für Soziologie und Sozialpsychologie, Sonderheft 5, Opladen: Westdeutscher Verlag, 54-64.

Limbach, Jutta (1988): Die Entwicklung des Familienrechts seit 1949, in: R. Nave-Herz (Hrsg.), Wandel und Kontinuität der Familie in der Bundesrepublik Deutschland, Stuttgart: Enke, 11-35.

Lindenberg, Siegwart (1976): De struktuur van theorieen van kollektieve verschijnselen, in: W. Arts, S. Lindenberg & R. Wippler (eds.), Gedrag en struktuur, Rotterdam: Universitaire Pers.

Lindenberg, Siegwart (1977): Individuelle Effekte, kollektive Phänomene und das Problem der Transformation, in: K. Eichner & W. Habermehl (Hrsg.), Probleme der Erklärung sozialen Verhaltens, Meisenheim: Hain, 46-84.

Lindenberg, Siegwart (1981): Erklärung als Modellbau: Zur soziologischen Nutzung von Nutzentheorien, in: W. Schulte (Hrsg.), Soziologie in der Gesellschaft, Referate aus den Veranstaltungen der Sektionen der Deutschen Gesellschaft für Soziologie, der Ad-hoc-Gruppen und des Berufsverbandes Deutscher Soziologen beim 20. Deutschen Soziologentag Bremen, Bremen: Universitätsdruckerei, 20-35.

Lindenberg, Siegwart (1989): Choice and Culture. The Behavioral Basis of Cultural Impact on Transactions, in: H. Haferkamp (Hrsg.), Social Structure and Culture, Berlin und New York: de Gruyter, 175-200.

Lindenberg, Siegwart (1991): Die Methode der abnehmenden Abstraktion: Theoriegesteuerte Analyse und empirischer Gehalt, in: H. Esser & K. G. Troitzsch (Hrsg.), Modellierung sozialer Prozesse. Neuere Ansätze und Überlegungen zur soziologischen Theoriebildung, Bonn: Informationszentrum Sozialwissenschaften, 29-78.

Linton, Ralf (1973): Rolle und Status, in: H. Hartmann (Hrsg.), Moderne amerikanische Soziologie. Neuere Beiträge zur soziologischen Theorie, 2. Aufl., Stuttgart: Enke 310-315.

Lipp, Wolfgang (1989): Institution, in: G. Endruweit & G. Trommsdorff (Hrsg.), Wörterbuch der Soziologie, Stuttgart: Enke, 306f.

Luce, Robert D. & Howard Raiffa (1957): Games and Decisions, New York u.a.: Wiley.

Lüdtke, Hartmut (1989): Expressive Ungleichheit, Opladen: Leske + Budrich.

Luhmann, Niklas (1984): Soziale Systeme: Grundriß einer allgemeinen Theorie, Frankfurt/M.: Suhrkamp.

Luhmann, Niklas (Hrsg.) (1985): Soziale Differenzierung, Opladen: Westdeutscher Verlag.

Luhmann, Niklas & Markus Göbel (1994): Interpenetration, in: W. Fuchs-Heinritz, R. Lautmann, O. Rammstedt & H. Wienold (Hrsg.), Lexikon zur Soziologie, 3. Aufl., Opladen: Westdeutscher Verlag, 314.

Lüken, Stephan & Hans-Joachim Heidenreich (1991): Erwerbsquote und Erwerbsverhalten. Ergebnisse des Mikrozensus, in: Wirtschaft und Statistik, Dezember, 787-800.

Lutz, Burkhart (1986): Kann man Technik-Folgen abschätzen? in: Gewerkschaftliche Monatshefte 37: 561-570.

Maine, Henry James Sumner (1930 [1861]): Ancient Law, London: Dent.

Mandeville, Bernhard (1980): Die Bienenfabel oder Private Laster, öffentliche Vorteile, hrsg. von W. Euchner, Frankfurt/M.: Suhrkamp, 7-55.

Mannheim, Karl (1928): Das Problem der Generationen, in: Kölner Vierteljahreshefte für Soziologie 7, 157-185, 309-330.

Mannheim, Karl (1958): Mensch und Gesellschaft im Zeitalter des Umbaus, Darmstadt: Wissenschaftliche Buchgesellschaft.

Margolis, Howard (1982): Selfishness, Altruism, and Rationality, Cambridge/Mass.: Harvard University Press.

Marwell, Gerald & Pamela Oliver (1993): The Critical Mass in Collective Action: A Micro-Social Theory. Cambridge/Mass.: Harvard University Press.

Marx, Karl (1966 [1888]): Thesen über Feuerbach, in: K. Marx & F. Engels, Ausgewählte Schriften, Band II, 16. Aufl., Berlin (Ost): Dietz, 370-372.

Marx, Karl & Friedrich Engels (1966 [1848]): Manifest der kommunistischen Partei, in: K. Marx & F. Engels, Ausgewählte Schriften, Band I, 16. Aufl., Berlin (Ost): Dietz, 17-57.

Massing, Otwin (1976): Auguste Comte, in: D. Käsler (Hrsg.), Klassiker des soziologischen Denkens, Band 1, München: Beck, 19-61.

Matthes, Joachim (1978): Die Diskussion um den Theorienvergleich in den Sozialwissenschaften seit dem Kasseler Soziologentag 1975, in: K. O. Hondrich & J. Matthes (Hrsg.), Theorienvergleich in den Sozialwissenschaften, Darmstadt und Neuwied: Luchterhand, 7-20.

Matthes, Joachim (1981a): Einführung in das Studium der Soziologie, 3. Aufl., Opladen: Westdeutscher Verlag.

Matthes, Joachim (1981b): Soziologie: Schlüsselwissenschaft des 20. Jahrhunderts? in: J. Matthes (Hrsg.), Lebenswelt und soziale Probleme, Verhandlungen des 20. Deutschen Soziologentages, Frankfurt/M. und New York: Campus, 15-27.

Matthes, Joachim (Hrsg.) (1981c): Lebenswelt und soziale Probleme, Verhandlungen des 20. Deutschen Soziologentages, Frankfurt/M. und New York: Campus.

Matthes, Joachim (1983): Die Soziologen und ihre Zukunft, in: J. Matthes (Hrsg.), Krise der Arbeitsgesellschaft? Verhandlungen des 21. Deutschen Soziologentages, Frankfurt/M. und New York: Campus, 19-24.

Mayer, Karl Ulrich (Hrsg.) (1990): Lebensverläufe und sozialer Wandel, Sonderheft 31 der Kölner Zeitschrift für Soziologie und Sozialpsychologie, Opladen: Westdeutscher Verlag.

Mayr-Kleffel, Verena (1989): Die Zwickmühle - Frauen und Männer zwischen Familie und Beruf, in: Deutsches Jugendinstitut, Familienalltag. Ein Report des Deutschen Jugendinstituts. Frauensichten - Männersichten, Reinbek: Rowohlt, 54-81.

Merkelbach, Reinhard (1986): Welche Folgen hatte der Gebrauch der Schrift?, Stuttgart: Teubner.

Merton, Robert K. (1936): The Unanticipated Consequences of Purposive Social Action, in: American Sociological Review 1, 894-904.

Merton, Robert K. (1964): Social Theory and Social Structure, 9. Aufl., Glencoe: Free Press.

Merton, Robert K. (1973): Der Rollen-Set: Probleme der soziologischen Theorie, in: H. Hartmann (Hrsg.), Moderne amerikanische Soziologie. Neuere Beiträge zur soziologischen Theorie, 2. Aufl., Stuttgart: Enke, 316-333.

Metz-Göckel, Sigrid & Ursula Müller (1985): Der Mann. Eine repräsentative Untersuchung über die Lebenssituation und das Frauenbild 20-50jähriger Männer im Auftrag der Zeitschrift Brigitte. Hamburg: Brigitte.

Michels, Robert (1925): Zur Soziologie des Parteiwesens in der modernen Demokratie, 2. Aufl., Stuttgart: Kröner.

Mikl-Horke, Gertraude (1992): Soziologie. Historischer Kontext und soziologische Theorie-Entwürfe, 2. Aufl., München: Oldenbourg.

Miller, Gary J. (1992): Managerial Dilemmas, Cambridge/Mass.: Harvard University Press.

Mises, Ludwig von (1933): Grundprobleme der Nationalökonomie, Jena: Fischer.

Montesquieu, Charles de Secondant, Baron de la Brède et de (1965 [1784]): Vom Geist der Gesetze, Stuttgart: Reclam.

Münch, Richard (1982): Theorie des Handelns: Zur Rekonstruktion der Beiträge von Talcott Parsons, Émile Durkheim und Max Weber, Frankfurt/M.: Suhrkamp.

Nave-Herz, Rosemarie (1989): Gegenstandsbereich und historische Entwicklung der Familienforschung, in: R. Nave-Herz & M. Markefka (Hrsg.), Handbuch der Familien- und Jugendforschung, Band 1: Familienforschung, Neuwied und Frankfurt/M.: Luchterhand, 1-17.

Neidhardt, Friedhelm (1975) (Hrsg.): Frühkindliche Sozialisation, Stuttgart: Enke.

Neidhardt, Friedhelm (1986): Kultur und Gesellschaft, in: F. Neidhardt et al. (Hrsg.), Kultur und Gesellschaft, Kölner Zeitschrift für Soziologie und Sozialpsychologie, Sonderheft 27, Opladen: Westdeutscher Verlag, 10-18.

Neumann, Manfred (1991): Theoretische Volkswirtschaftslehre II. Produktion, Nachfrage und Allokation, 3. Aufl., München: Vahlen.

North, Douglass C. (1990): Institutions, Institutional Change and Economic Performance, Cambridge/Mass.: Harvard University Press.

Ogburn, William F. (1922): Social Change: With Respect to Culture and Original Nature, New York: Huebsch.

Ogburn, William F. (1964a): Cultural Lag as Theory, in: W. F. Ogburn, On Culture and Social Change, Selected Papers, Chicago: University of Chicago Press, 86-95.

Ogburn, William F. (1964b [1937]): Culture, in: W. F. Ogburn: On Culture and Social Change, Selected Papers, Chicago: University of Chicago Press, 3-16.

Opp, Karl-Dieter (1976): Methodologie der Sozialwissenschaften, neubearb. u. erw. Aufl., Reinbek: Rowohlt.

Opp, Karl-Dieter (1978): Theorie sozialer Krisen, Hamburg: Hoffmann & Campe.

Opp, Karl-Dieter (1991): DDR '89. Zu den Ursachen einer spontanen Revolution, in: Kölner Zeitschrift für Soziologie und Sozialpsychologie 43, 291-301.

Opp, Karl-Dieter & Reinhard Wippler (Hrsg.) (1990): Empirischer Theorienvergleich: Erklärung sozialen Verhaltens in Problemsituationen, Opladen: Westdeutscher Verlag.

Ossowski, Stanislaw (1973): Die Besonderheiten der Sozialwissenschaften, Frankfurt/M.: Suhrkamp.

Ott, Notburga (1989): Haushaltsökonomie und innerfamiliäre Arbeitsteilung: Eine spieltheoretische Analyse familialer Entscheidungen, Manuskript der Dissertation, Bielefeld: Fakultät für Wirtschaftswissenschaften.

O.V. (1992), Nur noch jeder vierte ein Christ, DER SPIEGEL, Heft 25, 36-57.

Pappi, Franz Urban (1977): Sozialstruktur und politische Konflikte in der Bundesrepublik: Individual- und Kontextanalysen der Wahlentscheidung, Manuskript der Habilitationsschrift, Köln: Wirtschafts- und Sozialwissenschaftliche Fakultät.

Pareto, Vilfredo (1962 [1916]): Vilfredo Paretos System der allgemeinen Soziologie; übersetzt, eingeleitet und mit Anmerkungen versehen von G. Eisermann, Stuttgart: Enke.

Parsons, Talcott (1951): The Social System, New York: Free Press.

Parsons, Talcott (1964a [1940]): Ansatz zu einer analytischen Theorie der sozialen Schichtung, in: T. Parsons, Beiträge zur soziologischen Theorie, hrsg. und eingeleitet von D. Rüschemeyer, Neuwied und Berlin: Luchterhand, 180-205.

Parsons, Talcott (1964b): The American Family: Its Relations to Personality and to the Social Structure, in: T. Parsons & R. F. Bales (Hrsg.), Family, Socialization and Interaction Process, London: Routledge & Kegan Paul, 3-33.

Parsons, Talcott (1964c): Family Structure and the Socialization of the Child, in: T. Parsons & R. F. Bales (eds.), Family, Socialization and Interaction Process, London: Routledge & Kegan Paul, 35-131.

Parsons, Talcott (1964d): Das Verwandtschaftssystem in den Vereinigten Staaten, in: T. Parsons, Beiträge zur soziologischen Theorie, hrsg. und eingeleitet von D. Rüschemeyer, Neuwied und Berlin: Luchterhand, 84-108.

Parsons, Talcott (1975): Die Entstehung der Theorie des sozialen Systems: Ein Bericht zur Person, in: T. Parsons, Edward A. Shils & Paul F. Lazarsfeld, Soziologie - autobiographisch. Drei kritische Berichte zur Entwicklung einer Wissenschaft, Stuttgart: Enke, 1-68.

Parsons, Talcott (1976): Zur Theorie sozialer Systeme, Opladen: Westdeutscher Verlag.

Parsons, Talcott; Edward A. Shils, Gordon W. Allport, Clyde Kluckhohn, Henry A. Murray, Robert R. Sears, Richard C. Sheldon, Samuel A. Stouffer & Edward Tolman (1962): Some Fundamental Categories of the Theory of Action: A General Statement, in: T. Parsons & E. A. Shils (eds.), Toward a General Theory of Action. Theoretical Foundations for the Social Sciences, New York: Harper & Row, 3-29.

Pawlowski, Tadeusz (1975): Methodologische Probleme in den Geistes- und Sozialwissenschaften, Warschau: Polnischer Verlag der Wissenschaften.

Pawlowski, Tadeusz (1980): Begriffsbildung und Definition, Berlin und New York: de Gruyter.

Piaget, Jean (1954): Das moralische Urteil beim Kinde, Zürich: Rascher.

Pollack, Detlef (1990): Wer leitete die Wende ein? Überlegungen zum gesellschaftlichen Umbruch in der DDR aus systemtheoretischer Perspektive, in: Sozialwissenschaften und Berufspraxis 13, 167-177.

Popitz, Heinrich (1961): Soziale Normen, in: Archives Européennes de Sociologie 2, 185-198.

Popitz, Heinrich (1967): Der Begriff der sozialen Rolle als Element der soziologischen Theorie, Tübingen: Mohr (Siebeck).

Popitz, Heinrich (1980): Die normative Konstruktion von Gesellschaft, Tübingen: Mohr (Siebeck).

Popper, Karl R. (1962): Die Logik der Sozialwissenschaften, in: Kölner Zeitschrift für Soziologie und Sozialpsychologie 14, 233-248.

Popper, Karl R. (1966): Logik der Forschung, 2. Aufl., Tübingen: Mohr.

Popper, Karl R. (1973): Objektive Erkenntnis. Ein evolutionärer Entwurf, Hamburg: Hoffmann & Campe.

Popper, Karl R. (1992a [1945]): Die offene Gesellschaft und ihre Feinde, Band I: Der Zauber Platons, 7. Aufl., Tübingen: Mohr (Siebeck).

Popper, Karl R. (1992b [1945]): Die offene Gesellschaft und ihre Feinde. Band II: Falsche Propheten: Hegel, Marx und die Folgen, 7. Aufl., Tübingen: Mohr (Siebeck).

Pöschl, Hannelore (1989): Formen des Zusammenlebens 1988, in: Wirtschaft und Statistik, Oktober, 627-634.

Prosch, Bernhard & Martin Abraham (1991): Die Revolution in der DDR. Eine strukturell-individualistische Erklärungsskizze, in: Kölner Zeitschrift für Soziologie und Sozialpsychologie 43, 291-301.

Quételet, Adolphe (1914/1921 [1835]): Soziale Physik: Abhandlungen über die Entwicklung der Fähigkeiten des Menschen, 2 Bände, Jena: Fischer.

Rahms, Helene (1987): Das Feuer als Waffe. Vom Sieg des "Homo habilis", in: Frankfurter Allgemeine Zeitung vom 9. September.

Rapin, Hildegard (1990): Der private Haushalt - Daten und Fakten, Frankfurt/M. und New York: Campus.

Rapoport, Anatol (1966): Two-Person Game Theory, Ann Arbor: The University of Michigan Press.

Rasmussen, Eric (1989): Games and Information, New York und Cambridge/Mass.: Harvard University Press.

Raub, Werner (1984): Rationale Akteure, institutionelle Regelungen und Interdependenzen, Frankfurt/M.: Lang.

Raub, Werner & Thomas Voss (1981): Individuelles Handeln und gesellschaftliche Folgen, Darmstadt und Neuwied: Luchterhand.

Raub, Werner & Thomas Voss (1986): Die Sozialstruktur der Kooperation rationaler Egoisten, in: Zeitschrift für Soziologie 15, 309-323.

Raub, Werner & Jeroen Weesie (1990): Reputation and Efficiency in Social Interactions: An Example of Network Effects, in: American Journal of Sociology 96, 626-654.

Raub, Werner & Jeroen Weesie (1993): The Management of Matches. Decentralized Mechanisms for Cooperative Relations with Applications to Organizations and Households, revised version, ISCORE Papers No. 1, Utrecht: ISCORE.

Raub, Werner & Gideon Keren (1993): Hostages as a Commitment Device: a Game--Theoretic Model and an Empirical Test of Some Scenarios, in: Journal of Economic Behavior and Organization 21, 43-67.

Recktenwald, Horst Claus (1978): Würdigung des Werkes, in: Adam Smith, Der Wohlstand der Nationen, hrsg. von H. C. Recktenwald, München: dtv, XV-LXXIX.

Recktenwald, Horst Claus (1981): Wörterbuch der Wirtschaft, Stuttgart: Kröner.

Reinhold, Gerd (Hrsg.) (1992): Soziologie-Lexikon, München: Oldenbourg.

Rerrich, Maria S. (1988): Balanceakt Familie. Zwischen alten Leitbildern und neuen Lebensformen. Freiburg: Lambertus.

Rex, John (1970): Grundprobleme der soziologischen Theorie, Freiburg: Rombach.

Riker, William H. & Peter C. Ordeshook (1973): An Introduction to Positive Political Theory, Englewood Cliffs: Prentice-Hall.

Rousseau, Jean-Jacques (1984 [1755]): Diskurs über die Ungleichheit, hrsg. und kommentiert von H. Meier, Paderborn: Schöningh.

Rülcker, Christoph (1994): Akkumulation, in: W. Fuchs-Heinritz, R. Lautmann, O. Rammstedt & H. Wienold (Hrsg.), Lexikon zur Soziologie, 3. Aufl., Opladen: Westdeutscher Verlag, 26f.

Runciman, Walter G. (1976): Zu einer Theorie der sozialen Schichtung, in: K. H. Hörning (Hrsg.), Soziale Ungleichheit: Strukturen und Prozesse sozialer Schichtung, Darmstadt und Neuwied: Luchterhand, 33-61.

Rüschemeyer, Dieter (1969): Partielle Modernisierung, in: W. Zapf (Hrsg.), Theorien des sozialen Wandels, Köln und Berlin: Kiepenheuer & Witsch, 382-396.

Rüschemeyer, Dieter (1986): Power and the Division of Labour, Cambridge: Polity Press.

Schäfers, Bernhard (Hrsg.) (1986): Grundbegriffe der Soziologie, Opladen: Leske + Budrich.

Schäfers, Bernhard (1990): Gesellschaftlicher Wandel in Deutschland. Ein Studienbuch zur Sozialstruktur und Sozialgeschichte der Bundesrepublik, 5. Aufl., Stuttgart: Enke.

Schelling, Thomas C. (1960): The Strategy of Conflict, London: Oxford University Press.

Schelling, Thomas C. (1969): Modells of Segregation, in: American Economic Review 59, 488-493.

Schelling, Thomas C. (1978): Micromotives and Macrobehavior, New York und London: Norton.

Schelsky, Helmut (1957): Die sozialen Folgen der Automatisierung, Düsseldorf-Köln: Diederichs.

Schelsky, Helmut (1980): Die Soziologen und das Recht: Abhandlungen und Vorträge zur Soziologie von Recht, Institution und Planung, Opladen: Westdeutscher Verlag.

Scheuch, Erwin K. (1967): Methoden, in: R. König (Hrsg.), Soziologie, Frankfurt/M.: Fischer, 194-224.

Scheuch, Erwin K. (1991): Schwierigkeiten der Soziologie mit dem Prozeß der Modernität, in: W. Zapf (Hrsg.), Die Modernisierung moderner Gesellschaften. Verhandlungen des 25. Deutschen Soziologentages, Frankfurt/M. und New York: Campus, 109-139.

Schluchter, Wolfgang (1988): Religion und Lebensführung, 2 Bände, Frankfurt/M.: Suhrkamp.

Schmidtchen, Gerhard (1993): Ethik und Protest, Moralbilder und Wertkonflikte junger Menschen, Opladen: Leske + Budrich.

Schneider, Louis (ed.) (1967): The Scottish Moralists. On Human Nature and Society, Chicago und London: Phoenix.

Schneider, Wolfgang (Hrsg.) (1990): Leipziger Demontagebuch, Leipzig und Weimar: Kiepenheuer.

Schnell, Rainer; Paul B. Hill & Elke Esser (1992): Methoden der empirischen Sozialforschung, 3. Aufl., München: Oldenbourg.

Schrader, Stephan (1989): Zwischenbetrieblicher Informationstransfer. Eine empirische Analyse kooperativen Verhaltens, Berlin: Duncker & Humblot.

Schrüfer, Klaus (1988): Ökonomische Analyse individueller Arbeitsverhältnisse, Frankfurt/M. und New York: Campus.

Schubnell, Herrmann (1959): Haushalt und Familie II. Das neue Konzept der amtlichen Statistik zur Ermittlung und Analyse der Struktur von Haushalt und Familie, in: Allgemeines Statistisches Archiv 43, 221-237.

Schumpeter, Josef A. (1910): Wie studiert man Sozialwissenschaft?, Czernowitz: Ohne Verlag.

Schumpeter, Josef A. (1970): Das Wesen und der Hauptinhalt der theoretischen Nationalökonomie, 2. Aufl., Berlin: Duncker & Humblot.

Schweitzer, Rosemarie von (1988a): Lehren vom Privathaushalt. Eine kleine Ideengeschichte, Frankfurt/M. und New York: Campus.

Schweitzer, Rosemarie von (1988b): Die privaten Versorgungs-, Pflege- und Erziehungsleistungen und ihre Wahrnehmung als Haushaltsproduktion, in: Hauswirtschaft und Wissenschaft 36, 230-237.

Schweitzer, Rosemarie von (1991): Einführung in die Wirtschaftslehre des privaten Haushalts, Stuttgart: Ulmer.

Schwemmer, Oswald (1984): Kultur, in: J. Mittelstraß (Hrsg.), Enzyklopädie Philosophie und Wissenschaftstheorie, Band 2, Mannheim u.a.: Bibliographisches Institut, 508-511.

Scott, W. Richard (1986): Grundlagen der Organisationstheorie, Frankfurt/M. und New York: Campus.

Seidel, Bruno & Siegfried Jenkner (Hrsg.) (1968): Klassenbildung und Sozialschichtung, Darmstadt: Wissenschaftliche Buchgesellschaft.

Simmel, Georg (1900): Philosophie des Geldes, Leipzig: Duncker & Humblot.

Simmel, Georg (1908): Soziologie. Untersuchungen über die Formen der Vergesellschaftung, Leipzig: Duncker & Humblot.

Simmel, Georg (1983 [1903]): Schriften zur Soziologie, Auswahl, hrsg. u. eingel. v. H.-J. Dahm & O. Rammstedt, Frankfurt/M.: Suhrkamp.

Sims, William (1987): Sociology Laboratory, Belmont: Wadsworth.

Six, Bernd (1989): Beziehungen, soziale, in: G. Endruweit & G. Trommsdorff (Hrsg.), Wörterbuch der Soziologie, Stuttgart: Enke, 84-88.

Smith, Adam (1949 [1759]): Theorie der ethischen Gefühle, Frankfurt/M.: Schauer.

Smith, Adam (1978 [1776]): Der Wohlstand der Nationen, hrsg. von H. C. Recktenwald, München: dtv.

Smith, Charles W. (1990): Auctions. The Social Construction of Value, Berkeley und Los Angeles: University of California Press.

Sodeur, Wolfgang (1974): Empirische Verfahren der Klassifikation, Stuttgart: Teubner.

Sombart, Werner (1906): Warum gibt es in den Vereinigten Staaten keinen Sozialismus?, Tübingen: Mohr (Siebeck).

Sommerkorn, Ingrid N. (1988): Die erwerbstätige Mutter in der Bundesrepublik: Einstellungs- und Problemveränderungen, in: R. Nave-Herz (Hrsg.), Wandel und Kontinuität der Familie in der Bundesrepublik Deutschland, Stuttgart: Enke, 115-144.

Spencer, Herbert (1885): Die Prinzipien der Soziologie, 3 Bände, Stuttgart: Schweizerbartsche Verlagsbuchhandlung.

Srubar, Ilja (1992): Grenzen des Rational-Choice-Ansatzes, in: Zeitschrift für Soziologie 21, 157-165.

Starbatty, Joachim (1985): Die englischen Klassiker der Nationalökonomie: Lehre und Wirkung, Darmstadt: Wissenschaftliche Buchgesellschaft.

Staudt, Erich (1983): Freiräume in der Gestaltung von Arbeitsorganisationen; technische und organisatorische Potentiale des Wandels von Industriegesellschaften, Berichte aus der angewandten Innovationsforschung 38, Duisburg: Institut für angewandte Innovationsforschung.

Stegmüller, Wolfgang (1983): Probleme und Resultate der Wissenschaftstheorie und analytischen Philosophie, Band I: Erklärung, Begründung, Kausalität, Berlin u.a: Springer.

Stehr, Nico (1991): Praktische Erkenntnis, Frankfurt/M.: Suhrkamp.

Stigler, George J. & Gary S. Becker (1977): De Gustibus Non Est Disputandum, in: American Economic Review 67, 76-90.

Stosberg, Manfred (1992): Die psychische Situation Älterer als gesellschaftliches Produkt, in: H.-J. Kaiser (Hrsg.): Der ältere Mensch - Wie er denkt und handelt, Bern: Huber, 35-52.

Stromer, Wolfgang von (1986): Pionier-Innovationen und Innovationsschübe und ihr Einfluß auf Wirtschafts- und Lebensbereiche im Mittelalter und Frühneuzeit, in: Österreichische Akademie der Wissenschaften, Philosophisch-historische Klasse: Alltag und Fortschritt im Mittelalter, Sitzungsberichte Band 470, Wien: Akademieverlag.

Taylor, Michael (1987): The Possibility of Cooperation, Cambridge: University Press.

Tenbruck, Friedrich H. (1961): Zur deutschen Rezeption der Rollentheorie, in: Kölner Zeitschrift für Soziologie und Sozialpsychologie 13, 1-40.

Tenbruck, Friedrich H. (1972): Gesellschaft und Gesellschaften: Gesellschaftstypen, in: A. Bellebaum (Hrsg.), Wissen im Überblick: Die moderne Gesellschaft, Freiburg: Herder, 54-71.

Tenbruck, Friedrich H. (1984a): Émile Durkheim oder die Geburt der Gesellschaft aus dem Geist der Soziologie, in: Zeitschrift für Soziologie 10, 333-350.

Tenbruck, Friedrich H. (1984b): Die unbewältigten Sozialwissenschaften oder die Abschaffung des Menschen, Graz: Styria.

Tenbruck, Friedrich H. (1986): Geschichte und Gesellschaft, Berlin: Dunker & Humblot.

Tetzner, Reiner (1990): Leipziger Ring. Aufzeichnungen eines Montagsdemonstranten, Oktober 1989 bis 1. Mai 1990, Frankfurt: Luchterhand.

Thibaut, John W. & Harold H. Kelley (1959): The Social Psychology of Groups, New York u.a.: Wiley.

Thomas, William I. & Florian Znaniecki (1927 [1918-20]): The Polish Peasant in Europe and America, 2 Bände, Chicago: University of Chicago Press.

Thomas, William I. & Dorothy Swaine Thomas (1928): The Child in America. Behavior Problems and Programs, New York: A. A. Knopf.

Tietzel, Manfred; Marion Weber & Otto F. Bode (1991): Die Logik der sanften Revolution. Eine ökonomische Analyse. Mohr: Tübingen.

Tölke, Angelika (1990): Das Zusammenspiel von Familienentwicklung und Erwerbsverhalten von Frauen - empirische Umsetzung einer theoretischen Neukonzeptualisierung, in: Zeitschrift für Familienforschung 2, 26-54.

Tölke, Angelika (1991): Heirat und Geburt als Einschnitte in der weiblichen Erwerbsbiographie, in: C. Gather et al. (Hrsg.), Frauen-Alterssicherung. Lebensverläufe von Frauen und ihre Benachteiligung im Alter, Berlin: Edition Sigma, 32-45.

Tönnies, Ferdinand (1972 [1887]): Gemeinschaft und Gesellschaft, Darmstadt: Wissenschaftliche Buchgesellschaft.

Touraine, Alain (1972): Die postindutrielle Gesellschaft, Frankfurt/M.: Suhrkamp.

Touraine, Alain (1976): Was nützt die Soziologie?, Frankfurt/M.: Suhrkamp.

Trommsdorff, Gisela (Hrsg.) (1989): Sozialisation im Kulturvergleich, Stuttgart: Enke.

Tylor, Edward B. (1972): Die Kulturwissenschaft, in: R. König & A. Schmalfuß (Hrsg.), Kulturanthropologie, Düsseldorf und Wien: Econ, 51-56.

Tyrell, Hartmann (1976): Probleme einer Theorie der gesellschaftlichen Ausdifferrenzierung der privatisierten modernen Kernfamilie, in: Zeitschrift für Soziologie 5, 393-417.

Tyrell, Hartmann (1978): Normativität und soziales Handeln, in: Jahrbuch für Wissens- und Religionssoziologie 11, 59-89.

Ulich, Dieter (1980): Lern- und Verhaltenstheorien in der Sozialisationsforschung, in: K. Hurrelmann & D. Ulich (Hrsg.), Handbuch der Sozialisationsforschung, Weinheim und Basel: Beltz, 71-99.

Vanberg, Viktor (1975): Die zwei Soziologien, Tübingen: Mohr (Siebeck).

Vanberg, Viktor (1979): Colemans Konzeption des korporativen Akteurs - Grundlegung einer Theorie sozialer Verbände, in: J. S. Coleman (Hrsg.), Macht und Gesellschaftsstruktur, Tübingen: Mohr (Siebeck), 93-123.

Vanberg, Viktor (1982): Markt und Organisation, Tübingen: Mohr (Siebeck).

Vanberg, Viktor (1983): Der individualistische Ansatz zu einer Theorie der Entstehung und Entwicklung von Institutionen, in: E. Boettcher, P. Herder-Dorneich & K.-E. Schenk (Hrsg.), Jahrbuch für Neue Politische Ökonomie, Band 2, Tübingen: Mohr (Siebeck), 50-69.

Vierkandt, Alfred (Hrsg.) (1931): Handwörterbuch der Soziologie, Stuttgart: Enke.

Voss, Thomas (1985): Rationale Akteure und soziale Institutionen, München: Oldenbourg.

Weber, Max (1922a): Gesammelte Aufsätze zur Wissenschaftslehre, Tübingen: Mohr (Siebeck).

Weber, Max (1922b): Die "Objektivität" sozialwissenschaftlicher und sozialpolitischer Erkenntnis, in: M. Weber, Gesammelte Aufsätze zur Wissenschaftslehre, Tübingen: Mohr (Siebeck), 146-214.

Weber, Max (1922c): Die Grenznutzenlehre und das "psychophysische Grundgesetz", in: M. Weber, Gesammelte Aufsätze zur Wissenschaftslehre, Tübingen: Mohr (Siebeck), 360-375.

Weber, Max (1922d): Über einige Kategorien der verstehenden Soziologie", in: M. Weber, Gesammelte Aufsätze zur Wissenschaftslehre, Tübingen: Mohr (Siebeck) 403-450.

Weber, Max (1924): Gesammelte Aufsätze zur Soziologie und Sozialpolitik, hrsg. v. M. Weber, Tübingen: Mohr (Siebeck).

Weber, Max (1976 [1922]): Wirtschaft und Gesellschaft. Grundriß der verstehenden Soziologie, 5. rev. Aufl., hrsg. von J. Winckelmann, Tübingen: Mohr (Siebeck).

Weber, Max (1991 [1904-1919]): Schriften zur Wissenschaftslehre, hrsg. von M. Sukkale, Stuttgart: Reclam.

Weesie, Jeroen & Werner Raub (1992): Private Ordering. A Comparative Institutional Analysis of Hostages Games, ISCORE, Prepublication Series No. 3, Utrecht: ISCORE.

Westby, David L. (1991): The Growth of Sociological Theory. Human Nature, Knowledge, and Social Change. Englewood Cliffs, N.J.: Prentice Hall.

Wiese, Leopold von (1950): Soziologie: Geschichte und Hauptprobleme, Berlin: de Gruyter.

Willms, Bernard (1987): Thomas Hobbes. Das Reich des Leviathan, München: Piper.

Wilson, Thomas P. (1973): Theorien der Interaktion und Modelle soziologischer Erklärung, in: AG Bielefelder Soziologen (Hrsg.), Alltagswissen, Interaktion und gesellschaftliche Wirklichkeit, Band 1, Reinbek: Rowohlt, 54-79.

Winckelmann, Johannes (1976): Erläuterungsband zu Max Weber, Wirtschaft und Gesellschaft, 5. Aufl., Tübingen: Mohr (Siebeck).

Wippler, Reinhard (1978): Nicht-intendierte soziale Folgen individueller Handlungen, in: Soziale Welt 29, 155-179.

Wippler, Reinhard (1981): Erklärung unbeabsichtigter Handlungsfolgen: Ziel oder Meilenstein soziologischer Theoriebildung, in: J. Matthes (Hrsg.), Lebenswelt und soziale Probleme, Verhandlungen des 20. Deutschen Soziologentages, Frankfurt/M. und New York: Campus, 246-261.

Wippler, Reinhard (1985): Die Entstehung oligarchischer Strukturen in demokratisch verfaßten Organisationen, in: G. Büschges & W. Raub (Hrsg.), Soziale Bedingungen - Individuelles Handeln - Soziale Konsequenzen, Frankfurt/M. u.a.: Lang, 23-48.

Wiswede, Günter (1987): Über die Entstehung von Präferenzen, in: K. Heinemann (Hrsg.), Soziologie wirtschaftlichen Handelns, Kölner Zeitschrift für Soziologie und Sozialpsychologie, Sonderheft 28, Opladen: Westdeutscher Verlag, 40-53.

Wittenberg, Reinhard (1991): Computerunterstützte Datenanalyse, Stuttgart: Fischer.

Wittenberg, Reinhard; Bernhard Prosch & Martin Abraham (1991): Antisemitismus in der ehemaligen DDR. Überraschende Ergebnisse der ersten Repräsentativ-Umfrage und einer Befragung von Jugendlichen in Jena, in: Tribüne. Zeitschrift zum Verständnis des Judentums 30, 102-120.

Wurzbacher, Gerhard (1963) (Hrsg.): Sozialisation und Personalisation, Stuttgart: Enke.

Wurzbacher, Gerhard (1977): Die Familie unter den Aspekten eines lebenslangen Sozialisationsprozesses des Menschen. Hypothesen - Fragestellungen - Folgerungen, in: G. Wurzbacher (Hrsg.), Die Familie als Sozialisationsfaktor, 2. Aufl., Stuttgart: Enke, 1-32.

Zahlmann-Willenbacher, Barbara (1979): Kritik des funktionalistischen Konzepts geschlechtstypischer Arbeitsteilung, in: R. Eckert (Hrsg.), Geschlechtsrollen und Arbeitsteilung. Mann und Frau in soziologischer Sicht, München: Beck, 60-77.

Zapf, Wolfgang (Hrsg.) (1969): Theorien des sozialen Wandels, Köln und Berlin: Kiepenheuer & Witsch.

Zapf, Wolfgang (1991a): Modernisierung und Modernisierungstheorien, in: W. Zapf (Hrsg.), Die Modernisierung moderner Gesellschaften, Frankfurt/M. und New York: Campus, 23-39.

Zapf, Wolfgang (Hrsg.) (1991b): Die Modernisierung moderner Gesellschaften. Verhandlungen des 25. Deutschen Soziologentages, Frankfurt/M. und New York: Campus.

Zelditch, Morris jr. (1964): Role Differentiation in the Nuclear Family: A Comparative Study, in: T. Parsons & R. F. Bales (eds.), Family, Socialization and Interaction Process, London: Routledge & Kegan Paul, 307-352.

Zimmermann, Klaus F. (1985): Familienökonomie. Theoretische und empirische Untersuchungen zur Frauenerwerbstätigkeit und Geburtenentwicklung, Berlin u.a.: Springer.

Personenregister

A

Abraham . . . 68, 133, 203, 207-209, 211, 223, 242, 249
Adorno . . . 41, 72, 79, 117, 216, 217, 223, 229, 233, 234
Agassi . . . 93, 223
Ahammer . . . 68, 69, 223
Akerlof . . . 132, 223
Albert . . . 30, 73, 79, 85, 89, 116, 117, 217, 223, 234
Albrecht . . . 228
Alexander . . . 18, 223, 228
Alff . . . 228
Allmendinger . . . 233, 234, 237
Allport . . . 109, 164, 167, 168, 242
Aristoteles . . . 25, 42, 105, 197
Aron . . . 7, 16, 104, 105, 112, 113, 223, 224
Arts . . . 238
Auge . . . 178, 179, 190, 191, 237
Augustinus . . . 195
Axelrod . . . 35, 36, 128, 132, 136-138, 224

B

Badura . . . 217, 224
Baecker . . . 120, 224
Bahrdt . . . 2, 25, 37, 168, 224
Bales . . . 110, 241, 249
Baltes . . . 223, 224
Bayer . . . 190, 225
Beck . . . 52, 213, 220, 224, 225, 229, 232, 235-237, 239, 249
Becker . . . 123, 140, 177-182, 191, 192, 224, 225, 246
Bell . . . 39, 225
Bellebaum . . . 2, 39, 213, 225, 236, 246
Ben-Porath . . . 181, 225
Bendix . . . 32, 225
Bentham . . . 16, 123, 225
Berg . . . 227
Berger . . . 2, 8, 43, 67, 225
Bernstein . . . 45
Bertram . . . 67, 100, 190, 225, 237
Bien . . . 173, 225
Bierhoff . . . 136, 225
Bierstedt . . . 9, 225
Blaschke . . . 38, 225
Blumer . . . 118, 225
Bode . . . 203, 247
Boettcher . . . 247

Böllhoff 222, 226
Bonß 213, 226
Borchert 234
Bornschier 44, 226
Boudon 2, 17, 20, 21, 28-30, 42-50, 66-68, 74, 77, 78, 81, 86-90, 102-106, 108, 112, 113, 120, 133, 140, 145, 148-155, 163, 164, 168-172, 185, 186, 192, 195, 199-202, 213, 226
Bourricaud 2, 28, 30, 42-44, 48, 66-68, 81, 86, 87, 170, 172, 199, 226
Braun 203, 208, 226
Brim 233
Brinkmann 144, 226
Bundesministerium für Familie und Senioren 172, 173, 178, 189, 226
Buridan 105, 106, 108, 112, 113, 235
Büschges 7, 14, 17, 29, 32, 38, 41, 42, 50, 53, 54, 72, 80, 85, 89, 91, 170, 182-189, 191, 213, 215, 217, 218, 223, 226-228, 232, 248

C

Carmichael 134, 228
Clerc 47, 232
Coleman 1, 15-18, 25, 28, 29, 36, 39, 41, 42, 53, 54, 86, 87, 96, 97, 101, 102, 110, 120, 122, 133, 134, 140, 143, 145, 148, 150, 151, 157, 170, 174, 182, 183, 188, 189, 199, 228, 247
Columbus 197
Comte 9, 14, 38, 39, 120, 196, 224, 228, 239
Condorcet 120, 197, 228
Coombs 128, 228
Coser 48, 228
Crozier 90, 229
Cyran 227

D

da Gama 197
Dahm 245
Dahmer 39, 229
Dahrendorf 42, 43, 48, 76, 79, 117, 164-167, 169, 171, 223, 229
Davis, Kingsley 43, 229
Davis, Morton D. 123, 128, 131, 229
Dawes 128, 228
Derlien 220, 229
DER SPIEGEL 62, 169, 229
Dietrich 173, 229
Dilthey 58, 74
Dreitzel 195, 229
Durkheim 2, 14, 15, 16, 19, 29, 35, 38, 41, 49, 96, 103, 112-114, 196, 224, 229, 230, 237, 240, 246

E

Eberle 118, 230
Eckensberger 223, 224
Eckert 249
Eichner 238
Eisenstadt 215, 230
Eisermann 230, 241
Ekeland 54, 230
Elder 67, 230
Elias 2, 28, 61, 66, 151, 154, 198, 230
Ellis 35, 36, 230
Elster 98, 99, 120, 126, 171, 230
Enderle 224
Endruweit 2, 9, 10, 227, 230, 234, 238, 245
Engels 39, 48, 239
Erler 190, 191, 230
Esser, Elke 71, 73, 117-119, 244
Esser, Hartmut 71, 78, 100-102, 120, 140, 142, 144, 154, 198, 202, 230, 231, 238
Euchner 12, 231
Eucken 213, 231

F

Falk 119, 231
Fehl 234
Ferber 213, 231
Ferguson 12-14, 92, 113, 196, 197, 231, 235
Fijalkowski 76, 231
Fleischer 39, 229
Franke 227
Franz 140, 231
Freyer 58, 231
Friedman 144, 231
Friedrichs 56, 231
Fuchs-Heinritz 2, 231, 236, 239, 244
Funk 18, 119, 173, 180, 189-191, 229, 232

G

Gabriel 62-66, 68, 100, 232
Galbraith 39, 232
Galilei 197
Gather 247
Gaugler 227
Geddie 59, 232
Gehlen 25, 57, 60, 232
Geiger 11, 16, 37, 43, 74, 232
Geißler 43, 232
Geßler 227
Giddens 33, 41, 215, 232

Giesen ... 18, 215, 218, 223, 228, 232
Girard ... 47, 232
Glagow ... 224
Glass ... 43, 233, 238
Gmelin ... 227
Göbel ... 109, 175, 239
Gorbatschow ... 207
Granovetter ... 30, 145, 148, 207, 233
Gustafsson ... 182, 233
Gutenberg ... 197
Gutmann ... 213, 233

H

Haarmann ... 53, 233
Habermas ... 72, 74, 79, 117, 223, 233
Habermehl ... 238
Haferkamp ... 238
Hägerstrand ... 145, 233
Haller ... 43, 233
Harsanyi ... 130, 233
Hartfiel ... 2, 10, 11, 24, 36, 57, 233
Hartmann ... 68, 213, 226, 233, 238, 240, 247
Hayek, von ... 12, 13, 16, 86, 233
Hegel ... 242
Heidenreich ... 191, 239
Heinemann ... 237, 248
Hempel ... 116, 117, 119, 234
Herder-Dorneich ... 247
Hesse ... 55, 234
Heuß ... 234
Hill ... 71, 73, 117-119, 244
Hillmann ... 2, 10, 11, 24, 36, 57, 233
Hilzenbecher ... 178, 179, 190, 191, 237
Hirschman ... 186, 234
Hobbes ... 12, 15, 33-35, 196, 234, 248
Hofstadter ... 132, 234
Höhmann ... 214, 219, 226, 234
Holst ... 190, 191, 234
Homann ... 224
Homans ... 30, 32, 86, 234
Hondrich ... 213, 234, 239
Honecker ... 224
Horkheimer ... 72, 216, 217, 233, 234
Hörning ... 43, 234, 244
Hradil ... 43, 67, 225
Huinink ... 190, 233, 234, 237
Hummell ... 35, 234
Hurrelmann ... 66-68, 225, 234, 236, 237, 247
Huth ... 92, 235

I

Inglehart 64, 235
Institut für Demoskopie 65, 235
Irle 67, 86, 235

J

Jaeckel 190, 191, 230
Jaeggi 213, 235
Janich 105, 235
Jenkner 42, 245
Jensen 110, 235
Jonas, Friedrich 2, 9, 10, 12, 13, 35, 37, 196, 215, 235
Jonas, Hans 52, 235
Jung 109-111, 235

K

Kahnemann 144, 235
Kaiser 246
Kant 75, 215, 235
Käsler 2, 225, 229, 235-237, 239
Kaufmann 96, 97, 170, 173, 231, 235
Keck 133, 236
Kellermann 39, 236
Kelley 86, 247
Kepler 197
Kerber 224
Keren 135, 136, 243
Kern, Horst 52, 236
Kern, Lucian 85, 236
Kindelmann 7, 236
Kirchgässner 81, 236
Kirsch 120, 123, 125, 127, 236
Klein 134, 236
Klenovits 71, 78, 231
Kliemt 35, 236
Klima 222, 236
Kluckhohn 109, 164, 167, 168, 242
Kohlberg 68, 100, 236
Kohli 178, 230, 236
König 4, 5, 9, 10, 29, 30, 38, 42, 43, 50, 58-61, 71, 95, 96, 112, 113, 173, 230, 233, 236-238, 244, 247
Kreckel 43, 61, 72, 74, 214, 237
Kreppner 178, 237
Krombholz 191, 237
Krüsselberg 178, 179, 190, 191, 237
Kuper 156, 237

L

Lange . . . 214, 219, 226, 234
Lau . . . 213, 237
Lauterbach . . . 191, 238
Lautmann . . . 231, 236, 239, 244
Leakey . . . 52, 238
Lenk . . . 25, 223, 238
Lepenies . . . 232
Lepsius . . . 43, 238
Lewin . . . 54, 238
Limbach . . . 174, 238
Lindenberg . . . 18, 85, 86, 101, 126, 127, 142-144, 148, 150, 154, 171, 238
Linton . . . 110, 163, 164, 238
Lipp . . . 94, 238
Luce . . . 123, 125, 126, 238
Lüdtke . . . 69, 238
Luhmann . . . 37, 79, 109, 175, 230, 238, 239
Lüken . . . 191, 239
Lüscher . . . 235
Lütke-Bornefeld . . . 184, 185, 188, 218, 228
Lutz . . . 53, 224, 239

M

Maindok . . . 118, 230
Maine . . . 38, 239
Mandeville . . . 12-14, 151, 231, 233, 239
Mannheim . . . 67, 195, 235, 239, 245
Marbach . . . 173, 225
Margolis . . . 127, 239
Markefka . . . 240
Marwell . . . 207, 239
Marx . . . 14, 39, 41, 43, 48, 78, 120, 196, 224, 229, 239, 242
Massing . . . 39, 239
Matthes . . . 2, 7, 8, 50, 79, 91, 213, 234, 239, 248
Mayer . . . 67, 233, 234, 237, 240
Mayr-Kleffel . . . 190, 240
Meier . . . 243
Merkelbach . . . 53, 240
Merton . . . 91, 151-154, 164, 169, 170, 240
Metz-Göckel . . . 190, 240
Michael . . . 177, 224
Michels . . . 128, 240
Mikl-Horke . . . 2, 11, 15, 71, 79, 240
Miller . . . 132, 133, 136, 240
Mises, von . . . 86, 240
Mittelstraß . . . 235, 245
Montada . . . 136, 225
Montesquieu . . . 12-14, 196, 197, 224, 240
Moore . . . 43, 229

Müller 190, 240
Münch 18, 79, 223, 228, 240
Murray 109, 164, 167, 168, 242

N
Nave-Herz 173, 238, 240, 246
Neidhardt 58, 66, 240
Neumann 180, 240
Nordlohne 66, 68, 234
North 148, 240

O
Oberender 234
Ogburn 50-53, 59-61, 96, 197-199, 241
Oliver 207, 239
Olk 235
Opp 71, 80, 85, 117, 118, 126, 133, 140, 203, 207, 211, 241
Oppenheim 116, 117, 234
Ordeshook 123, 243
Ossowski 214, 241
Ott 182, 241
Otto 235
o.V. 62, 241

P
Pappi 37, 241
Pareto 2, 14, 28, 49, 103-108, 114, 148, 196, 224, 230, 241
Parsons .. 2, 15, 28, 35, 42, 43, 58, 95, 103, 108-111, 110-112, 114, 120, 164, 167, 168, 175-177, 181, 188, 191, 192, 226, 235, 240-242, 249
Pawlowski 37, 242
Pettinger 190, 191, 230
Piaget 68, 100, 242
Pilgrim 227
Pilot 117, 223
Plato 197
Pollack 120, 242
Popitz 37, 96, 97, 112, 166-168, 242
Popper 4, 11, 12, 55, 73, 76, 77, 79, 86, 91, 92, 101, 115, 117, 118, 151, 216, 220, 223, 229, 233, 242
Pöschl 173, 242
Prosch 68, 133, 203, 207-209, 211, 223, 242, 249

Q
Quételet 9, 242

R

Rahms . . . 52, 243
Raiffa . . . 123, 125, 126, 238
Rammstedt . . . 231, 236, 239, 244, 245
Rapin . . . 173, 243
Rapoport . . . 128, 130, 243
Rasmussen . . . 128, 243
Raub . . . 17, 18, 20, 21, 35, 36, 47, 66, 75, 81, 84-86, 93, 96, 122, 123, 134-139, 148, 150, 158, 183, 221, 227, 243, 248
Recktenwald . . . 13, 178, 180, 181, 243, 245
Reinhold . . . 2, 243
Rerrich . . . 190, 243
Rex . . . 104, 106-108, 243
Riker . . . 123, 243
Rockwell . . . 67, 230
Rousseau . . . 42, 243
Rülcker . . . 197, 243
Runciman . . . 43, 44, 244
Rüschemeyer . . . 41, 50, 241, 242, 244

S

Saint-Simon . . . 9, 41
Sass . . . 190, 191, 230
Schaarmann . . . 66
Schäfers . . . 10, 20, 43, 173, 244
Schaff . . . 56, 231
Schelling . . . 128, 142, 143, 156-161, 207, 208, 244
Schelsky . . . 52, 94, 244
Schenk . . . 247
Scheuch . . . 50, 74, 244
Schluchter . . . 79, 244
Schmalfuß . . . 237, 247
Schmidtchen . . . 64, 244
Schneider, Horst R. . . . 214, 219, 226, 234
Schneider, Louis . . . 13, 244
Schneider, Wolfgang . . . 203, 244
Schnell . . . 71, 73, 117-119, 244
Schrader . . . 133, 244
Schrüfer . . . 133, 135, 244
Schubnell . . . 172, 245
Schulte . . . 238
Schultheis . . . 235
Schumpeter . . . 86, 222, 245
Schupp . . . 190, 191, 234
Schütz . . . 140, 230, 231
Schweitzer, von . . . 172, 173, 180, 189, 245
Schwemmer . . . 58, 245
Scott . . . 182, 183, 189, 245
Sears . . . 109, 164, 167, 168, 242

Seidel . . . 42, 245
Sheldon . . . 109, 164, 167, 168, 242
Shils . . . 109, 110, 164, 167, 168, 242
Simmel . . . 27, 28, 30, 32, 48, 53, 59, 245
Sims . . . 142, 159, 245
Six . . . 27, 29, 245
Smelser . . . 18, 223, 228
Smith, Adam . . . 12-16, 36, 44, 113, 235, 243, 245
Smith, Charles W. . . . 201, 245
Sodeur . . . 37, 226, 245
Sombart . . . 73, 74, 245
Sommerkorn . . . 190, 246
Spencer . . . 14, 39, 196, 236, 246
Srubar . . . 140, 246
Starbatty . . . 12, 246
Staudt . . . 56, 246
Stegmüller . . . 115-119, 126, 127, 246
Stehr . . . 213, 220, 246
Steinmann . . . 224
Stigler . . . 123, 179, 246
Stosberg . . . 67, 246
Stouffer . . . 109, 164, 167, 168, 242
Stromer, von . . . 52, 246
Sukkale . . . 248

T

Taylor . . . 35, 36, 127, 136-138, 246
Tenbruck . . . 15, 39-41, 60, 61, 66, 88, 108, 165-167, 171, 246
Tetzner . . . 203, 246
Thibaut . . . 86, 246
Thiel . . . 231
Thomas . . . 109, 247
Tietzel . . . 203, 247
Tocqueville . . . 16, 224
Todt . . . 237
Tölke . . . 191, 247
Tolman . . . 109, 164, 167, 168, 242
Tönnies . . . 38, 39, 109, 110, 225, 247
Topitsch . . . 223
Touraine . . . 39, 213, 247
Troitzsch . . . 120, 140, 142, 231, 238
Trommsdorff . . . 2, 100, 227, 230, 234, 238, 245, 247
Tversky . . . 128, 144, 228, 235
Tylor . . . 58, 247
Tyrell . . . 97, 175, 247

U

Ulich . . . 68, 100, 225, 236, 237, 247

V

Vanberg . . . 66, 81, 90, 92, 94, 182, 247
Vierkandt . . . 58, 231, 232, 247
Voss . . . 18, 35, 36, 66, 75, 81, 84, 85, 93-97, 134, 137, 138, 150, 221, 243, 247

W

Wagner . . . 133, 236
Weber, Marion . . . 203, 247
Weber, Max . . . 2, 10, 11, 14, 15, 16, 19, 25, 26, 28, 30-33, 43, 47, 49, 58, 73, 76, 79, 86, 87, 94, 103, 106-109, 111, 112, 114, 148, 151, 152, 173, 117, 196, 215, 221, 240, 247, 248
Weber, Wolfgang . . . 203, 247
Weesie . . . 134, 139, 148, 183, 243, 248
Wehrspaun . . . 235
Westby . . . 2, 248
Weymann . . . 226
Wheeler . . . 233
Wienold . . . 231, 236, 239, 244
Wiese, von . . . 26, 248
Willke . . . 224
Willms . . . 35, 248
Wilson . . . 118, 248
Winckelmann . . . 103, 106, 108, 248
Windelband . . . 75
Wippler . . . 80, 86, 91, 128, 147, 150-156, 186, 203, 238, 241, 248
Wiswede . . . 68, 100, 248
Wittenberg . . . 68, 73, 218, 223, 228, 232, 248, 249
Wurzbacher . . . 66, 67, 178, 249

Z

Zahlmann-Willenbacher . . . 177, 249
Zapf . . . 49, 50, 195, 244, 249
Zehnpfennig . . . 71, 78, 231
Zelditch . . . 176, 249
Zimmermann . . . 178, 249
Znaniecki . . . 109, 247

Sachregister

A

Abstraktion 77, 115, 140, 142-145, 159, 161, 164, 238
Adäquatheitsbedingungen 117
Aggregation 18, 47, 101, 102, 145, 153, 154, 202
Akteur, korporativer 29, 39, 54, 94, 127, 148, 174, 177, 182, 183, 188
Allokation 152, 180, 188, 224, 241
Als-ob-Annahme 144
Altruismus 27, 127, 136, 225, 139
Analyse
  empirische (*siehe* Sozialforschung, empirische)
  soziologische ... 25, 48, 87, 103, 121, 128, 147, 151, 161, 163, 190, 195, 197, 219
analytisch 11, 17, 43, 101, 124, 184, 214
Antecedensbedingung 116, 117, 121, 141
Arbeitgeber 31, 128-134
Arbeitnehmer 128-135
Arbeitsorganisation 168, 188-193
Arbeitsvertrag 128, 134, 192
Autorität 27, 29, 30, 32, 33, 89, 106, 225

B

Begriffsexplikation 115, 163
Beziehung, soziale 19, 23-29, 31, 32, 49, 62, 78, 88, 91, 103, 108, 147-150, 217
Bezugsgruppe 164, 165, 167, 171, 185
Bildungssystem 20, 45, 46, 141

C

choice 100, 101, 122, 151, 167, 193, 231, 238, 246
commodity 179-181
constraints 167, 193
cultural lag 51, 199, 241

D

Daseinsfürsorge 61, 189
Defektion 129, 132, 136-138
Differenzierung, soziale 37, 39-42, 64, 238
Diskontparameter 138
Doppelbelastung von Frauen 190, 192

E

Effekt, paradoxer 81, 147, 150-156, 161, 163, 170, 171
Ehe 29, 57, 61, 84, 95, 174, 191, 192, 195
Emergenzeffekt (*siehe auch* Effekt, paradoxer) 151, 153
Empirie (*siehe auch* Sozialforschung, empirische) 77, 117, 127, 217
Enkulturation 66

Entscheidungsverhalten 122, 128, 143
Erfahrungswissenschaft (*siehe auch* Realwissenschaft) 19, 25, 220
Erklärung 115-120
  deduktiv-nomologische 76, 117
  H-O-Schema wissenschaftlicher Erklärung 116
  induktiv-statistische 119
  potentielle 117
  soziologische 118, 121, 143, 248
Explanandum 116, 117, 119, 121, 210
Explanans 116, 117

F

Familie 10, 33, 38, 46, 47, 50, 51, 57, 61-64, 92, 94, 95, 153, 163,172-175, 178, 179, 184, 188-190, 192, 193, 225, 226, 233-235, 237, 238, 240, 243, 245, 246, 249
Figurationssoziologie 154, 198, 230
Forschung, empirische (*siehe* Sozialforschung, empirische)
Frauenerwerbstätigkeit 17, 18, 119, 180-182, 193, 249
Freiheit 13, 74, 164-166, 203, 229
Funktionalismus 164, 171
Funktionen 37, 48, 56, 61, 92, 97, 114, 173, 186

G

game theory (*siehe auch* Spieltheorie) 243
Gefangenendilemma 35, 36, 131, 132, 137, 138, 155, 156
Geschlechtsrolle 174, 175, 182, 188, 189, 249
Gesellschaft 16
  asymmetrische 41
  industrielle 7, 40, 41, 43, 49, 79, 223, 229, 232
  moderne 41, 54, 168, 170, 183, 217, 228, 236, 246
  primitive 38, 40
Gesellschaftsformation 39
Gesellschaftstypen 36, 41, 246
Gesetz 12-14, 19, 34, 38, 39, 53, 58, 74-76, 102, 116-122, 133, 134, 140, 144, 196, 199, 240
  allgemeines 117, 118, 120
Gruppe . . . 10, 14, 18, 19, 26, 27, 29, 30, 32, 33, 37, 40-44, 48, 53, 67, 68, 72, 78, 86, 88, 98, 113, 118, 141, 156, 157, 159, 164-167, 173, 175, 188, 207, 217, 218, 238

H

Handeln
  intentionales 45, 90, 145
  unter Unsicherheit 152
  soziales . . . 2, 10, 11, 14, 19, 24-28, 37, 62, 78, 81, 83, 88, 90-94, 96, 97, 100-103, 106, 107, 112-115, 128, 148, 151, 171, 215, 218, 226, 247
  traditionales 88, 107
  wertrationales 107, 152
  wertorientiertes 153
  zweckrationales 107, 148

Handlung 4, 26, 56, 78, 98, 99, 101, 104-108, 111, 125, 126, 139, 148-153, 208, 218, 228
nicht-logische 104, 105, 148, 151
Handlungsalternative . . 87, 98, 99, 109, 124-126, 128-131, 144, 157, 186, 204-207, 211
Handlungskonsequenz 18, 101, 122-125, 127, 128, 130, 151, 152, 172
Handlungsmatrix 125, 126
Handlungssystem 37, 109, 228
Handlungstheorie 100, 101, 115, 121, 122, 143-145, 202, 223, 230, 238
Hausarbeit 174, 177, 181, 182, 189, 190
Hausarbeitsteilung 173, 174, 177, 180, 181, 192
Haushaltsproduktion 180-182, 245
Haushaltsproduktionsfunktion 178, 179, 178
Herrschaft 27, 29-32, 38, 40, 58, 94, 217
Heuristik 36, 218, 232
homo oeconomicus 81, 83, 236
homo sociologicus 81, 83, 93, 111, 113, 154, 164-166, 168, 171, 229
Humankapital 140, 173, 178, 180, 181, 188, 190
Humanvermögen 178, 179, 181, 178, 226
Hypothese 18, 45, 85, 108, 116-118, 120, 237, 249
nomologische 116, 117, 120

I

Individualisierung 64
Individualismus, methodologischer 75, 85, 86, 110, 154, 167, 227, 230
Information 7, 54, 71, 72, 91, 132, 134, 136, 137, 215, 216, 236, 243
Informationsasymmetrie 135, 187
Innovation 53, 54, 218, 227
Institution 4, 9, 10, 12, 13, 16, 18, 29, 35, 36, 40, 41, 46, 47, 53, 56, 61-66, 84, 85, 88, 92-97, 101, 113, 114, 148, 161, 165, 167, 196, 204, 216, 218, 223, 232-236, 238, 244, 247
Interaktionismus, symbolischer 118, 225
Inter-Rollenkonflikt 188, 192
Interaktionssystem 30, 89, 164, 168, 184, 200-203, 206, 209, 210, 147-157, 159, 161, 163-193
als funktionales System 54, 89, 94, 148-150, 163, 172, 182, 183, 188, 191
als Interdependenzsystem 147-157, 159, 161, 163-193
Interdependenz 4, 26-29, 55, 81, 84, 88, 89, 93, 94, 97, 111, 128, 130, 145-150, 156, 207
strategische 29, 93, 111, 130, 145
Intra-Rollenkonflikt 169

K

Kaste 43
Kinderbetreuung 18, 172, 173, 177, 188-190, 192, 193
Kirchenaustritt 63
Klasse 32, 43, 45, 47, 144, 246
Kollektivgut 133, 144
Kollektivisten 92, 119
Konflikt 10, 23, 48, 49, 55, 62, 68, 79, 100, 168, 192, 217, 224, 228, 241

Kontrolle, soziale 65, 97, 150
Kooperation 7, 56, 111, 132, 134, 137-139, 143, 163, 184, 217, 218, 221, 222, 224, 243, 129
Kooperationsmechanismen 133, 134, 136, 139
Körperschaft (*siehe auch* Akteur, korporativer) 26, 29, 182, 188, 228
Kultur 10, 13, 15, 24, 27, 40, 50-52, 57-63, 94-96, 108, 165, 167, 197, 198, 223, 231, 232, 236, 240, 245

L

Lebensstil 40, 205
Leitidee, sozialmoralische 4, 38, 51, 61, 62, 78, 83, 99, 113, 196, 198
Logik
  der Aggregation 101, 102, 154, 202
  der Selektion 47, 101, 102, 153, 202
  der Situation 101, 102, 152, 153, 155, 202

M

Macht 5, 7, 11, 17, 23, 25-27, 29-34, 42, 58, 77, 94-96, 108, 133, 176, 177, 181, 188, 196, 201, 206, 228, 247
Makroebene 17, 18, 101-103, 147, 149, 150, 153, 154
Menschenbild 127, 166, 167, 171, 218, 224
Methode der abnehmenden Abstraktion 142, 238
Mikro-Makro-Verbindung 101, 153
Mikroebene 18, 101, 102, 143, 147, 149, 153, 154, 199
Modell . . . 2, 14, 17, 28, 36, 39, 48, 49, 56, 80-87, 89, 93, 97, 100, 102, 111, 114, 120, 142, 143, 145, 147, 156, 157, 159, 195, 199, 203-208, 210, 211, 214, 221, 244, 248
Modellierung 18, 25, 93, 115, 125, 132, 136, 138, 140, 161, 207, 208, 231, 238
Modernisierung 49, 50, 53, 244, 249
Modernisierungsprozeß 64, 170

N

Netzwerk, soziales 30, 57, 81, 145, 147, 173, 188, 189, 218, 225
new home economics 177, 178, 180, 182, 192, 178, 179
Norm
  Ambiguität der 168
  Ambivalenz der 172
  formale 133
  soziale 94, 97, 133
Normierung, soziale 37
Nutzen 1, 4, 45, 98, 122-126, 131, 136, 140, 144, 153, 155, 157, 159, 168, 169, 178-180, 183, 186, 204, 205, 207, 213, 214
  subjektiv erwarteter 125, 126, 204, 205, 207
Nutzenfunktion 122-124, 128, 179, 182
Nutzenmaximierung 125, 131, 177, 180
  im Privathaushalt 177, 180, 182
Nutzentheorie 122, 124, 126-128, 131, 140
Nutzenwert 123-125, 127, 128, 130, 131, 204

O

Ökonomie 94, 101, 104, 106, 127, 144, 179, 180, 247
Oligarchie 128
Opportunitäten 106, 190, 218
opportunity set 124, 126
Ordnung, soziale 11, 16, 19, 23, 24, 33-36, 48, 49, 57, 62, 92, 97, 99, 109, 114
Organisation 10, 15, 24, 32, 40-42, 44, 52-57, 59, 66, 89, 90, 94, 95, 109, 118, 127, 128, 148, 151, 163, 172, 173, 180, 182-190, 203, 217, 223, 227, 247, 248
Organisationsgesellschaft 170, 182, 187
Organisationsrolle 55, 100, 184-187
outcome 122, 123, 130, 131, 135

P

payoff 122, 131, 132, 137, 138
Personalisation 66, 68, 249
Persönlichkeit 24, 61, 66-68, 95, 96, 109
Pfänder 135, 148
Phänomen, kollektives 17, 18, 89, 143-145, 238
Pluralisierung 40, 63, 64, 66
Position, soziale 30, 163-165, 169-172
Präferenzen . 15, 68, 99, 123, 124, 127, 130-132, 139-142, 157, 161, 177, 179, 200, 205
Präferenzordnung 130, 179
prisoners dilemma (*siehe* Gefangenendilemma)
Privathaushalt 163, 172-174, 177-182, 188-193, 225, 229, 232-234, 243, 245
Prognose 41, 120, 223
Prozeß, sozialer 15, 37, 95, 216
Psychologie 66, 143, 144, 228, 235

R

Rahmenbedingung, institutionelle 13, 142, 136, 185
rational choice 100, 122, 123, 126-128, 144, 152, 167, 231
Rationalisierung 40, 52
Rationalität 4, 57, 81, 87, 88, 90, 104-106, 108, 126, 127, 132, 152, 220, 230
Realwissenschaften (*siehe auch* Erfahrungswissenschaften) 1, 76
Regulierungsmechanismen 133, 134-136, 139
Reputation 134, 139, 169, 243, 136
Restriktion 106, 124, 126, 157, 159, 218, 234
Risiko 87, 139, 235
Rolle, soziale 44, 67-69, 81, 89, 90, 93, 95, 109, 111, 112, 148-151, 163-177, 179, 183-193, 229, 238, 240, 242, 246
  Deutungsfreiraum: Interferenz von Teilrollen 187-189
  Deutungsfreiraum: Mehrdeutigkeit von Normen 168-171, 187
  Deutungsfreiraum: Segmentarität von Rollen 168-172, 187
  Deutungsfreiraum: Varianz von Rollen 168-172, 186, 192
  expressive Führerschaft der Ehefrau 175-177
  instrumentelle Führerschaft des Ehemannes 175-177
Rollen-Set 169, 240
Rollenbeziehungen 109, 163, 167, 184, 191

S

Sanktion 13, 16, 90, 94, 96, 97, 111, 128, 133-136, 138, 164-166, 172, 203-206
Schicht 44
Segregation 141, 142, 156, 157, 161, 237, 244
Selektion 47, 101, 102, 153, 202
Situationslogik 101, 149
Solidarität 38, 113, 225
Sozialforschung, empirische 15, 37, 44, 63, 64, 68, 75-77, 79, 112, 119, 127, 139, 142, 173, 190, 213-215, 224, 226, 237, 243, 244
Sozialisation 24, 66-68, 166, 168, 178, 189, 225, 233-235, 237, 240, 247, 249
Sozialisationsprozeß 68, 81, 93, 111, 171, 249
Sozialisierung 66, 164, 185
Sozialstruktur 36-37, 52, 67, 164, 183, 225, 241, 243, 244
Soziologie
  empirische 1-4, 10, 14, 16, 19, 23, 25, 75, 76, 85, 97, 115, 154, 226, 227
  erklärende 140
  interpretative 118
  strukturell-individualistische . 1-3, 14-18, 28, 36, 83, 86, 88, 97, 100, 121, 143, 154, 167, 170, 180, 186, 190, 193, 199, 214, 216, 219, 221
  verstehende 140
Spätkapitalismus 41, 49, 79, 223, 229
Spiel 4, 99, 121, 131, 132, 135, 137, 138, 139
  iteriertes 137-139
Spieltheorie 48, 98, 122, 128, 130, 131, 135, 142, 145, 148, 149, 229, 236
Stand 43, 72, 188, 221
Status 1, 7, 36, 46, 96, 163, 164, 169, 170, 175, 176, 186, 191, 192, 220, 238
Status-Set 170
Strategie 54, 93, 131, 132, 138, 141, 235
  dominante 132
strukturell-individualistisch (*siehe* Soziologie, strukturell-individualistische)
subjective expected utility (*siehe auch* Nutzen, subjektiv erwarteter) 125
System (*siehe* Handlungssystem *sowie* Interaktionssystem)

T

Tausch 29, 36, 150, 173
Theorie 116
  normative 127
  rational choice- 123, 126-128, 144, 152
Tradition 4, 40, 58, 62, 63, 66, 86, 119, 230, 232
Transformationsproblem 154, 171
Transformationsprozeß 201, 202, 210
Transformationsregel 143, 144, 202, 210, 143

U

Ungleichheit, soziale 23, 36, 42-44, 68, 86, 100, 156, 217, 234, 237, 244

V

Vergemeinschaftung 10
Vergesellschaftung 10, 27, 177, 245
Verhalten
altruistisches 136
moralisches 127
opportunistisches 134, 135
zielgerichtetes 120-122
Verhaltenserwartung 97, 148-150, 153, 163-166, 168-170, 172, 185, 186, 193
normative 148, 150, 153
Verpflichtungsmechanismus 134-136
Vertrag 31-36, 38, 98, 134, 135, 139, 156

W

Wahlhandlung 45, 122, 151, 152, 167, 172, 190, 191
Wahrscheinlichkeit, subjektive 55, 124, 204, 220
Wandel, sozialer 2, 19, 24, 25, 36, 37, 48-50, 52-54, 62-67, 78, 92, 103, 151, 174, 186, 195, 198-203, 206, 211, 225, 229, 235, 237, 238, 240, 244, 246, 249
Werte 12, 25, 46, 52, 63, 121, 124, 131, 183, 196, 198
Wertung 50, 73
Wertvorstellungen 37, 67, 185
Wirtschaften 15, 172, 179, 191

Z

Zeitallokation 178, 180
Zwang 17, 35, 55, 78, 112, 149, 165-167, 170, 171, 190